El presente libro es una versión facsimilar de la edición original de El Colegio de México, que ha sido rescatada mediante un trabajo profesional de escaneo para mantener la obra en circulación.

SECCIÓN DE OBRAS DE ECONOMÍA LATINOAMERICANA

LA NUEVA RELACIÓN ENTRE LEGISLATIVO Y EJECUTIVO

ALICIA HERNÁNDEZ CHÁVEZ
con la colaboración de *María Luna Argudín*

LA NUEVA RELACIÓN ENTRE LEGISLATIVO Y EJECUTIVO

La política económica, 1982-1997

EL COLEGIO DE MÉXICO
INSTITUTO DE INVESTIGACIONES LEGISLATIVAS
DE LA CÁMARA DE DIPUTADOS
INSTITUTO POLITÉCNICO NACIONAL
FONDO DE CULTURA ECONÓMICA
MÉXICO

Primera edición, 1998

ISBN 968-16-5686-5 (versión original)
978-968-165-686-7 (versión facsimilar)

Impreso en México

PRESENTACIÓN

La idea de estudiar la política económica de los últimos 25 años en su relación con el Congreso de la Unión me la propuso Miguel de la Madrid H., director general del Fondo de Cultura Económica. El proyecto era inicialmente más ambicioso: integrar un equipo interdisciplinario con distintas instituciones académicas y valorar las grandes líneas de política económica en relación con las instituciones políticas y sociales capaces de influenciar la definición de la política económica.

Comenzamos por dar el primer paso con dos libros dedicados a presentar la relación entre el Congreso de la Unión y el Ejecutivo federal en materia económica. El primero, escrito por Leonardo Lomelí y Emilio Zebadúa, estudia el periodo 1970-1982 y enfoca las coyunturas económicas del periodo para luego relacionarlas con la acción desplegada por el Congreso. El periodo más reciente 1982-1997 lo estudia Alicia Hernández Chávez con la colaboración de María Luna Argudín, analizando la compleja relación institucional que se fue estableciendo entre los dos poderes a través de la legislación de los diferentes ordenamientos en materia económica.

El Instituto Politécnico generosamente nos brindó apoyo material, y arrancamos en 1997 con un comité asesor integrado por las instituciones participantes: Instituto Politécnico Nacional, Fondo de Cultura Económica, Instituto de Estudios Legislativos del Congreso de la Unión y El Colegio de México. El comité asesor estuvo integrado por Miguel González Avelar, Diódoro Guerra, Miguel de la Madrid H., Rafael Izquierdo, Regina Jiménez, Andrés Lira González, Jorge A. Maciel, Lucía Guzmán de Malo, Jorge Moreno Collado, Sergio Mota, David Pantoja, Jorge Toro y Víctor L. Urquidi, quienes participaron activamente en todas las reuniones de trabajo. A ellas asistieron además Pedro Aspe Armella y Francisco Suárez Dávila, quienes contribuyeron en este estudio con sus valiosos comentarios e hicieron posible el acceso a archivos desconocidos.

A todos los miembros del comité asesor y a quienes dieron su valiosa contribución, mis agradecimientos por su continuo apoyo. Dejo claro que todas y cada una de las ideas expuestas en este texto son, para bien o para mal, de entera responsabilidad de sus autores y no necesariamente reflejan la opinión del comité asesor ni de las instituciones que participaron en este proyecto editorial.

ALICIA HERNÁNDEZ CHÁVEZ

PREFACIO

En la presentación general hice referencia al apoyo que esta investigación recibió de las diferentes instituciones y reconocí el papel significativo que tuvo el comité asesor, así como las aportaciones de Pedro Aspe Armella y Francisco Suárez Dávila. En el curso de esta específica investigación, sus comentarios, apreciaciones y críticas fueron para mí un importante estímulo intelectual y un aliciente para comprender mejor las fuentes escritas y, en especial, los silencios de las mismas. Mi deuda es especial con Francisco Suárez Dávila por las entrevistas y el haberme proporcionado el acceso a la documentación de la Comisión de Hacienda y Crédito Público de la Cámara de Diputados que él presidió en la LVI Legislatura.

Debo también mucho a Marcello Carmagnani, quien me ayudó a comprender la importancia de un tipo de análisis capaz de conjugar la dimensión institucional con la económica para el esclarecimiento de la política económica.

Gracias a la dedicación y sentido de responsabilidad de mi colaboradora y amiga María Luna Argudín, quien no necesariamente comparte mis ideas y hubiera probablemente optado por otros enfoques, fue posible llevar a imprenta este libro. El personal del Instituto de Estudios Legislativos y de la Comisión de Hacienda y Crédito Público nos brindó las más amplias facilidades de trabajo. Ricardo Forte y Enrique Medina apoyaron la investigación de distintas maneras. Al ingeniero Alejandro Ramírez y Alejandra García agradezco el cuidado de la edición, y a Guadalupe Sánchez su eficiente apoyo.

Tal vez no esté por demás agregar que ninguna de las personas mencionadas comparte necesariamente mis interpretaciones, así como ninguna de ellas es responsable de los posibles yerros de este volumen.

ALICIA HERNÁNDEZ CHÁVEZ

INTRODUCCIÓN

Suele ocurrir que en nuestro quehacer cotidiano demos más importancia a los acontecimientos, a los encuentros con las personas y a las cosas concretas que a la ubicación de éstos en un determinado sistema. Suele también ocurrir, y es aún más grave, que nos obsesionemos por el análisis del sistema y no concedamos importancia suficiente a la acción del individuo.

La política económica mexicana y su desenvolvimiento se nos presentaba —incluso en estudios de gran calidad— como una actividad, mérito y error del presidente y de sus secretarios de Hacienda y Programación. El personalizar de tal modo la gestión de gobierno se explica sólo por la fuerza que en nuestro imaginario adquirió la figura presidencial. De tal percepción hemos otorgado a la Presidencia un poder omnímodo. A causa de esta deformación no se concede el debido valor a las instituciones en la definición de la política económica, es decir, al Congreso de la Unión y a instituciones como los sindicatos o las agrupaciones de empresarios.

La función que desarrolla el Congreso en la definición de la política de presupuesto, en la política monetaria y bancaria, así como en la política hacendaria es cada vez más importante. Se le atribuye su creciente peso a la autocontención de la Presidencia olvidando, así, que tanto la recuperación del Congreso como la autolimitación de la Presidencia se vinculan con la voluntad ciudadana de rescatar sus derechos políticos y restaurar su representación en el Congreso de la Unión.

La participación del Congreso de la Unión en la formulación de la política económica es el argumento de este libro. En el curso de este amplio periodo ocurrieron transformaciones importantes que bajo coyunturas especiales aceleraron el cambio. Nació una economía con mayor solidez institucional, abierta hacia la economía internacional y liberalizada internamente; de tal suerte que al romper con los amarres impuestos por el estatismo y el mercado nacional protegido pudieran participar y beneficiarse de las condiciones del mercado mundial los distintos actores económicos. La intensa labor legislativa del decenio tuvo por objetivo normar y dar certidumbre jurídica a los factores de la producción para que pudieran desarrollarse bajo condiciones compatibles con la normativa de la economía mundial. Nació una política más participativa, en la que la libertad política de todos y de cada uno fue adquiriendo esos rasgos que la encauzaron hacia el ideal democrático que el estatismo populista había frenado, mas no desaparecido, de nuestro ideario colectivo.

Narrar la participación del Congreso en la transformación de la política económica de México no es tarea fácil. Significa establecer una relación constante entre la dimensión económica y la política. Comporta a su vez mostrar que la interacción entre economía y política tuvo un recorrido temporal sujeto a altibajos, ya fuera por crisis, aceleración, aumento en la demanda, fases de estancamiento o, las más de las veces, por efecto de un entorno institucional precario, poco moderno.

En consecuencia, éste es un libro de historia donde se explica el papel del Congreso en la definición de una política económica que diseña y ejecuta el gobierno. Aclaro sin embargo que, si bien es el gobierno quien proyecta la política económica, no significa necesariamente que se ejecuta la que propone. Lo que el gobierno plantea es un proyecto. Éste se revisa, adiciona, corrige, rescribe de acuerdo con la dinámica de participación de instituciones políticas como el Congreso, las entidades federativas, los municipios; así como las instituciones sociales —sindicatos, confederaciones patronales, cámaras industriales e, incluso, por instituciones culturales: universidades, centros de investigación, instancias internacionales— y la opinión pública, que cada vez se expresa con mayor fuerza a través de los medios de comunicación.

Precisamente por ser este volumen el estudio del papel de una institución política en la definición de la política económica, se tendrán siempre presentes las dos instancias: la del gobierno federal y la del Congreso. En el primer caso los cuerpos administrativos y los funcionarios del gobierno ejecutan dicha política. En el segundo, se expresan cada vez con mayor vigor los puntos de vista de partidos, grupos de interés y ciudadanos por conducto de los diputados y senadores que los representan.

La principal dificultad de este tipo de análisis institucional radica en la visión que el imaginario colectivo tiene del papel del Poder Legislativo en la política económica. Es decir, un juicio devaluado. El reto entonces es trasmitir al lector cómo un Congreso —relativamente devaluado como el mexicano— pudo revitalizarse gracias a la acción conjunta de todos; repito, de todos: del partido que apoya al gobierno y de los partidos de oposición.

Si el lector tiene la suficiente paciencia para leer los siete capítulos de este libro, o por lo menos los apartados finales de cada uno de ellos, comprenderá por qué hemos seguido los debates parlamentarios. Es ésta nuestra fuente de información más rica y hasta ahora no consultada por historiadores y politólogos. En efecto, elegí seguir paso a paso el proceso legislativo, desde el nacimiento y consolidación de la nueva economía mexicana, para destacar las posiciones del gobierno, de los grupos políticos representados en el Congreso y de las fracciones parlamentarias en el seno de las comisiones y en el debate en el Pleno del Congreso.

Los actores, instituciones y grupos políticos se conformaron y perfilaron sus programas, como se explica, a partir de las grandes líneas de política económica del periodo 1982-1997. Nuestro análisis, por ser de corte parlamentario, corresponde a cinco legislaturas [LII (1982-1985), LIII (1985-1988), LIV (1988-1991), LV (1991-1994) y LVI (1994-1997)].

En el primer capítulo se exponen los cambios que ocurrieron en el Congreso durante los quince años que se estudian aquí: cambios tanto en la representación de los partidos como en las formas de organización de la institución. Al respecto no es excesiva la importancia que le asignamos a la vasta legislación indispensable para operar una nueva economía. Fueron precisamente los cambios en las normas de funcionamiento (leyes y reglamentos) los que nos permitieron entender el sustento y *modus operandi* de la política económica. La legislación reciente asignó nuevas pautas de comportamiento a los operadores económicos, públicos y privados. El referente institucional también es importante; permite que el lector comprenda el espacio en que se desenvolvieron las prácticas políticas y los arreglos institucionales al definir la política económica.

En el capítulo II se examina lo que hemos llamado las nuevas reglas del juego. Es decir, cuáles instituciones fue necesario que se reformaran para la reciente política económica, y cómo fue esta reforma. Cómo se conjugó, en términos nuevos, la presencia de una pluralidad de actores y cómo debieron éstos reforzar el libre juego de las fuerzas del mercado ante un gobierno cada vez más decidido a dar contenido distinto a la rectoría de Estado.

Es indudable que la apertura y la reforma de las instituciones económicas no fue un fin en sí, sino un medio para encauzar la acción de los individuos, comunidades, empresas y Estado. A cada uno se le reconoció y garantizó un espacio propio en un contexto abierto, propicio a su desenvolvimiento. El concepto de una economía basada en la corresponsabilidad estuvo presente en cada uno de los planes de desarrollo del periodo 1980-1997, corresponsabilidad que condujo a un diálogo más activo e intenso entre presidentes y Congreso.

Es mediante el estudio de los Planes Nacionales de Desarrollo —capítulo III— que se comprende el sentido de la actividad económica y el papel que se asigna a los diferentes actores económicos, y el papel regulador que adquiere el gobierno. En este sentido los Planes dan un contenido concreto a los grandes cambios institucionales en la economía mexicana de los últimos tres lustros. Cambios que se sintetizan en la modernización de añejas estructuras financieras: banca y crédito, aseguradoras y de inversión, así como mayor autonomía de gestión de las empresas paraestatales, y menor intervención del Estado.

En el capítulo IV estudiamos la primera oleada modernizadora de los años ochenta. El cambio englobó al sector financiero, área que se había actualizado muy poco, no obstante su enorme crecimiento y su papel de centro neurálgico para impulsar la transformación de los otros sectores. Hacia mediados del decenio de 1980, por efecto del *shock* del petróleo y de la crisis que produjo en 1986, maduraron las condiciones para la apertura del sistema financiero, que también había nacido al amparo del proteccionismo. La inflación creciente y la caída brusca de los precios del petróleo en 1986, de 22 dólares a menos de ocho en un periodo de tres meses, para llegar a alcanzar los cuatro dólares, como explicaremos, cambió, por así decirlo, las cartas de juego sobre la mesa. Al igual que en materia económica, en el campo de la política se generaron las condiciones para un papel más activo de los diferentes partidos en el Congreso.

En nuestro interés por narrar y describir los cambios, buscamos arrojar nueva luz en los capítulos V y VI en torno a las oleadas modernizadoras que vivió el país. Hemos tratado de describir por qué fueron tan difíciles los cambios financieros en los años ochenta, y cómo se lograron agilizar años después en virtud de la velocidad de cambio del nuevo contexto que debió enfrentar la economía mexicana. Dos grandes coyunturas dejan su huella indeleble en la historia del país: el viraje de los años treinta, cuando se aceleró el cambio del país mediante lo que el ministro de la economía nacional, Francisco J. Mújica, denominó en 1935, la rectoría del Estado, y el giro hacia un Estado regulador, que se inicia en los años ochenta. Tanto uno como el otro son ejemplos de realismo político. Hemos descrito en el capítulo V cómo se fueron introduciendo las reformas que aceleraron y dinamizaron la transformación financiera al presentarse, tanto entre la opinión pública y las fuerzas políticas en el Congreso como entre sectores del mismo gobierno, una meta común: la necesidad de su apertura.

La profundidad del cambio financiero y las reformas que la acompañaron —al abrirse nuestra economía al contexto internacional— presentaron las condiciones para una profunda renovación del papel de gestión directa del Estado en la economía.

Gobierno y paraestatales vivieron un intenso proceso de desregulación y desincorporación. El nuevo sentido y papel del Estado y de sus empresas en la oferta de los servicios públicos y sociales son temas del capítulo VI. Los temas de asistencia social y servicios son asuntos primordiales que preocupan a la sociedad y a su representación nacional. Como se explica, han creado una vida parlamentaria de debate, de toma de posiciones, y han terminado por conformar y comprometer a la opinión pública.

El volumen se cierra con un capítulo que contiene el análisis de la política de presupuesto. Ahí se describen, legislatura por legislatura, los cambios en la relación entre el gobierno, el Congreso y los partidos en cuanto a la definición y control del gasto y de los ingresos federales. Nuestra intención fue explicar el proceso de reforma del Estado, y el papel que desarrolla el Congreso de la Unión en el nacimiento de una nueva economía financiera. La diferencia con la anterior, de corte estatista, es que ahora el Estado debe brindar a la ciudadanía, en reciprocidad por su apoyo y en su calidad de contribuyentes, mejores servicios públicos (justicia, comunicaciones, caminos) y sociales (educación, hospitales, seguridad social).

La reforma del Estado, de los servicios, del comercio y de la producción son procesos todavía inconclusos. Sería apresurado hacer un balance de lo alcanzado. Confiamos, sin embargo, en haber contribuido a la comprensión del significado y el horizonte hacia el cual se proyecta la transformación en política económica de los últimos tres lustros.

I. EL REFERENTE INSTITUCIONAL: EL CONGRESO DE LA UNIÓN

El Congreso de la Unión se ha convertido, en los años recientes, en una institución reflejo del pluralismo político de México y motor del cambio democrático. En las elecciones de julio de 1997 se transitó del predominio electoral del PRI hacia un Congreso en donde ningún partido cuenta con la mayoría absoluta. Los cambios políticos han centrado el proceso de consolidación democrática del país en un nuevo equilibrio entre los poderes Legislativo y Ejecutivo. Por ello consideramos importante valorar la experiencia histórica pasada del Congreso de la Unión y el papel desempeñado por las fracciones parlamentarias en los últimos 15 años.

Así, el tema de este libro es el Congreso de la Unión y su relación con el Poder Ejecutivo en materia económica. Abordamos su estudio mediante el análisis del proceso de aprobación de una ley, o su reforma. El proceso comienza por la iniciativa que se dictamina en comisión, o comisiones, en la Cámara de origen; el debate interno, las modificaciones y acuerdos previos a su lectura y su aprobación por el Pleno de la Cámara de origen; el mismo *iter* en la Cámara revisora y por último su promulgación por el presidente de la República. En el periodo analizado, la totalidad de las iniciativas de ley se originaron en el Poder Ejecutivo, lo cual ilustra el carácter presidencial de nuestro sistema político.

1. Algunos antecedentes

Sentimos necesario —dada la preponderancia del presidencialismo mexicano— referir algunos antecedentes que ubiquen la discusión en su dimensión histórica. Algunos rasgos de la vida parlamentaria mexicana exigen remontarse al año de 1912, cuando se pasó del sistema de elección indirecta al de elección directa. Inmediatamente se expresaron estas reformas en el Congreso de la Unión, organizado en tres grandes grupos: el bloque maderista, con aproximadamente 50% de representantes; el Partido Católico, con 20%, y otro 30% de "independientes". La ciudadanía expresó con su votación dos cosas: el México plural y la exigencia de una política de coaliciones que reflejara esa pluridimensionalidad. El Congreso de 1912, el primero electo por sufragio directo, resultó incompetente para recoger la demanda ciudadana; no supo o no quiso ejercer una auténtica política de coalición y acabó por imponerse, descalificando el voto y a los diputados de oposición mediante el voto mayoritario, o como se le conoce hoy, "el mayoriteo".[1]

La experiencia de la clase política porfiriana fue que el Congreso, con grandes facultades, resultaba lesivo en el equilibrio de los poderes. Así, los dirigentes políticos de entonces consideraron que las amplias facultades que tuvo el Congreso de 1867 a 1912 habían sido un estorbo que terminó por dificultar el quehacer del Ejecutivo, porque condujo a la política presidencial hacia un continuo ejercicio de prácticas políticas no institucionales, "conciliatorias", e incluso hacia el uso de poderes extraordinarios.[2] Esta experiencia de la vida parlamentaria reforzó la idea en la clase política de que se debían acotar los poderes del Legislativo y fortalecer los del Ejecutivo. Venustiano Carranza, en su

[1] Alicia Hernández Chávez, *La tradición republicana del buen gobierno,* El Colegio de México-Fondo de Cultura Económica-Fideicomiso Historia de las Américas, 1993, pp. 171 y ss.; Mónica Blanco, *Revolución y contienda política en Guanajuato, 1908-1913,* El Colegio de México, México, 1995, 222 pp.; Francois-Xavier Guerra, "Les elections legislatives de la Revolution Mexicaine 1912", en *Melanges de la Casa Velázquez,* t. x, París, 1979, pp. 421-456.

[2] Marcello Carmagnani (coord.), "El federalismo liberal mexicano", en *Federalismos latinoamericanos: México, Brasil, Argentina,* Fondo de Cultura Económica-El Colegio de México-Fideicomiso Historia de las Américas, 1993, pp. 166-174, y Alicia Hernández Chávez, *La tradición republicana del buen gobierno, op. cit.,* pp. 92-93.

calidad de Primer Jefe del Ejército Constitucionalista así lo sostuvo en su mensaje al Constituyente de 1916.[3]

Con la Constitución de 1917 se acotaron las facultades constitucionales del Poder Legislativo y se fortalecieron las del Poder Ejecutivo. La elección directa introducida en 1917 fue sin duda una reforma para restablecer el balance entre los poderes y fortalecer al presidente de la República. Además, se redujeron, de dos a una, las sesiones ordinarias del Congreso.

Un estudio reciente muestra que, en el primer decenio posrevolucionario el Ejecutivo era más débil de lo que se había pensado.

> Hubo 3 382 iniciativas presentadas en la Cámara de Diputados entre abril de 1917, cuando inició la XXVII Legislatura, y agosto de 1934, cuando finalizó la XXXV Legislatura. Éstas correspondieron a las presidencias de Carranza hasta Rodríguez. De estas iniciativas cerca del 58% fueron introducidas por los miembros de la Cámara de Diputados, un 33% por el Ejecutivo y otro 6.7% las envió el Senado. Las legislaturas locales sólo introdujeron un 2% de todas las iniciativas.[4]

Hubo que recorrer aún un largo proceso para que la Presidencia sumara las facultades que ahora detenta. La concentración

[3] Al respecto véase "Mensaje del Primer Jefe ante el Constituyente 1916", en Felipe Tena Ramírez, *Leyes fundamentales de México,* ed. de 1994, México, Porrúa, pp. 758-761. El tema de la subordinación del Ejecutivo al Congreso fue tratado por Emilio Rabasa, *La Constitución y la dictadura (1912),* México, Porrúa, 1990. Para un análisis contemporáneo del desbalance entre poderes Legislativo y Ejecutivo consúltese Alicia Hernández Chávez, "La parábola del presidencialismo mexicano", y Luis Aguilar Villanueva, "El presidencialismo y el sistema político mexicano: del presidencialismo a la presidencia democrática", en *Presidencialismo y sistema político. México y los Estados Unidos,* Fondo de Cultura Económica-El Colegio de México-Fideicomiso Historia de las Américas, 1994, pp. 17-31 y 40-63, respectivamente.

[4] Jeffrey A. Weldon, *El presidente como legislador 1917-1954,* pp. 117-145, en el *Poder Legislativo en las décadas revolucionarias, 1908-1934,* Enciclopedia Parlamentaria, vol. I, t. 3, serie 1, ed. LVI Legislatura, Cámara de Diputados, Congreso de la Unión, Miguel Ángel Porrúa, México, 1998.

CUADRO I.1. *Iniciadores en la Cámara de Diputados (leyes públicas), 1917-1940*

Legislatura	*Años*	*Total de iniciativas*	*Cámara*	*Porcentaje*	*Ejecutivo*	*Porcentaje*	*Legislaturas locales*	*Porcentaje*	*Senado*	*Porcentaje*
XXVII	1917-1918	252	157	62.3	85	33.7	5	2.0	5	2.0
XXVIII	1918-1920	323	234	72.4	72	22.3	7	2.2	10	3.1
XIX	1920-1922	357	266	74.5	76	21.3	5	1.4	10	2.8
XXX	1922-1924	244	102	41.8	124	50.8	10	4.1	8	3.3
XXXI	1924-1926	221	123	55.7	66	29.9	8	3.6	24	10.9
XXXII	1926-1928	223	91	40.8	125	56.1	1	0.4	6	2.7
XXXIII	1928-1930	204	81	39.7	117	57.4	3	1.5	3	1.5
XXXIV	1930-1932	217	40	18.4	156	71.9	11	5.1	10	4.6
XXXV	1932-1934	181	24	13.3	140	77.3	8	4.4	9	5.0
Totales		2 222	1 118	50.3	961	43.2	58	2.6	85	3.8

FUENTE: Jeffrey A. Weldon, *El presidente como legislador 1917-1954, op. cit.*, pp. 117-145.

CUADRO I.2. *Aprobación de iniciativas del Poder Ejecutivo (leyes públicas), 1917-1940*

Presidente	*Años*	*Total de iniciativas*	*Iniciativas aprobadas*	*Porcentaje*	*Iniciativas rechazadas*	*Porcentaje*	*Sin*	*Porcentaje*
Carranza	1917-1920	156	55	35.3	9	5.8	92	59.0
De la Huerta	1920	22	3	13.6	1	4.5	18	8108
Obregón	1920-1924	194	73	37.6	16	8.2	105	54.1
Calles	1924-1928	191	135	70.7	5	2.6	51	26.7
Portes Gil	1928-1930	98	84	85.7	6	3.8	8	5.0
Ortiz Rubio	1930-1932	159	119	74.8	16	10.1	24	15.1
Rodríguez	1932-1934	160	145	90.6	5	3.1	10	6.3
Totales		980	614	62.7	58	5.9	308	31.4

FUENTE: J. Weldon, *op. cit.*

CUADRO I.3. *Iniciadores de leyes aprobadas por la Cámara de Diputados (leyes públicas), 1917-1940*

Legislatura	*Años*	*Total de iniciativas aprobadas*	*Cámara*	*Porcentaje*	*Ejecutivo*	*Porcentaje*	*Legislaturas locales*	*Porcentaje*	*Senado*	*Porcentaje*
XXVII	1917-1918	89	57	64.0	32	36.0	0	0.0	0	0.0
XXVIII	1918-1920	73	47	64.4	24	32.9	0	0.0	2	2.7
XIX	1920-1922	90	73	81.1	14	15.6	0	0.0	3	3.3
XXX	1922-1924	120	57	47.5	59	49.2	0	0.0	4	3.3
XXXI	1924-1926	143	93	65.0	39	27.3	0	0.0	11	7.7
XXXII	1926-1928	171	82	48.0	84	49.1	0	0.0	5	2.9
XXXIII	1928-1930	167	66	39.5	99	59.3	0	0.0	2	1.2
XXXIV	1930-1932	160	35	21.9	119	74.4	0	0.0	6	3.8
XXXV	1932-1934	159	20	12.6	130	81.8	1	0.6	8	5.0
Totales		1 172	530	45.2	600	51.2	1	0.1	41	3.5

FUENTE: J. Weldon, *op. cit.*

de poder en el Ejecutivo obedeció a distintos factores, unos cualitativos y otros de carácter institucional.

El año de 1928 señala el inicio de un proceso que se consolida en el decenio siguiente. Al instaurarse la no reelección en la Constitución, se generó un fuerte consenso de la sociedad política en torno a la Presidencia; las fuerzas políticas accedían a transferirle una enorme cuota de poder bajo el entendido de que su mandato no excedería los seis años.

También en el decenio 1926-1936, en el contexto internacional de una mayor intervención del Estado en la dirección económica, se reorganizó de modo radical el sistema político mexicano. En esos años, en medio de la depresión mundial, la Constitución federal sufrió una transformación fundamental: se introdujo y conformó la rectoría del Estado en materia social, política y económica.

La rectoría del Estado, que tanta importancia adquiriera en el periodo que analizamos, inicia con las reformas en la legislación federal laboral de 1929. El artículo 123 federalizó el vínculo con el trabajo, el trabajador y su organización social. En 1933, el presidente cobró carácter de máxima autoridad agraria con las reformas al artículo 27 constitucional. Mientras que el periodo presidencial aumentaba de cuatro a seis años, en los poderes Legislativo y Judicial se reducían los tiempos y facultades. El Legislativo redujo su peso al acotarse su gestión a la mitad de los seis años que duraría el periodo de gobierno del presidente. En ese mismo año se suprimió la posibilidad de la reelección de senadores y diputados federales y estatales para el periodo inmediato, y se introdujo la renovación sexenal total del Senado. De este modo se liquidó una tradición política, que databa del siglo precedente y que había fortalecido al cuerpo de legisladores, permitiendo una carrera parlamentaria y cierta estabilidad al Poder Legislativo.[5] Posteriormente, el 15 de diciembre de 1934 —al inicio del gobierno de Lázaro Cárdenas—, se suprimió la

[5] Adolfo Christlieb Ibarrola, *Crónicas de la no-reelección*, Ediciones de Acción Nacional, México, 1965.

inamovilidad de los magistrados de la Suprema Corte de Justicia para hacer coincidir su nombramiento con los seis años del periodo presidencial.[6]

Se comprende entonces que el proceso de consolidación de un presidencialismo —concentrador de un enorme poder— fue un proceso largo, que podría rastrearse desde 1892, pero que se conforma y consolida en los años de 1930, con dos hechos trascendentales. Uno de ellos es la desaparición de la dualidad del liderazgo entre el Partido Nacional Revolucionario y la Presidencia, al arrebatar y liquidar la jefatura de Plutarco Elías Calles y convertirse el presidente de la República en jefe y líder del PNR (1935). La otra medida fue la rectoría de Estado y su consecuente organización del trabajo y de los trabajadores en sectores (Confederación Nacional Campesina, CNC, y Confederación de Trabajadores de México, CTM) en el Partido de la Revolución Mexicana PRM (1938). Así, un partido altamente disciplinado, lidereado por el presidente de la República y con poderes económicos básicos dieron fuerza y carácter al presidencialismo mexicano.

El concepto básico del gobierno de Lázaro Cárdenas (1934-1940) fue la intervención directa del Estado a través de la construcción de un área centralizada de la economía basada en energéticos: petróleo, minería y electricidad, así como en la esfera de la distribución de bienes, en especial ferrocarriles y carreteras. La lógica del argumento fue que, por ser éstos los de mayor desarrollo y centralización industrial, bajo control del Estado, se podría dirigir con eficacia la política y la economía.[7]

La rectoría del Estado encuentra su fundamento en la ley ge-

[6] Alicia Hernández Chávez, "La mecánica cardenista", en *Historia de la Revolución Mexicana, 1934-1940,* El Colegio de México, 1981, vol. 16, 236 pp.; y Reforma artículo 94, 15 de diciembre de 1934, en Tena Ramírez, *Leyes Fundamentales de México, op. cit.*, p. 915.

[7] Alicia Hernández Chávez, "De la economía a la economía nacional, 1926-1940", en *Ensayos sobre la Historia de México y América Latina,* El Colegio de México, México, 1991, vol. I, pp. 315-330. Archivo Francisco J. Mújica, caja 1, exp. 59, doc. núm. 1, legajo de 143 pp. Informe que rinde Francisco J. Mújica, secretario de Economía Nacional al presidente Lázaro Cárdenas el 1º de sep-

neral de expropiación sustentada en la necesidad pública y social, con hincapié en lo social. Se aprobó por el Congreso en septiembre de 1936 y, al poco tiempo, iniciaron las expropiaciones agrarias, la nacionalización de los Ferrocarriles Nacionales de México y lo que previó el presidente en junio de 1937 "... toda la industria del petróleo debe venir a manos también del Estado para que la Nación aproveche la riqueza del subsuelo que hoy se llevan las compañías extranjeras. Para ello —dijo el presidente— seguiremos otro procedimiento".[8] La oportunidad se presentó en 1938. El gobierno expropió las industrias ante la negativa de las empresas petroleras de someterse al fallo de la Suprema Corte de Justicia. La agenda política para ese año contemplaba la nacionalización eléctrica y bancaria, mas fuerzas e intereses marcaron un hasta aquí; la Presidencia valoró los avances y optó por consolidar los logros.[9]

2. Estatismo y economía nacional

La oposición a las políticas cardenistas obligó a un fin de sexenio más pausado y a un viraje político y económico sustancial en el periodo 1940-1946;[10] sólo que pronto quedó soterrada esa ten-

tiembre de 1935. La instrucción presidencial solicitaba a su antiguo correligionario que lo interpretara adentrándose en los caminos más hondos de la Revolución Mexicana y de la Constitución de 1917.

[8] AFJM, archivo y legajo citados, pp. 88-92. La Ley del petróleo vigente expedida el 26 de diciembre de 1925 no autorizaba al Estado —de modo expreso— la explotación u organización de dicho sector. Véanse también FJM, caja 1, exp. 11, doc. 6, marzo de 1935; *ibid.*, exp. 13, doc. 38, marzo de 1935; *ibid.*, vol. 106, doc. 35. Reunión del Gabinete donde el Ejecutivo informa su propósito de decretar la nacionalización de Ferrocarriles Nacionales, 23 de junio de 1937, en Lázaro Cárdenas, *Obras*, México, UNAM, 1972, vol. I, p. 37.

[9] El 1º de enero de 1938, anota en su agenda el Presidente: "Problema del petróleo,... minería: reglamentarla, nacionalización de la industria eléctrica, socialización de la banca"; véase Cárdenas, *Obras...*, *op. cit.*, p. 381.

[10] En ese contexto se creó el Partido Acción Nacional (PAN) se reorganizó el sector empresarial para resistir e imponerse por cualquier medio al posible avance estatista de un segmento de la clase política.

sión social y política por efecto de las reformas y sus beneficios, que se conjuntaron con el auge económico que generó la segunda Guerra Mundial y que duró, con sus fluctuaciones, hasta mediados de los años cincuenta.

El sector empresarial y amplios sectores sociales gozaron de los beneficios del crecimiento y del gasto social. Al término del decenio de 1950 poderosos intereses y grupos de poder —internos y externos al gobierno— contaban ya con la fuerza para explotar en su beneficio el modelo estatista mexicano. Dice en su reciente libro Enrique Cárdenas:

> [...] fue precisamente en los años sesenta cuando se debió haber iniciado la apertura comercial para eliminar gradualmente el sesgo antiexportador y obligar a las empresas a ser más competitivas. [...] Pero la política proteccionista no sólo se mantuvo durante los años sesenta con todos los subsidios y estímulos ejercidos hasta entonces, sino que incluso se reforzó de dos maneras: se estableció la política de "mexicanización" y comenzaron a proliferar empresas paraestatales o mixtas, fundamentalmente enfocadas a las ramas de bienes intermedios y de capital.[11]

El modelo de desarrollo acentuó los rezagos sociales y económicos. Sin duda hubo crecimiento económico alto, pero descompensado. Los beneficios se dejaron sentir en las ciudades, entre el sector alto-medio y entre la burocracia administrativa, centrales obreras y sector agrario comercial, sector militar y empresarial financiero.

Hacia 1957-1958 se manifestaron los primeros síntomas de una sociedad que reclamaba nuevos derechos políticos y sociales. La clase gobernante —impulsada por un amplio sector empresarial, financiero, de burócratas del Estado—, y sectores medios urbanos y rurales no sólo no abrieron el sistema, sino que elevaron mayores barreras para proteger sus capitales e inversión, cuya lógica era la de vender a un consumidor nacional,

[11] Enrique Cárdenas, *La política económica de México, 1950-1994*, Fondo de Cultura Económica-El Colegio de México-Fideicomiso Historia de las Américas, 1996, p. 71; en especial, para la demostración de esta tesis, véase el cap. II, "Alto crecimiento con debilidad estructural, 1963-1971".

evadiendo la competencia internacional. Una creciente "clase media", que apenas gozaba de cierto ascenso, apoyó el nacionalismo económico; la izquierda exigió mayor estatismo, mayores subsidios; sectores populares los recibieron sin mayor conciencia de su costo social.

La intervención del Estado en la economía se intensificó: artículos constitucionales regulatorios de expropiación por causa de utilidad pública se hicieron extensivos a la industria eléctrica, fertilizantes, minería, tabaco, henequén. La nueva fase de expansión del Estado en la economía se concentró en los años 1960-1970. La llamada "mexicanización" consistía en comprar industrias en manos de capital extranjero. La idea era alentar al inversionista privado mexicano a coinvertir con el capital extranjero, con apoyo del Estado. Cuando el capital mexicano privado no aceptaba participar, intervenía el gobierno federal como socio, en industrias prioritarias. La política de mexicanización condujo a que, en una gran mayoría de casos, el gobierno federal aportara el capital.[12] Una idea de la magnitud de la participación del Estado mexicano en la economía la proporcionan los siguientes datos: en los años de la década de 1930 existían 15 paraestatales; para finales de 1962 había 206.[13] Las competencias económicas de la Presidencia también se ampliaron durante dicho proceso.

Las razones del rápido incremento del sector paraestatal en la década de los sesenta se vinculan al cambio en la política del modelo de sustitución de importaciones, pero también al aumento de salarios reales. Ambos crearon "el ambiente propicio para una mayor intervención del Estado en la economía, tanto por su papel de productor de bienes y servicios, como por la creciente serie de regulaciones que impuso, que en la mayoría de los casos distorsionaron los precios relativos y la asignación de recursos en la economía".[14]

[12] Rafael Izquierdo, *Política hacendaria del desarrollo estabilizador, 1958-1970*, Fondo de Cultura Económica-Fideicomiso Historia de las Américas-El Colegio de México, 1995.

[13] Jacques Rogozinski, *La privatización de empresas paraestatales. Una visión de la modernización de México*, Fondo de Cultura Económica, 1993, p. 26.

[14] Jacques Rogozinski, *La privatización en México. Razones e impactos*, México, Trillas, 1997, p. 70.

Como dijo acertadamente el director del Banco de México, Miguel Mancera, en 1992, entre 1971 y 1982 "lo erróneo del 'desarrollo estabilizador' se continuó haciendo, en tanto que lo acertado, la disciplina monetaria, se dejó de hacer. En efecto: el proteccionismo prosiguió, salvo en breves lapsos, con una tendencia ascendente, lo mismo que el dirigismo industrial y, en general, la regulación excesiva".[15]

El peso del Estado en la economía era tal que en 1982 el INEGI estimó que éste participaba en 63 de las 73 ramas de actividad económica en México, que representaban 1 155 empresas paraestatales, entre empresas de producción y de servicios. En el sexenio 1971-1976 se crearon o adquirieron 232 entidades, y en el sexenio siguiente (1976-1982) el número de empresas y organismos del sector paraestatal se incrementó a 651, terminando este periodo con 1 155; es decir, el número se multiplicó por más de cinco entre 1962 y 1982.[16]

A partir de lo expuesto, se destacan dos hechos: si bien no disminuyen las facultades del Poder Legislativo, la intervención económica del Estado sí aumenta (véase el cuadro I.4). La regulación de los actores económicos: trabajo y capital, determinó el engrosamiento de la Presidencia de la República. A fin de cuentas la continua expansión de las facultades económicas de la Presidencia se explica por la facultad y obligación que le otorga el artículo 89 constitucional de organizar la administración federal.[17] Esta facultad se definió en la reforma al artículo 90 de la Constitución de 1981, que reforzó el carácter constitucional del Jefe del Ejecutivo como cabeza de toda la administración pública

[15] *Ibidem.*

[16] Rogozinski, *La privatización de empresas estatales, op. cit.*, p. 26, y *La privatización en México, op. cit.*, pp. 72-74.

[17] Uno de los primeros estudios —sobre México— acerca del peso de la administración pública en poder de la Presidencia y el peso que implica fue de Stephen S. Goodspeed, "El papel del Jefe del Ejecutivo en México", en *Problemas Agrarios e Industriales de México*, México, 1955, vol. VII, núm. 1, *passim*. Véase también *Constitución Federal*, artículo 89. *Diario Oficial*, 21 de abril de 1981, Artículo 90, texto original: "Para el despacho de los negocios de orden administrativo de la Federación habrá el número de secretarios que establezca el Congreso por una ley..."; texto reformado.

CUADRO I.4. *Federalización, nacionalización y presidencialismo*

Año	*Asunto*
1921	Federalización de la educación Facultades del Congreso para legislar en la materia
1924	Creación de la Comisión Nacional Agraria sujeta a la Secretaría de Agricultura
1926	Creación del Banco de México
1929	Federalización de las competencias en materia de seguridad social y del trabajo - Creación de las Juntas Federales de Conciliación y Arbitraje - Fundación de Nacional Financiera
1933	Federalización de la industria textil Se crea la Comisión Federal de Electricidad Se fija salario mínimo nacional Partido Nacional Revolucionario (PNR) aprueba el Plan Sexenal, provee por la rectoría del Estado en materia económica y social
1934	Atributo constitucional del Presidente de la República: máxima autoridad agraria La Nación por mandato constitucional debe dotar de tierra a todo núcleo de población que lo solicite Ministros de la Suprema Corte de Justicia durarán en su encargo seis años —coincidentes con mandato presidencial
1935	Ley reglamentaria del artículo 27 constitucional. Expropiación por causa de utilidad social. Ley de Nacionalización de Bienes - Ley de Crédito Agrícola y Banco Nacional de Crédito Ejidal, S. A. - Creación de PIPSA. Productora e Importadora de Papel, S. A. - Inicia Reparto Agrario Ejidal — Primeros ejidos colectivos en La Laguna
1936	Creación: Almacenes Nacionales de Depósito - Fundación: Confederación de Trabajadores de México, CTM - Fundación: Confederación Nacional Campesina. - Se promulga Ley de Expropiación

CUADRO I.4 *(continúa)*

Año	*Asunto*
1937	– Organización de la Comisión Federal de Electricidad – Fundación: Banco Nacional de Comercio Exterior – Fundación: Banco Obrero de Fomento Industrial – Expropiación de Ferrocarriles Nacionales de México Creación del Departamento Autónomo de Ferrocarriles Nacionales Agrario-Terrenos comunales pasan a ser de competencia federal
1938	Cooperativa de participación estatal: Talleres Gráficos de la Nación Cooperativa de participación estatal: de ejidatarios, obreros y empleados, Emiliano Zapata – Expropiación de compañías petroleras – Consejo de Petróleos Mexicanos, Pemex Estatuto de Trabajadores al Servicio del Estado – PNR se reorganiza por sectores o corporativamente. Lo componen la CTM, CNC, sector popular y sector militar
1940	Se federalizan hidrocarburos y contribuciones – Industria del tabaco de competencia federal. Los estados no pueden participar en su producción
1951	Se otorgan facultades extraordinarias al Poder Ejecutivo conforme al artículo 131
1960	Mexicanización de la industria eléctrica Mexicanización de la minería
1961	Ley Minera exigía 51% de capital nacional, 49% externo para recibir estímulos fiscales
1962	Amplía la propiedad nacional a arrecifes, cayos, marinas interiores, mares territoriales, el espacio sobre el territorio – La explotación de recursos naturales exige la concesión del Ejecutivo Inicia etapa de "mexicanización" de industrias prioritarias
1966	Mexicanización de la Banca
1967	Mexicanización del azufre
1969	Mexicanización de la Industria Automotriz

CUADRO I.4 (*concluye*)

Año	*Asunto*
1975	Los materiales radiactivos son propiedad nacional – Se federaliza la competencia legislativa sobre energía nuclear – Se federaliza la competencia laboral en las ramas automotriz, de productos químicos, farmacéuticos, celulosa, papel y otros
1978	Se federaliza la competencia laboral dividiéndola en: a) ramas industriales; b) empresas
1981	Sustituye el término Consejo de Ministros por titulares de Secretarías de Estado, Jefes de Departamento administrativo Decreto: la administración pública será centralizada y paraestatal Se decreta la nacionalización de la Banca

centralizada (secretarios de Estado y departamentos administrativos) y sector paraestatal (organismos descentralizados y de participación estatal).

Esta supremacía se vio reforzada por la ausencia de competencia política, ya que el PRI detentaba, aún en 1982, la abrumadora mayoría: más de 75% de la Cámara Baja y casi 100% de la de senadores.

El efecto más pernicioso del estatismo y del sobrepeso de la Presidencia fue el debilitamiento crónico de los otros dos poderes. En el Congreso, el voto ciudadano perdió validez ante las continuas y apabullantes victorias del PRI en todo proceso electoral. El sistema de representación se mantuvo cerrado, con pocos cambios. Los movimientos ciudadanos se toparon con obstáculos, con vacíos institucionales para responder a sus demandas, y recurrieron a la política de la manifestación callejera, a la de la confrontación, incluso la violencia. Partidos como el PAN, o el PPS, que luchaban al interior de una lógica institucional y democrática, se enfrentaron a la rigidez del sistema que dejaba poco espacio para la política democrática.

Entre 1950-1970 la izquierda adoptó, en buena medida, una línea política de presión callejera, de huelga, incluso de guerrilla; en una proporción muy menor valoraron el sufragio. El PAN, tradicionalmente vinculado a los sectores empresariales y clases medias en los años 1960-1970, se movió hacia posiciones centro-"izquierda" para captar el voto antigobierno de obreros, campesinos y clase media baja. Fue en los ámbitos municipal y estatal donde el PAN comenzó a ganarse el voto de amplios sectores de la sociedad.[18]

3. Reformas políticas

En 1977 se abandona el criterio demográfico y se abre el sistema de representación política al pluripartidismo y a la representación proporcional. La reforma la impulsó el gobierno por conducto del secretario de Gobernación Jesús Reyes Heroles.

La ley electoral de 1977 marcó el cambio cualitativo. Primero se dividió al país en 300 distritos electorales en donde cada partido presentaba candidatos que se elegían por mayoría relativa, cualquiera que fuera su población. Se mantuvo el principio de que a cada entidad de la Federación se le garantizaba el mínimo de dos diputados. Lo importante fue que se introdujo la representación proporcional eligiendo por este método a 100 diputados, con la salvedad de que el partido político que lograra 60

[18] El PAN se fundó en 1938, como reacción a los excesos estatistas del gobierno de Lázaro Cárdenas. Respecto a la ampliación de las bases sociales del PAN véanse Fondo Reservado. Archivo de la Palabra, Museo Legislativo los Sentimientos de la Nación, H. Cámara de Diputados en adelante FR, Archivo de la Palabra, seguido de entrevista y fecha. FR, AP, Coordinador del Grupo Parlamentario PAN (LIII) Jesús González Schmal (PAN-María Luna Argudín, 8 de noviembre 1994). Diputado LI Legislatura 1979-1982 y LIII 1985-1988. Heberto Castillo, Francisco Paoli Bolio *¿Por qué un nuevo partido? ¡Los trabajadores del poder!*, Editorial Posada, 1975, p. 60, sostienen que fue a mediados de la década de los sesenta cuando la Comisión de Organización del PAN concentró su acción "en formar cuadros en los estados al interior de la República, para ir creando los comités estatales, municipales y distritales que asumieran la responsabilidad de darle vida al partido, de representarlo y de mantener su actividad permanente".

curules por la vía mayoritaria no tendría derecho a la cuota proporcional.[19]

El régimen simultáneo de representación por mayoría proporcional reforzó el sistema mixto con dominante mayoritaria y abrió el acceso a partidos minoritarios en la Cámara Baja.[20] La composición de la Cámara de Diputados del Congreso de la Unión se enriqueció, como dejan ver los cuadros I.2, I.3, I.4 y I.5, al encontrarse representados nuevos segmentos de la sociedad. De los partidos de izquierda que optaron por encauzar a su militancia por la senda institucional destacan en el periodo 1979-1985 los siguientes: PSUM, PMS, PST, PDM y PMT.

Las reformas de 1977 en materia electoral modificaron 17 artículos de la Constitución federal: 6, 41, 51, 52, 53, 54, 55, 60, 61, 65, 70, 73, 74, 76, 93, 97, 115. La nueva legislación electoral, conocida como Ley Federal de Organizaciones Políticas y Procesos Electorales (LOPPE), posteriormente se amplió y profundizó —entre 1983-1993 y 1995-1996—, sentando las bases del cambio político que hoy se vive. El carácter de las reformas y su continua revisión y avance fueron sin duda fundamentales para la apertura democrática.

El cambio más tangible fue en 1988, consecuencia de un efecto acumulativo de reformas políticas. En suma, la transformación respondía a un financiamiento más equitativo, al ser declarados los partidos entes de interés público y al pasar de 100 a 200 los diputados de representación proporcional. Dichas medidas de inmediato establecieron un mejor equilibrio en la representación del Congreso y coadyuvaron a que una base más amplia de la sociedad fuera representada en la Cámara de Diputados.

Si destacamos la importancia de la elección de julio de 1988 es

[19] *Ley Federal de organizaciones políticas y procesos electorales*, 28 de diciembre de 1977; publicada en el *Diario Oficial de la Federación* el 30 de diciembre de 1977.

[20] En 1976 antes de que entrara en vigor la reforma electoral, el PRI controlaba el 82% de los escaños de la Cámara Baja para la L Legislatura, en 1979 había bajado a 76%; 1982, 75% y 1985, 72%. Los dos partidos minoritarios de oposición PPS y PARM, poco se beneficiaron pues el primero perdió en términos porcentuales pues de un 4% pasó a un 2.5% de representantes en un periodo similar sobre un total de 400.

CUADRO I.5. *Congreso de la Unión, Cámara de Diputados, 1946-1994*[a]

Año	Totales	Partidos y número de curules													
		PAN	PRI	PPS	PARM	PDM	PMS	PST/PFCRN	PRT	PSD	PMT	PRD	PCM/PUS/PSUM	FDN	PT
1946	145	4	141	—	—	—	—	—	—	—	—	—	—	—	—
1949	147	4	142	1	—	—	—	—	—	—	—	—	—	—	—
1952	158	5	151	2	—	—	—	—	—	—	—	—	—	—	—
1955	160	5	153	2	—	—	—	—	—	—	—	—	—	—	—
1958	172	6	153	1	12	—	—	—	—	—	—	—	—	—	—
1961	178	5	172	1	—	—	—	—	—	—	—	—	—	—	—
1964	210	20	175	10	5	—	—	—	—	—	—	—	—	—	—
1967	212	20	177	10	5	—	—	—	—	—	—	—	—	—	—
1970	213	20	178	10	5	—	—	—	—	—	—	—	—	—	—
1973	232	26	189	10	7	—	—	—	—	—	—	—	—	—	—
1976	237	20	195	12	10	—	—	—	—	—	—	—	—	—	—
1979[b]	390	43	291	11	12	—	18	10	—	—	—	—	—	—	—
1982[b]	400	51	299	10	—	12	17	11	—	—	—	—	—	—	—
1985[b]	400	41	289	11	11	12	12	12	6	—	6	—	—	—	—
1988[c]	500	101	260	FDN	FDN	NR	NR	NR	NP	—	PMS/FDN	—	FDN	139	—
1991	500	89	320	12	15	—	—	23	—	—	—	41	—	—	—
1994[c]	500	118	301	—	—	—	—	—	—	—	—	69	—	—	10

[a] Sistema Electoral mixto: de mayoría relativa (MR); de representación proporcional (RP).
[b] 300 diputados de MR y 100 diputados de RP.
[c] 300 diputados de MR y 200 diputados de RP.

CUADRO I.6. *Congreso de la Unión, Cámara de Diputados, partidos y porcentaje de curules, 1961-1994*

(Porcentaje del total)

Año	*Total*	PAN	*Porcentaje*	PRI	*Porcentaje*	FDN	*Porcentaje*
1961	178	5	2.80	172	96.60	—	—
1964	210	20	9.50	175	83.30	—	—
1967	212	20	9.40	177	83.50	—	—
1970	213	20	9.38	178	83.50	—	—
1973	232	26	11.00	189	81.40	—	—
1976	237	20	8.40	195	82.20	—	—
1979	390	43	11.02	296	75.89	—	—
1982	400	51	12.75	299	74.75	—	—
1985	400	41	10.20	289	72.25	—	—
1988	500	101	20.20	260	52.00	139	27.80
1991	500	89	17.80	320	64.00	—	—
1994	500	119	23.80	300	60.00	—	—
		PRD	*Porcentaje*	PPS	*Porcentaje*	PARM	*Porcentaje*
1961		—	—	1	0.5	—	—
1964		—	—	10	4.76	5	2.38
1967		—	—	10	—	5	—
1970		—	—	10	—	5	—
1973		—	—	10	4.31	7	3.01
1976		—	—	12	—	10	—
1979		—	—	11	2.8	12	3.07
1982		—	—	10	2.5	—	—
1985		—	—	11	2.2	11	2.70
1988		—	—	FDN	—	FDN	—
1991		41	8.00	12	2.4	15	3.00
1994		71	14.20	—	—	—	—

CUADRO I.6 *(concluye)*

Año	PFCN	*Porcentaje*	PT	*Porcentaje*	PSUM/ PCM/ PMS	*Porcentaje*	PST	*Porcentaje*
1961	—	—	—	—	—	—	—	—
1964	—	—	—	—	—	—	—	—
1967	—	—	—	—	—	—	—	—
1970	—	—	—	—	—	—	—	—
1973	—	—	—	—	—	—	—	—
1976	—	—	—	—	—	—	—	—
1979	—	—	—	—	18	4.60	10	2.56
1982	—	—	—	—	17	4.25	11	2.75
1985	—	—	—	—	12	3.00	12	3.00
1988	—	—	—	—	FDN	—	NR	—
1991	23	4.6	—	—	—	—	—	—
1994	—	—	10	2	—	—	—	—

Año	PDM	*Porcentaje*	PRT	*Porcentaje*	PMT	*Porcentaje*
1961	—	—	—	—	—	—
1964	—	—	—	—	—	—
1967	—	—	—	—	—	—
1970	—	—	—	—	—	—
1973	—	—	—	—	—	—
1976	—	—	—	—	—	—
1979	—	—	—	—	—	—
1982	12	2.75	—	—	—	—
1985	12	2.75	6	1.5	6	1.50
1988	NR	—	NR	—	FDN	—
1991	—	—	—	—	—	—
1994	—	—	—	—	—	—

[a] Sistema Electoral mixto: de mayoría relativa (MR); de representación proporcional (RP).

[b] 300 diputados de MR y 100 diputados de RP.

[c] 300 diputados de MR y 200 diputados de RP.

CUADRO I.7. *Congreso de la Unión, Cámara de Senadores*[a]

Partido	*1964-1982*		*1988*		*1991*[b]		*1994*[c]	
	Número de senadores	*Porcentaje*	*Número de senadores*	*Porcentaje*	*Número de senadores*	*Porcentaje*	*Número de senadores*	*Porcentaje*
PRI	32 (de las 32 entidades)	100.00	60	93.75	63	98.43	95	74.22
FDN	—	—	4 D. F. y Michoacán	6.25	—	—	8	6.25
PAN	—	—	—	—	1	1.56	25	19.53
Total	—	—	64	100.00	64	—	128	100.00

[a] Cámara de Senadores se renueva por mitad y electos por seis años. En consecuencia los periodos de legislaturas LVI = I-XI-1994 a 31 VIII-2000. LVII = 1-XI-1997 a 31 VIII-2000.

[b] 1991-1993.Total: 64 senadores electos por mayoría relativa, dos por cada estado y dos para el Distrito Federal.

[c] 1993 Reforma. Total 128 senadores, electos: tres por mayoría relativa y uno a la primera minoría.

CUADRO I.8. *Siglas, partidos, fusiones*

Partidos y siglas	*Año de fundación*	*Alianzas o fusiones*
Partido Mexicano Socialista (PMS)	1987	1981: PSUM, PCM, PSR, MAUS, PAP, PPM. 1987: Se integra con PSUM, PMT, PPR, UIC, MRP y PST.
Frente Democrático Nacional (FDN)	1987	PARM: Presta registro a Cuauhtémoc Cárdenas para Presidencia. FDN: Dirigencia colectiva PMS, FCRN antes PST, PARM y PPS.
Partido de la Revolución Democrática (PRD)	1988	FDN.
	1989	Heberto Castillo cede candidatura presidencial y disuelve PMS para formar PRD. 1989: PMS cede registro al PRD.
Partido Cardenista (PC)	1996	
Partido Frente Cardenista (PFCRN)	1998	PFCRN se forma del PST.
Partido Socialista de los Trabajadores (PST)	1975-1988	
Partido del Trabajo (PT)	1991	

porque queremos hacer notar que una vez más, como en el pasado, se configuran las tres facciones históricas: una centro derecha (PAN), otra centro (PRI) y la tercera de centro izquierda (PRD). De la representación nacional en la Cámara de Diputados, el PAN cuenta con 20.2% (101 curules), el PRI con 52% (260 curules) y el PRD con 27.8 por ciento (139 curules).

Las reformas políticas promovidas por la Presidencia dieron comienzo a un renovado proceso de participación política, que se traduce, en la representación en la Cámara de Diputados, en un sustancial incremento de los partidos de oposición, como se puede ver en los cuadros I.5 y I.6.

Vale la pena tener presente que los cambios que se sucedieron en la Cámara de Diputados no repercutieron en el Senado, donde los cambios fueron pocos y más tardíos. En 1986 se reformó la Cámara Alta para renovarse por mitad cada tres años. Este decreto operó en las elecciones de 1988 durante el cambio de gobierno de Miguel de la Madrid a Carlos Salinas de Gortari. En 1988 el Senado se compuso por 64 miembros electos directamente, por mayoría relativa, por un periodo de seis años, renovándose por mitad cada tres. De sus miembros, 60 eran del PRI y cuatro de la alianza Frente Democrático, integrada por PPS, PARM, PFCRN y PSM. De esta reforma del Senado es importante rescatar el argumento presentado en la exposición de motivos. Se sostuvo que se debía regresar al procedimiento clásico de la teoría del Estado federal, plasmado en la original Constitución de 1917, que consiste en la renovación por mitad de los integrantes de la Cámara de Senadores cada tres años. Siendo la Cámara de Senadores el cuerpo representante del pacto federal por excelencia, se consideró conveniente mantener la tradición legislativa mediante la permanencia en su función de la mitad de los senadores. Con ello se garantizaba la continuidad de los trabajos legislativos y, como consecuencia, una mayor presencia del Senado en la vida política del país.

Lo importante de la reforma, se dijo, fue que ayudaría a sacar a esa institución —tradicionalmente dominada por el partido mayoritario— de una inercia que contrastaba ampliamente con el dinamismo de su colegisladora, revitalizada por la presencia y la laboriosidad de una pluralidad de tendencias políticas a tono con los estímulos que el Constituyente Permanente había ofrecido por medio de las estrategias de integración de la Cámara de Diputados.[21]

Si analizamos el cuadro I.7 veremos que el cambio importante en el Senado se nota a partir de la elección de 1994, en la que el número de senadores se duplicó, pasando de 64 a 128. Esta duplicación es resultado de la reforma de 1993, según la cual la Cámara de Senadores se integraría por cuatro miembros elegidos en cada estado y en el Distrito Federal, tres por el principio de mayoría relativa y uno que será asignado a la primera minoría. Al mismo tiempo la reforma restablecía el principio de que la renovación se haría en su totalidad y no por mitad, como había establecido la reforma anterior de 1986.

La representación política, vista desde el Congreso de la Unión, Cámara de Diputados y de Senadores, nos habla de las agrupaciones del electorado en tres grandes facciones, que aún se basan en un electorado volátil, no consolidado. Este fenómeno tiende a repetirse en otras instancias de gobierno: en los congresos de los estados, en los cabildos municipales y en la Asamblea de Representantes de la ciudad de México.

En consecuencia, cabe reconocer que la reforma política de esos años alcanzó todos los niveles de gobierno y produjo cambios significativos en las legislaturas estatales y en los municipios que alentaron nuevos cauces democráticos. La composición de las legislaturas estatales se enriqueció bajo el régimen de diputados de representación proporcional y de mayoría relativa. Asimismo, el sistema electoral mixto fortaleció los ayuntamientos municipales en la medida en que la reforma fue integral para Federación, estados y municipios.[22]

[21] Francisco Peralta Burelo, *La nueva reforma electoral de la Constitución, 1977-1987*, México, Miguel Ángel Porrúa, 1989, pp. 54 y 56.

[22] Los mejores estudios de casos locales en lo relativo a la representación política están en Juan Reyes del Campillo, Eduardo Sandoval Forero, Mario Alejandro Carrillo (coords.), *Partidos, elecciones y cultura política en México*, Universidad Autónoma del Estado de México-UAM-Comecso, México, 1994, en el

Sin una cabal comprensión de los cambios en la base, de la cual hoy no disponemos, será difícil explicar el porqué y el cómo de la interacción de cabildos y congresos locales con el Congreso de la Unión. Ciertamente un estudio de esta dimensión está fuera de nuestra presente meta. Baste sólo con hacer mención a dos casos. Cuando en 1986 el presidente Miguel de la Madrid envió la iniciativa de ley al Congreso para ampliar el periodo de sesiones del Congreso de la Unión, 27 congresos estatales habían ya modificado sus constituciones para reforzar la vida parlamentaria al restablecer dos periodos de sesiones.[23] Un ejemplo más reciente es el de las reformas aprobadas por el Congreso del estado de Jalisco entre marzo-abril de 1997. En primer lugar, a partir de 1997 el Congreso del Estado celebrará sesiones cuantas veces sea necesario para el cumplimiento de sus tareas legislativas.[24] Diferencia notable a las posibilidades de realización de la labor del Congreso de la Unión, que aún hoy día se le constriñe a dos periodos ordinarios y no a una labor continua. En la citada Constitución estatal se incorporó la figura del referéndum y la del *plebiscito*, que otros estados de la República ya contemplan en sus constituciones, pero la federal no. En Jalisco se limitaron las facultades del poder del Ejecutivo al introducir la posibilidad de que a través de un *referéndum* se pudieran derogar reglamentos y decretos ya aprobados, exceptuados los de carácter contributivo y de las leyes orgánicas de los poderes del Estado.[25] Al

cual son analizadas las elecciones estatales de Tabasco, Oaxaca, Tlaxcala, Nayarit, Estado de México y Guerrero y las elecciones municipales de Ciudad Juárez, Jacona y Michoacán. Véase también Silvia Gómez Tagle, *La frágil democracia mexicana: partidos políticos y elecciones*, GV Editores, México, 1993, pp. 141-187.

[23] Peralta Burelo, *La nueva reforma electoral...*, *op. cit.*, pp. 20-22.

[24] Capítulo II, Art. 58. De la forma y periodicidad de las sesiones. Siendo obligatorias dos sesiones por semana entre el 1º de febrero al 15 de abril y del 15 de agosto al 15 de diciembre fuera de las cuales sesionará cuatro veces al mes, en *Periódico Oficial del Estado de Jalisco*, t. CCCXXIV, Guadalajara, Jalisco, jueves 9 de enero de 1997, sec. II, núm. 4, Título I, capítulo 1, Artículo 8, son prerrogativas, *ibid.*, Título segundo, capítulo 1, del Sufragio, Artículo 11.

[25] *Op. cit.*, *Periódico Oficial del Estado de Jalisco*. Las condiciones en que se

Congreso de la entidad se le otorga la facultad de someter a *plebiscito* propuestas, decisiones o actos como reglamentos y decretos emanados del gobernador, considerados como trascendentales para el orden público o el interés social del Estado.[26] Lo anterior confirma el doble proceso interactivo entre el Poder Legislativo, estatal y federal. La reforma política integral se ha venido complementando con cambios que se originaron en las entidades federativas y que han repercutido en el Congreso de la Unión y otras instancias y viceversa.

Cabe al respecto un comentario adicional, los patrones electorales en el plano nacional han manifestado que la ciudadanía se expresa —en esta fase— por gobiernos donde el Poder Ejecutivo es ocupado por un partido y, para el Poder Legislativo, el voto ciudadano se divide entre los partidos contendientes, sin que ninguno de ellos cuente con la mayoría absoluta.[27]

4. Funcionamiento del Congreso de la Unión: normas y prácticas

Se repite —con frecuencia— que uno de los datos más significativos del periodo ha sido la hegemonía del partido en el gobierno (PRI), así como en el Congreso y en todas las comisiones y órganos internos. Es decir que ha habido por largos periodos una sobrerepresentación respecto a la votación obtenida. Dice Alonso Lujambio: "Desde 1964, año en que se inauguran los mecanismos de representación minoritaria en la Cámara de Diputados, el PRI

somete el referéndum derogatorio se estipulan en Artículo 54 de Capítulo II, De la Iniciativa y Formación de las Leyes.

[26] *Op.cit.*, *Periódico Oficial del Estado de Jalisco*, capítulo III, De las Facultades del Congreso a las del Estado, Incisos VII y VIII y capítulo II, De las Facultades y Obligaciones del Gobernador, Artículo 50, Incisos V y VI.

[27] Alonso Lujambio en su estudio "Régimen presidencial, democracia mayoritaria y los dilemas de la transición a la democracia en México", en Hernández Chávez, *Presidencialismo y sistema político*, *op. cit.*, pp. 75-111. El autor asocia la práctica del voto dividido al federalismo. Véase también Alonso Lujambio, *Federalismo y Congreso en el cambio político de México*, UNAM, México, 1996.

ha estado casi siempre sobrerrepresentado, usualmente a costo del segundo partido, el Partido Acción Nacional".[28] Es cierto que en los datos que expone Lujambio, el PRI registra una sobrerrepresentación, por el hecho de ser dominante mayoritario, sólo que cabe matizar esta apreciación. En pocas ocasiones fue muy elevada. Si acaso la más alta fue la del Congreso de 1994, con +8.15%. En cambio, consideramos importante hacer notar que en el periodo de 1970 a 1980 sí están sobrerrepresentados los partidos pequeños, cercanos al PRI.[29] En cambio, la mayor sobrerepresentación del PRI se encuentra en el Senado, donde, hasta prácticamente 1991, con una votación variable entre 61.5% (1991) y 87.8% (1964), el PRI obtenía 100% de los senadores.[30]

No es, por lo tanto, una sorpresa notar que la organización interna del Congreso no vivió grandes modificaciones. Fue la reforma política de 1977 la que condujo a que el 25 de mayo de 1979 el Congreso expidiera la ley que regiría su estructura y funcionamiento. Se sustituye el reglamento de 1898 aún vigente en gran parte en ese año. Las reformas en materia electoral, al ampliar la representación política y composición en la Cámara de Diputados, exigieron cambios en el funcionamiento del Congreso para dar cabida a las recientes realidades. La nueva ley orgánica entró en vigor en mayo de 1979.[31] A partir de entonces, los cambios en la vida parlamentaria se sucedieron con tal velocidad que la ley orgánica y el reglamento interior se volvieron inoperantes. Las prácticas consensuales fueron supliendo la insuficiencia en la legislación y reflejaron los acuerdos parlamen-

[28] Alonso Lujambio, *Federalismo y Congreso en el cambio político de México*, UNAM, México, 1996, pp. 171-172.

[29] *Ibid.*

[30] Gómez Tagle, *La frágil democracia*, *op. cit.*, p. 196.

[31] Peralta Burelo, *La nueva reforma electoral*, *op. cit.*, Porrúa, pp. 54 y 56, y, en particular, *Ley Orgánica del Congreso General de los Estados Unidos Mexicanos*, 1995, Talleres Gráficos de la Cámara de Diputados. Antecedentes, pp. I-XXIX, y *Origen y Evolución del reglamento para el gobierno interior del Congreso General de los Estados Unidos Mexicanos*, Cámara de Diputados, Sistema Integral de Información y Documentación. Comité de Biblioteca e Informática, SIID Cuadernos de apoyo, agosto de 1996. MJ-12-96.

tarios suscritos por las diversas facciones partidarias, sin los cuales la Cámara de Diputados no habría logrado funcionar.[32]

En 1989 un grupo de parlamentarios recopiló la normativa aprobada por consenso de las fracciones representadas en el Congreso en ese decenio. El 1º de diciembre de 1992 a través de la Comisión de Régimen, Reglamento y Prácticas Parlamentarias de la Cámara de Diputados se presentó, a consideración del pleno, una iniciativa de nueva ley orgánica. Ésta sintetizaba las recientes reformas a la Constitución, al código federal de instituciones y procedimientos electorales, y los acuerdos parlamentarios aprobados por la LV Legislatura relativos al funcionamiento y organización de la Cámara de Diputados. Además, se propusieron nuevos mecanismos de trabajo y prácticas legislativas para la Cámara, el Congreso en general y para la Comisión Permanente.

En primer lugar, se adecuó la ley orgánica a las recientes reformas constitucionales. Respecto a la representación en las dos cámaras: la de Diputados contempló los 300 diputados electos por mayoría relativa y 200 de representación proporcional. En lo relativo a la Cámara de Senadores, los cuatro miembros por cada estado de la Federación y el Distrito Federal; tres electos por mayoría relativa y uno asignado a la primera mayoría. "La apertura del Senado de la República —dijo Fernando Ortiz Arana, entonces presidente del Comité Ejecutivo Nacional del PRI— fue una acción de gran significado para incrementar la presencia activa de todas las fuerzas políticas en el trabajo colectivo de representar los intereses diferenciados de cada entidad federativa."[33]

La ley orgánica incorporó las dos sesiones ordinarias anuales, la representación relativa y proporcional, y dedicó especial atención a la regulación de las comisiones. De hecho, y según los congresistas, éstas habían caído en desuso: "las comisiones se

[32] En los capítulos de este libro se hace referencia a estas diferentes prácticas y a los cambios que se dieron en las cinco legislaturas que se estudian.

[33] Fernando Ortiz Arana, *Democracia y justicia social. Marco jurídico de la modernidad*, Fundación Cambio XXI, México, 1993, p. 19.

volvieron a reunir y a tomar acuerdos en su seno durante la LI Legislatura (1978-1982)".[34]

Las comisiones tuvieron por fin garantizar la libre expresión de las distintas corrientes ideológicas representadas en el Congreso. Si consideramos el porcentaje de representantes de los distintos partidos en la Cámara de Diputados, destaca el peso mayoritario del PRI y su sobrerrepresentación.[35] Con el voto de sus diputados hubiera bastado para aprobar las iniciativas remitidas al Congreso. No obstante, es importante analizar con detenimiento el *modus operandi* de las comisiones.

En primer lugar, las fracciones o grupos parlamentarios se eligen según los procedimientos de cada partido y de modo autónomo; se componen de un mínimo de cinco diputados y cada fracción elige a su presidente. Una vez conformada la fracción, se presenta la documentación pertinente a la mesa directiva de la Cámara para que en el primer día de sesiones se den a

[34] De las entrevistas a parlamentarios así como a altos funcionarios de la Secretaría de Hacienda, los dictámenes se pasaban a firma en la Plenaria. Lo anterior se corroboró en el Archivo Central del Congreso de la Unión donde no se localizó documentación de las comisiones de Hacienda y Crédito Público sólo a partir de 1978. Entrevistas a Pablo Gómez Álvarez. Diputado LIV Legislatura (PCM), Diputado LIV Legislatura PSUM.

[35] Lujambio, *Federalismo y Congreso, op. cit.*, pp. 183-204, ha sido el primero en analizar la importancia de las comisiones y ha puesto en evidencia que presentan rasgos negativos pues no han ofrecido a la Cámara un mínimo de continuidad y no han ofrecido oportunidades equitativas de trabajo legislativo para todos los partidos. Atribuye estas deficiencias al hecho que el PRI logró en la LIV y LV Legislatura sobrerrepresentarse en las comisiones "y lo hizo no a costa de la subrepresentación del PAN", partido con el cual necesitaba cooperar en el ámbito legislativo, sino del resto de los partidos que integraron el Frente Democrático Nacional, que, con el 28% de la representación en la Cámara, padeció una notoria subrepresentación en todas las comisiones excepto tres (Población y Desarrollo, Reforma Agraria y Gobernación y puntos constitucionales). De la excelente información de Lujambio se observa que en la LIV Legislatura por vez primera en la historia parlamentaria el PAN obtiene la presidencia de dos comisiones (Mejoramiento de Bienes de Conservación y Fomento Cooperativo) y de un comité (de biblioteca) mientras el PARM obtiene la presidencia de la Comisión de Artesanías y el PFCRN el de pesca. Es sólo en la LVI Legislatura (1991-1994) que el PRD obtiene la presidencia de dos comisiones (Distribución y Mejoramiento de Bienes y Asentamientos Humanos).

conocer las fracciones y sus presidentes o coordinadores. El peso estratégico de las fracciones en la Cámara se comienza a notar en el hecho de que se les otorga un valor distinto al porcentaje de votos y curules que ocupa cada partido. Los coordinadores de cada fracción adquirieron, así, un peso más equitativo.

El primer reglamento de 1994 concedió a los líderes de grupo parlamentario un papel clave, pues fueron los conductos para coordinar las tareas de la mesa directiva, las comisiones y los comités de la Cámara de Diputados. Para quitarles poder, en 1994 se reformó el inciso relativo a la convocatoria a todos los miembros para tareas de coordinación, quitando el carácter obligatorio de dicha convocatoria. Así, con la reforma, el texto dice que el líder del grupo mayoritario "*podrá* —en lugar de *deberá*— reunirse con los demás coordinadores para considerar conjuntamente las acciones específicas que propicien el mejor desarrollo de las labores camerales".[36]

Respecto a las comisiones, es importante hacer referencia a las cuatro ordinarias que contaron además, con facultades específicas. Hago referencia a la Comisión de Régimen Interno y Concertación Política, la de Dictamen Legislativo, la de Vigilancia de la Contaduría Mayor de Hacienda, y la de Reglamentos y Prácticas Parlamentarias; las cuatro tuvieron un carácter definitivo en cuanto que sus miembros se elegían por un periodo de tres años, lo que duraba la Legislatura, y sesionaban de modo continuo. La función de la Comisión de Concertación y Régimen Interno que debía integrarse desde el primer día de sesiones, en tanto órgano de gobierno del Congreso, fue coordinar y optimar el ejercicio de las funciones legislativas, políticas y administrativas de la propia Cámara. A este efecto debía reunirse cuando menos una vez al mes. Correspondió a esta comisión:

I. Suscribir acuerdos relativos a los asuntos que se desahogan en el Pleno de la Cámara.
II. Proponer a los integrantes de las comisiones y comités.

[36] *Op. cit.*, art. 35.

III. Proponer el proyecto de presupuesto anual de la Cámara de Diputados.
IV. Proponer a la Cámara la designación del oficial mayor y del tesorero.
V. Presentar al Pleno de la Cámara los nombramientos de consejeros propietarios y suplentes que formarán parte del consejo general del Instituto Federal Electoral propuestos por la facción mayoritaria y la minoría de la Cámara.
VI. Contribuir con la mesa directiva a organizar y conducir los trabajos camerales.

Más aún, la Comisión de Régimen Interno y Concertación Política era la que proponía a los diputados que conformarían las otras comisiones, para que éstos fueran ratificados por el Pleno de la Cámara. Siempre debía atenderse que estuvieran representados los diferentes grupos parlamentarios, tanto en las presidencias como en las secretarías correspondientes. A este efecto se tomaría en cuenta la importancia cuantitativa de cada grupo parlamentario. Los diputados podían formar parte de un máximo de tres comisiones ordinarias.[37]

Las otras comisiones ordinarias de carácter continuo por tres años fueron: *a)* Comisión de dictamen legislativo, que tuvo por función estudiar, analizar y dictaminar las iniciativas de ley de decreto, y participar en las deliberaciones y discusiones de Asamblea de acuerdo con las disposiciones del Reglamento Interior y de Debates; *b)* Comisión de Programación, Presupuesto y Cuenta Pública, que actuaría de acuerdo con lo dispuesto por las leyes de presupuesto, contabilidad y gasto público y orgánica de la Contaduría Mayor de Hacienda, y *c)* Comisión de Reglamento y Prácticas Parlamentarias, que se integraría por 20 miembros de entre los diputados de mayor experiencia parlamentaria. La Comisión Ordinaria de Vigilancia de la Contaduría Mayor de Hacienda tuvo por funciones actuar conforme a la Ley Orgánica de la propia Contaduría y la de Hacienda y Crédito Público.

[37] *Reglamento para el gobierno interior. Ley orgánica del Congreso General de los Estados Unidos Mexicanos*, 1995, *op. cit.*

Las comisiones tomaban sus decisiones por mayoría de votos de sus miembros. Sus presidentes tenían voto de calidad en caso de empate. Si alguno de los miembros de una comisión disentía de la resolución adoptada, podía expresar su parecer por escrito, firmado como *voto particular*, y dirigirlo al líder de su grupo parlamentario, con copia para el presidente de la comisión, para que aquél, de estimarlo conveniente, lo remitiera al presidente de la mesa directiva de la Cámara a fin de que ésta decidiera si lo ponía a consideración de la Asamblea.[38]

La Gran Comisión, la Comisión de Régimen Interno y Concertación Política, la Comisión Permanente y las comisiones vinculadas a la política económica adquirieron no sólo un peso estratégico sino un alto grado de profesionalidad, para desahogar asuntos como lo exigía la política económica. Su especialización por áreas se debió a que además podían discutir, conforme al artículo 93 constitucional, los proyectos de la materia con los secretarios de Gobierno, con personal directivo de empresas paraestatales, etcétera.

Ante todo se debe insistir que, a diferencia del Pleno de la Cámara —que contaba con periodos de convocatoria precisos que máximo ascendían a cinco meses del año—, las comisiones aludidas de ambas cámaras siguieron funcionando durante los recesos del Congreso. Sin duda, de esta continua labor deriva el peso estratégico de las comisiones al interior del Congreso, además de que por su composición, el debate y las políticas que se debían acordar, éstas se convirtieron en los nudos vitales de la vida parlamentaria.

Una vez expuesto el marco formal de las reformas estructurales, en los incisos subsecuentes rescataremos la praxis de las labores de una comisión. El caso estudio que tomamos es el de la Comisión de Hacienda y Crédito Público.

[38] *Op. cit.*, artículos 56 a 64.

5. La formación de una comisión[39]

Las dos comisiones económicas más importantes son la de Programación, Presupuesto y Cuenta Pública y la Comisión de Hacienda y Crédito Público. Una comisión se compone de 30 miembros como máximo, y ningún diputado puede ser miembro de más de tres comisiones. El proceso interno para designar al presidente y a los miembros de la comisión se realiza, en el caso del partido de mayoría (PRI), del modo siguiente. La designación de la presidencia de estas comisiones es una decisión consultada, promovida, con el secretario correspondiente. Como en cualquier partido político, en última instancia es también decisión del presidente de la República, así como del líder de la Cámara y del secretario del ramo.

Para la presidencia de comisiones importantes, se nombra a alguien que tenga el respeto de los priístas miembros de la comisión, pero sobre todo a alguien con conocimientos, con experiencia en materia económica y financiera. En el periodo del licenciado Miguel de la Madrid, los presidentes de la Comisión de Programación y Presupuesto fueron Luis Donaldo Colosio y Rogelio Montemayor; en la Comisión de Hacienda y Crédito Público estuvieron Manuel Cavazos Lerma y Luis Orci, en gobiernos posteriores les sucedieron Ángel Aceves, postulado por la CTM, específicamente por Fidel Velázquez, y Francisco Suárez Dávila (1994-1997).

Durante la LVI Legislatura, Suárez Dávila era el candidato a la presidencia de una de las principales comisiones: Hacienda o Programación, por eso estuvo en pláticas activas en la organización de las comisiones. Se reunía con quien iba a ser el líder de la

[39] Esta parte se basa en entrevistas realizadas en 1997 al licenciado Francisco Suárez Dávila por Alicia Hernández Chávez. Él fue presidente de dicha comisión en el periodo 1994-1997. La interpretación es responsabilidad exclusiva de la autora. Se complementó con el Reglamento y Ley Orgánica del Congreso de la Unión y con la documentación que obra en poder de la Comisión de Hacienda y Crédito Público del Congreso de la Unión.

mayoría del Congreso, Ruiz Massieu, con el futuro presidente del partido y con el presidente electo.

Había también una discusión muy intensa en torno a quiénes formarían parte de las comisiones. Por varios días se encerraba el liderazgo de la Cámara con los coordinadores de los sectores para discutir sobre una representación proporcional, adecuada. El sector obrero peleaba su presencia en ciertas comisiones, el campesino la suya, el sector popular también. A su vez, se negociaba que un secretario fuera del sector obrero y otro secretario del sector popular. En el caso de la Comisión de Hacienda no hubo cabida para el sector campesino, pues una de las secretarías fue para el candidato del sector obrero.

Los otros partidos deliberan internamente conforme a sus normas. Posteriormente hay una ceremonia en la que se dan a conocer todas las propuestas de miembros de la comisión que tiene que aprobar el Pleno. Aprobada la composición de la comisión por el Pleno, se instala la comisión y se vota la presidencia.

Todo era un acto formal del partido que tiene la mayoría, pues el PRI apoyaba la candidatura convenida para presidente de la comisión. Luego se votaban las secretarías, donde el PAN y PRD normalmente incorporaban a uno de sus candidatos, y se repartían los 17 puestos vacantes, cuidando que la mayoría en comisión fuera del PRI que en el caso que nos ocupa contó con 18 priístas de un total de 30.

6. El trabajo en comisión

Una iniciativa de ley del Ejecutivo sigue diferentes etapas.[40] En la primera, el Ejecutivo y el presidente de la comisión negocian con la Secretaría de Hacienda aun antes de que existan los textos de legislación. En esa primera etapa sólo interviene un pequeño grupo de diputados priístas, quienes tienen la posibilidad de opinar sobre el proyecto y ver no solamente el texto en blanco y

[40] Véase la nota 39.

negro, es decir, el texto de ley, sino que incluso tienen acceso a los borradores iniciales. Pueden influir en partes del proyecto donde existen elementos altamente inconvenientes; decir si ciertos incisos son altamente discutibles, y no pasarán porque se toparán con mucha resistencia. Esto ocurre todavía con el borrador de ley. Durante esa primera fase —donde sólo interviene un grupo limitado— lo ideal es ver la ley antes de que se ponga en blanco y negro.

Cuando surge ya la legislación, es decir la ley en blanco y negro, los priístas en su conjunto la ven, entonces hay discusiones muy intensas. Se trata de resolver dudas y buscar cierto consenso. Otras veces hay digamos un acuerdo inicial porque así lo exigen las circunstancias. Los priístas impondrán su texto de ley por disciplina partidaria; si acaso, harán una serie de cambios políticos y técnicos. En otras ocasiones se acuerdan los cambios que se pueden conceder.

Este trabajo previo no es aún de la comisión, sino del grupo priísta reunido con el secretario o con el subsecretario. Hay discusiones de carácter técnico y político; éstas son las más difíciles. De acuerdo con su importancia, se tratan con el subsecretario, con el secretario e incluso con el presidente de la República.

En materia presupuestal también son fuertes las presiones de los sectores del partido: obrero, popular, campesino, a veces movidos por las secretarias del sector. Por ejemplo, el presupuesto de agricultura se considera insuficiente en algunos rubros, entonces la diputación del sector campesino asienta que la parte del presupuesto asignada es muy pequeña y exige más. A veces quien promueve esto es el secretario de Agricultura. Lo mismo ocurre con los otros sectores del PRI.

Una vez que se recibe la iniciativa de ley, el trabajo en comisión es distinto. Se presenta un preproyecto de dictamen —instrumento de trabajo para discutir formalmente con los 30 miembros— y después el conjunto de observaciones se presenta al secretario para su discusión. Al final, la conciliación de todo el dictamen se pone a consideración de la comisión. El presidente comienza por los considerandos generales y después se analiza capítulo por capítulo para detectar los problemas.

Paralela al trabajo de la comisión, se desarrolla otra labor de análisis en las comisiones indirectamente afectadas. Así, se discute y recogen criterios de la otra Cámara, o sea en sesiones bicamerales, lo que abrevia y enriquece el trabajo.

En la primera etapa de la reunión de comisiones, comparece el subsecretario, quien expone las características de la ley y responde a preguntas y cuestionamientos específicos. Asimismo, el presidente de la Comisión de Hacienda, con un grupo limitado de diputados —todos del partido de mayoría, pues no se incluye a la oposición— y con gente del apoyo técnico —que es muy insuficiente—, prepara las grandes reformas del legislativo.

Concluida esta última etapa, que por ley dura cinco días,[41] la comisión debe recabar 18 firmas en favor, que son las de los priístas. La oposición puede firmar si, desde su punto de vista, no se trata de un tema de trascendencia política; abstenerse si está en contra, o votar en favor pero con reservas. Ninguna proposición o iniciativa puede discutirse en pleno sin haber sido dictaminada por la comisión o comisiones correspondientes.[42]

Con la finalidad de agilizar las discusiones e incorporar el mayor número de pareceres, así como para conciliar intereses distintos, a partir de finales de la década de 1980, se llevan a cabo *sesiones-conferencias* conjuntas entre ambas cámaras. Una vez que está listo el dictamen se manda al Pleno, donde se sigue un rito. Si uno o varios miembros no están de acuerdo, pueden expresar su parecer por escrito y dirigirlo al líder de su grupo parlamentario con copia al presidente de la comisión. Es lo que se llama *voto particular*.[43]

En el Pleno, alguien de la comisión, normalmente un priísta, a veces el secretario de la comisión priísta, sustenta el dictamen en términos neutrales, pues se trata del dictamen de la comisión,

[41] Artículos 87 y 88.
[42] Artículo 60.
[43] Artículos 64 y 88 del Reglamento, *op. cit.*

de todos los partidos, de la mayoría, con modificaciones. Después cada partido *fija posición*, es decir, expone sus consideraciones y pronuncia su voto favorable, contrario o de abstención. Luego viene la segunda lectura en el Pleno. Esta segunda fase abre el debate ya de carácter político. Normalmente en el Pleno ya no se cambia nada, los cambios se hacen en las comisiones.[44]

7. Conclusión. El papel del Congreso en la política económica

Hemos realizado un doble recorrido con el fin de destacar primero el escaso peso del Congreso entre 1940 y 1970 para valorar después la restauración de las facultades del Poder Legislativo en el decenio de 1980. En este proceso, que cubre varios decenios, se expusieron las distintas facultades de cada uno de los poderes en materia de política económica, y se señaló la necesidad que hubo de crear día con día nuevos nexos entre las competencias constitucionales propias de cada poder.

El enfoque de nuestro análisis fue la relación vital y cambiante entre Congreso y Presidencia. Desde esta perspectiva introdujimos un rasgo que nos pareció que merecía subrayarse. Se trata del papel que tiene el consenso. El consenso permitió una relación inédita de corresponsabilidad entre los dos poderes, Legislativo y Ejecutivo, en materia económica, e impulsó el nacimiento de un tipo de alianza entre los poderes propia de una democracia.

A nuestro juicio, las alianzas no excluyen el enfrentamiento y la discrepancia entre poderes en materia económica. Estas diferencias se relacionan con un hecho real: que las necesidades son muchas y los recursos limitados; y cada partido y grupo concibe formas diversas para su mejor empleo y para poder satisfacer la demanda de su electorado y de la sociedad en general. En esta relación podemos juzgar, por los resultados, la capacidad del

[44] Aquí concluye la síntesis de la entrevistas Francisco Suárez Dávila-Alicia Hernández Chávez, julio de 1997.

gobierno, y del partido de mayoría que lo sostiene, y valorar la capacidad de la oposición y de sus partidos para diseñar políticas económicas viables. De este diálogo resultará el que el partido de mayoría se mantenga en el gobierno, o que partidos de la oposición se conviertan en gobierno o aumenten su representación. Sin embargo, gobierno y oposición deben ser los más interesados y preocupados porque el cuadro económico no se desmorone, pues todos perderíamos y la ciudadanía podría negar su apoyo al orden constituido no participando en el proceso electoral.

Un buen ejemplo de las complejas relaciones entre gobierno y Congreso lo ofrecen los arreglos de 1986 en manera de deuda externa, resultado de las negociaciones comenzadas en 1984 y concluidas en el primer semestre 1986.

Conviene recordar que ya en ocasión de la crisis de 1982, en junio, el secretario de Hacienda y Crédito Público formó un comité asesor interno —integrado por Miguel Mancera, José Ángel Gurría y Alfredo Phillips Olmedo— "cuya misión fue presentar diversas estrategias para atender —en el corto plazo— el problema financiero del país". Este comité informó que las opciones de acción eran las siguientes: *a)* declarar una moratoria de manera unilateral; *b)* iniciar una negociación de índole política a fin de allegarse recursos financieros vía acuerdos con el FMI y con los gobiernos de los países industriales, y *c)* provocar una "crisis internacional de deudas" con el fin de lograr el apoyo de las partes involucradas".[45] La posición del gobierno a partir de Miguel de la Madrid fue en favor de la negociación con los acreedores, lo que permitió sentar las bases de la primera restructuración, obtener nuevos créditos por 5 000 millones de dólares en 1983, y firmar un convenio de facilidad ampliada con el Fondo Monetario Internacional.[46]

En 1984 el esfuerzo negociador se dirigió a obtener una renegociación de plazos y costos, puesto que era imposible el servicio

[45] Secretaría de Hacienda y Crédito Público, *Deuda externa pública mexicana*, Fondo de Cultura Económica, México, 1988, p. 60.

[46] *Ibid.*, pp. 95 y ss.

de dicha deuda en el corto plazo. Las consideraciones que llevaron al gobierno de Miguel de la Madrid a renegociar la deuda externa y evitar una moratoria unilateral en 1985 y 1986 —momento de grave crisis financiera determinada por la abrupta caída del precio del petróleo y alta inflación— fueron las negativas experiencias de México cuando se habían tomado dichas medidas en el pasado. El país no podía privarse del financiamiento externo, y el riesgo de una declaratoria unilateral perjudicaría las relaciones comerciales externas de México, el flujo de las inversiones extranjeras e, incluso, el turismo.

Se tomaba también en cuenta la experiencia del gobierno del presidente López Portillo, quien había intentado formar un bloque de deudores para presionar a la comunidad internacional usando la amenaza de la moratoria, pero ni Brasil ni Argentina se habían mostrado dispuestos a esa operación.

Seguir cumpliendo los compromisos de la deuda externa, aún en la hipótesis de la renegociación, implicaba una gran limitación de recursos en el presupuesto del gobierno federal, por lo que, naturalmente, hubo opiniones radicales, sobre todo de los sectores de izquierda, para que se declarara la moratoria y después se renegociara. La posición del presidente De la Madrid era compartida totalmente por el secretario de Hacienda, Jesús Silva-Herzog, y el gobernador del Banco de México, Miguel Mancera, pero había otros funcionarios que deseaban una línea más dura, que nunca llegó a manifestarse en una división fuerte hacia el interior del gabinete. Algunos de estos funcionarios hablaban de una moratoria negociable, como el secretario de Relaciones Exteriores, Bernardo Sepúlveda, el subsecretario de Relaciones Exteriores Jorge Eduardo Navarrete, y el secretario de Energía, Minas e Industria Paraestatal Alfredo del Mazo. Esta misma línea la sostenían en la Cámara de Diputados, no solamente el PRD o algunos diputados del PAN, sino también algunos diputados priístas, como Santiago Oñate y Demetrio Sodi.

La oposición del PRD contaba con gente, como Pablo Gómez, Rolando Cordera, José Lascuráin e Ignacio del Valle, que tenía buenos contactos en Estados Unidos, por lo que interpelaban, diciendo: "señor subsecretario, aquí están los documentos que se presentaron, pero nosotros sabemos que existe un texto en inglés que se está discutiendo con los banqueros en Nueva York queremos no solamente esos documentos sino queremos saber cómo están planteando la ley de ingresos, cuáles son nuestros convenios, el convenio con el Fondo Monetario Internacional".[47]

El estancamiento de las negociaciones del gobierno con los acreedores extranjeros reforzó temporalmente en el debate público la estrategia de la moratoria negociable, pues pese a las medidas de ajuste para abatir el crecimiento del gasto corriente, y a la aceleración de la apertura comercial y el fortalecimiento de las finanzas públicas, los organismos internacionales no cedían.

La posición de moratoria negociable se reforzó gracias al esfuerzo de economistas de la CEPAL, en Washington, D. C., y de México. Todos laboraron de modo independiente en un problema que en su momento hizo época. Saúl Trejo y sobre todo Víctor L. Urquidi defendieron y proporcionaron sostén científico a la tesis de la moratoria negociable. La propuesta era establecer

> en el ámbito internacional y con la cooperación de los organismos financieros multilaterales, un sistema mediante el cual *una* parte de los pagos anuales por concepto de intereses de la deuda externa de los países en vía de desarrollo se haga en moneda local, acreditándose dichos pagos a favor de los bancos acreedores en cuentas bancarias restringidas, en los países deudores, que sólo podrían usarse para financiar, también en la misma moneda local, proyectos de desarrollo convenidos entre el deudor y el acreedor.[48]

[47] Entrevista Francisco Suárez Dávila-Alicia Hernández Chávez, 1997. La interpretación es exclusiva responsabilidad de la autora, así como lo que a continuación se narra.

[48] Víctor L. Urquidi, "Una propuesta para establecer un sistema de pago parcial, en moneda local, de los intereses de la deuda externa", *El Trimestre Económico*, núm. 211, 1986, pp. 627-630, Fondo de Cultura Económica, México. Véase también "Consecuencias a largo plazo del problema mundial del endeudamiento externo", en Miguel S. Wionczek (comp.), *La crisis de la deuda externa en América Latina*, Fondo de Cultura Económica, México, 1987, pp. 13-45.

Las ideas de Urquidi circularon ampliamente entre los funcionarios y entre los políticos, pues fueron difundidas bajo forma de memorándums, de artículos periodísticos y de entrevistas. Francisco Suárez Dávila sostiene que a esta propuesta se le conocía como "la bala de plata".

La renegociación de la deuda externa se llevaba a cabo con la Tesorería de los Estados Unidos, cuya opinión era de mucho peso sobre el FMI y el Banco Mundial. Su opinión también conformaba la respuesta de las autoridades financieras de los otros países acreedores —los europeos y los japoneses— y era la base para convencer a los acreedores privados de los términos de la renegociación. Hubo momentos en los que el propio presidente De la Madrid estuvo dispuesto a declarar la moratoria unilateral, no como una estrategia deseada, sino por la imposibilidad material de seguir cubriendo la deuda, y así lo manifestó en el áspero discurso pronunciado en Hermosillo (1º de julio de 1986), que ayudó a suavizar la dura posición de los acreedores.

La estrategia de la moratoria negociada nunca se adoptó por el gobierno y no se discutió formalmente en el Congreso. Se usó como amenaza por funcionarios del gobierno en dos o tres ocasiones en que el FMI y la Tesorería estadunidense se mostraron en exceso rígidos. Lo que finalmente prevaleció fue la tesis de la renegociación de la deuda, la cual, si bien se logró en términos muy estrictos, alivió e hizo manejable este problema durante el sexenio 1982-1988.

La estrategia adoptada para enfrentar la deuda externa deja ver como el Congreso, la Presidencia y la opinión pública nacional e internacional ayudaron a la negociación con los acreedores internacionales. El resultado fue que México sirvió de punta de lanza para los demás países deudores latinoamericanos, pues logró —no obstante el rechazo de la izquierda— las mejores condiciones posibles dentro de las circunstancias de aquellos momentos.

Lo cierto es que el servicio de la deuda externa fue un pesado lastre para la política económica de entonces, pero creó un ambiente propicio para que el siguiente gobierno negociara condiciones más favorables. Por otra parte, a partir de dicha crisis el Congreso tuvo una actitud más vigilante sobre la evolución de la deuda externa, y el gobierno de Miguel de la Madrid moderó sustancialmente su crecimiento, sobre todo en relación con los dos gobiernos anteriores.

II. LAS NUEVAS "REGLAS DEL JUEGO". REFORMAS CONSTITUCIONALES E INSTRUMENTOS LEGISLATIVOS

SI BIEN México había conocido en las últimas dos décadas tres crisis económicas que golpearon con intensidad al país, tal vez la de 1982 fue la que con mayor crudeza repercutió en la sociedad y en el imaginario colectivo. Las promesas de redistribución de la riqueza y "administración de la abundancia" anunciadas por los presidentes Echeverría y López Portillo se frustraron, y una sociedad desesperanzada se encontró de frente a un futuro incierto, en gran medida desconocido.

El desafío recaía directamente sobre el presidente electo Miguel de la Madrid, quien se dio cuenta de que las circunstancias exigían innovar la gestión de la economía y de las finanzas públicas. No se trataba sólo de dar nuevo giro a la gestión de la economía, había también que modificar la normativa existente para así modernizar los instrumentos a disposición del gobierno para enfrentar el nuevo reto, tanto interno como externo.

El instrumento esencial del cambio lo identificamos en el sistema de planeación democrática. En este capítulo analizamos su conformación en la medida en que dio origen a una nueva relación entre los poderes Ejecutivo y Legislativo, aunque sus efectos se comenzarían a percibir en el decenio de 1990. Se trata de un cambio importante, porque la nueva realidad que se expone en el Sistema de Planeación Democrática requirió de un vasto "paquete" de reformas constitucionales, de leyes orgánicas y reglamentarias que definieran con certeza las nuevas reglas del juego y dieran sustento constitucional al principio de la rectoría económica del Estado. Se definió el principio de la economía mixta con garantías para la coexistencia de los sectores público, privado y social. Enseguida se reglamentó el sistema de planeación democrática del desarrollo, se delimitó el concepto de actividad estratégica a cargo exclusivo del Estado, y se definió mejor el desarrollo rural y la justicia agraria.[1]

En este capítulo presentamos un análisis de las reformas constitucionales y de las leyes orgánicas, y procuraremos recuperar el papel que desempeñaron ambas cámaras del Congreso de la Unión en la definición del nuevo marco institucional de la economía contemporánea mexicana.

1. Los antecedentes de la nueva política económica: las reformas constitucionales de 1982

En su discurso de toma de posesión, el 1º de diciembre de 1982, el entonces presidente Miguel de la Madrid hizo explícito lo que durante su campaña aún no lo era, la gravedad de la crisis económica que vivía el país y la crisis fiscal del Estado.

Lo que el nuevo presidente recibía en herencia de su predecesor no era el cómo "administrar la abundancia", sino el problema de cómo contener el proceso de deterioro que comenzó a finales de la década previa y continuaba con un fuerte descenso, como se observa en el cuadro II.1.

Los indicadores fundamentales de la economía muestran el estancamiento del PIB y del ingreso *per capita*, así como la baja en el consumo, pero sobre todo la constante disminución de los salarios reales y, en particular, los industriales. El mejor indicador de esto, por ser más visible, fue la aceleración de la tasa de inflación en los decenios de 1970 y 1980. El deterioro económico corrió parejo con la crisis fiscal, como se ve en el cuadro II.2.

La crisis de 1982 no sólo repercutió en el imaginario colectivo, sino en algo más concreto: las finanzas públicas, que enfrentaron

[1] El ex presidente Miguel de la Madrid tiene un análisis interesante de las reformas en "El régimen constitucional de la economía mexicana", en *Estudios Jurídicos en torno a la Constitución Mexicana de 1917 en su Septuagésimo Quinto aniversario*, Instituto de Investigaciones Jurídicas de la Universidad Nacional Autónoma de México, pp. 439-468.

CUADRO II.1. *Indicadores fundamentales de la economía mexicana, 1980-1984*

	1980	*1981*	*1982*	*1983*	*1984*
PIB *per capita* (pesos de 1978)	12.131	12.754	12.380	11.418	11.558
Ingreso disponible *per capita* (pesos de 1978)[a]	11.145	11.824	11.021	10.108	10.232
PIB (tasa crecimiento real)	8.3	8.8	0.6	4.2	3.6
Consumo *per capita* (pesos de 1978)	8.278	8.855	8.524	7.890	7.698
Ingreso por trabajo/PIB (porcentaje)	0.38	0.37	0.38	0.29	0.28
Ingreso por trabajo/Ingreso disponible *per capita* (porcentaje)	0.39	0.41	0.40	0.32	0.31
Inflación (porcentaje)	29.8	28.7	98.8	80.8	59.2
Salarios reales (1978=100) salario mínimo	91.3	92.8	83.8	88.8	83.7
Salario real industrial (1978=100) salario mínimo	94.0	95.1	97.4	70.8	87.8

FUENTE: INEGI, *Sistema de cuentas nacionales*, varios años.
[a] Deflacionado por el deflactor del PIB.

su peor crisis desde los años treinta, debido a que el déficit económico alcanzó 16.5% del PIB, y el déficit en la balanza de cuenta corriente fue de 6.221 millones de dólares. El endeudamiento externo ascendió a 87 600 millones de dólares.

En alguna medida la gravedad de la situación económica y hacendaria se reflejó en la plataforma electoral del candidato a la Presidencia, pues se insistía en la necesidad de un nuevo "Sistema Nacional de Planeación Democrática" sustentada en:

> El reconocimiento del Estado rector como "promotor, orientador y gestor del desarrollo".

> El sistema de economía mixta, entendida como el mandato constitucional que obligaba al Estado a [...] intervenir en renglones que revisten carácter estratégico para la marcha económica y en los cua-

CUADRO II.2. *México: Finanzas públicas, 1978-1983*

(Porcentaje del PIB)

Año	*Gasto público total*	*Gasto público sin Pemex*	*Gasto de Pemex*	*Gasto público sin pagos de intereses*[a]	*Ingreso público total*	*Ingreso del sector petrolero*	*Ingreso del sector no petrolero*	*Déficit financiero total*	*Déficit financiero*	
									Externo	*Interno*
1978	32.2	27.5	4.7	30.2	25.5	5.0	20.4	6.7	4.0	2.7
1979	33.6	28.3	4.3	31.4	26.2	6.1	20.1	7.4	4.5	2.9
1980	35.6	30.4	5.2	33.5	27.8	8.0	19.7	7.9	4.9	2.9
1981	42.4	35.0	7.5	40.0	27.7	8.0	19.7	14.7	6.2	8.5
1982	48.9	41.3	7.6	40.8	31.0	12.4	18.6	17.9	14.1	3.8
1983	41.7	35.6	6.1	29.3	33.9	16.2	17.7	8.7	-3.0	11.8

[a] Ernesto Zedillo Ponce de León, "La experiencia entre 1973 y 1983 de la balanza de pagos y las perspectivas del crecimiento de México", en Bazdresch *et al.*, México, *op. cit.*, p. 38.

les su participación directa permite cumplir la responsabilidad del poder público en los procesos de producción y distribución.[2]

La planeación entendida como un instrumento técnico para alcanzar metas superiores: fortalecer la independencia del país; generar suficientes fuentes de empleo para la población que lo demande; para lograr el crecimiento alto y sostenido y para mejorar la distribución del ingreso. En consecuencia "se ha realizado la planeación del desarrollo y no sólo la del crecimiento".

La planeación como medio para fortalecer los mecanismos de coordinación entre los distintos niveles de gobierno.

El manejo de la política económica y social que permitiría continuar "induciendo las acciones de los sectores para hacerlas congruentes con esos propósitos [del Proyecto Nacional]".[3]

El rumbo de la economía y el reordenamiento de la hacienda pública que impusieron las circunstancias del momento señalan el comienzo de una nueva política económica que perdura en sus grandes directrices al día de hoy. En su discurso inaugural, el presidente Miguel de la Madrid rompió con la tradición de presentar una visión filosófica y retórica, carente de contenido específico. Dedicó su discurso de toma de posesión a reconocer la gravedad del momento, a precisar la situación económica. Presentó el contenido del Programa Inmediato de Reordenación Económica (PIRE), es decir, una política basada en la recuperación del crecimiento económico con estabilidad de precios.[4] En esa ocasión el presidente dijo: "en los próximos días remitiré una iniciativa de ley que defina el Sistema Nacional de Planeación Democrática".[5]

[2] IEPES, *Plan Básico 1982-1988 y Plataforma Electoral*, s. p. i., p. 29.

[3] *Idem.*

[4] Sobre el contexto político y económico del sexenio 1982-1988, véase Soledad Loaeza, *Delamadrismo: la segunda modernización mexicana*, y Luis Rubio, "Las dificultades de un sexenio", en Carlos Bazdresch, Nisso Bucay, Soledad Loaeza y Nora Lusting (comps.), *México. Auge, crisis y ajuste*, Lecturas de *El Trimestre Económico*, Fondo de Cultura Económica, México, 1991, vol. I, pp. 56-75 y 76-90.

[5] *Mensaje de Toma de Posesión como Presidente de los Estados Unidos Mexicanos,*

El Programa Inmediato de Reordenación Económica (PIRE) preveía en los aspectos nivel fiscal y monetario la "disminución del crecimiento de gasto público", en especial del "gasto corriente", mediante "un ajuste estricto a los recursos financieros disponibles" de modo de asegurar "los servicios públicos indispensables", salvaguardar los "programas de operación e inversión prioritaria" y "atender el cumplimiento de los pagos de la deuda contraída".[6] Un mayor control financiero debía traducirse, en el sector productivo, en la "continuación de las obras en proceso con un criterio estricto de selectividad, para dar mayor ritmo a las inversiones prioritarias", y en la "protección y estímulo a los programas de producción, importación y distribución de alimentos básicos para la alimentación del pueblo".[7] Respecto del crédito y del tipo de cambio, se canalizaría el primero "a las prioridades del desarrollo nacional", y se mantendría el segundo a "un tipo de cambio realista, de aliento al exportador y propicio a la captación de divisas necesarias para el abastecimiento de bienes y servicios de la planta productiva". El PIRE contempló la protección del empleo con su "creación en el medio rural, en zonas deprimidas de las áreas urbanas y para atender a la juventud recién egresada de los centros de educación superior"; "la planta productiva buscaría mantener los niveles de ocupación existentes y evitar que se agravara el desempleo".[8]

Los resultados del PIRE se limitaron en lo esencial a los dos primeros años de gobierno; notoria fue la reducción del gasto programable —en especial en materia de salarios y gastos de operación. Entre 1982-1984, dicho gasto pasó de 26 a 22.2% del PIB, y la inversión pública bajó de 6.7 a 4.2% del PIB.[9] El significado

en *Los presidentes de México. Discursos políticos*, Presidencia de la República-El Colegio de México, México, 1988, vol. V, pp. 241-242.

[6] *Plan Nacional de Desarrollo 1983-1988*, Talleres Gráficos de la Nación, México, 1983, p. 117.

[7] *Op. cit.*, p. 118.

[8] *Op. cit.*, p. 117.

[9] Germán Pérez Fernández del Castillo, "Del corporativismo del Estado al

del PIRE, pese a su corta vigencia, fue introducir cambios de fondo en la economía y en la participación social, resultantes de la reciente definición del papel del gobierno en el desarrollo económico del país, "bajo el principio de rectoría de Estado y dentro del régimen de economía mixta que consagra la Constitución General de la República".[10] En otras palabras, el PIRE anticipaba la necesidad de "reorientar la estructura productiva" y "fomentar el gasto prioritario", encauzado a una nueva política social que aproximara "la equidad en los procesos productivos y distributivos, para ampliar las capacidades y las oportunidades". Así, se rechazaba de manera explícita el viejo populismo, "que cede ante lo inmediato y hace retroceder a la sociedad".[11]

El interés por trascender la coyuntura y orientar la nueva política económica, esbozada en el PIRE, se observa en muchos datos. Un ejemplo: a sólo seis días de su toma de posesión, el presidente De la Madrid envió a la Cámara de Diputados una iniciativa que reformaba y adicionaba los artículos 16, 25, 26, 27 (fracciones XIX y XX), 28 y 73 (fracciones XXIX-D y XXIX-F). La Presidencia fundamentó las reformas constitucionales en materia económica en el hecho de que, si bien se había dado "en México una acelerada modernización", ésta no había podido "resolver con la celeridad necesaria los graves problemas de desigualdad social, de ineficiencia y baja productividad, de escasa competitividad de nuestros productos en el exterior y la generación de suficiente ahorro interno para financiar el desarrollo".[12] Se señaló además que uno de los elementos que impedía "configurar una estrategia de desarrollo permanente" era la "falta de adecuación entre el orden normativo y las nuevas exigencias de

corporativismo social", en Bazdresch *et al.*, *México, Auge...*, *op. cit.*, vol. I, pp. 54-55. El mejor análisis del PIRE y de la política económica 1982-1988 es el de Nora Lusting, *México hacia la reconstrucción de una economía*, Fondo de Cultura Económica, México, 1994, pp. 31-48.

[10] *Op. cit.*, p. 119.

[11] *Op. cit.*, p. 35 y *Mensaje de Toma de Posesión*, *op. cit.*, pp. 103-106.

[12] Iniciativa Presidencial 3 de diciembre de 1982, Presidencia de la República, *El marco legislativo para el cambio*, México, 1983, vol. 2, p. 15.

CUADRO II.3. *Iniciativas enviadas a la Cámara de Diputados, 1982*

Artículo constitucional	*Fecha iniciativa*	*Fecha promulgación*	*Sentido de la reforma*
			[Nuevo artículo]. Se anula el previo relativo a la inviolabilidad de la correspondencia.
25	3/XII/1982	3/II/1983	Corresponde al Estado la rectoría del desarrollo nacional. El sector público tendrá a su cargo, de manera exclusiva, las áreas estratégicas definidas por la Constitución.[a]
26	3/XII/1982	3/II/1983	El Estado organizará un sistema de planeación democrática del desarrollo nacional [...] Habrá un plan nacional de desarrollo al que se sujetarán obligatoriamente los programas de administración pública federal. La ley facultará al Ejecutivo para que establezca los procedimientos de participación y consulta popular [...] y los criterios para la formulación, instrumentación, control y evaluación del plan y programas de desarrollo [...] en el sistema de planeación democrática
27 Adición fr. XIX	3/XII/1982	3/II/1983	El Estado dispondrá las medidas para la expedita y honesta impartición de justicia agraria para garantizar la seguridad jurídica en la tenencia de la tierra ejidal, comunal y de la pequeña propiedad, y apoyará la asesoría legal de los campesinos.
27 Adición fr. XX	3/XII/1982	3/II/1983	El Estado promoverá las condiciones para el desarrollo rural integral (generar empleos, fomento a las actividades agropecuarias y forestales). "Asimismo expedirá la legislación reglamentaria para planear y organizar la producción agropecuaria, su industrialización y comercialización, considerándolas de interés público."
28	3/XII/1982	3/II/1983	La ley castigará toda concentración o acaparamiento en una o pocas manos que tenga por objeto obtener el alza de los precios.

			Las leyes fijarán precios máximos a los artículos, materias o productos que se consideren necesarios para la economía nacional o el consumo popular.
			El servicio público de banca y crédito será exclusivamente por el Estado, en los términos que establezca la correspondiente ley reglamentaria, la que también determinará las garantías que protejan los intereses del público y el funcionamiento de aquellas en apoyo de las políticas de desarrollo nacional. El servicio público de la banca y crédito no será objeto de concesión a particulares.
			Se podrán otorgar subsidios a actividades prioritarias, cuando sean generales, de carácter temporal y no afecten sustancialmente las finanzas de la nación. El Estado vigilará su aplicación y evaluará los resultados de ésta.
73 Adición fr. XXIX D	3/XII/1982	3/II/1983	"Para expedir leyes sobre planeación nacional del desarrollo económico y social."
73 Adición fr. XXIX E	3/XII/1982	3/II/1983	"Para expedir leyes para la programación, promoción concertación de acciones de orden económico, especialmente las referentes al abasto y otras que tengan como fin la producción suficiente y oportuna de bienes y servicios, social y nacionalmente necesarios."
73 Adición fr. XXIX F	3/XII/1982	3/II/1983	"Para expedir leyes tendientes a la promoción de la inversión mexicana."

FUENTE: Iniciativa del Ejecutivo federal, 3 de diciembre de 1982, en *El marco legislativo..., op. cit.*, vol. 2, pp. 11-28.

[a] Las áreas estratégicas son acuñación de moneda, correos, telégrafos, radiotelegrafía y comunicación vía satélite, emisión de billetes por un solo banco, organismo descentralizado del gobierno federal; petróleo y los demás hidrocarburos; petroquímica básica, minerales radioactivos y generación de energía nuclear, electricidad, ferrocarriles y las actividades que expresamente señalen las leyes que expida el Congreso de la Unión.

desarrollo integral". El desajuste entre la realidad institucional y la económica "genera incertidumbre y obstaculiza el desarrollo" y obliga a redefinir "los principios constitucionales del desarrollo económico nacional que actualicen y ordenen las atribuciones existentes, establezcan la seguridad jurídica y permitan romper con los principales obstáculos".[13]

La certidumbre jurídica sólo se alcanzaría al restablecer el contenido liberal de los principios constitucionales relativos a: "la naturaleza y funcionamiento de nuestro sistema político", en especial "el régimen de propiedad y las formas de relación del Estado y la sociedad que éste determina que habían sido introducidos al texto constitucional entre 1929 y 1937". De igual manera, fue prioritario introducir nuevos mecanismos de participación social para fortalecer y perfeccionar nuestro régimen democrático.[14] Por lo anterior, la iniciativa "se refiere a la rectoría del Estado y a la economía mixta, establece un sistema de planeación democrática del desarrollo, fija bases para el desarrollo rural integral y una mejor justicia agraria, la definición precisa de las áreas reservadas de manera exclusiva al Estado y la función y desempeño de las instituciones, organismos descentralizados y empresas de participación estatal".[15]

El sentido último de la iniciativa presidencial fue reformar la Constitución para adecuar las bases de la acción económica del gobierno, el fundamento jurídico de la economía privada y la actividad de las asociaciones privadas, en especial por la reacción negativa registrada en los grupos empresariales con motivo de la reciente nacionalización bancaria. A su vez se establecía un nuevo marco de concertación al especificar el proceso de planeación del desarrollo nacional.[16]

El cuadro II.3 sintetiza el sentido de las reformas constitucionales enviadas por el presidente al Congreso.

[13] *Ibid.*
[14] *Op. cit.*, p. 17.
[15] *Ibid.*
[16] *Op. cit.*, pp. 17-20.

Rectoría de Estado. Comisión: iniciativa y dictamen

El 26 de diciembre de 1982 la Comisión de Gobernación y Puntos Constitucionales que presidía Humberto Lugo Gil presentó su dictamen.[17] En sus considerandos explicó la importancia del conjunto de reformas propuestas al decir que:

> hace explícita la función rectora del Estado en el desarrollo; se propone asimismo dotar al poder público de un Sistema Nacional de Planeación que dé coherencia a la actividad económica del país; dar cauce a la participación democrática de la sociedad en este campo; fijar las bases para un desarrollo rural integral y de una mejor justicia agraria; definir las áreas de interés público reservadas al Estado y ampliar las facultades del Congreso de la Unión en estos y otros aspectos vinculados estrechamente al desarrollo nacional.[18]

La comisión aludió a la tradición constitucional mexicana de la iniciativa de ley, en particular la rectoría del Estado, porque:

> Las reformas que se proponen conservan y dan actualidad a las definiciones históricas constitucionales sobre la legítima dirección de los procesos socioeconómicos por parte del Estado como expre-

[17] La Comisión de Gobernación y Puntos Constitucionales se componía por los siguientes diputados: Mario Vargas Saldaña, secretario, Rafael Aguilar Talamantes, José Antonio Álvarez Lima, Bernardo Bátiz Vázquez, Heriberto Batres García, Manlio Fabio Beltrones Rivera, Javier Bolaños Vázquez, Genaro Borrego Estrada, Óscar Cantón Zetina, José Carreño Carlón, Salvador Castañeda O'Connor, Víctor Cervera Pacheco, Arnaldo Córdova, Jorge Cruickshank García, Irma Cué de Duarte, Sami David David, Enrique Fernández Martínez, Francisco Galindo Muro, Miguel González Avelar, Felipe Gutiérrez Zorrilla, José Luis Lamadrid Souza, Ernesto Luque Feregrino, Luis Martínez Fernández del Campo, Luis René Martínez Souverville, Alfonso Molina Rubal, Esteban Núñez Perea, Héctor Hugo Olivares Ventura, David Orozco Romo, Manuel Osante López, Juan José Osorio Palacios, Francisco Javier Ovando Hernández, Guillermo Pacheco Pulido, Mariano Piña Olaya, Salvador Rocha Díaz, Luis Dantón Rodríguez, Jesús Salazar Toledano, Juan Salgado Brito, Maximiliano Silerio Esparza, Manuel Solares Mendiola, Enrique Soto Izquierdo y Salvador Valencia Carmona.

[18] *Diario de los debates de la Cámara de Diputados*, LII Legislatura, sesión del 27 de diciembre de 1982, diario 47, p. 27.

sión de los intereses generales; sobre el régimen de propiedad originaria de la Nación; sobre las exigencias de desarrollo democrático en los ámbitos político, económico, social y cultural; sobre la obligación del Estado de combatir la concentración y los privilegios y sobre los campos de actividad exclusiva de sector público como instrumentos al servicio de la soberanía económica de la Nación y del desarrollo social equilibrado.[19]

Más aún, se expresa que la reforma se justificaba por el reciente proceso electoral al responder a las aspiraciones y reclamos expresados por los diversos grupos de la población en el curso de la consulta popular que había culminado con un mandato nacional claro y definido, el pasado 4 de julio, otorgado al presidente de la República, Miguel de la Madrid Hurtado.[20]

La comisión encontró que el sentido último de las reformas constitucionales propuestas por el presidente era "la configuración de un derecho constitucional económico que recoge la tendencia del derecho público moderno de establecer en la ley fundamental los principios, medios y técnicas que deben regir la actuación del Estado en materia económica".[21] Este derecho constitucional económico se fundamentaba "en los principios ideológicos según los cuales la democracia no se agota en una estructura formal de gobierno o en un régimen de justicia", sino que se plantea como "un sistema de vida fundado en el constante mejoramiento económico, social y cultural del pueblo mexicano".[22] De allí que la comisión haya considerado que el conjunto de las reformas constitucionales de la Presidencia era "conse-

[19] *Ibid.*

[20] *Ibid.* Las consultas populares tuvieron lugar durante la campaña electoral y "se realizó a través del diálogo con los sectores obrero, campesino y popular del PRI; con la ciudadanía en general; en foros campesinos; en las giras de prioridades nacionales; mediante encuestas y correspondencia; y en la misma gira electoral". "La consulta popular tuvo como punto de partida el Plan Básico de Gobierno 1982-1988, aprobado por la XI Asamblea Nacional Ordinaria del Partido Institucional Revolucionario"; véase *Plan Nacional de Desarrollo, op. cit.*, página 20.

[21] *Diario de los debates de la Cámara de Diputados*, LII Legislatura, sesión del 27 de diciembre de 1982, diario 47, p. 28.

[22] *Ibid.*

cuente con la doctrina constitucional mexicana", y en especial "con el concepto del Estado como rector de la economía".[23]

El dictamen de la comisión recogió como suyos aspectos inéditos de la iniciativa, como la mención al sector social y nuevas formulaciones de lo antiguo, como "el papel que se asigna al sector social como integrante de la economía mixta que ... fortalece la alianza histórica popular en que se funda nuestro proyecto social...". Al difuso concepto de sector social se sumó el beneplácito de la comisión por la mención "al desarrollo empresarial del sector privado ... asegurándole aliento y estímulo para su desenvolvimiento, en cuanto concierne sus acciones con las prioridades y planes dictados por el interés público".[24]

La comisión, compuesta por una mayoría del PRI, aceptó el criterio general que inspiraba las reformas constitucionales, sólo que, a lo largo del examen, en lo particular se escucharon puntos de desacuerdo entre Presidencia y comisión. Hubo acuerdo en el análisis del artículo 25 en lo relativo a la rectoría de Estado orientada "de manera fundamental a través del proceso de planeación" y en especial enfocada a "las áreas estratégicas y las actividades prioritarias".[25] En cambio, las divergencias fueron en torno a un asunto de sustancia. La comisión buscó reforzar el derecho y obligación del Estado en áreas estratégicas y en consecuencia reformar las fracciones respectivas en el siguiente sentido. Un cambio se propuso en el cuarto párrafo del texto de iniciativa del artículo 25 constitucional, a fin de hacer hincapié en el principio según el cual el gobierno federal retenía en todo momento "la propiedad y el control sobre los organismos con que cuenta para atender las áreas estratégicas de la economía". La comisión, modificó con esta variante la propuesta, para con-

[23] *Op. cit.*, p. 29.

[24] Iniciativa, dictámenes manuscritos y mecanoescritos de las discusiones de la Comisión de Gobernación y Puntos Constitucionales, diciembre de 1982. Agradezco a Víctor Urquidi su consulta. Legajo que el licenciado Antonio Martínez Báez facilitó a Víctor L. Urquidi. En adelante véase Legajo Martínez Báez.

[25] Legajo Martínez Báez, *op. cit.*, p. 29.

jugar la necesidad de fijar "las bases para el desarrollo de la economía a largo plazo" —preocupación principal de la Presidencia— con la de mantener "el derecho y la obligación del Estado de ejercer su acción en distintas áreas según lo exige el interés nacional", que era lo prioritario para el grupo del Congreso.[26]

En lo particular, el dictamen del artículo 26, relativo a la planeación económica, también contiene puntos de acuerdo y críticas. La comisión aceptó que el carácter democrático del sistema de planeación era una demanda popular y que la planeación debía ser un esfuerzo conjunto de la representación nacional y los organismos populares por medio de la "consulta popular". La comisión sostuvo, en cambio, que la iniciativa debía enmendarse para fijar el derecho del "Congreso de la Unión, y de los partidos políticos en él representados, de intervenir en el proceso: en su ponderación una vez concluida la consulta democrática y en su evaluación una vez que el plan se pusiera en ejecución".[27]

Resulta que en la revisión de las enmiendas propuestas por la comisión a los dos artículos prevalece una tendencia en los diputados que privilegia el concepto tradicional de "rectoría de Estado", o sea su acción directa en la economía. En cambio la Presidencia tiende a interpretar esta participación no como de "dirección", sino de "orientación". Por otra parte, la comisión defendió el derecho del Congreso de la Unión a discutir los lineamientos generales de la nueva planeación económica y controlar su correcta ejecución por parte del gobierno, así como participar de modo directo en el proceso de definición y elaboración de la planeación. La Presidencia terminó por reservarse la primacía en la planeación económica y dejó al Congreso la función de supervisión de lo ejecutado.

La comisión aprobó, en lo general, las reformas que propuso el Ejecutivo a dos artículos constitucionales: el 27 —relativo a la seguridad jurídica de la tierra ejidal y agrícola— y el 28 —en

[26] *Ibid.*

[27] Legajo Martínez Báez, Comisión de Gobernación y Puntos Constitucionales, diciembre de 1982, *op. cit.*, pp. 29-30.

contra de la formación de monopolios—. Una vez más la comisión aprobó el espíritu del artículo 27, en lo general, pero cambió el orden de materias para su mayor precisión.[28] Con el artículo 28 "la comisión aportó también reordenamientos y complementó conceptos a fin de mejorar el método de la enumeración para responder a nuevas situaciones institucionales; pero fue más allá: volvió a insistir en el peso de las áreas estratégicas y en otorgar al Congreso de la Unión facultades para ampliar su campo en materia de planeación".[29] A su vez la comisión reconoce que "las modificaciones propuestas al artículo 28 constituyen un paso trascendente en la doctrina constitucional mexicana. Al superar de manera explicíta el principio nunca acreditado históricamente de la libre competencia, se da curso legal a una concepción propia del juego de los factores productivos y, en función de ella, se fijan las normas operativas a seguir".[30]

Los diputados miembros de la comisión examinaron la iniciativa del Ejecutivo con cuidado, en especial en lo relativo a temas de "alta sensibilidad nacional". La comisión insistió en que, dada la importancia que la norma antimonopólica "tiene por el momento político que vive el país", "llama la atención" que no se modifique "en ningún término la reforma constitucional aprobada y enriquecida por esta soberanía [es decir el Congreso] sobre la nacionalización de los servicios de Banca y Crédito".[31] Al respecto sugiere "que se reitera la decisión de asegurar que la Banca y el Crédito sea un servicio público que se preste exclusivamente por el Estado".[32]

Cuando se examinó la iniciativa de reforma presidencial al artículo 73 surgieron temas delicados que nacían del hecho de que dicho artículo norma las facultades del Congreso, y era el Poder Ejecutivo quien proponía las reformas. La intromisión de

[28] *Op. cit.*, p. 30.

[29] *Ibid.* y Legajo Martínez Báez, *op. cit.*

[30] Legajo Martínez Báez, *op. cit.*

[31] *Diario de los debates de la Cámara de Diputados*, LII Legislatura, 27 de diciembre de 1982, *op. cit.*, p. 30.

[32] Legajo Martínez Báez, *op. cit.*

un poder en las facultades del otro despertó rechazo y suspicacia entre los miembros del Legislativo. Además, la comisión calificó las reformas de "sustantivas" en cuanto tenían que ver con la "planeación, programación, abasto, promoción de la inversión nacional, regulación de la inversión extranjera, transferencia de tecnología y difusión y aplicación de los conocimientos científicos y tecnológicos requeridos por el desarrollo del país".[33]

El dictamen de la comisión dejó ver con claridad la relación entre la dimensión institucional y la práctica política ejercida entre Congreso y Presidencia. Ante todo sacó a relucir los reiterados antecedentes de iniciativas de planeación y programación económica, cuyo origen había sido el Poder Legislativo. Es interesante notar que si bien el PRI contaba con neta mayoría en la comisión, su actuación fue de tipo colegiada y pluripartidista. Llegada la discusión, se hizo memoria de la larga tradición en la cultura política de los partidos presentes en el Congreso y su primacía en materia de planeación nacional. Se recordó que la primera vez que se sometió a discusión del Congreso una iniciativa de planeación fue en la XLVI Legislatura (1949-1952). En esa ocasión, el Partido Popular Socialista, presentó la iniciativa a la que se sumarían las de otras fracciones parlamentarias, que fueron acentuando su interés por la planeación y programación. En la L Legislatura (1976-1979) hubo dos iniciativas, una del PRI, presentada por Víctor Manzanilla Schaffer, y otra nada menos que producto de una comisión pluripartidista que propuso reformas similares a los artículos que en ese momento se discutían: la iniciativa del presidente De la Madrid. La LI Legislatura (1979-1982) había apoyado iniciativas presentadas por los grupos parlamentarios del Partido Popular Socialista y del Partido Socialista Unificado de México. Incluso en la siguiente Legislatura, la LII, el Partido Socialista Unificado de México promovió una iniciativa para "establecer nuevas bases jurídicas y políticas que normen el complejo de relaciones de propiedad, la intervención del Estado en la economía y establezcan la participación democrática de los trabajadores, de sus organizaciones, de los partidos

[33] *Ibid.*

políticos y del Congreso de la Unión, en el proceso de planeación".[34] Otras iniciativas semejantes se presentaron por los partidos en las legislaturas subsecuentes.[35]

Precisamente por existir estos antecedentes legislativos, la comisión concluyó su dictamen afirmando que la reforma que se dictaminaba reforzaba la función rectora del Estado, y "la planeación democrática se determina como opción para el desarrollo económico". En consecuencia, "la comisión encuentra que de ser aprobada esta iniciativa se enriquecerá y ampliará el texto constitucional para que en él se contengan las bases legales, institucionales y programáticas de una estrategia de desarrollo integral de la nación".[36]

La diferencia entre la iniciativa de reforma que envió el presidente y las enmiendas propuestas por las comisiones unidas de Gobernación y Puntos Constitucionales al Pleno de la Cámara de Diputados se nota en el dictamen conclusivo. La comisión pide que se hagan explícitas las "variaciones de forma y de fondo a los términos, conceptos y principios" que traducían, en última instancia, una diversidad de planteamientos. En efecto, la comisión propuso cambiar en el artículo 28 el término *actividades* por el más fuerte y con connotación de obligatoriedad de *áreas estratégicas*. De esta forma se acentuaba la idea presente en el artículo 25 de que la función rectora del Estado era exclusiva en dichas áreas estratégicas. Por lo tanto, el Estado contaría "con los organismos y empresas que requiera para el eficaz manejo de las áreas estratégicas a su cargo", y dichos organismos y empresas "no constituirán monopolios".[37]

En síntesis, como reconoció el vocero del grupo parlamentario del PSUM, Arnaldo Córdova, el dictamen de la comisión contenía "las correcciones al texto de la propuesta presidencial que los diputados de la mayoría han hecho [...] debido a las observaciones que los representantes de la oposición han sugerido. En

[34] *Ibid.*, p. 31.
[35] Véase Legajo Martínez Báez.
[36] *Op. cit.*, p. 31.
[37] *Ibid.*, p. 31.

esta forma, se trata de evitar que se altere nuestra doctrina constitucional".[38]

Pleno: discusión general

El 27 de diciembre de 1982, el dictamen de la comisión se sometió a discusión general y se expresaron de nuevo conceptos de fondo. La primera intervención fue del diputado por Acción Nacional Bernardo Bátiz, quien señaló que su grupo parlamentario se oponía al proyecto por razones de orden político, jurídico y económico.

En materia política objetó la falta de sentido de oportunidad de la iniciativa presidencial, ya que "la Constitución no es el lugar adecuado para introducir mediante una reforma precipitada un programa personal de gobierno. Es ya inaceptable que cada nuevo presidente llegue al inicio de su mandato con su paquete de reformas constitucionales, como si la Constitución fuera la obra en que cada artista quiere dejar la impronta de su personalidad".[39]

Desde el punto de vista jurídico, Bátiz señaló que su grupo parlamentario rechazaba la iniciativa porque era contraria al espíritu de la Constitución de 1917 en la medida en que la iniciativa introducía un articulado inédito y, más aún, hacía explícita la función rectora del Estado. Destacó que esta iniciativa se había manejado con tal discrecionalidad que prácticamente la habían encubierto mientras los medios daban publicidad a la ley "mordaza" (ley que buscaba reglamentar el ejercicio de la prensa) o a la reforma del artículo 115 constitucional (relativo a las facultades de los municipios). De esta manera, Acción Nacional decía haber sido sorprendido, pues, según su vocero, "se introduce casi subrepticiamente esta reforma, que es mucho más trascendente y de más graves consecuencias, prácticamente a espaldas de la opinión pública".[40]

[38] *Op. cit.*, p. 52.

[39] *Diario de los debates de la Cámara de Diputados*, LII Legislatura. Intervención de Bernardo Bátiz en la sesión del 27 de diciembre de 1982, diario 57, p. 39.

[40] *Op. cit.*, p. 40.

Bátiz destacó que la iniciativa de ley insertaba en el sistema jurídico la figura de Plan Nacional de Desarrollo, que contradecía tres de las decisiones políticas fundamentales de la Carta Magna: el respeto a las garantías individuales, la división de poderes y la soberanía de los estados. Bátiz explicó que "el Plan de Desarrollo, cuya formulación final se deja al Ejecutivo, viene a construir una especie de super ley que evidentemente se tratará de imponer tanto a los estados como a los municipios y aun al Poder Legislativo, del que sólo se dice que en el Plan tendrá la intervención que señala la ley".[41]

Por lo que se refiere a las objeciones económicas, el vocero de Acción Nacional explicó que su grupo parlamentario rechazaba lo impreciso de la distinción entre áreas estratégicas y prioritarias. Las últimas no se enumeraban, ni se definía qué sector debía atenderlas: privado o público. Las consecuencias de esta falta de definición eran graves. "De este modo, habrá dos áreas definidas, unas por la Constitución y otras por leyes secundarias, y el riesgo es que si los congresos siguen siendo tan obsequiosos con el Ejecutivo como hasta ahora, cada presidente puede traer su propio catálogo grande o pequeño de áreas estratégicas y nunca sabremos a ciencia cierta cuál es el campo seguro de la actividad de los particulares, ya sea integrados en grupos o comunidades, sector social, o individualmente, sector privado".[42]

El grupo parlamentario de Acción Nacional expuso que se requería "un Plan Nacional integrado por planes sectoriales y locales que dé unidad y congruencia a la acción gubernamental en la economía, pero ni el Plan requiere de un reforma constitucional, ni debe ser centralista y absorbente; un plan verdaderamente participativo que el pueblo imponga a sus mandatarios y no a la inversa". En síntesis, sostenía: "queremos una definición clara de la economía mixta".[43] Por los motivos expuestos, afirmó que votarían en contra del proyecto de ley.

A continuación el diputado Héctor Ramírez Cuéllar presentó

[41] *Ibid.*
[42] *Ibid.*
[43] *Op. cit.*, p. 41.

la posición del grupo parlamentario del Popular Socialista (PPS). Manifestó que su grupo votaría en favor de las reformas, en lo general; pero impugnaría algunos artículos, en lo particular. Destacaron que se trataba de "las reformas más importantes a la Carta Magna desde su promulgación en el año de 1917 y que por lo tanto estamos ante el debate más importante de la última etapa de vida de nuestro país".[44]

El PPS destacó que la rectoría de Estado era una antigua demanda que había enarbolado, desde 1965, Vicente Lombardo Toledano, quien había propuesto que se incorporara a la Constitución un nuevo capítulo económico. En aquella ocasión se detuvo, según afirmó, cuando "se fraguó una alianza anticomunista entre la mayoría parlamentaria, encabezada por Alfonso Martínez Domínguez, y la diputación de Acción Nacional, encabezada por el diputado Adolfo Christlieb Ibarrola. Esta alianza anticomunista también se expresó fuera de los recintos de la Cámara de Diputados, en la prensa mercantil y las cámaras patronales, quienes al unísono alzaron su voz en contra de la propuesta de Lombardo, y exigieron que la Cámara *congelara* el citado proyecto".[45]

El PPS dijo que también el movimiento obrero, principalmente la CTM y el Congreso del Trabajo, avalaba la iniciativa, pues desde 1972 había incorporado a sus demandas programáticas que se introdujera un nuevo capítulo económico alusivo en la Constitución.

Llamaban a que se votara en favor del proyecto tomando en cuenta que era incontrastable la preeminencia del Estado en las principales actividades económicas, su rectoría en la economía y su dominio sobre las áreas estratégicas. "Este fenómeno ya ocurría en el pasado inmediato, y era parte consustancial de la vida de México, y hoy tan sólo lo estamos elevando a rango de la ley fundamental de la Nación".[46]

El PPS señaló que consideraban "un triunfo de la Nación la

[44] *Diario de los debates de la Cámara de Diputados*, LII Legislatura. Intervención de Héctor Ramírez Cuéllar en la sesión del 27 de diciembre de 1982, diario 57, p. 41.

[45] *Ibid.*, p. 41.

[46] *Ibid.*

reforma al artículo 28 que consagra las áreas estratégicas", pero inmediatamente advirtió que "al mismo tiempo rechazamos o rechazaríamos eventualmente cualquier intento por concesionar a los particulares, o por otros mecanismos que en el futuro se inventaran".[47]

El diputado Ignacio Vital Jáuregui, vocero del grupo parlamentario del Demócrata Mexicano (PDM), intervino en el debate para señalar que la fracción parlamentaria de su partido votaría en contra. Fundamentó el rechazo a las reformas y adiciones de los artículos 25, 26 y 28 de la Constitución porque juzgaba que la iniciativa de ley no podría llevar a cabo las metas que se marcaban en el dictamen: "definir la función rectora del Estado en la economía, dar coherencia a la actividad económica del país, establecer el equilibrio entre los factores de la producción, lograr la equidad y la justicia sociales, fortalecer la seguridad jurídica y nuestras libertades". Señaló que el proyecto de ley conduciría a lo contrario, pues sólo "servirá para delinear en las instituciones un totalitarismo, una intervención sin límites del Estado en la economía, [y] por lo tanto, en la vida de todos los mexicanos".[48]

Rafael Aguilar Talamantes, como vocero del grupo parlamentario del Partido Socialista de los Trabajadores (PST), señaló que votarían en favor del proyecto de ley. Rebatió las impugnaciones que presentaron el PAN y el PDM porque, desde su punto de vista, el proyecto de ley en discusión era una propuesta que "tiende a desarrollar una contraofensiva contra estos intereses antinacionales, y con ello tiende a recuperar la capacidad política de las fuerzas nacionales y populares".[49] Concluyó que la iniciativa de ley, en la medida en que normaba "constitucionalmente las relaciones económicas, significa un adelanto histórico de gran

[47] *Op. cit.*, p. 44.

[48] *Diario de los debates de la Cámara de Diputados*, LII Legislatura. Intervención de Ignacio Vital Jáuregui en la sesión del 27 de diciembre de 1982, diario 57, *op. cit.*, p. 44.

[49] *Diario de los debates de la Cámara de Diputados*, LII Legislatura. Intervención de Rafael Talamantes en la sesión del 27 de diciembre de 1982, diario 57, *op. cit.*, página 47.

trascendencia". Insistió, en que "lo verdaderamente trascendente de la reforma es que lleva a la Constitución la propiedad social. Y esta demanda hace tiempo que constituye una demanda fundamental del movimiento obrero organizado".[50] Más aún, Aguilar Talamantes afirmó que "cuando la propiedad nacional sea mayoritariamente social, México, entonces sí, será una patria libre, soberana y feliz".[51]

En síntesis, el PST votaría en favor de la reforma porque la regulación de la propiedad social y privada "posibilita un desarrollo nacional mucho más sano y capacita al país para enfrentar los tiempos de crisis, superarlos y poder arribar a una situación en donde indudablemente serán las mayorías trabajadoras las que logren salir airosas y fortalecidas de esta situación".[52]

Arnaldo Córdova, como vocero del Partido Socialista Unificado de México (PSUM), afirmó que votarían en lo general en contra de la iniciativa, ya que consideraban que el proyecto de ley contradecía la tradición histórica de la Constitución en dos sentidos: introducía el concepto de sector social, que no tenía ningún sustento jurídico, y cancelaba la posibilidad de la expropiación por causa de utilidad pública.

Su argumento lo basó en la iniciativa de ley que el PSUM había propuesto a la Comisión de Dictamen y que no se había discutido en el Pleno, más una amplia revisión de la teoría constitucional que había dado forma al artículo 27. En particular expuso lo dicho en el Constituyente por Andrés Molina Enríquez.

Córdova destacó los puntos principales de la iniciativa de reformas económicas que su grupo parlamentario había presentado a la Comisión de Gobernación y Puntos Constitucionales. Si bien el vocero del PSUM dejó constancia de que "en el dictamen de la comisión nuestra iniciativa fue examinada y tomada en cuenta", rechazó, sin embargo, que la propuesta del PSUM "estuviera en contradicción con la filosofía del actual gobierno y con los principios que norman desde su base el régimen estableci-

[50] *Ibid.*
[51] *Op. cit.*, p. 48.
[52] *Op. cit.*, pp. 48-49.

CUADRO II.4. *LII Legislatura, 1982. Votaciones de la discusión en lo particular*

Artículo	*Votos*		*Abstenciones*
	En favor	*En contra*	
16	233	41	0
25	203	67	0
26	233	46	0
27	228	41	0
28	236	47	0
73	221	47	0

FUENTE: Elaborado con base en el acta de la sesión del día 27 de diciembre de 1982. LII Legislatura, 18 de diciembre de 1982, Diario 58, pp. 4-5.

do".[53] Explicó que la propuesta del PSUM no planteaba "los principios del régimen socialista" que como partido sostenían, sino que se atenían rigurosamente al contenido de la Constitución, tanto en su espíritu como en su doctrina. Para el diputado, la iniciativa de reforma presidencial y el dictamen de la comisión traicionaban dichos principios.

Para concluir su intervención Córdova señaló que los "tres sectores de la economía", es decir, público, privado y social, y su síntesis, la llamada "economía mixta", estaban en contradicción con la Constitución, donde se señalaban sólo dos tipos de propiedad: la originaria y la derivada; la primera como patrimonio primordial de la Nación, y la segunda la que se adjudica a privados. El sentido de nuestra doctrina constitucional "no es una permanente coexistencia de propiedades", sino la jerarquización de dominios".[54]

Finalmente, el diputado José Luis Lamadrid, como vocero del Partido Revolucionario Institucional (PRI), sostuvo que la necesidad de dar claridad al "papel del Estado en la economía: requiere enmarcar estas materias en la Constitución, y en esta forma dar ordenación, racionalidad, a la acción rectora del Esta-

[53] *Diario de los debates de la Cámara de Diputados*, LII Legislatura. Intervención de Arnaldo Córdova en la sesión del 27 de diciembre de 1982, diario 57, *op. cit.*, p. 49.

[54] *Op. cit.*, p. 52.

do".[55] De allí se distinguirá que "sector público, sector social y sector privado" no son elementos de una definición ideal, sino que "responden a la terca realidad, que es la economía de nuestro país". Y terminaba preguntándose: "¿Es viable nuestra economía, es viable nuestra nación, si se prescinde de uno de estos sectores?"[56]

Una vez declarado suficientemente discutido el dictamen de la comisión en lo general, se procedió a la votación nominal, en lo general y en lo particular, de los artículos. La votación general arrojó 240 votos en favor y 65 en contra respecto de la particular, los resultados que se muestran en el cuadro II.4, siendo el nuevo artículo 25 el más controvertido.

Senado: revisión

El 27 de diciembre las reformas constitucionales aprobadas por la Cámara de Diputados pasaron al Senado, a las comisiones Segunda de Puntos Constitucionales y Segunda de Planeación del Desarrollo Económico y Social, donde se dictaminaron en dos días.[57]

En el dictamen del día 29, las comisiones, unidas, propusieron al Pleno hacer propios "el espíritu y la letra de las reformas sobre la rectoría del Estado en el desarrollo; el establecimiento de un Sistema Nacional de Planeación definido constitucionalmente; la participación democrática en este campo; la definición de las áreas de interés público reservadas al Estado; la fijación de bases para ordenar el desarrollo rural integral y perfeccionar la justicia agraria; así como la ampliación de las facultades del Congreso

[55] *Op. cit.*, p. 53.

[56] *Op. cit.*, p. 54.

[57] La Segunda Comisión de Puntos Constitucionales estaba integrada por los senadores Antonio Martínez Báez, Raúl Castellanos Jiménez, Víctor Manzanilla Schaffer y Adolfo Lugo Verduzco. La Segunda Comisión de Planeación del Desarrollo Económico y Social estaba integrada por los senadores Ernesto Millán Escalante, Mariano Palacios Alcocer, Héctor Vázquez Paredes, Arturo Romo Gutiérrez y Celso Humberto Delgado Ramírez.

de la Unión en los campos relativos al desarrollo nacional, en términos tanto de atribución como de corresponsabilidad".[58]

El mismo día el dictamen se presentó para primera lectura. Intervino el senador Antonio Martínez Báez, quien luego de reivindicar su "condición de estudioso del derecho constitucional mexicano", recordó que una de las características del constitucionalismo mexicano era la "de inducir de un principio, normas más explícitas", y que gracias a ese proceso, "tal vez un poco extraño, hemos realizado la adaptación de nuestra ley fundamental a las cambiantes necesidades de la vida moderna de México".[59] Propuso, por último, la aprobación de las reformas en cuanto "no estamos haciendo sino una formulación ordenada, sistemática, de todo aquello que se encontraba disperso en otros preceptos constitucionales, o bien que existía ya en ordenamientos secundarios, aislados y fragmentarios expedidos a lo largo de este periodo de dos tercios de siglo".[60]

El senador Alfonso Garzón Santibáñez intervino para sostener que las nuevas fracciones XIX y XX del artículo 27 representan "un avance primordial que garantiza a los campesinos de México su desarrollo", pues favorece la industrialización de los bienes agrícolas y de "seguridad de la tenencia de la tierra", una "tranquilidad para el desarrollo y para la producción".[61] Condujo el debate general el senador Arturo Romo Gutiérrez, quien calificó la iniciativa presidencial "como una alternativa pletórica de futuro".[62] En la discusión en lo particular intervino únicamente el senador Heladio Ramírez López, quien en nombre de la Confederación Nacional Campesina apoyó las reformas cons-

[58] Dictamen de las comisiones unidas de Puntos Constitucionales del Senado, 28 de diciembre de 1982, en *El marco legislativo*, *op. cit.*, vol. 2, p. 224.

[59] Intervención del senador Antonio Martínez Báez, 21 de diciembre de 1982, *op. cit.*, pp. 234-235.

[60] *Op. cit.*, p. 237.

[61] Intervención del senador Alfonso Garzón Santibáñez, 29 de diciembre de 1982, *op. cit.*, p. 240.

[62] Intervención del senador Arturo Romo Gutiérrez, 29 de diciembre de 1982, *op. cit.*, p. 242.

titucionales. Dijo que de modo particular las relativas al desarrollo rural integral apuntaban a reducir "los enormes abismos y las enormes desigualdades existentes entre las comunidades indígenas, entre las zonas donde habitan los campesinos que trabajan de temporal y las zonas de privilegio que son indudablemente los que tienen todas las obras de infraestructura".[63]

Puesto a votación el dictamen, las reformas se aprobaron en lo general y en lo particular por 59 votos en favor, con ningún voto contrario y ninguna abstención.

Estados: ratificación

Las reformas constitucionales se turnaron a las legislaturas de los estados para su aprobación definitiva. Al reunirse la comisión permanente del Congreso de la Unión, la tercera comisión de trabajo encargada de dictaminar el cómputo de las legislaturas locales hizo constar la aprobación de 20 de las 31 legislaturas de los estados: Aguascalientes, Baja California, Baja California Sur, Campeche, Coahuila, Colima, Chiapas, Guerrero, Michoacán, Nayarit, Nuevo León, Puebla, Quintana Roo, Sinaloa, Tabasco, Tlaxcala, Tamaulipas, Veracruz, Yucatán y Zacatecas.[64]

Con base en lo dictaminado, la comisión permanente del Congreso de la Unión aprobó, por 20 votos en favor y dos en contra, la declaratoria de reformas y adiciones a los artículos 16, 25, 26, 27 fracciones XIX y XX, 28, 73, fracciones XXIX-D, XXIX-E y XXIX-F, de la Constitución Política de los Estados Unidos Mexicanos.[65] Las

[63] Intervención del senador Heladio Ramírez López, 29 de diciembre de 1982, *op. cit.*, p. 243. Las comisiones del Senado se integran por Segunda Comisión de Puntos Constitucionales (1982): Senadores Antonio Martínez Báez, Raúl Castellanos Jiménez, Víctor Manzanilla Schaffer, Adolfo Lugo Verduzco; Segunda Comisión de Planeación del Desarrollo Económico y Social (1982): Senadores Ernesto Millán Escalante, Mariano Palacios Alcocer, Héctor Vázquez Paredes, Arturo Romo Gutiérrez, Celso Humberto Delgado Ramírez.

[64] Dictamen de la Tercera Comisión de Trabajo, 1 de febrero de 1982, *op. cit.*, página 248.

[65] *Op. cit.*, p. 249.

reformas se promulgaron por el presidente de la República, el mismo día 2 de febrero de 1983.

Las reformas constitucionales definieron "un cambio cualitativo en la estrategia de desarrollo, cuyo significado esencial fue la reelaboración de las fronteras económicas del Estado".[66] Sin embargo, para que este cambio cualitativo pudiera darse, se requería crear una serie de instrumentos legislativos —en especial la Ley de Planeación—, reorganizar la administrativa federal y renovar las normas relativas a bienes nacionales y reforma agraria.

2. La Ley de Planeación: los instrumentos legales

El presidente habló de la necesidad de la Ley de Planeación en su discurso de toma de posesión. Dicha ley dijo, permitiría proponer "los mecanismos que ponen la atención en las opiniones de sectores, organizaciones y población en general y su eficiente participación en las decisiones programadas", para así lograr "en el mes de mayo próximo el Plan Nacional de Desarrollo 1983-1988".[67]

La iniciativa de ley hizo explícito que la planeación era un "proceso de negociación política". A través de la interacción se conciliaban intereses "de los tres órdenes de gobierno: el federal, el estatal y el municipal", de tal modo que se impulsaría "la necesaria descentralización de la vida nacional".[68]

Los lineamientos generales de la ley, que darían origen al Sistema Nacional de Planeación, partían de la "nacionalización de los recursos humanos del sector público", y para su funcionamiento se apoyarían "en la estructura institucional derivada de la Ley Orgánica de la Administración Pública Federal".[69]

Es importante tener presente que la iniciativa definió la "pla-

[66] Loaeza, *La segunda modernización, op. cit.*, p. 59.
[67] *Mensaje de Toma de Posesión..., op. cit.*, vol. v, p. 248.
[68] *Iniciativa del Ejecutivo federal, op. cit.*, vol. 2, pp. 267 y 271.
[69] *Op. cit.*, p. 272.

neación nacional del desarrollo como un medio o instrumento del Ejecutivo de la Unión, para el ejercicio de las atribuciones que las leyes confieren al Estado para intervenir en la vida de la Nación".[70] Asignó por lo tanto al Poder Ejecutivo "la responsabilidad de conducir la Planeación Nacional del Desarrollo" por conducto de la Secretaría de Programación y Presupuesto.[71]

Correspondió, en cambio, al Poder Legislativo conocer y enviar sugerencias acerca de las tareas de planeación. En efecto, el Congreso recibiría los criterios que servirían de base para la elaboración del Plan Nacional de Desarrollo. Su competencia era limitada, hacia "las observaciones y recomendaciones que juzgue pertinentes", y analizaba la actuación del Poder Ejecutivo federal. El peso del Congreso, sin embargo, se podía expresar en distintos momentos al analizar el Informe Presidencial y las Cuentas Anuales de la Hacienda Pública Federal y del Departamento del Distrito Federal; al dictaminar la iniciativa de ley de ingreso y proyecto de presupuesto de egresos; en el informe que los secretarios de Estado y jefes de departamento administrativo rendían al Congreso de la Unión, además de las comparecencias de éstos y de los directores de las entidades paraestatales cuando eran citados para ello por cualquiera de las cámaras.[72]

Comisión: iniciativa y dictamen

La iniciativa pasó a examen de las comisiones unidas de Gobernación y Puntos Constitucionales y de Programación, Presupuesto y Cuenta Pública, presididas por Humberto Lugo Gil y Manuel Cavazos Lerma, e integrada por fracciones del PRI, PSUM, PAN, PDM, PPS y PST.

El dictamen de las comisiones unidas aceptó la sustancia de la iniciativa presidencial: crear un Sistema Nacional de Planeación por considerarlo "un instrumento y una forma de trabajo

[70] *Op. cit.*, p. 276.
[71] *Ibid.*
[72] *Ibid.*

de la Nación y del Estado mexicano necesarios al desarrollo nacional". Se asentó que la experiencia acumulada desde 1930 había sido positiva, y que las fallas reiteradas se subsanaban con una de las reformas propuestas. La "iniciativa de ley establece las bases para la corrección de esa deficiencia", representada por la "distancia considerable entre las áreas de planeación y programación y las de presupuestación y ejecución".[73]

Al mismo tiempo, la comisión valoró el modo en que la iniciativa de ley resolvía "el problema que significaba lograr una adecuada vinculación entre la planeación central, sectorial, y la que llevaban a cabo las entidades coordinadas. Dichos problemas derivaban de imprecisiones en la fijación de mecanismos e instancias de articulación como por la dificultad que se tenía para lograr que cada dependencia y entidad funcione como parte de un sistema nacional con una visión compartida de las prioridades y necesidades del conjunto".[74]

Por lo que se refiere a la coordinación entre Federación y estados, y entre éstos y los municipios, la comisión consideró que la ley representaba un avance. Potenciaba los mecanismos existentes en los Convenios Únicos de Coordinación y de los Comités de Planeación para el Desarrollo Estatal. Al mismo tiempo daba cabida a la formación de Sistemas Estatales de Planeación. Las comisiones unidas consideraron que bajo esta modalidad se sentaban las bases para que Federación y estados funcionaran con regularidad y eficacia sin el predominio de uno sobre el otro, al mantenerse el respeto irrestricto de la soberanía de las entidades federativas, para la definición y establecimiento, por sí mismas, de sus propios sistemas de planeación, y en la elaboración de sus respectivos planes.[75]

La comisión también elogió el sistema de concertación entre la ciudadanía y el Ejecutivo que proponía la ley a través de foros nacionales de consulta popular.[76] En este sentido, se afirmó que:

[73] Dictamen de la Ley de Planeación, *Diario de los debates de la Cámara de Diputados*, LII Legislatura, 28 de diciembre de 1982, diario 58, pp. 5-6.

[74] *Ibid.*

[75] *Op. cit.*, p. 6.

[76] Los Foros Nacionales que abarcaban numerosas temáticas permitían al

Por lo que toca a la vertiente de concertación, en la Ley de Planeación se observa un avance importante al establecer que los contratos y convenios que celebre el Ejecutivo federal con los representantes de los grupos sociales o con los particulares interesados, se considerarán de derecho público y serán de cumplimiento obligatorio para las partes, estableciéndose en dichos convenios o contratos las consecuencias y sanciones que se deriven de su incumplimiento. Ello asegura que las acciones que acuerden realizar conjuntamente el sector público y los grupos sociales o los particulares sean congruentes con el propósito que los anima y coadyuven al cumplimiento de los objetivos establecidos por la planeación.

Se destacó otra virtud de la iniciativa de ley: una mayor transparencia en la ejecución de los planes y programas de gobierno. Más aún, presentaba un nuevo concepto, ya escuchado durante la campaña electoral: la "*inducción*" que el Estado llevaría a cabo sobre las acciones de los particulares. Así, la iniciativa del Ejecutivo señalaba que la *inducción* se refería al manejo de instrumentos de política económica y social y su repercusión en las decisiones de los particulares, para el cumplimiento de los objetivos establecidos por la planeación; es decir, los relativos a los objetivos, metas, estrategias, asignación de recursos, responsabilidades y tiempos de ejecución, así como su relación con el presupuesto federal.[77]

No obstante, las comisiones unidas introdujeron cambios y

gobierno "incorporar las aportaciones principales de la consulta popular en lo que se refiere "a las condiciones sociales que afectan directamente el nivel y calidad de la vida de la comunidad; acceso de la población al empleo; combate decidido a la inflación, ampliación de los servicios urbanos; distribución en forma justa de los beneficios del desarrollo; establecimiento de un programa integral de abasto que incorpore el esfuerzo coordinado de los sectores público, social y privado; apoyo al desarrollo de la industria alimentaria, conservación y mejoramiento del medio ambiente natural; con énfasis en el uso racional de los recursos acuíferos en todo el territorio, manejo adecuado de bosques y selvas; vivienda digna, combatiendo la especulación de la tierra, vinculación efectiva de los procesos educativo y productivo, revisión y adecuación de la estructura organizativa y de promoción del deporte y la recreación; uso eficiente de la capacidad instalada para el turismo social". *Ibid.*

[77] *Op. cit.*, p. 6.

observaciones a la iniciativa presidencial, en especial a los artículos 3, 5, 6 y 20. La tensión entre Congreso y Presidencia fue significativa, pues se trataba de las facultades propias al Congreso en materia de planeación democrática.

En primer lugar, las comisiones unidas ampliaron "la intervención del Poder Legislativo en la planeación nacional del desarrollo, tanto en el momento de la integración del plan como durante su ejecución, revisión y adecuaciones".[78] De esta forma, "las comisiones subrayan la importancia de que las observaciones y opiniones vertidas por el Poder Legislativo al analizar la formulación, la instrumentación y la ejecución del Plan sean tomadas en cuenta".[79] A tal efecto, modificaron el artículo 5º para establecer que el Ejecutivo federal no sólo debía informar al Congreso sobre los criterios con los cuales había elaborado el "Plan de Desarrollo", sino que debía entregar el documento en su totalidad, para examen y opinión del Congreso y para que éste elaborara sus observaciones para ser consideradas por el Ejecutivo. Más aún, asentó que: "el Poder Legislativo formulará, asimismo, las observaciones que estime pertinentes durante la ejecución, revisión y adecuación del propio plan".[80]

Era obvio que el meollo del problema radicaba en el poder que pretendía atribuirse el Congreso. Una y otra vez las comisiones insistieron en acrecentar las facultades del Congreso en la definición y control del Plan de Desarrollo. Esto se nota en los cambios al artículo 6º, al sustituir el término *informar*, de la iniciativa, por un "hará mención expresa". Lo mismo con la frase "informará al Congreso" por "remitirá a la comisión permanente del Congreso el informe de las acciones y resultados en la ejecución del Plan y los programas del mismo".[81]

Lo que estaba en juego en los artículos 5º y 6º de la iniciativa era el papel del Congreso en la definición y control del Plan de Desarrollo. El Poder Ejecutivo veía el papel del Congreso como

[78] *Op. cit.*, p. 7.
[79] *Ibid.*
[80] Dictamen, *op. cit.*, p. 8.
[81] *Ibid.*

algo puramente formal: informar al Congreso sería más un acto de deferencia que una obligación. Así, el Congreso carecía de un papel activo: por eso pretendió incorporar la facultad de definir y controlar los actos del Ejecutivo al cambiar esos dos artículos.

La fricción entre Congreso y Presidencia no terminó allí. Las comisiones unidas de dictamen levantaron su voz para reivindicar dos cosas importantes: primero, "que la planeación que se lleve a cabo sea de toda la Nación y no sólo del sector público" y, segundo, en relación con los "mecanismos de participación social", que el Poder Ejecutivo pensaba potenciar para elaborar la planificación.[82]

Para lograr el primer objetivo, las comisiones unidas volvieron a escribir el artículo tercero de la iniciativa. Definieron como "planeación nacional de desarrollo la reordenación racional y sistemática de acciones que, con base en el ejercicio de las atribuciones del Ejecutivo federal en materia de regulación y promoción de la actividad económica, social, política y cultural, tiene como propósito la transformación de la realidad del país".[83]

El problema mayor era el papel que debían desempeñar los "mecanismos de participación popular" en la definición de la planeación, pues éstos podían entrar en competencia con los del Congreso. En la iniciativa hay un capítulo que lleva por título Participación social en la planeación, y en su único artículo, el 20, se dice que "el Ejecutivo federal promoverá y coordinará, en el ámbito del Sistema Nacional de Planeación Democrática, la participación y consulta de los diversos grupos sociales", y que será el mismo Poder Ejecutivo el que establecerá "las formalidades, periodicidad y términos a que deberá sujetarse la participación y consulta para la planeación nacional del desarrollo".[84]

Las comisiones unidas consideraron que el Poder Ejecutivo debía definir dicha participación con mayor precisión y propusieron una nueva redacción del artículo 20, "que en forma no limitativa señala algunos de los grupos que deben intervenir, ser

[82] Dictamen, *op. cit.*, p. 7.
[83] *Op. cit.*, p. 8.
[84] Iniciativa, *op. cit.*, p. 288.

escuchados y tomados en cuenta".[85] El texto de las comisiones unidas establecía que no sólo podían participar las organizaciones obreras, campesinas y populares, sino también las asociaciones y otras agrupaciones sociales, así como "los diputados y senadores al Congreso de la Unión". Igualmente se eliminó el poder de convocatoria del Ejecutivo, estableciendo que el Sistema Nacional de Planeación sería el encargado de "la organización y funcionamiento, las formalidades, periodicidad y términos a que se sujetarán la participación y consulta para la planeación nacional del desarrollo".[86]

El examen de los puntos conflictivos que se dieron entre Presidencia y las comisiones unidas arroja luz en torno a un hecho importante: todos los grupos parlamentarios sin excepción asumieron la defensa de las facultades del Congreso en la materia, aunque la ausencia de actas de la comisión no permite captar la dinámica política entre los diferentes grupos parlamentarios. En todo caso, es bastante claro que si la mayoría priísta de las comisiones unidas no hubiera estado de acuerdo en enmendar la iniciativa presidencial, los otros grupos parlamentarios no habrían contado con la fuerza suficiente para hacerlo.

Hubo otro hecho que mostró el grado de consenso en el proceso de toma de decisiones de las comisiones unidas, y es que ningún miembro de la comisión votó en sentido contrario a la mayoría, a lo más, se abstuvieron. De allí que el dictamen concluyera por afirmar que "las comisiones consideran que, en general, la ley cumple con su cometido al establecer las normas y principios básicos conforme a los cuales se llevará a cabo la planeación nacional del desarrollo".[87]

Pleno: debate

El mismo 28 de diciembre de 1982 se efectuó la discusión en lo general. Los diputados de los diversos partidos políticos confir-

[85] Dictamen, *op. cit.*, p. 7.
[86] Dictamen, *op. cit.*, p. 10.
[87] Dictamen, *op. cit.*, p. 7.

maron su acuerdo acerca de la necesidad de una planificación democrática, en materia económica, bajo normas precisas. Sin embargo, los diputados de oposición, en particular las diputaciones del PST, PPS, PSUM y PAN señalaron, con distintos argumentos, que los cambios introducidos en la iniciativa por las comisiones no ofrecían garantías suficientes a la participación ciudadana ni para el Congreso en el proceso de planeación.

La primera intervención fue de Raúl López García, vocero del PST, quien demandó precisión y garantías a la participación de todos los componentes sociales "que se ocupan de la producción, en la planeación económica". Afirmó que el artículo 20 de la iniciativa dejaba en manos del Ejecutivo el instrumentar esa participación en el proceso de planeación. Reconoció que la nueva redacción de la Comisión de Dictamen hacía más explícita la participación de obreros, campesinos y organizaciones, pero propuso que la ley señalara con toda claridad el papel de los partidos políticos, en virtud de que la Constitución les otorgaba la condición de organismos de interés público.[88]

El diputado Sergio Quiroz Miranda, vocero de la fracción parlamentaria del PPS, señaló que su partido votaría en favor de la iniciativa. No obstante, se unió a la propuesta del PST en el sentido de que sería necesario involucrar al "pueblo trabajador, de los obreros y de los campesinos organizados, de los partidos políticos y de las diferentes organizaciones en la elaboración y dirección de este sistema de planeación".[89] Al igual que el PST, señaló que la iniciativa y dictamen no especificaban la periodicidad, la reglamentación ni la orientación que tendrían los foros de consulta popular. Asimismo, cuestionó las consecuencias que derivarían del artículo 26 constitucional, pues "al sector más rapaz de la economía nacional", la iniciativa privada, se le dejaba "la mano libre para la anarquía en el proceso del desarro-

[88] *Diario de los debates de la Cámara de Diputados*, LII Legislatura. Intervención de Raúl López García en la sesión del 28 de diciembre de 1982, diario 58, p. 14.

[89] *Diario de los debates de la Cámara de Diputados*, LII Legislatura. Intervención de Sergio Quiroz en la sesión del 28 de diciembre de 1982, diario 58, p. 15.

llo económico nacional, y fundamentalmente a los poderosos grupos económicos que operan en nuestro país".[90]

Rolando Cordera Campos, en calidad de vocero de la fracción parlamentaria del PSUM, presentó duras críticas al trabajo de la Comisión de Dictamen. Según el diputado, el proyecto se caracterizaba por:

> una marcada concentración, en manos del Ejecutivo federal, de las actividades necesarias del proceso de planeación y, por otro lado, e independientemente del maquillaje que llevó a cabo el grupo mayoritario en la Comisión de Programación y Presupuesto, hace a un lado mecanismos elementales de participación sin los cuales tal participación es pura retórica, pura invención; no quedan claros ni procesados los mecanismos a través de los cuales se llevaría cabo la participación popular amplia, y por el otro lado el Congreso de la Unión, que es el órgano colegiado representativo de mayor jerarquía en nuestra organización republicana, se le pone a un lado y se le ubica en el papel de simple oidor de las invenciones, opiniones y elucubraciones del Ejecutivo.[91]

Cordera señaló que su partido había presentado una serie de propuestas, que se habían turnado a la comisión con oportunidad basadas, en las "ofertas y promesas del candidato presidencial". Dichas promesas las habían ratificado sus secretarios, en particular el de Programación y Presupuesto, en el sentido de afianzar una dirección efectiva del crecimiento económico. Cordera sostuvo que con la nueva redacción del artículo ni siquiera cabía "la posibilidad de que conozcamos, por ley, los criterios que sirvan de base para la elaboración del Plan, vamos a conocerlos cuando estén puestos en práctica y convertidos en documento oficial". Concluyó afirmando que desde el punto de vista del PSUM, la mayoría priísta de la Comisión de Dictamen había dado "una marcha completa atrás en este proceso de planeación que el Ejecutivo insiste todavía en llamar democratización participativa pero que con sus obras lo niega sistemáticamente".[92]

[90] *Ibid.*

[91] *Op. cit.*, p. 16.

[92] *Diario de los debates de la Cámara de Diputados*, LII Legislatura. Intervención de Rolando Cordera en la sesión del 28 de diciembre de 1982, diario 58, p. 18.

El diputado Luis Prieto, en representación de la fracción parlamentaria del PAN, explicó el porqué su partido votaría en contra del proyecto de ley. Consideraban la iniciativa "un instrumento arbitrario, pues atropella los derechos y garantías individuales en ciertos momentos, concediéndole un poder absoluto de decisión al Ejecutivo federal".[93] Por esta razón el grupo parlamentario panista propuso que el artículo 5º de la iniciativa se modificara para asentar que el Congreso de la Unión no sólo debía examinar y dar su opinión sobre el Plan Nacional de Desarrollo, sino que el debía aprobar dicho Plan, "puesto que nosotros representamos a todos los ciudadanos de México".[94]

El mismo diputado suscribió una propuesta para que se modificara el proyecto de ley en el siguiente sentido:

> En las funciones que corresponden al Ejecutivo en relación con los grupos sociales y particulares y entidades federativas, en vez de *podrá* se cambie [por] *deberá*, y en donde dice que el Ejecutivo y las dependencias administrativas *inducirán* acciones en favor de los particulares o de los grupos sociales, se debía cambiar por el verbo *concertar*, que implica convencimiento, aceptación, compromiso solidario.[95]

Explicó que la diputación panista se oponía al uso del verbo *inducir* porque "inducir es incitar a uno a que realice algo, incitar es mover a uno para que ejecute algo y yo creo que mover a uno para que se ejecute algo puede ser de dos maneras: o por convencimiento o por la fuerza".[96] La propuesta se votó y se desechó.

El diputado Hermenegildo Anguiano, del PRI, tomó la palabra para defender el dictamen. Subrayó que la planeación indicativa

[93] *Diario de los debates de la Cámara de Diputados*, LII Legislatura. Intervención de Luis Prieto en la misma sesión, p. 19.

[94] *Op. cit.*, p. 20.

[95] *Op. cit.*, pp. 20-21.

[96] *Op. cit.*, p. 20.

era aceptada en todos los Estados del mundo con el objetivo esencial de evitar las crisis económicas. Aprovechó para "aclarar" que la crisis del país "no es la crisis del sistema, no es la crisis de la sociedad mexicana, no es la crisis económica por la que estamos pasado ahorita, un símbolo de fracaso o un símbolo de que andan mal los programas y los gobiernos de la Revolución. México está en crisis porque estamos viviendo en un mundo en crisis".[97]

Concluida la discusión, se aprobó la nueva Ley de Planeación en lo general, y en lo particular para los artículos no impugnados, por 278 votos en favor y 61 en contra. Los votos en favor fueron seguramente los del PRI y el PPS; los votos en contra posiblemente fueron de miembros del PSUM y del PAN. Lo anterior se deduce de las intervenciones de sus diputados. En cuanto el PDM, como no participó en el debate, no es posible asegurar qué uso hizo de su voto.

El diputado Andrés Cazares Camacho, de Acción Nacional, propuso que se introdujera una reforma al artículo 20 en el sentido de que se eliminaran las siguientes palabras: "Asimismo participarán en los mismos foros [de consulta popular] los diputados y senadores del Congreso de la Unión", pues consideraba que resultaría lamentable que participaran "ahí donde no se nos invita".[98] Su segunda propuesta fue para modificar el párrafo tercero del artículo 20, con el fin de que las Secretarías de Estado y las empresas descentralizadas informaran a la población de los lugares donde operaran:

a) los proyectos y costos de los programas a ejecutar,
b) los nombres de los funcionarios, así como los sueldos que devenguen,
c) la secuencia del avance de las obras que ejecuten.[99]

[97] *Diario de los debates de la Cámara de Diputados*, LII Legislatura. Intervención de Hermenegildo Anguiano en la misma sesión, p. 21.
[98] Intervención de Andrés Cazares Camacho en la misma sesión, p. 23.
[99] *Op. cit.*, pp. 23-24.

Senado: revisión

Una vez aprobado el texto por la Cámara de Diputados, pasó a revisión del Senado. Dictaminaron las comisiones unidas de Planeación del Desarrollo Económico Social y la tercera sección de Estudios Legislativos.[100] El dictamen del 29 de diciembre de 1982 se limitó a reiterar la exposición de motivos de la iniciativa de ley del Ejecutivo más los expuestos por la Cámara de Diputados al modificar los artículos 3, 5 y 20. Se aprobaron todos los cambios.[101]

El mismo día 29 de diciembre de 1982, el dictamen de las comisiones unidas de la Cámara de Senadores se discutió y se votó: 59 en favor, ninguno en contra. La única intervención, del senador Gonzalo Martínez Corbalá, apoyó el dictamen; dijo que la Ley de Planeación debía aprobarse porque constituía un avance significativo, en especial "en un momento de crisis se puede hacer un mejor y más racional aprovechamiento de nuestros recursos naturales".[102]

La iniciativa se convirtió en Ley de Planeación el 30 de diciembre de 1982.[103]

[100] Las comisiones unidas estaban integradas por los senadores Ángel Aceves Saucedo, Adolfo Lugo Verduzco, José Luis Dorantes Segovia, Gilberto Muñoz Mosqueda y Raúl Salinas Lozano (Comisión de Desarrollo Económico y Social); senadores Agustín Téllez Cruces, Salvador Neme Castillo, José Patrocinio González Blanco Garrido, Yolanda Sentíes de Ballesteros y Ernesto Millán Escalante.

[101] Dictamen de la Primera Comisión de Planeación del Desarrollo Económico y Social y de la Tercera Sección de Estudios Legislativos, Cámara de Senadores, 29 de diciembre de 1982, en *El marco legislativo...*, *op. cit.*, vol. 2, páginas 335-339.

[102] Intervención de Gonzalo Martínez Corbalá, Cámara de Senadores, sesión del 29 de diciembre de 1982, en *El marco legislativo...*, *op. cit.*, vol. 2, páginas 343-346.

[103] Ley de Planeación, 30 de diciembre de 1982, *Diario Oficial*, 5 de enero de 1982, pp. 8-14.

3. La administración federal

El Sistema Nacional de Planeación requería para su buen funcionamiento una profunda reorganización de la administración pública. Sobre todo se tendrían que racionalizar los recursos humanos, crear una nueva organización donde el personal fuera "eficiente y honesto, con un alto sentido de responsabilidad y solidario con los programas del Plan de Gobierno".[104]

La eficiencia en la administración de recursos fue una prioridad de la Presidencia. La iniciativa de reforma de la Ley Orgánica de la Administración Pública se envió al Senado el 4 de diciembre de 1982, para dictamen conjunto de la Primera Comisión de Gobernación, la de Asentamientos Humanos y la tercera sección de Estudios Legislativos.

Sus objetivos eran, en esencia, tres. El primero, dar a la Secretaría de Programación y Presupuesto "atribuciones integrales para regular la administración de recursos humanos del gobierno federal". El segundo, crear una nueva Secretaría de Estado, la de Contraloría General de la Federación, con "facultades para normar y vigilar el funcionamiento y operación de las diversas unidades de control con que cuenta la Administración Pública Centralizada y Paraestatal y, en su caso, denunciar las irregularidades ante el Ministerio Público". El tercero, reorganizar la regulación minera, energética, industrial, comercial y urbana a través de las nuevas secretarías de Comercio y Fomento Industrial (Secofi); de Energía, Minas e Industria Paraestatal (Semip), y de Desarrollo Urbano y Ecología (Sedue).[105]

La finalidad de la reforma administrativa fue definida así por la Presidencia: "las reformas pretenden adaptar sus facultades a las exigencias de la visión de conjunto que demanda la planeación y su financiamiento".[106] Se podría agregar que la reforma

[104] Iniciativa del Ejecutivo federal, 4 de diciembre de 1982, en *El marco legislativo...*, *op. cit.*, 1983, vol. 3, p. 124.

[105] *Ibid.*

[106] *Op. cit.*, p. 125.

buscaba superar las numerosas disfunciones características de la administración pública hacia finales del decenio, 1970.[107]

El Ejecutivo señalaba en la iniciativa que la reforma conduciría a centralizar en la Secretaría de Hacienda y Crédito Público los precios y tarifas de los servicios públicos y del sistema bancario. Al mismo tiempo, la Secretaría de Programación y Presupuesto asumiría el "carácter de órgano rector de la planeación nacional del desarrollo" con la tarea concomitante de "orientar la coordinación de acciones del Ejecutivo federal con los Ejecutivos estatales".[108] La planeación expuesta así fue, para el gobierno, un mecanismo para estimular la cooperación entre los tres niveles de gobierno: federación, estados y municipios. La coordinación daría orden al gasto público al concentrar en la Secretaría de Programación y Presupuesto la planeación, programación, presupuestación, ejecución y evaluación de la obra pública, así como las adquisiciones de toda clase que realizaran las dependencias y entidades de la Administración Pública Federal. En tanto, la Secretaría de la Contraloría General de la Federación se ocuparía de la "fiscalización y control de las obras públicas y de las adquisiciones".[109] Dicho control y fiscalización se hizo extensivo a las entidades paraestatales.

La reorganización administrativa tuvo a su vez un fin social: dar respuesta a los problemas de asentamientos humanos, obras públicas, vivienda, agua potable y alcantarillado, con "una participación activa de los gobiernos estatales y municipales", con el propósito de "descentralizar la vida nacional".[110] La finalidad social estuvo también presente al fortalecer "un sistema nacional que haga posible el acceso igualitario de todos los mexicanos a los servicios de salud".[111]

[107] Para un excelente análisis del estado de la administración pública en la década de 1970, véase Alejandro Carrillo Castro, *La reforma administrativa en México*, INAP, México, 1975, pp. 109-147.

[108] Iniciativa, *op. cit.*, pp. 125-126.

[109] *Op. cit.*, pp. 126-127.

[110] *Op. cit.*, p. 129.

[111] *Op. cit.*, p. 170.

Comisión bicameral: iniciativa y dictamen

El dictamen de las comisiones unidas de ambas cámaras[112] no introdujo cambios transcendentes. Merece, sin embargo, destacarse la práctica parlamentaria seguida por las comisiones. En las reuniones de trabajo hubo "representantes de la colegisladora, quienes participaron en el estudio, análisis y discusión de la iniciativa", esto permitió concertar la ley y abreviar tiempos de las comisiones de dictamen de ambas cámaras.[113]

En la discusión del dictamen hubo una sola intervención en favor del dictamen e iniciativa presidencial. El voto fue en favor.

Tampoco hubo gran debate en las comisiones unidas de Gobernación y Puntos Constitucionales y de Programación, Presupuesto y Cuenta Pública de la Cámara de Diputados: el dictamen fue similar al de la Cámara de Senadores, seguramente debido al trabajo conjunto que le precedió.

Pleno: debate

El mismo 22 de diciembre se dispensó la segunda lectura y se inició el debate. La primera intervención estuvo a cargo de Arnaldo Córdova (PSUM), quien destacó que la discusión de la reforma no podía llevarse a cabo con algún beneficio si no se discutía al mismo tiempo "el carácter y naturaleza de nuestra división de poderes y el papel que desempeña el Poder Ejecutivo".[114]

Luego de un extensa historia del poder presidencial, el diputado Córdova señaló lo que a su juicio eran las debilidades del proyecto de ley que se discutía. En especial, la de declararse

[112] Ley Orgánica del Congreso General de los Estados Unidos Mexicanos 1995, Artículo 46 "se podrán crear también comisiones o comités conjuntos con participación de las dos Cámaras del Congreso de la Unión para atender asuntos de interés común".

[113] *Op. cit.*, p. 170.

[114] *Diario de los debates de la Cámara de Senadores*, LII Legislatura. Intervención de Arnaldo Córdova en la sesión del 22 de diciembre de 1982, diario 55, p. 22.

facultad exclusiva del Ejecutivo federal el establecer las políticas necesarias para el logro de los objetivos y prioridades de la planeación nacional del desarrollo, sin fijar en qué medida ni con qué fin era éste un asunto de competencia de los tres poderes de la Unión. Tampoco se establecía el ámbito del programa ni la responsabilidad de los poderes estatales y municipales con la Administración Pública Federal. Sólo se mencionaban en los llamados Convenios de Coordinación Única, "que dejan a los estados y a los municipios en la más completa dependencia respecto al Ejecutivo federal".[115]

Señaló Córdova que incluso los diputados de la mayoría que habían elaborado el dictamen se habían percatado de que la iniciativa de ley no contemplaba funciones de control y vigilancia por parte del Poder Legislativo, y habían señalado la necesidad de fortalecer la Contaduría Mayor de Hacienda. Sostuvo que la necesidad de robustecer a esta dependencia del Legislativo respondía a las protestas de la oposición y "a las dudas que encierra la constitucionalidad de la nueva Secretaría de la Contraloría General de la Federación".[116] La conclusión de Córdova fue que "el Legislativo sigue siendo un poder desarmado por la ley y por el presupuesto, para ejercer cualquier tipo de control o vigilancia sobre los actos del Ejecutivo, con lo que el poder de éste sigue acrecentándose indefectiblemente por la sencilla razón de que la ley lo vuelve casi totalmente irresponsable frente a los otros poderes".[117]

Miguel Gómez Guerrero intervino por Acción Nacional. En primer lugar, señaló que a su grupo parlamentario le preocupaba que el Poder Ejecutivo iniciara su mandato con "un chubasco de iniciativas y reformas, que ahoga la posibilidad de que el Congreso las estudie y las pondere con tiempo suficiente para cumplir lealmente su responsabilidad con la Nación".[118] Explicó que se comprendía la magnitud de esta precipitación con sólo

[115] *Op. cit.*, p. 26.
[116] *Ibid.*
[117] *Ibid.*
[118] Intervención de Miguel Gómez Guerrero en la misma sesión, p. 29.

considerar que el Congreso debía sancionar esta actividad reformista en menos de un mes.

En segundo lugar, expuso las razones para que su grupo votara en contra. Los motivos eran que la creación de una nueva secretaría reportaría un gasto adicional con una fuerte carga para el país, injustificable cuando el pueblo soportaba la crisis, el aumento de impuestos, precios de productos y servicios públicos,[119] una inflación por arriba de 100% y una reciente devaluación de 114 por ciento.

Señaló que la iniciativa presidencial reconocía la ineficacia del control del gasto público desempeñado por la Secretaría de Programación y Presupuesto. La creación de otra secretaría entonces resultaría inútil. El problema radicaba en la imposibilidad de que un mismo poder se autocontrolara al ejercer a un tiempo la función de fiscalizador y fiscalizado. Concluyó por señalar que "en lugar de una supersecretaría de control sujeta a presiones y sometida legalmente al Ejecutivo, queremos el fortalecimiento de la Contaduría Mayor de Hacienda que depende de nosotros, de esta Cámara".[120]

Héctor Ramírez Cuéllar, vocero del PPS, señaló que su grupo parlamentario no encontraba razones de fondo para rechazar las reformas a la Ley Orgánica de la Administración Pública. El hecho de fortalecer la capacidad de fiscalización "del Estado mexicano no implicaba la pérdida de las funciones de la Contaduría Mayor de Hacienda". Por el contrario, el PPS propuso una coordinación estrecha entre la Secretaría de la Contraloría y la Contaduría Mayor de Hacienda en lo relativo a información y evaluación del gasto público.

El PPS también reconoció los esfuerzos de la legislatura por modernizar la estructura jurídica de la Contaduría, dotarla de

[119] Se refiere probablemente al aumento decretado en los primeros días de diciembre sobre la gasolina. Para mayores detalles véase la crónica de la Presidencia.

[120] *Diario de los debates de la Cámara de Diputados*, LII Legislatura. Intervención de Miguel Gómez Guerrero en la sesión del 22 de diciembre de 1982, diario 55, p. 30.

instalaciones adecuadas, equipo y especialistas, ya que al crearse era una oficina sin iluminación.[121] El PPS señaló algunas debilidades de la ley, como las atribuciones de la Secretaría de la Reforma Agraria para parcelar el ejido, desconociendo que el ejido es "fundamentalmente una comunidad y no un conjunto de parcelas".[122] Además propuso avanzar en la integración de la Secretaría de Cultura promotora de la cultura, la recreación y el deporte.

Iván García Solís intervino por el PSUM. Expuso los argumentos por los cuales votarían en contra de la ley. Después de comentar la exposición de motivos del dictamen, argumentó que la reforma aparecía apoyada por la consulta popular, cuando dicho respaldo era de carácter partidista unilateral y "administrativista", y "que tal consulta popular no era sino la campaña de un partido político utilizando los recursos de la administración y del Estado y de ninguna manera la libre expresión de las organizaciones políticas y sociales de nuestro país".[123]

Asimismo, indicó que "se señala la reforma como nacionalista cuando en realidad tiende a facilitar los vasos comunicantes de la economía de Estados Unidos con la economía de México y por ese camino desnacionalizar más aún la nuestra y hacerla más dependiente".[124] Dijo que se hablaba de descentralización cuando de hecho era una descentralización de carácter operativo, pues en el fondo era profundamente centralizada, autocrática, y no otra cosa que "el esfuerzo de rentabilizar la inversión conforme a un proyecto económico-social favorable a los grandes grupos financieros".

Para finalizar, el diputado García Solís, del PSUM, criticó los principales artículos del proyecto, entre los que destacó dos supersecretarías de reciente creación, la de Programación y Presupuesto y la de la Contraloría. Afirmó que resultaba significativo

[121] Intervención de Héctor Ramírez Cuéllar en la misma sesión, p. 31.

[122] *Ibid.*

[123] *Diario de los debates de la Cámara de Diputados*, LII Legislatura. Intervención de Iván García Solís en la misma sesión, p. 33.

[124] *Ibid.*

que la Secretaría de Programación concentrara 19 facultades explícitas, más otras no tan implícitas; entre éstas todas las relativas a la conducción de la política económica y social del gobierno.[125] En lo relativo a la Contaduría Mayor del Congreso, reconoció que se había fortalecido; sin embargo, "todavía tiene que sufrir la imposición de un directivo principal puesto por el Poder Ejecutivo".[126]

Sami David David intervino por el PRI en defensa. Expuso que de las diversas iniciativas que había presentado el Ejecutivo durante el periodo legislativo en curso destacaban dos propósitos fundamentales. El primero, adecuar las disposiciones constitucionales con la realidad política y económica del país. El segundo, "adecuar la estructura administrativa del gobierno federal para modernizarla en el cumplimiento de la relevante función de conducir el desarrollo nacional".[127]

Para este grupo parlamentario la iniciativa constituía un apoyo importante a la labor del Ejecutivo federal, tanto para que fuera más eficiente y eficaz como para que la sociedad pudiera contar "con políticas y estrategias que ayudarán a resolver la crisis".[128]

Concluido el debate, se procedió a la votación del dictamen en lo general y de los artículos no impugnados. Se señaló que los artículos reservados para la discusión, en lo particular, eran los artículos 27, fracciones XXIX, XXX y XXI; los artículos 31, 32 bis, 33, 34, 35, 37, 38, fracción XXIX; 39 y 41, fracción IV.

La iniciativa se aprobó, en lo general, por 296 votos, con 62 en contra. Votaron en favor los grupos parlamentarios del PRI, PPS y PDM, y en contra los del PSUM y PAN[129].

[125] *Op. cit.*, p. 34.

[126] *Op. cit.*, p. 35.

[127] *Diario de los debates de la Cámara de Diputados*. Intervención de Sami David David en la misma sesión, p. 36.

[128] *Op. cit.*, p. 37.

[129] *Diario de los debates de la Cámara de Diputados*. Intervención de David Orozco Romo en la misma sesión, p. 38. De acuerdo con la intervención del diputado Carlos Chavira Becerra, los diputados del PRI sumaban 299. Contaban

En el debate, en lo particular, intervino el diputado David Orozco Romo, quien señaló que el PDM había votado en favor de la iniciativa, no porque la consideraran buena, sino por no tener alternativa. Votar en contra hubiera significado mantener vigente la ley anterior, lo que significaba no frenar el gasto público.[130]

José Haddad Interian, por Acción Nacional, impugnó las fracciones XXIX, XXX y XXXI del artículo 27 por considerar que otorgaban excesivas facultades a la Secretaría de Gobernación para "orientar, autorizar, supervisar y evaluar" los programas de comunicación social de las dependencias del sector público federal. El diputado juzgaba esto como un sometimiento de las otras dependencias a la "omnipotente y omnipresente Secretaría de Gobernación".[131] Tras enumerar el conjunto de las facultades del Poder Ejecutivo, concluyó que las adiciones se impugnaban además por ser anticonstitucionales.

Enrique León, por la comisión, destacó que el objeto de esas reformas era prever la normativa de nuevas tecnologías, como cablevisión, satélites de comunicación y otras innovaciones electrónicas. Resaltó que la ley en discusión únicamente definía el sistema interno de comunicación social de las dependencias públicas y no los sistemas de otros medios de comunicación. En consecuencia, "el gobierno federal tiene todo el derecho a dictar sus lineamientos que crea convenientes para que funcione con mayor eficiencia y congruencia el sistema de comunicación social".[132] El artículo se aprobó por 301 votos en favor, con 58 en contra.

Acción Nacional, por conducto del diputado Luis Torres Serranía, propuso que en lugar de crear la Secretaría de la Contraloría se reforzara la Contaduría Mayor de Hacienda de la Cámara. Dijo que ésta era la prioridad, y que se le debía dotar del

con 10 más que apoyaban su voto. Veinte diputados pertenecían al PSUM, *op. cit.*, p. 44.

[130] Intervención de David Orozco Romo en la misma sesión, p. 39.

[131] Intervención de José Hadad Interián en la misma sesión, p. 41.

[132] *Op. cit.*, p. 48.

personal y los elementos técnicos necesarios para dar seguimiento y controlar el gasto público, "facultad que conforme a la Constitución es exclusiva de la Cámara de Diputados".[133] No obstante la importancia del tema, el artículo 32 bis se aprobó en sus términos por 269 votos en favor y 59 en contra.[134]

Rolando Cordera, por el PSUM, propuso que se llevara a cabo un intercambio de funciones entre la Secretaría de Energía, Minas e Industria y la Secretaría de Comercio y Fomento Industrial. Esta última únicamente debía llamarse Secretaría de Comercio; de esta manera, señalaba Cordera, se evitaría la yuxtaposición de funciones subyacentes en el proyecto de reforma. La moción se desechó en votación económica. Las fracciones XXXIII y XXXIV, relativas precisamente a las funciones de las secretarías de Energía, Minas e Industria y de Comercio y Fomento Industrial, se aprobaron en sus términos por 294 votos en favor, 48 en contra y 8 abstenciones.[135]

También el diputado José Dolores López Domínguez, luego de manifestarse en contra de legislar al vapor, "por esa irracional actitud del Ejecutivo, de atiborrar esta representación nacional con reformas, decretos e iniciativas", hizo notar que había superposición de funciones entre la Secretaría de Comercio y Fomento Industrial y la Secretaría de Ecología (Sedue).[136] El artículo 35 se aprobó en sus términos por 289 votos en favor y 56 en contra.[137]

Juan Campos Vega, por el PPS, propuso que al artículo 37 se le integraran atribuciones en el sentido de que el Plan Nacional de Desarrollo Urbano contemplara la creación de empresas gubernamentales para producir materiales de construcción y prever a escala nacional las necesidades de terrenos para vivienda y para

[133] *Diario de los debates de la Cámara de Diputados*, sesión del 22 de diciembre de 1982, diario 55, p. 57.

[134] *Op. cit.*, p. 59.

[135] *Op. cit.*, 62.

[136] Intervención de José Dolores López Domínguez en la misma sesión, p. 63.

[137] *Diario de los debates de la Cámara de Diputados*, sesión del 22 de diciembre de 1982, diario 55, p. 66.

desarrollo urbano. La propuesta se desechó en votación económica.[138] La única intervención en favor fue del diputado priísta José Parcero López, luego se votó, siendo aprobado el artículo 37 por 183 votos en favor y 48 en contra.[139]

Francisco Álvarez de la Fuente, por el Partido Demócrata Mexicano, señaló que el artículo 38, relativo a la Secretaría de Educación Pública, exhibía que "estamos en presencia de una mordaza a los medios de comunicación masiva", porque se autoriza a la Secretaría de Educación Pública intervenir "en la radio y televisión y también en la industria editorial, prensa, violando el artículo 7º Constitucional".[140] La propuesta se desechó en votación economica y se procedió a votar. El artículo 38 se aprobó en los términos sometidos por el Ejecutivo por 186 votos en favor, 45 en contra y 8 abstenciones.[141]

La diputada Emma Medina Valtierra, del PAN, señaló que el artículo 39, relativo a la Secretaría de Salubridad y Asistencia, no incluía al organismo denominado Pronósticos Deportivos, cuyos recursos se destinaban a la beneficencia pública. Propuso que la omisión se subsanara incluyendo sus fines en la fracción II del artículo 39. No se admitió la adición.[142]

El artículo 39 fue aprobado en los términos sometidos por el Ejecutivo por 183 votos en favor y 53 en contra.[143]

El diputado Viterbo Cortés Lobato inició la discusión del artículo 41, fracción IV, que facultaba a la Secretaría de la Reforma Agraria para intervenir en la titulación y/o parcelamiento ejidal. El diputado Raúl Lemus García manifestó que esta fracción no estaba incluida en las reformas propuestas por el Ejecutivo, por

[138] Intervención de Juan Campos Vega en la misma sesión, p. 66.

[139] *Diario de los debates de la Cámara de Diputados*, sesión del 22 de diciembre de 1982, diario 55, p. 70.

[140] *Ibid.*

[141] *Op. cit.*, p. 71.

[142] *Op. cit.*, p. 83.

[143] *Ibid.*

lo que, de acuerdo con el reglamento de la Cámara, no estaba sujeto a discusión.

El artículo 41 se aprobó en los términos sometidos por el Ejecutivo por 177 votos en favor, 46 en contra y 6 abstenciones.[144] La reforma de la Ley Orgánica de la Administración Pública se promulgó el 23 de diciembre de 1982.

4. Plan Nacional de Desarrollo: ajustes y rectificaciones

Una vez puesto en acción el Plan Nacional de Desarrollo 1983-1988, el Ejecutivo federal percibió la necesidad de reformar dos leyes para su adecuado funcionamiento. El 18 de noviembre de 1983 el Poder Ejecutivo envió a la Cámara de Diputados la iniciativa de reforma a la Ley de Bienes Nacionales, y el 30 de noviembre a la Cámara de Senadores la iniciativa de reforma de la Ley Federal de Reforma Agraria. Ambas, se decía, eran correcciones necesarias para implementar el Plan Nacional de Desarrollo.

Por lo que atañe a la reforma de los bienes nacionales, fue explícita la necesidad de "lograr un óptimo y racional aprovechamiento de los recursos naturales de que dispone la Administración Pública Federal para el cumplimiento de las responsabilidades de su cargo", que era uno de los objetivos del Plan Nacional de Desarrollo. La racionalización de los recursos materiales se propuso mediante la "simplificación de trámites y procedimientos administrativos" relativos a adquisiciones y aprovechamiento de bienes inmuebles de las instituciones públicas así como de las entidades paraestatales.[145]

Las comisiones unidas de Programación y Presupuesto y la de Asentamientos Humanos y Obras Públicas, al dictaminar

[144] *Ibid.*

[145] Iniciativa de Poder Ejecutivo, 18 de diciembre de 1983, en *El marco legislativo...*, *op. cit.*, vol. 8, pp. 11-13.

la iniciativa, introdujeron cambios.[146] El dictamen amplió la posibilidad de establecer reservas territoriales destinadas a la solución y regularización de "problemas de habitación popular, previa declaración expresa que en cada caso haga la Secretaría de Desarrollo Urbano y Ecología".[147] Con esa adición, se dijo, "se abre un gran campo de posibilidades para que el Estado esté en condiciones de cumplir, con mayor diligencia, con el mandamiento constitucional en su artículo 4º, que asienta como garantía constitucional el derecho de los mexicanos a contar con una vivienda digna y decorosa".[148] Se contempló el problema de la

[146] Las comisiones quedaron integradas de la siguiente forma, por la Comisión de Programación y Presupuesto: Manuel Cavazos Lerma, Mariano Acoltzin Vidal, Genaro Borrego Estrada, Álvaro Brito Alonso, María Luisa Calzada de Campos, Óscar Cantón Zetina, Ricardo Castillo Peralta, Rolando Cordera Campos, Antonio Fabila Meléndez, Iván García Solís, Julieta Guevara Bautista, Juan José Hinojosa, Luz Lajous de Madrazo, Enrique León Martínez, Raúl López García, Moisés Raúl López Laines, David Lomelí Contreras, Eugenio Adrián Mayoral Bracamontes, José Ignacio Monge Rangel, José Esteban Núñez Perea, María Teresa Ortuño Gurza, Alejandro Posadas Espinoza, Gerardo Ramos Rome, Héctor Ramírez Cuéllar, Dulce María Sauri Riancho, Enrique Soto Izquierdo, Homero Tovilla Cristiani, Jorge Treviño Martínez, Antonio Vélez Torres, Astolfo Vicencio Tovar, Haydée Eréndira Villalobos Rivera, Manuel Villa Issa.

Por la Comisión de Asentamientos Humanos y Obras Públicas: José Parcero López, presidente; Juan Salgado Brito, secretario; María Elisa Alvarado de Jiménez, Alfredo Barba Hernández, María Albertina Barbosa viuda de Meraz, Diógenes Bustamante Vela, Juan Campos Vega, Ricardo Cavazos Galván, Roger Cicero Mackinney, Guillermo Fragoso Martínez, Leopoldo Hernández Partida, José Luis García Marcia, Eleazar García Rodríguez, Rafael García Sancho Gómez, Francisco Galindo Musa, Alfonso Gaytán Esquivel, Miguel González Avelar, Juventino González Ramos, Leonardo González Valera, Héctor Alfredo, Ixtlahuac Gaspar, Josefina Luévano Romo, Javier Martínez Aguilera, Arturo Martínez Legorreta, Edmundo Martínez Zaleta, Artemio Meixueiro, Antonio Ortega Martínez, Angélica Paulin Posada, María Encarnación Paz Méndez, José Encarnación Pérez Gaytán, José Lucio Ramírez Ornelas, Leonor Rosales de Fonseca, Benito Ignacio Santamaría Sánchez, Baltazar Ignacio Valdez Montoya, Guillermo Vargas Alarcón, Raúl Vélez García, Dora Villegas Nájera, Juan Villegas Torres, Oralia Esther Viramontes de la Mora, José Viramontes Paredes.

[147] Dictamen de las comisiones, 15 de diciembre de 1983, en *op. cit.*, p. 26.

[148] Miguel de la Madrid, *El marco legislativo para el cambio*, *op. cit.*, vol. 8, p. 26.

vivienda popular al agregar en el dictamen que los ingresos por enajenación de inmuebles propiedad de la Federación, y de transmisión de empresas y fideicomisos públicos, se podrían destinar a la regularización de la tenencia de la tierra.[149]

Las comisiones, preocupadas por la regularización de la tierra de los sectores económicamente débiles, establecieron que las autorizaciones concedidas no podían ser revocadas. Más aún, se facilitaría la enajenación de bienes de organismos descentralizados, de empresas de participación estatal mayoritaria y de los fideicomisos públicos de carácter federal, para la solución de problemas de la vivienda o para la creación de reservas territoriales. Finalmente, las comisiones añadieron que las personas físicas o morales podrían llevar a cabo proyectos habitacionales de interés social.[150]

En la definición del dictamen se produjo una ruptura en el seno de la Comisión de Programación y Presupuesto. Algunos miembros votaron en contra: María Teresa Ortuño Gurza y Juan José Hinojosa (PAN), David Lomelí Contreras (PDM) y Héctor Ramírez Cuéllar (PPS). En cambio, en la Comisión de Asentamientos Humanos y Obras Públicas hubo unanimidad; al parecer en este caso se debió a la buena diplomacia que desarrollaron los miembros de la Comisión de Programación y Presupuesto.

El debate, en lo general, fue el 20 de diciembre de 1983. Inició con la intervención de Encarnación Pérez Gaytán (PSUM), quien explicó que su grupo votaría en contra porque no se mencionaba lo que pasaría con los bienes de la banca no destinados a la prestación de servicios. Sostuvo que todos los bienes de la banca nacionalizada debían pasar como bienes nacionales para aumentar las reservas territoriales disponibles; en cambio, se les eximía de la obligación de regirse por dicha ley en lo relativo a la enajenación y la adquisición de bienes no necesarios en modo directo para el servicio de banca y crédito.[151]

149 Dictamen de las comisiones, *op. cit.*, pp. 26-27.
150 *Op. cit.*, pp. 27-28.
151 Intervención de la diputada Encarnación Pérez Gaytán, en *El marco legislativo...*, *op. cit.*, vol. 8, p. 33.

Otra razón por la que el PSUM objetó la ley fue porque rompía el viejo principio según el cual la venta de bienes públicos debía ser al contado. La nueva ley establecía que se podía pagar en veinte años. Esto significaba que negociantes y empresarios podrían "recibir terrenos a crédito hasta por 20 años, estando obligados a pagar sólo el 10% inicial. Las personas o grupos necesitados, porque sus ingresos económicos no les permiten de entrada adquirir vivienda adecuada, estarían expuestos a la decisión de los negociantes privados; que se van a beneficiar con estas disposiciones legales".[152]

Mariano López Ramos, del PST, señaló que su grupo parlamentario votaría en favor del proyecto en virtud de que consideraban un avance el que el artículo 4º constitucional garantizara a toda familia mexicana una vivienda digna y decorosa.[153]

Miguel González Avelar habló por el PRI en favor del dictamen de las comisiones. Destacó que la Federación requería un número no menor de 40 000 hectáreas como reserva territorial de suelo urbano, de ahí la urgente necesidad de crearlas. Reconoció que el sector privado "hasta la fecha únicamente se ha sabido distinguir por su alta capacidad para especular con la tierra urbana factible de servir para la solución de vivienda popular".[154] Sin embargo, señaló que el proyecto adecuaba el sistema legislativo de bienes nacionales de la Administración Pública Federal y facilitaba los trámites para que algunos bienes de dominio público fueran del dominio privado. Este aparente inconveniente, dijo González Avelar, se salvaba con el proyecto de dictamen de la Ley de Asentamientos Humanos que se discutiría en breve por el Congreso. En éste se establecía la prioridad o derecho de tanto para que la Federación, los estados o las entidades públicas como los institutos estatales de la vivienda, Infonavit, Fovissste o los municipios, adquirieran a precio de remate aquellos bienes in-

[152] *Op. cit.*, vol. 8, p. 35.
[153] Intervención del diputado Mariano López Ramos, *op. cit.*, vol. 8, p. 35.
[154] Intervención del diputado Miguel González Avelar, *op. cit.*, vol. 8, p. 38.

muebles que, estando sujetos a un litigio judicial o para garantizar adeudos fiscales, eran susceptibles de constituir reservas territoriales.[155]

Expuso que con esas medidas las comisiones habían estimado "que ésta es una manera realista y práctica para sustraer de la especulación miles de hectáreas, que tradicionalmente se han manejado dentro de un círculo vicioso especulativo que encarece y distorsiona precios y oferta".[156] Dijo que el impugnado artículo 9 procuraba anular la especulación al fijar como obligación sujetar las operaciones inmobiliarias de las dependencias y entidades de la administración pública federal a la prelación que señalara la secretaría del ramo; con base en prioridades y lineamientos del Plan Nacional de Desarrollo.[157]

Concluida la discusión en lo general, el dictamen fue aprobado por 327 votos en favor y 13 en contra.

Hubo una breve discusión, en lo particular, sobre la posibilidad de que la iniciativa privada se dedicara a la construcción de vivienda, a lo que se opuso el PPS, por conducto del diputado Juan Gualberto Campos Vega. Enseguida la diputada María de Jesús Orta Mata (PDM) habló de lo innecesario de elevar las sanciones administrativas. Luego se procedió a aprobar definitivamente el artículo 66, respecto a la construcción de viviendas sociales, con 317 votos en favor y 23 en contra; los artículos 96 y 99, referidos a las sanciones a los infractores, tuvieron 321 votos en favor y 9 en contra.[158] El PPS propuso que se suprimiera el párrafo que adicionaba al artículo 66, relativo a la participación de la iniciativa privada en la construcción de viviendas de interés social. La propuesta se desechó en votación económica y el artículo 66 se aprobó por 317 votos, con 23 en contra.

María de Jesús Orta Mata (PDM) impugnó los artículos 96 y 99, ya que su grupo parlamentario juzgaba que las sanciones esti-

[155] *Ibid.*
[156] *Ibid.*
[157] *Ibid.*
[158] *Op. cit.*, vol. 8, pp. 42 y 54.

puladas por la ley eran excesivas. Estos artículos se aprobaron por 321 votos en favor y 9 en contra.[159]

El debate parlamentario lo interrumpió el diputado Iván García Solís (PSUM) para informar que en la explanada exterior de la Cámara se encontraba un contingente de los partidos PPS, PST y PSUM, así como de las organizaciones políticas Corriente Socialista y Unidad de Izquierda Comunista y grupos de inquilinos. Los manifestantes pedían que se legislara en materia inquilinaria en ese periodo de sesiones. El diputado solicitaba que una comisión se entrevistara con ellos y recibiera el documento que habían preparado.

Iván García Solís explicó que "de todos es sabido que existen varios proyectos presentados en distintas fechas por diversas organizaciones políticas" que tenían por objeto establecer una regulación en el precio de las rentas para proteger a los arrendatarios, garantizando su derecho a participar organizadamente en defensa de sus intereses. Para García Solís estas propuestas "demandan una intervención del Estado en esta materia y suponen el paso de la relación inquilinaria a la esfera pública considerando a la vivienda como artículo de primera necesidad, cuyo precio debe ser regulado".[160] La propuesta se rechazó en votación económica.[161]

El dictamen del Senado, con fecha 27 de diciembre de 1983, no agregó elementos nuevos a la discusión, pero cabe destacar que el dictamen de las comisiones recogió todo lo aprobado por la

[159] *Op. cit.*

[160] *Op. cit.*, vol. 8, p. 51.

[161] La propuesta fue sostenida por Jesús Luján Gutiérrez (PPS). Afirmó que "sigue manifestándose una lamentable insensibilidad en esta Asamblea legislativa. El diputado Iván García ha venido a hacer una solicitud a través de una proposición para que salgan las comisiones de esta Cámara a escuchar el sentir de un sinnúmero de ciudadanos que están fuera de este recinto. Y se resuelve paladinamente con un trámite burocrático parlamentario de si se acepta o no la proposición hecha", *op. cit.*, p. 52. A solicitud del Presidente de la Cámara, las comisiones unidas del Distrito Federal y de Justicia atendieron a los grupos de manifestantes.

Cámara de Diputados.[162] Sin mayor debate, el Senado aprobó la ley el mismo día por 58 votos, y se promulgó el 7 de febrero de 1984.

Las reticencias y problemas se presentaron al discutir las enmiendas a la Ley de la Reforma Agraria con la reforma del artículo 27. Dos nuevas fracciones, la XIX y XX, consagraban la seguridad jurídica de la propiedad y, en especial, daban mayores garantías a ejidatarios, comuneros y pequeños propietarios. Según la iniciativa presidencial, la reforma se acompañaría de una reforma a la Ley Federal de la Reforma Agraria, de modo de dar "certeza jurídica a los derechos del sector social en el medio rural".[163]

La iniciativa presidencial se envió a la Cámara de Senadores el 30 de noviembre de 1983. El propósito era enmendar la Ley Federal de la Reforma Agraria, para dar "agilidad y justicia" en "la tramitación local" de los intereses del "medio agrario". Esta agilidad se lograría gracias a que los procedimientos a cargo de las comisiones Agrarias Mixtas culminarían legalmente en "el gobernador del estado respectivo, como suprema autoridad agraria en la entidad federativa".[164] La descentralización de competencias no anulaba el carácter de máxima autoridad en materia agraria del presidente de la República, sólo se daba carácter Ejecutivo al mandamiento de los gobernadores, en espera de la ratificación presidencial final. Al mismo tiempo precisaba quiénes eran los que tenían derecho a solicitar dotación de tierras, bosques y aguas por la vía de nuevos centros de población", y se

[162] Las comisiones estaban integradas de la siguiente manera: por la Comisión de Patrimonio y Recursos Nacionales, Manuel Villafuerte Mijangos, Américo Villarreal Guerra, Fernando Mendoza Contreras, Héctor Jarquín Hernández, María del Carmen Márquez de Romero Aceves. Por la Tercera Sección de Estudios Legislativos: Antonio Martínez Báez, Antonio Riva Palacio López, Ernesto Millán Escalante, Mariano Palacios Alcocer, José Patrocinio González Blanco Garrido.

[163] Iniciativa del Ejecutivo federal, 30 de noviembre de 1983, en *El marco legislativo..., op. cit.*, vol. 6, p. 464. Véase el capítulo 2, cuadro 1.

[164] *Ibid.*

garantizaba la no-afectación de la pequeña propiedad agrícola o ganadera en explotación mediante "los certificados o constancias de inafectabilidad de un precio pudieran tramitarse en el ámbito de la dependencia del Ejecutivo encargado del ramo agrario", es decir, de la Secretaría de la Reforma Agraria.[165] Correspondería así al secretario de la Reforma Agraria "la atribución de expedir, y en su caso cancelar, los certificados de inafectabilidad", sin pasar por el cuerpo consultivo agrario en los casos de los certificados que no eran "sino la de una constancia de que un predio no excede a los límites legales, dado el supuesto de que esté en explotación".[166]

Una serie de disposiciones adicionales hacía más transparente la elección del comisariado ejidal y del consejo de vigilancia, cargos electos por la asamblea de ejidatarios. También se contempló la remoción inmediata y la pérdida de derechos si a estas autoridades agrarias se les probaba estar involucradas en la "venta o arrendamiento de terrenos ejidales".[167] La iniciativa rescataba el que los ejidos y comunidades pudieran "por sí mismos o asociados con cualquier tipo de productores agrupados" constituir "organizaciones de segundo piso".[168]

Finalmente la iniciativa creaba, con carácter prioritario, el catastro rural, con el fin de "identificar geográficamente los predios rústicos y a sus propietarios o poseedores, favoreciendo con ello la regulación de la tenencia de la tierra y la expedición de la documentación necesaria para otorgar seguridad jurídica en el campo".[169]

Las comisiones unidas, primera y tercera de Reforma Agraria y tercera sección de Estudios Legislativos del Senado, presentaron su dictamen al término de un mes, el 22 de diciembre de 1983. Explicaron que el dictamen era el resultado de un proceso de

[165] *Op. cit.*, pp. 466-468.
[166] *Op. cit.*, p. 468.
[167] *Op. cit.*, p. 469.
[168] *Op. cit.*, pp. 471-472.
[169] *Op. cit.*, p. 472.

negociación y estudio de la iniciativa con los diputados miembros de comisiones similares en la Cámara de Diputados y con la aportación de grupos sociales, profesionales y técnicos.

Del proceso de discusión y dictamen se logró que se aceptaran los principios expuestos por el Ejecutivo: ampliar el ámbito de competencias de la autoridad local para evitar retardos onerosos en los trámites administrativos; disminuir los constantes y graves desplazamientos de campesinos hacia la ciudad de México; acelerar la certificación y seguridad jurídica de ejidos y comunidades, y apoyar el proceso de descentralización, el todo dentro de un esquema de mayor autonomía funcional de los estados federados. Las comisiones consideraron que debían apoyar tales propuestas, a condición de un cambio: que el presidente de la República continuaría en su carácter de la suprema autoridad agraria.[170] Por eso se eliminó la fracción que atribuía al gobernador facultades en la materia. Lo mismo ocurrió con la propuesta de modificación que atribuía a las comisiones Agrarias Mixtas facultades reservadas al presidente de la República. En síntesis, el dictamen rechazó la descentralización radical que proponía el Ejecutivo federal por medio del traslado de atribuciones del presidente a los gobernadores.[171]

Las comisiones unidas se opusieron por igual al cambio del artículo 89 de la Ley de la Reforma Agraria y otras disposiciones relativas con el fin de preservar la doble instancia estatal y federal para toda dotación, ya fuera vía restitución o dotación. Al mismo tiempo, el dictamen de las comisiones unidas fue contrario a reformar el papel del cuerpo consultivo agrario en materia de dotación, restitución y titulación de tierra.[172]

El dictamen de las comisiones unidas tampoco apoyó la idea presidencial de que los ejidos y comunidades pudieran asociarse con otros productores para crear asociaciones mixtas. Por el con-

[170] Dictamen de las comisiones unidas, 22 de diciembre de 1983, en *El marco legislativo...*, *op. cit.*, vol. 6, p. 505.

[171] *Op. cit.*, p. 506.

[172] *Op. cit.*, pp. 506-507.

trario, reafirmaron el principio, ya consagrado, de que el ejido y la comunidad debían explotar, ellos mismos, los recursos no-agrícolas y beneficiarse directamente de ellos. Sólo en caso de incapacidad o insuficiencia, se contempló la posibilidad de convenir en fórmulas de asociación con entidades estatales o empresas privadas o individuos, siempre previo acuerdo de la asamblea general de ejidatarios o comuneros, lo cual, en última instancia, fortalecía su carácter de órgano máximo decisorio.[173]

Como puede notarse, los senadores del PRI no concordaron con las ideas del Ejecutivo federal y modificaron radicalmente las partes más innovadoras de la iniciativa.[174] Probablemente fue la Confederación Nacional Campesina (CNC) la fuerza opositora, ya que todas las intervenciones en favor del dictamen que modifica sustancialmente la iniciativa fueron hechas por senadores del sector campesino: Mario Hernández Posadas, secretario general de la CNC, Alfonso Garzón, secretario de la Confederación Campesina Independiente, Heladio Ramírez, de la CNC, y Javier Ahumada Padilla, secretario general de la Confederación de la Pequeña Propiedad.[175]

Cuando llegó el momento de votar en lo general y en lo particular, el dictamen se aprobó, con los cambios expuestos, por una mayoría absoluta de 58 votos; no obstante, el senador Alfonso Zagbe pidió que se recuperara el texto original de la iniciativa en varios puntos.[176]

La Comisión de Reforma Agraria de la Cámara de Diputados

[173] *Op. cit.*, p. 507.

[174] Mismas que habían quedado integradas de la siguiente manera: Por la Primera Comisión de Reforma Agraria, Víctor Manzanilla Schaffer, Mario Hernández Posadas, Rafael Cervantes Acuña, Heladio Ramírez y Antonio Riva Palacio López. Por la Segunda Comisión de Reforma Agraria, Salvador Barragán Camacho, Norberto Mora Plancarte, Celso Humberto Delgado Ramírez y Humberto Hernández Haddad. Por la Tercera Sección de Estudios Legislativos, Antonio Martínez Báez, Antonio Riva Palacio López, Ernesto Millán Escalante, Mariano Palacios Alcocer y José Patrocinio González Blanco Garrido.

[175] *Op. cit.*, p. 531.

[176] *Ibid.*

empezó a discutir el proyecto de ley el 29 de diciembre de 1983.[177] El dictamen que elaboró reproducía los principales argumentos del Senado y aprobaba las modificaciones que introdujo la Cámara Alta en la iniciativa presidencial.[178]

La discusión inició con una propuesta del conjunto de los grupos parlamentarios de oposición: PAN, PPS, PSUM, PDM, PST, que presentaron una *moción suspensiva,* pues "el proyecto que está a discusión se refiere a cuestiones esenciales del campo mexicano, afecta a millones de compatriotas y no ha habido en realidad el tiempo necesario para analizar a fondo el alcance y el fundamento del mismo". Sugerían que se convocara a un periodo de sesiones extraordinarias para tratar esa ley.[179] La *moción suspensiva* se rechazó por 256 votos en contra y 90 en favor. De allí la decisión de los diversos partidos de oposición, con excepción del PARM, de abandonar el recinto legislativo.

[177] Dictamen de la Comisión de Reforma Agraria, 29 de diciembre de 1983, *op. cit.*, vol. 6, pp. 541-543. El diputado Javier Blanco Sánchez (PAN) sostiene que el texto del dictamen del Senado fue entregado en la mañana del mismo día en que se presentó el de la Comisión de Reforma Agraria de la Cámara de Diputados.

[178] La Comisión de Dictamen quedó integrada con los miembros de la Comisión de Reforma Agraria de la siguiente manera: Víctor Cervera Pacheco, presidente; Martha Chávez Padrón, secretario; Waimer Alcántara Silva, Cristóbal Arias Solís, Rafael Armenta Ortiz, Daniel Balanzario, Eleazar Bazaldúa Bazaldúa, Margarito Benítez Durán, Carlos Rubén Calderón Cecilio, Emma Victoria Campos Figueroa, Ricardo Castillo Peralta, Apolinar de la Cruz Loreto, Demetrio Ernesto Espinoza Leal, Domingo Esquivel Rodríguez, Rubén García Farías, Gilberto Gutiérrez Bañaga, Heladio Gutiérrez Ortega, Bertha Lenia Hernández de Ruvalcaba, Leopoldo Hernández Partida, Antonio Herrera Bocardo, Florentino Jaimes Fernández, Sacramento Joffre Vázquez, Raúl Lemus García, Norma López Cano y Aveleyra, Ernesto Luque Feregrino, Areli Madrid Tovilla, Abdón Martínez Hinojosa, Odilón Martínez Rodríguez, Eloy Morales Espinoza, Crescencio Morales Orozco, José Nassar Tenorio, Héctor Hugo Olivares Ventura, Cirino Olvera Espinoza, Nicolás Orozco Ramírez, Gustavo Pérez y Pérez, Rafael Servando Portillo Díaz, Óscar Ramírez Mijares, Saúl Ríos Beltrán, José Rosas Gómez Luna, Iomobono Rosas Rodríguez, Gabriel Salgado Aguilar, Héctor Sánchez López, Maximiliano Silerio Esparza, Roque Spinoso Foglia, Manuel Tarriba-Rojo, Odila Torres Vila, Víctor Manuel Torres Ramírez, Efraín Zúñiga Galeana.

[179] *Op. cit.*, vol. 6, p. 547.

El diputado Sergio Ruiz Pérez (PPS) explicó que su partido, así como el PSUM y el PST, se oponían porque se alteraba el contenido del artículo 27 constitucional, ya que se pretendía vulnerar la estructura de la propiedad de los ejidos y comunidades agrícolas en aras de aumentar la productividad agraria. En consecuencia, la iniciativa tendía a estimular a la burguesía agraria. Asimismo se oponían a que se diera un tratamiento similar a formas de la tenencia de la tierra con diferentes características socioeconómicas, como el ejido y la "llamada pequeña propiedad". Rechazaban los certificados de inafectabilidad agraria que favorecían el acaparamiento de tierras y la consolidación de nuevas estructuras de latifundio. También rechazaban la facultad discrecional [que la ley otorgaría] al titular de la Reforma Agraria para legitimar los latifundios simulados.[180]

El diputado Méndez Ramírez (PAN) expuso que la iniciativa simplificaba el problema agrario mexicano, y exclamó: "ojalá y se tratara de un simple problema procesal, la falta de justicia agraria y de seguridad y de certeza jurídica en el campo".[181] Indicó que el problema era estructural, ya que la mayoría de los ejidatarios y comuneros, así como los minifundistas, carecían de los recursos suficientes. Faltaba también, en forma dramática, la capacitación y preparación de los hombres del campo —a pesar de que la Ley de la Reforma Agraria preveía su capacitación— para que pudieran llevar a cabo una explotación racional y productiva.[182] Concluyó diciendo que, tratándose de una falla estructural, dudaba de la eficacia de las reformas propuestas en la iniciativa para alcanzar la justicia agraria y el desarrollo integral del campo. Tampoco creía posible que los campesinos lograran su incorporación integral al proceso productivo, participando activamente en la reordenación económica.[183]

Es importante destacar que Acción Nacional señaló que "no objetamos el sistema de tenencia y explotación de la tierra ejidal

[180] *Op. cit.*, vol. 6, pp. 548-549.
[181] *Op. cit.*, vol. 6, p. 550.
[182] *Op. cit.*, vol. 6, pp. 550-551.
[183] *Op. cit.*, vol. 6, p. 553.

y comunal", sino por el contrario, afirmaban que había comunidades y ejidos que contaban con tierras de riego, pastos y recursos forestales suficientes que habían prosperado "y han producido auténtica elevación humana".[184] Lo que objetaban era que "las reformas no se enfocaran a resolver los problemas fundamentales y que demagógicamente se continuara engañando a los campesinos ofreciéndoles repartos de tierras inexistentes, o que una iniciativa de ley como ésta obre de milagro de hacer fértiles y fecundas tierras yermas y estériles".[185]

Una vez más, y con el fin de manifestar su descontento, los grupos parlamentarios de oposición se retiraron del aula. La diputada Martha Chávez Padrón (PRI), en calidad de secretaria de la Comisión de Reforma Agraria, defendió la iniciativa con base en la Constitución y en el Plan Nacional de Desarrollo. Revisó detalladamente la exposición de motivos del dictamen y sostuvo que se inspiraba en la consulta popular, cuyo foro sobre Reforma Agraria se había efectuado el 8 de febrero de ese año. Afirmó que el dictamen tomaba en cuenta el Plan Nacional de Desarrollo y, en especial, los propósitos de la reforma integral, los cuales eran: "primero, repartir toda la tierra legalmente aceptable; segundo, dar seguridad jurídica en las diversas formas de tenencia de la tierra, regularizar los asentamientos humanos en las áreas ejidales y comunales; tercero, consolidar la estructura interna de los grupos campesinos para organizarlos y capacitarlos y lograr el incremento productivo y el aprovechamiento integral de los recursos".[186]

Concluyó la discusión el diputado Efraín Zúñiga Galeana (PRI) en nombre de los diputados de la Confederación Nacional Campesina, para sostener el proyecto de ley y solicitar un voto en favor. Sostuvo que "el voto de todos ustedes será una respuesta a los acelerados", obvia alusión a los técnicos de la Presidencia, "y una respuesta a la derecha, que obstaculiza los afanes del gobierno por alcanzar la justicia campesina".[187]

[184] *Ibid.*

[185] *Ibid.*

[186] *Op. cit.*, vol. 6, p. 557.

[187] *Op. cit.*, vol. 6, p. 569.

En vista de que no se impugnó un solo artículo, se llevó a cabo la votación en lo general y en lo particular en un solo acto. La ley se aprobó por 256 votos,[188] y se promulgó en el *Diario Oficial* el 17 de enero de 1984. Vale la pena señalar que fue la única ley aprobada por la mayoría priísta, habiéndose retirado del recinto los partidos de oposición.

5. CONCLUSIONES: DIRECTRICES Y EFECTOS DE LA RENOVACIÓN

A lo largo del primer año del nuevo gobierno —entre diciembre de 1982 y diciembre de 1983— se establecieron nuevas reglas del juego que dieron lugar a una reforma sustancial de las coordenadas institucionales dentro de las cuales se desarrollaría la política económica en los decenios 1980 y 1990. Señalan el inicio de una nueva relación entre la Presidencia y el Congreso, cuya finalidad fue la de corresponsabilizar a los dos poderes en el diseño y aplicación de una política económica que ordenara, racionalizara e hiciera más eficaz y productivo el sistema económico mexicano.

Para comprender cómo se establecieron los nuevos parámetros de acción, debemos atribuirle la debida importancia a las crisis económicas que embistieron al país en 1982 y en 1986. La dimensión de las medidas que se debían tomar obligó a las autoridades responsables del gobierno a proveerse de instrumentos oportunos y eficaces. El valor reside en que, frente a la crisis, el gobierno decide aprovechar la coyuntura negativa para reformar la economía en términos nuevos. Se proponen transformaciones institucionales —no simples acciones de gobierno— que permitan la continuidad de las políticas de gobierno y brinden las garantías suficientes a los actores económicos y a las crecientes demandas sociales.

[188] *Op. cit.*, vol. 6, p. 570.

Las reformas constitucionales a la Ley de Planeación, las reformas a la administración federal y la adecuación de las leyes reglamentarias en materia urbana y reforma agraria se sintetizan en un concepto: la certidumbre jurídica, es decir, los cambios institucionales necesarios para ofrecer seguridad suficiente a los operadores económicos. Desde un nuevo encuadramiento legal se otorgaba certidumbre y se procuraba eliminar las desventajas que los inversionistas privados resintieron en relación con la actividad económica del Estado a través de sus empresas estatales y paraestatales. Se deseaba también que la empresa pública y privada conjuntamente proveyeran seguridad social a los grupos menos favorecidos; labor antes desempeñada sólo por el Estado.

La idea de fondo fue una mayor corresponsabilidad entre la economía privada y la pública. En ese sentido, se modernizó el principio de la rectoría económica de Estado, sustentada ahora en una igualdad jurídica de las formas de derecho de propiedad históricamente presentes en el país: estatal, privada y mixta. Mediante la certidumbre jurídica se buscaron nuevos incentivos para el capital privado y social en la actividad productiva. En ese sentido, se abrieron las posibilidades de participar en el sector de servicios y de intermediación financiera, tanto públicos como privados.

Precisamente porque nuevos actores y operadores funcionarían bajo un nuevo marco de seguridad jurídica, fue necesario que ese entorno legal se generara mediante una participación activa del Congreso de la Unión. Si bien no disponemos de la documentación de la Presidencia, se percibe que la renovación o novedades en política económica no formaban parte de un proyecto predefinido. También notamos que se toparon con obstáculos importantes. En primer lugar, los del sector empresarial, que consistentemente se opuso y presionó en contra de todo intento del gobierno por incrementar o modificar el papel del Estado en materia económica.[189] Además, al formular y ejecutar

[189] Véase Legajo Martínez Báez.

dicha política, se encontró una consistente oposición, no sólo en el Congreso, sino también en el mismo gobierno y en el partido de mayoría, el PRI. Así lo concluimos del examen del debate parlamentario, y se constata por la prensa. En México, como en otras áreas del mundo en desarrollo, pervivían arraigadas las viejas ideas, en especial las populistas.

La consistente oposición a la renovación, probablemente condujo al presidente De la Madrid, reconocido estudioso del derecho constitucional, a pensar en la conveniencia de afianzar en primer término el marco jurídico institucional. Convencido también de que la norma constitucional acabaría por imponerse en la política económica cotidiana. El mismo presidente escribió algunos años después que "era indispensable esclarecer las reglas básicas del sistema económico para fundar jurídicamente las medidas correctivas de la crisis económica y las reformas estructurales indispensables para dar nuevas bases al desarrollo nacional". "Esta redefinición de las 'reglas del juego' del sistema económico a nivel constitucional", agrega, se hacía necesaria por "la polémica entre posiciones neoliberales extremistas y actitudes estatizantes anacrónicas".[190]

Nuestra impresión es que esas "posiciones neoliberales extremistas" se expresaron muy poco, por lo menos en el debate parlamentario. Si las hubo, provenían del sector financiero y exportador interno e internacional, pero no del seno del Poder Legislativo. En cambio, con frecuencia y fuerza, las "actitudes estatizantes anacrónicas" sí provenían del Congreso. La fuerza de esas actitudes estatizantes las escuchamos en especial en el curso del debate sobre los cambios en la Reforma Agraria, donde la fuerza de los representantes del PRI (CNC, Confederación Campesina Independiente y Confederación de la Pequeña Propiedad) lograron modificar radicalmente la iniciativa presidencial.

El estudio de las reformas constitucionales y de las leyes orgánicas que valoramos como necesarias para el Sistema Nacional de Planeación Democrática describen la relación entre un

[190] De la Madrid, *El régimen constitucional*, *op. cit.*, p. 450.

Congreso de mayoría priísta y una oposición minoritaria y fragmentada. No obstante, la táctica política del PRI fue de diálogo y búsqueda de consenso, incluso con los partidos de oposición más radicales.

Un factor adicional resalta: su composición heterogénea, que agrupa distintos intereses y grupos de poder. Su condición de partido único en el gobierno por más de medio siglo explicaría que en su seno se conglomeraran facciones políticas divergentes. Y su longevidad en parte obedeció a que las coaliciones y las facciones políticas aprendieron a convivir dentro del partido mediante el ejercicio y la búsqueda de consensos entre ellos, primero, y luego con la oposición. Sólo recientemente, en los últimos tres lustros, una vertiente centro izquierda encabezada por Cuauhtémoc Cárdenas optó por la escisión y la política independiente (PRD); la siguió un componente con peso entre la abrumadora burocracia estatista y algunos seguidores del ex presidente Echeverría, quienes, con Muñoz Ledo a la cabeza, se afiliaron al PRD. Otro centro derecha del propio PRI ha hecho posible los acuerdos básicos con el PAN. Pese a esta depuración, aún hoy, en el seno del PRI cohabitan distintas facciones poderosas que reclaman el dominio del partido.

A nuestro juicio, este agrupamiento heterogéneo en el PRI explicaría cómo se generó la praxis del consenso y las tomas de posición distintas a las del Ejecutivo que se expresaban a través de los partidos de minoría. Las actas y debates nos describen un Congreso priísta tomando posiciones que reflejan la existencia de bases sociales e intereses políticos diferentes, que no acatan —sin crítica y en su totalidad— las indicaciones del Ejecutivo. Otro hecho que resalta es que, gracias a esa composición heterogénea del PRI y a la praxis arraigada de "consensuar", se pudieron construir puentes entre el partido de mayoría y los partidos de oposición. La oposición, muy débilmente representada en el Congreso en 1980, pudo crecer al apoyarse en una facción divergente del PRI, y viceversa. Tenemos la impresión, si bien la información es insuficiente, de que la relación consensual entre los representantes del partido de mayoría y los de la oposición ocurría cuando los congresistas del PRI no concordaban con la esencia del cambio propuesto y deseaban modificar una iniciativa presidencial. Tal fue el caso de asuntos de "sensibilidad nacional" como la reforma de la Reforma Agraria y, en menor medida, con el debate en torno a la Ley de la Administración Federal y de Bienes Nacionales o la de la Planeación Nacional. En todo caso, la hipótesis que fundamentamos a lo largo de este capítulo es que las nuevas reglas del juego, a partir de 1982, modifican los equilibrios tradicionales en el interior del PRI y las relaciones entre ese partido y el gobierno.

Las nuevas "reglas del juego" no tienen sólo un significado para la principal fuerza política y el gobierno. Vistas desde una perspectiva temporal más amplia, los cambios institucionales de 1982 abrieron espacio para una nueva etapa, que se reconoce en el hecho de que la planeación y el tema económico comienzan a ser un asunto de vital importancia para el PRI y para los partidos de oposición. Valga, a título de ejemplo, la iniciativa del PAN de reforma constitucional de 1996. Acción Nacional "propone la reforma del último párrafo del artículo 26 de la Constitución Política de los Estados Unidos Mexicanos, a fin de que el Congreso de la Unión apruebe el Plan Nacional de Desarrollo", en el siguiente sentido: que "se adquiera la corresponsabilidad entre poderes que comparten el compromiso social del destino y desarrollo nacional".[191]

La importancia de la iniciativa de Acción Nacional reside en que pone en evidencia que existe un filón de continuidad que une 1982 con 1996, que se manifiesta en un doble sentido: por una parte los grupos parlamentarios de oposición sostienen la demanda de que se amplíe la participación del Congreso en la formulación del Plan, y, por otra, queda claro el hecho de que con la renovación de 1982 se sentaron los fundamentos de una nueva concepción de la planeación del desarrollo que podemos, de modo sintético, calificar de no estatista.

[191] Iniciativa de reformas constitucionales para el equilibrio de poderes y el fortalecimiento del Poder Legislativo, 28 de marzo de 1996, LVI Legislatura, doc. 126.

III. LOS PLANES NACIONALES DE DESARROLLO

NARRAMOS en el capítulo previo el nacimiento de la planeación económica y su significado en el cambio institucional impulsado por el gobierno. El cambio institucional aparece en los Planes Nacionales de Desarrollo como representación del diseño racionalizado del proyecto del Ejecutivo que examina el Congreso y ejecuta el gobierno. Sus órganos de acción básicos fueron la Secretaría de Programación y Presupuesto, en los años de 1980, y la de Hacienda y Crédito Público, en el decenio de 1990.

A diferencia de los planes económicos previos, donde encontramos mandatos o directivas en materia económica de carácter político, a partir de 1982 éstas son de tipo indicativo, orientador. Se busca mejorar la asignación de los recursos existentes, incrementar la productividad, aumentar el empleo y elevar el ingreso *per capita*.

Se trata de una planeación indicativa de objetivos por alcanzar y los instrumentos para lograrlo. De esta manera, el Plan Nacional de Desarrollo reforma sin alterar —de no ser necesario— el cuadro institucional en el que se desenvolverán: empresarios, agrupaciones sociales, funcionarios y políticos. Vale la pena agregar, para la cabal comprensión de los Planes de Desarrollo que examinaremos, que ninguno impone medidas coercitivas para alcanzar las metas. Se trata de planes que "inducen", exhortan e invitan, y no son vinculantes con ningún actor económico o social. Esta característica se relaciona directamente con otro hecho: ninguno de los planes examinados, para los tres sexenios, se opone a las fuerzas de mercado. Por lo contrario, son instrumentos que establecen una mejor relación entre mercado y Estado.

Este tipo de lectura de los Planes de Desarrollo nos conduce a concebirlos como un documento significativo. Primero, porque exponen el proyecto de gobierno del presidente en turno, eliminan o corrigen las ineficiencias del gobierno y de sus cuerpos administrativos y, a su vez, son un instrumento para corregir las distorsiones en los mercados. En este sentido, y con todas sus limitaciones, los citados planes se fundan en la corriente universal del liberalismo democrático.[1]

1. El Plan Nacional de Desarrollo 1983-1988

El Plan Nacional de Desarrollo se articuló con base en objetivos de naturaleza económica, social y política. El objetivo político se centro en la necesidad de "conservar y fortalecer las instituciones democráticas, mediante la unidad solidaria de los mexicanos, para mantenernos como Nación libre e independiente". En lo social el objetivo fue iniciar "los cambios cualitativos que requiere el país en sus estructuras económicas, políticas y sociales con el apoyo y participación de los diversos grupos sociales y con la planeación democrática [con el fin de] orientar los esfuerzos nacionales de acuerdo con la democratización integral de la vida nacional y la renovación rural, para acceder a una sociedad igualitaria, libre y democrática".[2]

La acción económica a que se comprometió el gobierno federal fue de naturaleza política, social e incluso moral. Así, expuso "vencer la crisis, enfrentar las condiciones actuales para abatir las causas de la inflación, defender el empleo, proteger el consumo básico de las mayorías y de la planta productiva, superar los problemas financieros y la inestabilidad cambiaria, recuperar la capacidad de crecimiento a través de la utilización racional de

[1] El ex presidente Miguel de la Madrid sostiene que la planeación encuentra su fundamento en "los valores básicos del Estado democrático-liberal", cuyos orígenes encuentra en el constitucionalismo del siglo XIX y en el constitucionalismo social de la Revolución Mexicana, véase *El régimen..., op. cit.*, páginas 440-445.

[2] *Plan Nacional de Desarrollo*, Presidencia de la República, México, 1983, páginas 108-109.

los recursos disponibles, la atención equilibrada de los diversos sectores productivos y regiones del país, apoyados en una clara política de descentralización de la vida nacional, para lograr una eficiente articulación de los procesos de producción, distribución y consumo, fortaleciendo el mercado interno y emprendiendo un esfuerzo decidido para dinamizar y diversificar el intercambio con el exterior y sustituir eficientemente las importaciones".[3]

Con base en estos objetivos, el Plan formuló dos líneas estratégicas: la reordenación económica, para dar "respuesta a la severa crisis que vivía el país", y el cambio estructural de la economía, es decir, "los cambios de fondo en la estructura económica y en la participación social en el proceso de desarrollo".[4]

La reordenación económica se caracterizó por una serie de acciones coordinadas: se buscó "combatir la inflación, la inestabilidad cambiaria y la escasez de divisas" con la finalidad de "proteger el empleo, el abasto y la planta productiva", con el propósito de "recuperar las bases para un desarrollo justo y sostenido".[5] Esta primera línea estratégica incorpora al Plan Nacional de Desarrollo los diez puntos del Programa Inmediato de Reordenación Económica (PIRE), expuesto por el presidente De la Madrid al inicio de su mandato. Uno de los diez puntos del PIRE reafirma "el principio de rectoría del Estado dentro del régimen de economía mixta que consagra la Constitución General de la República"; cinco de los puntos se refieren a política hacendaria y cuatro a política económica y social. De los objetivos relativos a finanzas públicas, el principal fue disminuir el crecimiento del gasto público al racionalizar y ordenarlo hacia la inversión, la formación del ahorro público y el pago de la deuda. Con ese mismo fin se refuerzan "las normas que aseguren disciplina adecuada, programación, eficiencia y escrupulosa honradez en la ejecución del gasto público autorizado". A su vez aumentan los ingresos públicos para frenar el crecimiento del dé-

[3] *Ibid.*
[4] *Op. cit.*, pp. 117 y 126.
[5] *Op. cit.*, p. 117.

ficit y el consecuente aumento de la deuda pública. Por último, se canaliza el crédito a las prioridades del desarrollo nacional mediante la reestructuración de las instituciones de crédito de manera que se pueda continuar con la obra pública en proceso, limitando la que no resulte indispensable y cancelando proyectos suntuarios.

Disciplina fiscal

Austeridad y disciplina fiscal permitirían una política económica centrada en la protección del empleo en el medio rural, en las zonas deprimidas, y a su vez mantendrían los niveles de ocupación de la planta industrial. Era de preverse que también se protegería y estimularía la producción de alimentos básicos populares. Una administración pública, metódica y ordenada daría eficacia al aparato público y a la reorganización y fortalecimiento del sistema financiero nacional en función de estimular la exportación, la mayor integración industrial y la competitividad de sus productos.[6]

Una vez concluida esta estrategia de breve plazo, el Plan Nacional de Desarrollo preveía un cambio estructural con hincapié en los aspectos sociales y redistributivos del crecimiento: mejor distribución del ingreso, generación de empleos y, sobre todo, elevación del consumo popular; modernización del aparato productivo y distributivo, para superar las grandes diferencias en productividad entre sectores de la producción y en el área distributiva, tanto del mercado interno como del internacional.[7]

La rentabilidad de los bienes públicos

El Plan Nacional de Desarrollo introdujo un aspecto inédito en la política económica. Se estableció, por vez primera, el principio de que "la oferta de bienes básicos, así como su eficiente articu-

[6] *Op. cit.*, pp. 117-119.
[7] *Op. cit.*, pp. 126-143.

lación dentro de cadenas y procesos productivos, requiere condiciones generales de rentabilidad". Esto significaba el fin de una política de pura y simple redistribución para iniciar una —de corte nuevo— caracterizada por un gasto público orientado a la inversión más intensiva en mano de obra, la redistribución progresiva del ingreso mediante instrumentos fiscales, y la creación de nuevos hábitos de consumo. De esta forma se ampliaría el mercado interno, sin provocar déficits fiscales, y se liberarían recursos internos para financiar inversión social y privada, a éstos se sumarían los recursos externos, provenientes de la inversión extranjera.[8]

Un análisis acucioso del Plan Nacional de Desarrollo indica que, si bien se delineó una nueva política económica de corte ortodoxo, entendida como disciplina fiscal igual a crecimiento e incremento del bienestar social, en ningún momento se abandonó el papel del Estado como rector de la economía. En efecto, no hay mención alguna, ni siquiera velada, a la necesidad de una menor presencia del gobierno en la gestión del sistema financiero, en especial, el de la banca; ésta mantuvo su estatus de nacionalizada. Como veremos más adelante, las consecuencias de la crisis de 1986 obligarían a un giro en la política gubernamental en sentido más liberal, permitiendo la participación de la iniciativa privada en los sectores bancario y financiero.

El Plan Nacional de Desarrollo 1983-1988 se presentó en Palacio Nacional el 30 de mayo de 1983. Con ese motivo se insistió en que tanto para el gobierno como, en especial, para el presidente Miguel de la Madrid este Plan constituía la "tesis básica" de la política económica del gobierno. Se asentó en esa ocasión que "para recuperar desequilibrios cuyos orígenes son de naturaleza estructural, es necesario articular medidas que reduzcan la inestabilidad económica y el costo social resultante de la crisis, con acciones que ataquen sus causas de fondo". Se sostuvo además que el Plan "es fundamentalmente cualitativo y fija las orienta-

[8] *Op. cit.*, pp. 321-328.

ciones generales" pero mantiene "la flexibilidad para adecuar los instrumentos".[9]

Comisión permanente

El Plan se remitió al Congreso de la Nación. Lo recibió la comisión permanente y, si bien no era su competencia aprobarlo, dio lugar a algunas reflexiones por parte de senadores y diputados de todos los partidos.

El primero en intervenir fue el senador Ernesto Millán Escalante, del PRI, quien insistió que una de las grandes novedades del Plan Nacional de Desarrollo era "involucrar a la sociedad completa en todas las fases de un proceso permanente que atañe a la economía, la política, la sociedad y la cultura" para "salir adelante ante la situación de crisis".[10] También el diputado Baltazar Ignacio Valadez Montoya, del Partido Demócrata Mexicano, manifestó su acuerdo con el Plan, por tratarse de un tipo de planeación democrática que permitía "la eliminación de la presente crisis".[11]

Más crítico fue el diputado Edmundo Jarzón Arzate, del PSUM, quien sostuvo que su partido no estaba "de acuerdo con el Plan presentado", porque nada autorizaba a pensar que "éste garantizaría los intereses de la mayoría". Subrayó que el Plan tenía "un vicio de origen", porque "se ha elaborado ciertamente a través de una consulta llamada popular, pero que en última instancia ha sido redactado, ha sido decidido y ha sido elaborado por el Poder Ejecutivo". Al respecto recordó que el gobierno no dio mayor importancia a la oposición de la Confederación de Traba-

[9] Miguel de la Madrid Hurtado, *La política de la renovación*, Diana, México, 1988, pp. 248-249.

[10] Comisión permanente. *Diario de los debates de la Cámara de Diputados*, LII Legislatura. Intervención del senador Ernesto Millán Escalante en la sesión del 8 de junio de 1983, diario 23, p. 17.

[11] Intervención del diputado Baltazar Ignacio Valadez Montoya en la sesión citada, pp. 17-18.

jadores de México cuando pidió "una revisión" de la Ley para Inversiones Extranjeras. Terminó con una pregunta "¿Cómo es posible que un Plan Nacional de Desarrollo pueda realmente ser viable cuando de antemano está limitado por compromisos adquiridos con el Fondo Monetario Internacional?".[12]

También crítica fue la intervención del diputado del PAN, Gerardo Medina Valdez, quien apuntó la "supuesta consulta al pueblo como punto de partida para la planeación", en la que, "salvo los toques 'populistas' de intervenciones supuestamente espontáneas, un selecto grupo escoge lo que el presidente debe o quiere oír o conocer, y un equipo suyo da forma a cada Plan". Este Plan, como los del pasado, "es otro catálogo de intenciones, propósitos y deseos [...], porque todos son enunciados; no se apunta a un dato concreto ni a un cómo". Con todo, reconocía que "para Acción Nacional lo esencial de todo el Plan Nacional de Desarrollo es el cuarto objetivo: iniciar los cambios cualitativos, es decir, los cambios estructurales que requiere el país en lo económico, lo político y lo social, "porque hace catorce años, Acción Nacional enarboló como bandera y resumen de su campaña presidencial 'el cambio de estructuras' ".[13]

Concluyó el debate el diputado Antonio Vélez Torres, del PRI, quien dijo que, gracias a su partido, "la planeación en México ha experimentado avances muy significativos". "La planeación democrática propuesta por el presidente de la República constituye un verdadero parteaguas en la historia de México." Respondió al PAN, al decir que el Plan "no es de ninguna manera un catálogo de buenos propósitos, sino "un plan realista" que "sienta las bases para un sostenido progreso en materia de empleo, educación y cultura, alimentación, salud, vivienda, ambiente y calidad de la vida". Gracias al Plan, se hacía hincapié en "los aspectos sociales y distributivos del crecimiento", se lograba "re-

[12] Intervención del diputado Edmundo Jarzón Arzate en la sesión citada, pp. 19-20.

[13] Intervención del diputado Gerardo Medina Valdez en la sesión citada, pp. 21-23.

orientar y modernizar el aparato productivo y distributivo", se descentralizaba "las actividades productivas del bienestar social"; se adecuaban "las modalidades del financiamiento a las prioridades del desarrollo"; se preservaba, movilizaba y proyectaba "el potencial de desarrollo nacional"; se fortalecía "la rectoría del Estado", y se impulsaba "al sector social y se estimulaba al sector privado".[14]

Los argumentos de las fracciones de la comisión permanente anunciaban la fuerte oposición que se expresaría al iniciarse el proceso de dictamen en comisión y debate en el Congreso. En efecto, el diputado Iván García Solís, por la fracción parlamentaria del PSUM, presentó el 3 de noviembre de 1983, una iniciativa de reformas a la Ley de Planeación. Dijo: "la nueva Ley de Planeación no representa en esencia más que una formalización de los elementos ya existentes en la materia, con algunas excepciones, como la de declarar obligatoria la planeación para las dependencias y empresas sujetas a control presupuestal, y la de proponer la realización de contratos con sectores social y privado". Resultaba, entonces, una "marcada concentración en manos del Ejecutivo federal de las actividades inherentes al proceso de planeación", con la exclusión "de las organizaciones sociales y el propio Poder Legislativo en las etapas fundamentales del proceso".[15]

El PSUM propuso la creación del Consejo Nacional de Planeación para que los diferentes componentes sociales participaran en el proceso de definición de la planeación para evitarse que el Ejecutivo federal lo llenara "con disposiciones administrativas" y para eliminar su tono antidemocrático. El Consejo propuesto sería el órgano colegiado y representativo de las distintas fuerzas sociales del país" y "el órgano responsable de la participación social".[16] Para cumplir con su objetivo tomaría "en sus ma-

[14] Intervención del diputado Antonio Vélez Torres en la sesión citada, pp. 24-25.

[15] *Diario de los debates de la Cámara de Diputados*, LII Legislatura. Iniciativa de reformas a la Ley de Planeación, 3 de noviembre de 1983, diario 20, pp. 6-7.

[16] *Op. cit.*, p. 7.

nos la organización formal y sus mecanismos para garantizar la participación colectiva en la elaboración del proyecto del Plan Nacional de Desarrollo, así como de su seguimiento, evaluación y adecuación de ser necesario.[17]

El proyecto de ley del PSUM consideró al Consejo Nacional de Planeación como "el órgano de carácter consultivo y autónomo respecto del Ejecutivo, responsable de la participación social en la formulación e instrumentación, control y evolución del Plan de Desarrollo y los programas derivados de éste". Propuso además que "las formas de participación, estructura y funcionamiento de dicho Consejo fueran aprobadas por la Cámara de Diputados a propuesta del Ejecutivo federal".[18]

Como ocurrió con la mayoría de las iniciativas que presentaron las distintas diputaciones, la del PSUM se leyó una sola vez, sin que pasara a dictamen de comisión.

Coordinación de 21 comisiones y dictamen conjunto

La Comisión Permanente de la Cámara de Diputados envió el Plan Nacional de Desarrollo para dictamen a la Comisión de Programación, Presupuesto y Cuenta Pública. El 15 de noviembre de 1983 se inició la discusión. Dicha comisión encabezó el análisis del Plan y coordinó a las 21 comisiones involucradas. Cada comisión formuló su opinión y se recogieron en un dictamen único que elaboró la Comisión de Programación, Presupuesto y Cuenta Pública y que se sometió al Pleno para discusión general.[19]

[17] *Op. cit.*, p. 8.

[18] *Op. cit.*, p. 9.

[19] Acerca de la organización del trabajo parlamentario, véase CD, *Diario de los Debates*. LII Legislatura, Diario 25 (Apéndice), pp. 95-96. La comisión estaba constituida por Manuel Cavazos Lerma, presidente; Irma Cué de Duarte, secretaria; Juan Mariano Alcoltzin Vidal, Genaro Borrego Estrada, Álvaro Brito Alonso, María Luisa Calzada de Campos, Óscar Cantón Zetina, Rolando Cordera Campos, Antonio Fabila Meléndez, Iván García Solís, Julieta Guevara Bautista, Juan José Hinojosa, Luz Lajous, Enrique León Martínez, Raúl López

En el dictamen general se aprueba "la nueva estrategia de desarrollo" que persigue "simultáneamente la estabilidad económica y el cambio estructural".[20] Se sostiene que "en el seno de las comisiones se expresaron comentarios y recomendaciones en el sentido de concretar las políticas y acciones, especificar los compromisos en cifras, así como presentar en detalle las relaciones inter e intrasectoriales y los vínculos objetivos-metas-decisiones".[21] Debido a que en las comisiones específicas y en la comisión coordinadora conviven exponentes de todos los partidos políticos, el dictamen final expresa críticas importantes.

Se subrayó que este Plan Nacional de Desarrollo constituía una oportunidad para potenciar "la expresión democrática de una sociedad".[22] De allí que se expresara la necesidad de "consolidar y perfeccionar un Sistema Nacional de Planeación Democrática" (SNPD) como "diálogo permanente entre el gobierno y la sociedad". Para alcanzar este objetivo se exhortaba al Ejecutivo a promulgar "a la brevedad, el Reglamento de la Ley de Planeación que precise los términos y alcances de la consulta y la participación popular en los procesos democráticos de planeación"; "a fortalecer la participación de esta soberanía en todo el proceso de Planeación Nacional de Desarrollo, particularmente en el perfeccionamiento y consolidación del SNPD y sus resultados". Se solicitaba al Ejecutivo "el envío oportuno de los programas de mediano y corto plazos, para su examen y discusión"; promover "modificaciones a la Ley de Planeación, enmarcadas en una revisión integral de la legislación sobre planeación-programación-presupuestación"; definir "la participación de la

García, Moisés Raúl López Laines, David Lomelí Contreras, Eugenio Adrián Mayoral Bracamontes, José Ignacio Monge Rangel, Esteban Núñez Perea, María Teresa Ortuño Gurza, Alejandro Posadas Espinoza, Gerardo Ramos Romo, Héctor Ramírez Cuéllar, Dulce María Sauri Riancho, Enrique Soto Izquierdo, Homero Tovilla Cristiani, Jorge Treviño Martínez, Antonio Vélez Torres, Astolfo Vicencio Tovar, Haydée E. Villalobos Rivera y Manuel Villa Issa.

[20] *Diario de los debates de la Cámara de Diputados*, LII Legislatura. Dictamen general 15 de noviembre de 1983, diario 25 (Apéndice), p. 96.

[21] *Op. cit.*, p. 97.

[22] *Ibid.*

sociedad en la ejecución del PND, dando singular importancia a la inducción y la concertación de acciones con los sectores social y privado".[23]

El dictamen general reitera lo que sería ya un tema y demanda recurrente de los legisladores: el principio de que la definición del PND debía ser labor conjunta del Ejecutivo con el Legislativo. En la conclusión se hacía notar que "las diferentes observaciones y sugerencias consignadas [...] así como las señaladas en los capítulos siguientes" habían sido formuladas por las distintas comisiones de la Cámara de Diputados.[24]

Pleno: debate y votación

En el debate, en lo general, intervinieron los diputados Luis J. Prieto (PAN), Rolando Cordera Campos (PSUM), Raymundo León Osuna (PDM), Ricardo Govela Autrey (PST), Juan Gualberto Campos Vega (PPS) y Manuel Cavazos Lerma (PRI). Todos expusieron una posición similar a la enunciada por los diputados y senadores de las fracciones parlamentarias en el debate en la comisión permanente. La necesidad de una consulta democrática con la sociedad, de involucrar al Congreso en todo el proceso y acerca del inicio de cambios cualitativos en política económica. La votación relativa al Plan Nacional de Desarrollo 1983-1988, resultó en lo general: 271 votos en favor, 53 en contra y 9 abstenciones.[25]

Al día siguiente, 16 de noviembre, se discutió en lo particular. Se expusieron propuestas y críticas al dictamen por las diferentes comisiones. El debate fue muy amplio. Intervinieron más de una vez 18 diputados de las fracciones PAN, PSUM, PPS, PDM, PRI y PST, quienes abordaron las diferentes posiciones doctrinarias no sólo en torno al PND, sino también acerca de la difícil coyuntura económica y social por la que atravesaba el país. Al término del debate, se procedió a la votación, en lo particular. El resultado

[23] *Op. cit.*, pp. 97-98.
[24] *Op. cit.*, p. 99.
[25] *Op. cit.*, p. 137.

en lo particular fue 309 votos en favor, 40 en contra y 17 abstenciones.[26] El dictamen de las comisiones del Senado se discutió los días 16 y 18 de noviembre de 1983. Se aprobó por unanimidad.

No obstante las limitaciones del debate parlamentario en torno al Plan Nacional de Desarrollo, fue la primera ocasión en que el partido de mayoría y los partidos de oposición argumentaron sobre posiciones y lineamientos generales comunes: la política económica. De esta forma —sin sustraer facultades al Ejecutivo federal, en materia hacendaria, de presupuesto, financiera, industrial y agrícola—, se hizo patente el vivo interés de la opinión pública en dicha materia, sin duda a causa de las repercusiones de la crisis. Lógico fue que, como representantes de distintos sectores, surgieran planteamientos que reflejaban, en última instancia, el pluralismo político de la sociedad mexicana a comienzos de 1980.

2. El Plan Nacional de Desarrollo 1989-1994

En mayo de 1989 —en su primer año de gobierno— el presidente Carlos Salinas de Gortari envió al Congreso el Plan Nacional de Desarrollo 1989-1994 con el fin de que fuera examinado y revisado. El Consejo Nacional de Concertación Económica elaboró el Plan tomando en cuenta los resultados obtenidos entre 1987 y 1989 por el Pacto de Solidaridad Económica. Dicho pacto fue suscrito el 15 de diciembre de 1987, entre el presidente de la República y los representantes de los sectores obrero, campesino y empresarial. Lo novedoso del Programa de Estabilización fue que hubo concertación de precios y salarios, para bajar la inflación sin provocar una recesión. Ése fue el reto, pues ya se había probado que el ajuste fiscal y monetario no bastaban, eran sólo condiciones necesarias. Con el PIRE se aseguró el Programa y bajó la inflación sin que se cayera el producto. El Pacto para la Esta-

[26] *Op. cit.*, p. 242.

bilidad y el Crecimiento Económico fue renovado en enero de 1989 y sería básico para los programas del sexenio. Los objetivos de ambos pactos se vinculan con los Planes de Desarrollo por sus metas: corregir de modo permanente las finanzas públicas, aplicar una política monetaria restrictiva que frene la inflación y aumente las reservas internacionales, sostener los salarios reales, definir acuerdos sobre precios en los sectores líder, apertura comercial y adopción de medidas de control de precios que eviten la especulación y el desabasto.[27]

Al mismo tiempo, el Consejo Nacional de Concertación Económica retomó las sugerencias que el Ejecutivo recibió de la administración pública, de los estados y de sectores "social y privado". De este modo se acató la disposición constitucional que definía el régimen económico como mixto, es decir, fundado en la coexistencia de los sectores público, privado y social.[28]

El Plan contiene dos conceptos básicos: cambio e identidad. Sostiene que "debemos cambiar, para poder mantener la esencia de la Nación", y que el cambio se configura como "una demanda urgente de todos los grupos y sectores, en todas las regiones del país", puesto que "nuestra economía no puede permanecer en el estancamiento o en la inflación".[29] El cambio modernizaría al país para poder "hacer frente a las nuevas realidades económicas y sociales" mediante tres acuerdos estrechamente vinculados: ampliación de nuestra vida democrática, recuperación económica con estabilidad de precios y mejoramiento de la productividad y el nivel de vida.[30]

[27] El mejor análisis de ambos pactos es el de Pedro Aspe Armella, *El camino mexicano de la transformación económica*, Fondo de Cultura Económica, México, 1993, pp. 29-53.

[28] El acuerdo relativo al Consejo Nacional de Concertación Económica lleva como fecha 30 de enero de 1989 y publicado en el *Diario Oficial de la Federación* del 31 de enero de 1989, pp. 2-3, lo cual significa que el tiempo de preparación del Plan fue de alrededor de cuatro meses.

[29] Poder Ejecutivo federal, *Plan Nacional de Desarrollo 1989-1994*, México, s. p. i., 1989, p. XI.

[30] *Op. cit.*, p. XIII.

Las líneas básicas

El Plan de Desarrollo dio a la política económica una dimensión importante al fijar "las tres líneas básicas para crecer: estabilización y ampliación de la economía, acompañada de una política de largo plazo. Dichos procesos, para ser exitosos deben ser continuos y permanentes porque la estabilidad y ampliación no es alcanzable de una vez por todas sino [que] es gradual. La disponibilidad de recursos no implica sólo alcanzar un cierto monto: al contrario los recursos deben ampliarse constantemente para asegurar un crecimiento económico sostenido. Para modernizar es ineludible la continua adecuación de las estructuras productivas. En síntesis, estabilización, inversión y modernización son complementarias, como complementarias son las metas de consolidación de la estabilidad de precios y de crecimiento sostenido".[31] En virtud de tres estrategias generales se alcanzarían las siguientes metas: "un crecimiento sostenido de la actividad económica cercano a 6% anual" y "reducir la inflación a niveles compatibles con la estabilidad cambiaria en un marco de equilibrio de la balanza de pagos".[32]

Con el fin de garantizar la estabilidad del cuadro económico, el Plan fijó las siguientes directrices:

a) una política de ingresos públicos donde impuestos, precios y tarifas de bienes y servicios que proporciona el sector público tendrían "como finalidad inmediata y fundamental proveer los recursos al propio sector para financiar sus actividades";

b) una desgravación del impuesto sobre la renta que permitiera restablecer una equidad entre las personas físicas, que estimulara la reinversión de utilidades de las empresas y ampliara la base de contribuyentes. Al mismo tiempo, se propuso un ajuste progresivo del impuesto sobre la renta hasta alcanzar "un nivel comparable al de las

[31] *Op. cit.*, pp. 56-57.

[32] *Ibid.*

economías con que se efectúa la mayor parte del comercio exterior del país";

c) "una mayor solidez a las finanzas públicas en los tres niveles de gobierno". Este realismo en los ingresos tuvo su contraparte en la política de ingresos del sector paraestatal. Se estableció eliminar los "subsidios de escasa justificación económica y social" y se diseñó una política de precios acorde con el precio internacional de bienes y servicios en el caso de que éstos se comercializaran entre países. Más aún, se tendería a asegurar una relación adecuada entre costo y precio de producción para bienes y servicios destinados al mercado interno.[33]

La política de gasto público fue parte del programa de estabilización. La estrategia presupuestal se basó "en el criterio de que un mayor gasto en alguna actividad corresponde a un menor gasto en otra". El concepto fue un presupuesto en equilibrio. Las asignaciones del gasto público se fijarían de acuerdo con las prioridades del Plan, que eran: infraestructura social (educación, salud, vivienda); infraestructura económica (transportes, energéticos, lucha contra la extrema pobreza); administración pública; inversión pública, incluidos "los proyectos de conversión con los sectores social y privado [que] habrían de incrementar el alcance de los recursos públicos".[34]

A nivel de la estabilización del cuadro macroeconómico, el Plan consideró que las políticas monetaria, financiera, crediticia y cambiaria debían caracterizarse por la expansión de los agregados monetarios y financieros, basados en un presupuesto en equilibrio, en un tipo de cambio que fortaleciera la exportación y sustitución eficiente de importaciones, sumado a una evolución satisfactoria de la balanza de pagos.[35]

La segunda línea estratégica para la estabilización macroeconómica fue el incremento de la inversión. La idea era fortalecer

[33] *Op. cit.*, pp. 58-60.
[34] *Op. cit.*, pp. 60-62.
[35] *Op. cit.*, pp. 62-63.

el ahorro interno alentado por un sistema financiero modernizado, provisto de nuevos instrumentos financieros que minimizaran los riesgos. De importancia capital fue que dichos instrumentos brindaran rendimientos adecuados y fueran competitivos con los ofrecidos en el exterior.[36]

A la vez que se reforzaba el ahorro privado, en el Plan se diseñaban algunas políticas para fortalecer el ahorro público. Se optaba por una "mayor eficiencia operativa" con el fin de elevar ingresos y la rentabilidad de los recursos de las empresas públicas. Para esto se propuso una recaudación fiscal eficiente, reducir el gasto corriente, optimar el uso de los recursos para inversión y el cofinanciamiento "de fuentes alternas a las del propio sector".[37]

La modernización financiera

El Plan Nacional de Desarrollo consideró la modernización financiera como el principal instrumento para potenciar el ahorro. Atribuyó al "sistema financiero, en sus distintas modalidades, instituciones e instrumentos, la responsabilidad de recuperar y acrecentar la captación del ahorro nacional, con el fin de canalizarlo con eficiencia y oportunidad hacia el sistema productivo".[38] Esto presuponía mayor eficiencia operativa y la autonomía de gestión de la banca. Para ello se requería revisar por completo la normatividad del crédito, del mercado de valores y de los intermediarios financieros, como el de la banca. La meta sería su plena autonomía de gestión, su flexibilidad y competitividad. De igual modo, se debía articular mejor el sistema bancario con los intermediarios financieros no bancarios. Esto último exigía modernizar su regulación y darle mayor agilidad y finalidad social a los recursos de la Banca de Fomento. De este

[36] *Op. cit.*, pp. 63-65.
[37] *Op. cit.*, pp. 65-66.
[38] *Op. cit.*, p. 67.

modo se lograría consolidar un mercado de capitales con capacidad de proveer las necesidades financieras para inversión.[39]

La deuda externa

La estrecha relación, entre disponibilidad de recursos para inversión productiva y reducción de transferencias de recursos al exterior, exigía renegociar la deuda externa y su servicio, aunado a una política de promoción de la inversión extranjera directa. Desde esta perspectiva, se acató como punto fundamental el acuerdo ya signado con el Fondo Monetario Internacional en el mes de abril de 1989. Asimismo se consideró que se debían alcanzar acuerdos similares con los acreedores institucionales y privados.[40]

La modernización económica

La tercera línea estratégica del Plan fue la modernización económica: "un sector público más eficiente para atender los requerimientos de infraestructura económica y social del desarrollo; una mayor competitividad del aparato productivo en el exterior; un sistema de regulaciones económicas que en vez de atrofiar aliente la actividad económica eficiente de los particulares, elimine inseguridades, permita y fomente la concurrencia de todos en las actividades productivas. Esta modernización se complementa con la modernización social, a la cual el Plan dedica todo un capítulo".[41]

El Plan acentúa la modernización del campo, con el fin de "liberar la energía social acumulada"; de la pesca, "en apoyo a la suficiencia alimentaria, del mejoramiento de las condiciones

[39] *Op. cit.*, pp. 67-68.

[40] *Op. cit.*, pp. 68-69.

[41] *Op. cit.*, pp.69-70. Sobre la modernización social, véase Acuerdo Nacional para el mejoramiento productivo del nivel de vida, en *op. cit.*, pp. 97-129.

de vida de los pescadores, de la captación de divisas"; conservar, ampliar y explotar racionalmente los recursos no renovables; ampliar la infraestructura de transportes, comunicaciones, energéticos; liberar el comercio exterior, con el fin de "promover la competitividad del país, mediante un esfuerzo de desregulación en todos los sectores"; y perfeccionar el marco regulador de la actividad económica, incluida la modernización de la empresa pública.[42]

El Plan tuvo dos vertientes: la macroeconómica, que continúa y profundiza las reformas económicas emprendidas en el decenio de 1980; y la microeconómica, que mejora la eficiencia pública y privada y aumenta la productividad por medio de una nueva combinación entre capital y trabajo, al acentuar el peso del primero. Bajo estas premisas nacería la economía mexicana del futuro, bajo el signo de una economía de tipo intensiva.

El escenario del optimismo

El trasfondo del Plan deja entrever la idea de profundizar el camino seguido entre 1982-1989. Existía la convicción de que las directrices fundamentales eran válidas, pero había que remover la imagen negativa de la economía que dejó en los operadores económicos nacionales y extranjeros la crisis financiera de 1987, con el desplome de la Bolsa Mexicana de Valores,[43] momento en el que se alcanzaron niveles delicados y frustrantes debido a la constante caída de los salarios reales y al hecho de que la deuda externa seguía creciendo.[44]

Poder recuperar el clima de confianza y borrar la incertidumbre y el pesimismo en la opinión publica nacional e internacional

[42] *Op. cit.*, pp. 69-83.

[43] Aspe Armella, *El camino de la transformación económica*, *op. cit.*, pp. 26-27.

[44] Cárdenas, *La política económica de México, 1950-1994*, *op. cit.*, p. 153. Sobre los costos sociales del ajuste, véase Nora Lustig, *Hacia la reconstrucción de una economía*, *op. cit.*, pp. 87-124.

eran tareas esenciales a toda recuperación. El nuevo gobierno se propuso, y logró, crear un escenario de optimismo, de esperanza. En el apéndice del Plan encontramos la síntesis de ese futuro, que lleva por título "Evolución esperada de la economía" el cual los medios de comunicación difundieron ampliamente.[45]

El primer cuadro presenta la recuperación económica y el crecimiento sostenido. Muestra de la evolución esperada de la oferta y la demanda agregada. De modo escueto se nos dice que mientras la oferta y la demanda total creció a 0.2% anual, entre 1983-1988 entre el primer trienio 1989-1991 crecería entre 3 y 3.6% anual, y enseguida, entre 1992-1994, se aceleraría para alcanzar de 5.4 a 6.1% por año. Es obvio que los indicadores de la oferta y de la demanda total estimulaban poco la imaginación. Sin embargo, el simple hecho de que se planteara un posible aumento del PIB de alrededor de 2.9 a 3.5% anual durante 1989-1991, y otro aumento entre 5.3 y 6% anual en el trienio 1992-1994, logró despertar cierto optimismo.

Recuperar el crecimiento significaba dejar atrás el modestísimo 0.2% de crecimiento anual del lustro 1983-1988 y ver crecer el consumo privado entre 1.2 y 2.2% por año al inicio, para luego acelerarse a 4 y 4.6% anual hacia el término del sexenio. De igual modo, en dicho escenario crecería la inversión total —pública y privada— entre 6.3 y 8.5% por año, cuando entre 1983-1988 su tasa fue negativa (–4.4% anual).

El escenario para "el crecimiento prometido" en el apartado del producto interno bruto fue en extremo favorable a la industria manufacturera. Ésta debía crecer, a lo largo del sexenio, entre 3.7 y 6.3% anual; los servicios de electricidad, gas y agua, entre 4.5 y 7.5% anual, y los transportes y comunicaciones, entre 3.1 y 5.9%. Además, se acentuaba el contraste al transmitir del periodo anterior (1983-1988) una imagen esencialmente negativa. Se recalcaba que entonces el PIB total creció a 0.1% anual, que el sector que más creció, a 4.2% por año, fue electricidad, agua y gas, mientras que los sectores de construcción y comercio habían tenido tasas negativas de crecimiento.

[45] *Plan Nacional de Desarrollo, op. cit.*, pp. 139-143.

El tercer apartado, el escenario de transferencias de recursos al exterior, muestra que en 1983-1988 se transfirieron recursos al exterior equivalentes a 6.3% del PIB, y que en 1989-1991 bajaría a 2%, y a 1.7% del PIB para 1992-1994. De esta forma, el país dejaría de ser lo que fue en el decenio previo, un exportador de capitales. Entre 1983 y 1988 se enviaron al exterior 53 000 millones de dólares.

En el último escenario se presentó el posible desempeño financiero del sector público. Se explicó que la necesidad de un presupuesto en equilibrio era con el fin de contener la inflación sin reducir el gasto de inversión, esencial para el crecimiento económico.

La comisión permanente

El Plan llegó a la comisión permanente del Congreso de la Unión, y en su sesión del 31 de mayo de 1989, aún sin haber sido analizado por sus miembros, éstos fijaron su posición con relación a la política económica, en especial respecto del nuevo gobierno de Carlos Salinas.

El diputado Manuel Cavazos Lerma (PRI) defendió en la comisión permanente el sentido democrático del Plan, incluso dijo que algunos diputados y senadores habían participado, a título personal, en los foros de consulta preparatorios. Se reiteró algo grato a los parlamentarios: que el Congreso de la Unión tendría un amplio espacio de participación, ya que a éste correspondería "el seguimiento, control, vigilancia y evaluación y en su caso reformulación del Plan porque año con año el Ejecutivo envía, en el mes de marzo, una evaluación de las acciones del Plan Nacional de Desarrollo". En consecuencia, Cavazos Lerma repitió: "así, los diputados participamos en el seguimiento, participamos en el control, participamos en la evaluación y, por lo tanto, en la reformulación, en un ciclo continuo".[46]

En esta primera sesión de la comisión permanente, el PAN se

[46] *Diario de los debates de la Cámara de Diputados*, LIV Legislatura. Comisión Permanente, sesión del 31 de mayo de 1989, diario 22, p. 54.

opuso, por conducto del diputado Juan Antonio García Villa, y lo mismo hizo el PPS, a través del diputado Armando Ibarra Garza. Reconocieron, sin embargo, no haber leído el Plan. El diputado del PPS sostuvo que la elaboración del Plan era "en esencia un profundo sentido de desprecio al Poder Legislativo", en cuanto "no existe fundamento alguno en que los llamados foros o consultas que ha implementado el Ejecutivo puedan realmente tener el consenso expreso de las fuerzas políticas del país".[47] Ideas similares expuso el diputado del PAN, García Villa, quien dijo que era "francamente humillante para los representantes del Congreso recibir el Plan y sobre él opinar después de examinarlo". Acusó a la Secretaría de Programación y Presupuesto de sustraer al Congreso esa facultad.[48] Por su parte, la senadora Ifigenia Martínez (PRD) sostuvo que, antes de evaluar el nuevo Plan de Desarrollo, "sería deseable que se llevara a cabo una evaluación del cumplimento del Plan Nacional de Desarrollo 1982-1988".[49]

En la segunda reunión de la comisión permanente, hubo un enfrentamiento entre la fracción del PRI y las de los partidos de oposición. El motivo fue si correspondía a la comisión permanente evaluar el Plan o si debía evaluarlo la Comisión de Presupuesto y Cuenta Pública de la Cámara de Diputados. La posición del PRI fue en favor de la segunda tesis, que defendió el diputado Dionisio E. Pérez Jácome; mientras que la tesis en favor de la discusión por la comisión permanente la expuso el diputado del PAN, Juan Antonio García Villa, y la secundaron los diputados Óscar Mauro Ramírez, Modesto Cárdenas García (PPS) y Jesús Ortega Martínez (PRD).[50]

La senadora Ifigenia Martínez (PRD) sostuvo, en la tercera reunión de la comisión permanente, que el Plan no cumplía con las disposiciones constitucionales ni con el sentido de la Ley de

[47] *Op. cit.*, pp. 51-52.
[48] *Op. cit.*, p. 57
[49] *Ibid.*
[50] *Diario de los debates de la Cámara de Diputados*, LIV Legislatura. Comisión Permanente, sesión del 21 de junio de 1989, diario 23, p. 54.

Planeación. En su larga intervención —donde mezclaba apreciaciones negativas del Plan 1989-1994 y retomaba aspectos del anterior— subrayó su total oposición a la política económica del gobierno de De la Madrid así como a la que proponía el gobierno de Salinas de Gortari. Calificó a ambos gobiernos de neoliberales y de un "continuo empobrecimiento de las clases populares y una mayor dependencia (del exterior) de nuestro aparato productivo". Presentó, junto con el PPS y el PARM, un "punto de acuerdo" para que las comisiones correspondientes de las cámaras de Diputados y Senadores remitieran a la Secretaría de Programación y Presupuesto sus recomendaciones "con el objeto de realizar las adiciones y modificaciones necesarias a fin de cumplir con los límites y elementos que exige la Constitución y la Ley Reglamentaria".[51]

El diputado Manuel Cavazos Lerma (PRI) explicó que el procedimiento era que la comisión permanente recibiera el Plan y convocara a las comisiones de Programación y Presupuesto de ambas cámaras para su discusión. Las otras comisiones examinarían los apartados de su competencia y en conjunto integrarían recomendaciones y observaciones. No obstante la oposición de todos los otros partidos, la propuesta del PRI fue aceptada.[52]

Comisión: dictamen y votación

La Cámara de Diputados emitió su opinión sólo al año siguiente, en 1990. En la sesión del 21 de junio de ese año, un representante de cada partido fijó su posición respecto al Plan. Los representantes de las fracciones parlamentarias: José Martín Rebollo (PPS), Armando Duarte Moller (PFCRN), Israel Galán Baños (Grupo Independiente) descalificaron el Plan por considerarlo neoliberal y autoritario. El representante del PRI, Artemio Iglesias Mira-

[51] *Op. cit.*, pp. 37-38.
[52] *Op. cit.*, pp. 43-51.

montes, respondió a todas las críticas, insistiendo en el papel democratizador del Plan 1989-1994.[53]

No obstante, el dictamen refleja un cierto acercamiento entre partido de mayoría y partidos de oposición. Por lo menos reconocen que el Plan es producto de un largo consenso, obtenido

> mediante la acción del Consejo Nacional de Concertación Económica [por lo cual] esta representación nacional, al manifestar su más puntual coincidencia con los objetivos y estrategias fundamentales del Plan, ratifica su voluntad política de intervenir solidariamente en el ámbito de su competencia, al logro de sus objetivos; en consecuencia, a participar de manera activa, informada y continua en su cumplimiento cabal y a vigilar el avance en la ejecución del Plan en todas las etapas del proceso de planeación y en las diversas ocasiones previstas por la ley. El Plan debe constituir un instrumento efectivo de transformación al servicio de una democracia cada vez más amplia y sólida y lograr avances significativos y perdurables en el desarrollo nacional en los ámbitos político, económico social y cultural de nuestro país.[54]

Que el dictamen fue producto del consenso se deja ver en los puntos siguientes: la aceptación de lo expuesto por el PAN, que recomendaba al Ejecutivo "que las observaciones y sugerencias consignadas se hagan del conocimiento de las dependencias de la administración federal, a efecto que se consideren necesarias para incorporarlas en la programación y para instrumentarlas en lo jurídico y en lo administrativo".[55]

En lo que se refiere a la política económica, "coincide esta Cámara en que los problemas actuales se caracterizan, entre otros, por la combinación de tres factores: desequilibrios sectoriales y regionales y disparidades en la distribución del ingreso y del bienestar, agotamiento de recursos por una evolución externa desfavorable, en especial por la elevación del servicio de

[53] *Diario de los debates de la Cámara de Diputados*, LIV Legislatura. Comisión Permanente, sesión del 21 de junio de 1989, diario 23, pp. 91-93.

[54] *Op. cit.*, p. 92.

[55] *Op. cit.*, pp. 92-93.

deuda externa, y el deterioro de los términos de intercambio y el problema de proporcionar empleo a los mexicanos".[56] Coincide igualmente en los objetivos económicos del Plan; en lo específico, en el crecimiento de condiciones de estabilidad y el mejoramiento productivo del bienestar social, que representa "la síntesis de los anhelos de los mexicanos después de varios años". En el dictamen, todas las fracciones "saludan el término de las renegociaciones de la deuda externa mexicana", lo que crea las premisas "para abatir la transferencia de recursos al exterior que requiere la economía mexicana para retomar la senda del crecimiento". En el dictamen se declara estar de acuerdo "en que el programa de desregulación establecerá un sistema de reglas económicas, que en vez de atrofiar, aliente la actividad económica eficiente", y aprueba "el planteamiento de que la modernización económica requiere de un sector público más eficiente".[57]

No obstante el consenso en torno a ciertos criterios de política económica del gobierno, el dictamen hace presente "su preocupación, emanada de las comisiones legislativas sectoriales, por el hecho [de] que la deficiente integración de la planta industrial se ha visto agravada por la crisis económica que ha sufrido el país, especialmente en algunas ramas de suma importancia".

La comisión recomienda fuertemente "complementar el Plan con un diagnóstico y una programación precisa por ramas industriales". En especial sugiere analizar los efectos de dichas acciones sobre el mercado interno y prever los efectos de la desgravación arancelaria. Asimismo, señala que se deben considerar los lineamientos estratégicos programáticos que deriven de dicho análisis para tomarlos en cuenta en toda acción administrativa y autorización en los diversos campos y modalidades a que se sujeta la inversión extranjera directa, además de respetar los límites máximos que se fijen por ramas de actividad económica. La segunda recomendación concierne a la política de las entidades paraestatales. Se sugiere

[56] *Op. cit.*, p. 93.
[57] *Op. cit.*, pp. 97-98.

precisar las áreas prioritarias en las que se considera que el sector público debe llevar a cabo actividades directamente productivas, y el alcance de las de carácter social en que deben seguir ejerciéndose acciones, incluso de carácter financiero deficitario. [Al final se expresa la opinión.] No podemos pasar por alto que, en el seno de las comisiones legislativas, se han expresado comentarios y recomendaciones en el sentido de concretar las políticas y las acciones y de especificar los instrumentos y responsables de su ejecución, así como de establecer los compromisos y las estimaciones de recursos en cifras, y presentar en detalle las relaciones inter e intrasectoriales y los vínculos entre los objetivos, las metas, las políticas y líneas de estrategia y las acciones. En particular se requiere precisar estos aspectos en lo referente a la realización de obras con aportaciones multilaterales públicas, sociales y privadas, en el campo, y por otra parte, respecto a los programas y mecanismos que prevén y regulan la inversión privada en obras de infraestructura.[58]

Del análisis y dictamen del Plan de Desarrollo 1989-1994 que aprueba la Cámara de Diputados se desprenden elementos importantes. En primer lugar —y no obstante el distanciamiento inicial entre el PRI y los partidos de oposición—, se desarrolla en comisión un ánimo de colaborar en el trabajo. En especial se nota en dos comisiones: Presupuesto y Programación y Hacienda y Crédito Público. También destacamos que en el dictamen aparecen preocupaciones de los diputados del PRD, en relación a no desproteger el mercado interno, de proporcionar incentivos para la defensa del capital nacional respecto al extranjero, y de establecer una mejor relación entre sector público y privado. También destacan las ideas del PAN en el dictamen: dar garantías a la actividad empresarial y definir los límites de la acción del sector público en el ámbito económico. A nuestro juicio, la frase que mejor describe esta dinámica entre los grupos internos del Congreso y con el Poder Ejecutivo durante la LIV Legislatura es la siguiente:

Esta representación nacional, al manifestar su más puntual coincidencia con los objetivos y estrategias fundamentales del Plan, rati-

[58] *Op. cit.*, p. 98.

fica su voluntad política de intervenir solidariamente en el ámbito de su competencia, al logro de sus objetivos; en consecuencia, a participar de manera activa, informada y continua en su cumplimiento cabal, y a vigilar el avance en la ejecución del Plan en todas las etapas del proceso de planeación y en las diversas ocasiones previstas por la ley.[59]

Balance entre dos gobiernos, dos planes de desarrollo

Percibimos una diferencia cualitativa entre los Planes de dos gobiernos, tanto en su presentación como en la discusión del Congreso de la Unión. Hicimos notar, en el apartado anterior, que el Plan 1983-1988 se formuló al influjo del pensamiento constitucional del presidente De la Madrid, en favor de la economía mixta y como propulsor del sector económico caracterizado como social. Para hacerlo viable se necesitaba el decidido papel, aunque discreto, del Estado. En cambio, el Plan 1989-1994 del gobierno de Carlos Salinas refleja una política económica que podemos denominar "de mercado", en la que tienen un papel determinante los empresarios privados y los mercados financieros. La función del Estado es diferente: regula las relaciones entre economía pública y privada y es garante de los derechos sociales de los ciudadanos.

El paso de un estatismo "residual" hacia un papel propulsor del libre mercado se refleja en las reacciones en el Congreso de la Unión al Plan de Desarrollo. El apoyo del PAN al gobierno no fue un cálculo oportunista, sino la respuesta a una política económica que compartía y que proponía reformas profundas y mayor espacio a los actores económicos privados. De allí deriva la oposición, no sólo del PRD, sino también de partidos como el PPS y el PARM, cuando incluso estos dos últimos habían sido satélites del PRI. Ahora pedían que el Estado retuviera su papel tradicionalmente fuerte en la dirección de la economía mexicana.

[59] *Op. cit.*, p. 92.

Es obvio que también el PRI se dividió entre una cultura política nacionalista-estatista y otra corriente en favor de las reformas y de una mayor participación del sector privado. Es probable que el estatismo se cobijara entre los sectores obreros y campesinos, que habían sido firme sostén de la rectoría de Estado.

3. El Plan Nacional de Desarrollo 1995-2000

En vísperas del nuevo milenio, el Plan Nacional de Desarrollo 1995-2000 proporciona los lineamientos de acción del actual gobierno. El presidente Ernesto Zedillo Ponce de León presenta, como los dos anteriores lo hicieran en sus planes de gobierno, la característica de conjuntar metas políticas, sociales y económicas, con seguridad porque se diseñó en el marco de una profunda recesión económica.

En la introducción destacan como objetivos del Plan Nacional de Desarrollo la defensa de la soberanía nacional, la consolidación de un Estado de derecho, la construcción de un pleno desarrollo democrático, el avance en el desarrollo social y la promoción del crecimiento económico.[60] Existen semejanzas con el Plan del gobierno de Miguel de la Madrid, al vincular variables económicas con las sociales y políticas como mecanismo para superar la crisis económica, detener o evitar el deterioro del orden social y la absoluta prioridad a la dimensión institucional.

Soberanía y fortaleza económica

El primer capítulo del Plan Nacional de Desarrollo, dedicado a la soberanía, retoma la asociación clásica de la tradición política mexicana. El Estado es el que defiende y fortalece la soberanía en un contexto de un nacionalismo de tipo inclusivo. En el Plan

[60] Poder Ejecutivo federal, *Plan Nacional de Desarrollo 1995-2000*, Secretaría de Hacienda y Crédito Público, México, 1996.

se subraya que la soberanía no es sólo un valor cultural y político de "unión entre mexicanos", sino que intenta traducir dichos valores en objetivos concretos para la acción política y para la política general, en especial para la económica. Así, leemos en el Plan Nacional de Desarrollo que la soberanía es parte íntegra de la seguridad nacional y de la economía en la medida en que "fortalece la capacidad del Estado para garantizar nuestra seguridad nacional" y para "recuperar, preservar y hacer valer la nueva estatura política y el mayor peso económico de México frente a los centros de la economía mundial". El nuevo rumbo de la economía mexicana de integración a la economía internacional significaba liquidar el proteccionismo. Al respecto, el Plan Nacional de Desarrollo dice que "la estabilidad financiera internacional" y "el libre comercio" no sólo son compatibles con la soberanía, sino que la refuerzan.[61]

Estado de Derecho

El Plan Nacional de Desarrollo introdujo en su segundo capítulo una nueva dimensión institucional. El capítulo lleva por título "Por un Estado de Derecho y un país de leyes". En él se retoma la definición clásica liberal-democrática del Estado de derecho, se especifica que, "por definición, el Estado de derecho excluye la imposición unilateral de la voluntad de unos sobre otros, la violencia y el ejercicio de la justicia por propia mano". La insistencia en el Estado de derecho tiene que ver con el nuevo interés por parte del gobierno de recuperar el discurso del liberalismo clásico.[62]

La dimensión de política económica del Estado de derecho se nota en la insistencia por superar la inseguridad jurídica que afecta la vida económica. Se afirma que la inseguridad sólo posterga "el cumplimiento de las obligaciones y de las prestaciones

[61] *Op. cit.*, pp. 8-9 y 10-14.
[62] *Op. cit.*, p. 19.

derivadas de los actos jurídicos, y da ocasión para evadir o aplazar en términos inaceptables el cumplimiento de deberes legales". Certeza jurídica necesaria también "en el ámbito administrativo, donde existe todavía una regulación excesiva que exige a los particulares numerosos requisitos y trámites, muchas veces innecesarios". Esta inseguridad y regulación excesiva se traduce en "generar altos costos para el gobierno", que se resienten en lo relativo a la tenencia y propiedad de la tierra y que generan incertidumbre e impiden la correcta y oportuna aplicación de la ley y el pleno respeto a los derechos. Todo esto inhibe la inversión productiva y eleva sus costos en perjuicio del bienestar de propietarios, ejidatarios y comuneros.[63]

La democracia

En el tercer capítulo, dedicado al desarrollo democrático, se refiere que el pluralismo político se puede lograr con: *a)* una "reforma electoral definitiva", que garantice "la legalidad, independencia, imparcialidad y objetividad" del Estado; *b)* la reactivación del federalismo, fortaleciendo a los estados, y *c)* la reforma del gobierno, "a fin de que la función pública se ejerza con absoluta transparencia, con trato imparcial para todos los grupos sociales y ciudadanos, rindiendo cuentas puntualmente sobre la observancia de la normativa y el uso honesto y eficiente de los recursos públicos".[64] En este desarrollo democrático, el papel relevante reside en la nueva relación entre los poderes del Estado, donde "el Presidente de la República no debe tener ni ejercer más atribuciones que las que expresamente le confieren la Constitución y las leyes". El papel de "presidencia fuerte" no debe ser sinónimo de "autoritaria, usufructuaria de facultades ajenas al Estado de Derecho, que ejerza un poder arbitrario".[65]

[63] *Op. cit.*, pp. 23-24.
[64] *Op. cit.*, pp. 47-48.
[65] *Op. cit.*, p. 56.

Al redefinir la relación entre los poderes del Estado se especifica, por vez primera en un documento fundamental elaborado por el Poder Ejecutivo, que debe darse "la corresponsabilidad respetuosa entre el Legislativo y el Ejecutivo en la toma de decisiones de alta trascendencia, así como en las reformas y en las acciones para un mejor gobierno". Sostiene también que no se opondrá a las iniciativas del Poder Legislativo "para fortalecer su independencia, garantizar su pluralismo político y sus facultades de supervisión y control sobre los órganos del Ejecutivo, particularmente de control presupuestal y de la cuenta pública".[66] Se trata de una declaración importante e inédita, porque se establece el principio de corresponsabilidad en la política económica.

No es sólo una cuestión de principio. El Plan Nacional de Desarrollo se detiene para afirmar que "es propósito del Ejecutivo intentar construir siempre los acuerdos y consensos". Lo hará "con el apoyo y la solidaridad de una mayoría surgida de las filas del mismo partido", sobre la base de "una relación de respeto y colaboración con los legisladores de la mayoría", pero buscando "siempre el consenso de mayoría y minorías".[67]

Se trata una vez más de una declaración significativa, porque sintetiza lo que fueron las relaciones entre Ejecutivo y Legislativo durante las tres presidencias que aquí se estudian, en materia de política económica: una relación privilegiada con el PRI pero una relación no excluyente con los partidos de oposición. En síntesis, es una definición de política económica de corte consensual, probablemente porque en el Plan no se vislumbraba aún la posibilidad de que el PRI no contara con la mayoría absoluta en el Poder Legislativo.

[66] *Op. cit.*, p. 57.
[67] *Ibid.*

Lo social

El desarrollo social se encuentra en el cuarto capítulo del Plan. El argumento central es que "el desarrollo social guarda una relación de fortalecimiento mutuo con la democracia y con una economía competitiva y en crecimiento". Esta última resulta de "las políticas fiscal, monetaria y financiera que deben articularse para fortalecer el ahorro y la inversión". "Al mismo tiempo, el saneamiento de las finanzas públicas debe contribuir a que el gasto público desempeñe satisfactoriamente sus propósitos de equidad social, así como por el incremento de la productividad en los ingresos de la población".[68] En este aspecto hay una notable continuidad con los lineamientos enunciados en los dos planes nacionales de desarrollo anteriores, que nos ayudan a entender cómo se fue consolidando una política social de corte democrático, muy diferente de la populista del decenio 1960-1970. Se abandona definitivamente el redistribucionismo para sostener en el actual PND que "la integración social y productiva debe entenderse como un proceso que permite a todos los individuos y grupos participar de los beneficios del desarrollo a través del ejercicio de sus derechos y capacidades".[69] De allí que el desarrollo social sea considerado como una oferta de bienes públicos a la ciudadanía y en relación con un desarrollo "sustentable". Es decir, compatible con los requerimientos ambientales y los deseos de la población y que garantice "la educación, la salud, la vivienda, aumente la productividad y los ingresos reales de las personas y las familias".[70]

Las prioridades económicas

La dimensión económica se encuentra en el último capítulo, el quinto. Aparece aquí una idea que el Ejecutivo federal reitera

[68] *Op. cit.*, p. 74.
[69] *Ibid.*
[70] *Op. cit.*, p. 84.

con frecuencia: define el modelo económico como una política de Estado, idea que encontramos en la conclusión de política social del Plan. Dice el texto: "una política de y para la comunidad nacional en su conjunto", que obliga a "mantener una visión de largo plazo en el esfuerzo común de forjar una sociedad mejor, con mayor y más seguro espacio para todos".[71]

Esta visión de largo plazo se retoma cuando se afirma que la principal meta del Plan es alcanzar "tasas sostenidas de crecimiento económico superiores a 5% anual", que para alcanzar este crecimiento sostenido se "requiere de la inversión para aumentar la infraestructura, las instalaciones y la maquinaria para la producción de todos los sectores económicos. Sin inversión suficiente no es posible ampliar la capacidad productiva ni absorber el aumento de la mano de obra". Para alcanzar una tasa de crecimiento de 5% se requiere que la inversión total exceda 24% el PIB, y para alcanzar este nivel y no depender excesivamente de la inversión externa, se necesita que el ahorro interno sea por lo menos 22% del PIB.

La insistencia en reforzar las políticas que potencien el ahorro interno deriva de la constatación y, en consecuencia, crítica del sexenio anterior, en el que disminuyó este ahorro de 22 a 16% del PIB. El Plan Nacional de Desarrollo atribuye esto a "la apreciación no sostenible del tipo de cambio real", que "siempre promueve el aumento del consumo en detrimento del ahorro", y desalienta "una fuente importante del ahorro y la inversión privada" representada en "la reinversión de utilidades de las empresas". También dice que debe corregirse "la baja en los impuestos al consumo que dispuso la reforma tributaria a fines de 1990", y que hizo caer el ahorro.[72]

El pilar central del crecimiento económico se identifica en la idea de reforzar la formación de ahorro interno. Éste se logrará al "superar exitosamente la crisis financiera actual [...] consolidar e intensificar los cambios estructurales emprendidos durante la última década, y que son indispensables para contar con

[71] *Op. cit.*, p. 130.

[72] *Op. cit.*, pp. 133-134.

una economía productiva, eficiente y en expansión". Para terminar, se hace hincapié en "las reformas que nos permitan contar con una base amplia y estable de ahorro interno". Entre estas bases, figura en primer lugar una reforma tributaria que grave el consumo y desgrave la renta, estimule la reinversión de utilidades, promueva el impuesto progresivo sobre la renta de las personas físicas, otorgue seguridad jurídica a los contribuyentes, simplifique las disposiciones fiscales y golpee la evasión a la vez que amplíe la base de contribuyentes.[73]

4. CONCLUSIONES. LOS TRES PLANES DE DESARROLLO: ENTRE DESEMPEÑO ECONÓMICO Y SIGNIFICADO POLÍTICO

Los tres planes de desarrollo que examinamos muestran con claridad los ejes centrales de la política económica de los tres gobiernos, sus nexos con la sociedad, con la política y con las instituciones. Además, nos brindan una serie de imágenes de cómo interactúan el Poder Ejecutivo y el Legislativo. Nos ayudan, a su vez, a comprender la distancia que media entre proyecto, metas y desempeño económico. Así, se visualizan y comprenden los obstáculos, resistencias y condiciones que impidieron alcanzar las metas iniciales que obligaron a cambios.

Más allá de las imágenes, los planes de desarrollo ofrecen una lectura política y otra económica. Por lo que atañe a la dimensión política, los planes nos hablan de cómo se fueron redefiniendo los objetivos del Estado a lo largo de las tres presidencias. Destaca el paso de la rectoría de Estado como dirección de la actividad nacional, a la de rectoría del Estado como orientadora de la actividad de los actores económicos y políticos nacionales, para llegar a la más actual de política de Estado como la actividad política de largo plazo que desarrollan gobierno y ciudadanos en beneficio del conjunto de la comunidad nacional.

El discurso político es, así, sostén indispensable de la activi-

[73] *Op. cit.*, pp. 134-135 y 140-141.

dad económica. Se comprende por qué, con excepción del Plan Nacional de Desarrollo 1989-1994, los otros dos, el primero del gobierno de Miguel de la Madrid y el segundo de Ernesto Zedillo, no proponen escenarios donde se cuantifiquen las variables económicas. Esto es importante. Significa que los tres planes son programas de gobierno flexibles, no coercitivos, que se caracterizan por ser indicativos, exhortan, mas no vinculan a los actores con la acción del gobierno.

La programación económica primero la elaboraba la Secretaría de Programación y Presupuesto, después, una vez que se consolidó la última en la de Hacienda y Crédito Público, se elabora por Hacienda. Las secretarías económicas tuvieron por marco el Plan Nacional de Desarrollo al establecer sus programas de finanzas públicas y de gestión del sector público de la economía. En consecuencia, tienen la virtud de destacar las ideas centrales de la acción de gobierno en el campo económico y fiscal. Así, podemos captar las tendencias económicas entre sexenios y también destacar los cambios y continuidades que al respecto sostienen los grupos parlamentarios en el Congreso.

Los Planes constituyen además el marco formal de la relación entre Poder Ejecutivo y Legislativo. Relación en favor del Ejecutivo federal, porque la totalidad de las leyes aprobadas por el Congreso de la Unión en materia económica fueron de su iniciativa. Esto se explica por las facultades del presidente de la República en dicha materia, que por expresa disposición constitucional define el Ejecutivo, aun cuando pueda el Poder Legislativo reformar, controlar y verificar su política económica. Luis Aguilar Villanueva sostiene que "un conjunto específico de prácticas y relaciones políticas (el 'sistema político') ocurren y se estructuran alrededor del PRI, el partido dominante, pero también alrededor del proceso de decisión y gestión de la política económica y social, cuyo resultado final consiste en otorgar la supremacía política a la Presidencia".[74]

[74] Luis F. Aguilar Villanueva, "El presidencialismo y el sistema político mexicano: del presidencialismo a la presidencia democrática", en Alicia Hernández Chávez (coord.), *Presidencialismo y sistema político. México y los Estados*

Sin embargo, al declarar el Poder Ejecutivo sus intenciones y sus objetivos, por medio del Plan de Desarrollo, termina —como se sostiene en el del Sistema de Planeación Democrática— por dar "a la planeación el carácter de instrumento al servicio de valores políticos".[75] Como el Plan no es un instrumento técnico, sino un programa económico con una fuerte connotación política, acaba por ser limitativo del poder presidencial.

Las discusiones en el Congreso de los planes de desarrollo muestran que todas las legislaturas y partidos les atribuyen gran importancia. En la discusión se *fija posición*, y los partidos refuerzan ciertas metas, que se resumen en la materia económica, en mayor corresponsabilidad con el Congreso en la formulación del Plan Nacional de Desarrollo, que hasta hoy elabora la Presidencia. De llegar a prosperar esta demanda se darían los pasos de un plan de desarrollo concebido como mecanismo de autolimitación de la Presidencia a uno de coparticipación y corresponsabilidad del Ejecutivo y el Legislativo.

Los planes, como vimos, tienen objetivos políticos, culturales y económicos. De hecho, aun sin un plan, por la simple existencia del presupuesto de gasto e ingreso federales, se podría ubicar al sector privado de la economía. Tan es así que bastaría observar el consumo del sector público, que representó entre 1980-1990 más de 10% de PNB.

De los escasos estudios que valoran la relación entre metas y resultados del Plan Nacional de Desarrollo, uno simula la posible evolución de los resultados para el Plan 1989-1994. El estudio nos indica que el Plan no andaba tan lejos de la realidad. En esta simulación, el PIB crece entre 1.5 y 4.5% anual, en el Plan Nacional de Desarrollo se estimó entre 1.5-6.0%; el PIB *per capita* crece 0.5%, en el Plan Nacional de Desarrollo se previó en 1.6%. En la simulación, la inversión total crece poco [de 737 a 849 miles de millones de pesos de 1989]. En cambio, según el Plan Nacional de

Unidos, Fondo de Cultura Económica-Fideicomiso Historia de las Américas-El Colegio de México, México, 1994, p. 45.

[75] Miguel de la Madrid Hurtado, *El régimen constitucional de la economía mexicana, op. cit.*, p. 463.

CUADRO III.1. *Metas de los planes nacionales y desempeño efectivo de las variables económicas, 1983-1995*

	1983-1988	
	Plan[a]	*Desempeño*
PIB Δ	—	0.2
Inversión total (porcentaje del PIB)	—	16.6
Inversión total (porcentaje Δ)	—	4.4
Déficit presupuesto (porcentaje del PIB)	—	11.8
Transferencia de recursos al exterior (porcentaje del PIB)	—	–5.9[d]
Transferencia de recursos al exterior (porcentaje de exportaciones)	—	–33.5[d]
	1989-1994	
	Plan[b]	*Desempeño*
PIB Δ	2.9-6	5.5
Inversión total (porcentaje del PIB)	—	19.4
Inversión total (porcentaje Δ)	6.3-8.5	4.8
Déficit presupuesto (porcentaje del PIB)	0.5-1.1	0.9
Transferencia de recursos al exterior (porcentaje del PIB)	1.7-2.0	1.6
Transferencia de recursos al exterior (porcentaje de exportaciones)	—	18.2
	1995-2000	
	Plan[c]	*Desempeño*
PIB Δ	5.0	5.4[e]
Inversión total (porcentaje del PIB)	20.0	16.1
Inversión total (porcentaje Δ)	—	–30.9
Déficit presupuesto (porcentaje del PIB)	—	–0.1
Transferencia de recursos al exterior (porcentaje del PIB)	—	–4.9
Transferencia de recursos al exterior (porcentaje de exportaciones)	—	–1.4

FUENTE: Banco de México, *The Mexican Economy*, México, varios años, y *Planes Nacionales de Desarrollo, op. cit.*

[a] El Plan no cuantifica las metas.

[b] Las metas cuantificadas en el Plan.

[c] Cuantificación indicativa que aparece en el Plan.

[d] El signo negativo indica transferencia de recursos hacia el exterior.

[e] Exclusivamente con los datos de 1995.

Desarrollo, en 1989 la inversión total pasa de 737 a 1.219 miles de millones de pesos de 1980, y el déficit gubernamental disminuye significativamente (de 450 a 173 mil millones de pesos de 1980).[76]

De querer extraer alguna conclusión de esta simulación, se podría decir que una cosa es elaborar un plan y otra cumplirla. Consideramos que los planes nacionales de desarrollo son indicativos; que los tres planes concentran y destacan el valor del crecimiento de la inversión y del ahorro, así como la fuerza fundamental para promover e incrementar la ocupación y los salarios reales. Dicho objetivo se observa en las variables de inversión y transferencia de recursos al exterior. A su vez, los tres planes tienen un objetivo fiscal semejante: eliminar el déficit del presupuesto de tal modo que el sector público no absorba recursos destinados a la inversión. Con base en estos factores elaboramos cuadro III.1. En él se muestran los objetivos comunes de los tres planes, y podemos observar que la tendencia transexenal de la política económica fue tener bajo estricta observación las dimensiones fundamentales de la economía: PIB, inversión, déficit y transferencias. Bástenos un solo dato para rescatar el mérito económico y fiscal de dichos planes: la reducción del déficit fiscal a partir de 1982, en comparación con el decenio previo, cuando aumentó de 4.9 a 16.5% del PIB entre 1973 y 1982.

[76] Clark W. Reynolds, "¿Una generación perdida? Por qué el desarrollo latinoamericano depende del crecimiento", en Bazdresch *et al.* (comps.), *op. cit.*, vol. 2, pp. 257-263. Desafortunadamente no se dispone de un análisis de las diferentes proyecciones que instituciones especializadas nacionales, norteamericanas y europeas hicieron de la economía mexicana que permitiría comprender mejor la relación que se establece entre desempeño económico y política económica.

IV. HACIA LA ESTABILIZACIÓN ECÓNOMICA. LAS REFORMAS EN EL SISTEMA FINANCIERO

A LO largo de 1982-1996 destaca una tendencia básica en la política económica: la modernización del sistema financiero. La razón es doble: una de apremio, por los efectos de la nacionalización de la banca, y otra de carácter necesario, por la correlación entre el sistema financiero y las finanzas públicas. A partir de 1973 el déficit fiscal se aceleró (6.9% del PIB) para alcanzar la cifra gigantesca, en 1982, de 16.9% del PIB. Fue obligado e imperioso razonar no sólo en términos fiscales, sino también en términos financieros, en especial por el nexo entre impuesto, inflación y ahorro, y por ser todos instrumentos de financiamiento de la inversión total. Conviene agregar que este nexo fue más fuerte hacia mediados del decenio de 1970, por la liberalización internacional del intercambio financiero, el desarrollo de la intermediación y la creciente eficiencia de los mercados. El conjunto condujo a que se intensificaran y multiplicaran los flujos financieros internos e internacionales.[1]

Esta nueva realidad, que los tres planes nacionales recogen, también respondía a la urgencia política de crear un clima de confianza y credibilidad, tanto interno como externo. De allí la necesidad de políticas financieras que impidieran que los gobiernos manipularan sus variables, como se hizo al crear instrumentos con denominación en moneda nacional, con rendimientos promedio superiores a su equivalente en dólares, para luego

[1] Acerca de la relación entre política fiscal e inversión, véase Aarón Schwartzman y Gonzalo Robles Tapia, "La inversión privada y el sistema impositivo en un contexto inflacionario: evidencia microeconométrica para México", en Bazdresch *et al.* (comps.), *México*..., *op. cit.*, vol. 3, pp. 34-176.

recurrir a la conversión forzosa de depósitos, devaluación, congelamiento de cuentas, o amenaza de suspensión unilateral del pago de la deuda externa. Un paso ineludible fue dar garantías institucionales suficientes a la inversión, aún recelosa y desconfiada por la crisis de agosto-septiembre de 1982, cuando, además de nacionalizar la banca, se congelaron los depósitos en "mexdólares", importante instrumento de ahorro de la clase media mexicana y estadunidense.

A diferencia de las medidas inmediatas antes citadas, la modernización del sistema financiero fue más pausada. A lo largo de los tres años de sesiones (1984, 1985 y 1986), tiempo que comprendió dos legislaturas —la LII (1982-1985) y la LIII (1985-1988)—, se elaboraron, discutieron y aprobaron nuevas normas financieras.

Con el fin de presentar del modo más ordenado esta actividad legislativa, analizaremos el debate parlamentario de tres momentos: en 1984, cuando se aprobaron cuatro leyes: la orgánica del Banco de México, la reglamentaria del Servicio Público de Banca y Crédito, la General de Organizaciones y Actividades Auxiliares del Crédito, y la de Sociedades de Inversión; en 1985, año en que se aprueban leyes que diferenciaron las instituciones bancarias en sociedades anónimas de crédito y de banca de desarrollo; y en 1986, cuando se aprobaron las leyes orgánicas del Patronato del Ahorro Nacional y de Nacional Financiera.

1. La reforma del Banco de México

El antecedente de la reforma del Banco de México es la iniciativa de ley que envía el Ejecutivo al Congreso luego de la nacionalización del servicio público de banca y crédito y el establecimiento del control generalizado de cambios del 1º de septiembre de 1982. La Comisión de Hacienda y Crédito Público dictaminó la iniciativa el 18 de noviembre de 1982. Se definió entonces al Banco Central como un "organismo descentralizado de la administración pública", es decir federal, dotado de autonomía tanto técnica como de gestión y, por lo tanto, con una "personalidad jurídica distinta del gobierno federal" y con "patrimonio propio".[2]

La nueva organización transformaba el Banco de México de sociedad anónima —regulada por las disposiciones de la Ley de Sociedades Mercantiles— en un organismo regido por disposiciones de orden público. Al mismo tiempo, se separaban las atribuciones del Banco Central al crearse una nueva comisión ejecutiva denominada Comisión de Cambio y Valores y conservando el Banco la función de regulación de la emisión y circulación de la moneda y de los cambios sobre el exterior. Asimismo, operaría como banco de reserva de las instituciones de crédito y como cámara de compensación.[3] La Comisión de Cambios y Valores, en cambio, se encargaría de "las operaciones de cambio sobre el exterior y de la intervención en el mercado de valores", así como de "fijar el tipo o los tipos de cambio a los que deban realizarse las operaciones de divisas dentro de la República".[4]

No obstante, la iniciativa y la ley que se aprobó contenían elementos de una estructura estatista. Cabe destacar a este respecto que tanto la Junta de Gobierno del Banco como la comisión que presidía —el Banco— se constituía por el secretario de Hacienda y miembros "nombrados por el Ejecutivo federal, a través de la Secretaría de Hacienda y Crédito Público" por un periodo de dos años renovables. La comisión la presidían tres miembros designados por la Secretaría de Hacienda.[5]

La iniciativa del gobierno federal no se tradujo en una nueva ley orgánica, sino, como lo dice el dictamen, en una reforma de la Ley Orgánica previa. El objetivo fue que "dicha banca —de México— se convirtiera en organismo público descentralizado, precisando las facultades del Ejecutivo y del mismo Banco en

[2] *Diario de los debates de la Cámara de Diputados*, LII Legislatura. Dictamen de la Comisión de Hacienda y Crédito Público, sesión del 16 de noviembre de 1982, diario 41 (Apéndice), pp. 106-108.

[3] Artículo 8 de la Iniciativa, *op. cit.*, p. 108.

[4] Artículo 52 de la Iniciativa, *op. cit.*, p. 110.

[5] Artículos 46 y 52 de la Iniciativa, *ibid.*

materia de control de cambios y de fijación de la paridad". La normativa de esa y otras iniciativas de ley relativas al nuevo esquema bancario del país se dejaron para estudio y dictamen conjunto de la Comisión del Congreso.[6]

Las posiciones de los miembros de la Comisión de Hacienda y Crédito Público de la LII Legislatura se comprenden a la luz del contexto reciente de nacionalización bancaria y control de cambios. En el seno de la comisión se formó un potente grupo de presión que expresaba el sentir, no sólo de hombres de negocios, sino también de exponentes políticos del PRI y PAN, justo a la víspera de que López Portillo entregara la Presidencia a Miguel de la Madrid. El presidente electo guardó una posición pública neutral frente a la nacionalización bancaria. A todas luces su silencio se interpretó como un no acuerdo, o como si no hubiera sido consultado para tan trascendente medida.

Vimos en el capítulo previo que el nuevo presidente se proponía modernizar el sistema bancario confiriendo mayor espacio a su función social. La medida tomada por López Portillo a dos meses de entregar el poder complicaba las reformas y, sobre todo, exacerbaba los ánimos de poderosos grupos de interés. En circunstancias delicadas y con el propósito de estabilizar el sistema financiero mexicano, el presidente De la Madrid envió una iniciativa de ley a la Cámara de Diputados donde matizaba y distinguía las funciones y facultades del Banco de México.[7]

En el pleno institucional fortalecía orgánicamente el Banco de México al integrar una Junta de Gobierno, una Comisión de Crédito y Cambios y un director general. Al director general se le confieren atributos inéditos hasta ese entonces. Antes era el presidente de la República quien lo nombraba, entonces se elegiría de entre varios candidatos que debían reunir un conjunto de facultades: "reconocida competencia en materia monetaria, crediticia y bancaria y haber ocupado, durante cinco años por lo

[6] *Op. cit.*, p. 107.

[7] Iniciativa del Ejecutivo federal, 12 de noviembre de 1984, en *El marco legislativo para el cambio...*, *op. cit.*, pp. 29-54.

menos, cargos de alto nivel decisorio en materia financiera, en el [mismo] Banco de México, en la Secretaría de Hacienda y Crédito Público o en instituciones de crédito". Al director general del Banco se le confiere mayor peso al convertirlo también en miembro de la Junta de Gobierno y de la Comisión de Crédito y Cambios; a su vez, el gobierno del Banco es responsable de su representación legal y del ejercicio de sus funciones. El director es quien además propone a la Junta de Gobierno los directores generales adjuntos. Sin duda, con estas medidas, el director general y los directores adjuntos adquirieron peso y autonomía. Incluso por ser funcionarios con experiencia en materia de moneda, crédito y banco pudieron opinar y servir de contrapeso en la Junta de Gobierno y en la Comisión de Crédito y Cambios frente a los tres secretarios de Hacienda, Programación y de Comercio y Fomento Industrial el subsecretario de Hacienda, nombrado por el secretario del ramo, y el segundo designado por el Ejecutivo federal a través del secretario de Hacienda.[8]

El dictamen de las comisiones define la relación entre Banco y Gobierno: "el propósito fundamental de la iniciativa es el de establecer el uso adecuado del crédito primario" para "procurar condiciones crediticias y cambiarias favorables a la estabilidad del poder adquisitivo de nuestra moneda". El significado que el gobierno otorgaba a la nueva ley orgánica del Banco de México se expresó por medio de los congresistas. El dictamen de la Comisión del Senado asentó que "las comisiones dictaminadoras de ambas cámaras legislativas tuvieron incluso la oportunidad de conocer los anteproyectos que precedieron a la iniciativa".[9] Es importante esta afirmación porque reconoce que se puede intervenir con mayor éxito en la formulación de una iniciativa de ley cuando se encuentra en una fase preparativa. En el capítulo I destacamos esta práctica legislativa, en relación con la fracción parlamentaria del partido en el gobierno (PRI), el Presidente de la República y secretarías. Hablamos de que se invitaba

[8] Artículos 22 a 29 de la Iniciativa. Véase el capítulo I, para lo relativo a la *praxis* en comisión.

[9] Dictamen de las comisiones unidas del Senado, 18 de diciembre de 1984, en *El marco legislativo*..., *op. cit.*, vol. 10, p. 139.

a un grupo selecto de diputados a intervenir en la formulación de la iniciativa de ley antes de que ésta se enviara para dictamen y discusión al Congreso. Del mismo modo, se hizo notar que una iniciativa de ley del Ejecutivo debía reflejar una labor previa de consenso entre grupos y secretarías de Estado e instituciones de gobierno. De manera sistemática, o cuando el Ejecutivo lo consideraba conveniente, se reunía con la fracción parlamentaria de su partido para discutir la agenda parlamentaria. Esto permitía limar divergencias, resolver dudas entre los mismos priístas, valorar las posibles diferencias o rechazo de las otras fracciones parlamentarias y, así, lograr mayor eficacia en los trabajos en comisión. Hacemos mención, una vez más, a esta práctica por "la importancia del tema en discusión". Primero, la pluralidad en la Cámara y el nivel profesional de sus miembros en las comisiones elevó el nivel técnico y político de la discusión, que requería mayor preparación. Segundo, porque, como se constata del dictamen, algunos miembros de la comisión dictaminadora conocieron el proyecto semanas antes de que la iniciativa del Ejecutivo federal se turnara para examen el 12 de noviembre de 1984.

Comisión: iniciativa y dictamen

El proyecto de ley del Ejecutivo comenzaba por recordar que la última reforma significativa del Banco de México databa de 1941, pues las de septiembre de 1982 habían sido exclusivamente adecuaciones de naturaleza jurídica, ya que los servicios de banca y crédito comerciales habían sido nacionalizados. El objetivo principal de la nueva Ley Orgánica era mejorar la dimensión financiera, subsanar las deficiencias relativas "al monto del financiamiento susceptible de considerarse por el Instituto Central, al régimen de facultades para regular el crédito, a la integración y competencia de los órganos de la institución y a las operaciones que pueden realizar estas últimas".[10]

[10] Iniciativa del Ejecutivo, 12 de febrero de 1984, *op. cit.*, pp. 29-30.

Por lo que atañe al financiamiento que podía otorgar el Banco de México, la iniciativa presidencial sostuvo que bajo el régimen existente, la masa monetaria circulante —billetes más obligaciones a la vista emitidas por el propio Banco— no debía exceder cuatro veces el valor total de la reserva monetaria del Banco de México. En la práctica, el Banco carecía de límites, por el simple hecho de que los activos internacionales de la reserva se contabilizan en valor comercial; en consecuencia, una devaluación de la moneda nacional traducía en un incremento notorio la circulación monetaria, con el incremento del crédito primario y efectos negativos sobre la inflación.[11]

Se propuso que el límite efectivo de financiamiento que el Banco podría conceder se fijara en relación con el uso que podía hacer de los activos internacionales, en la práctica inmovilizados en el régimen previo. Se propuso que "el monto máximo durante un ejercicio fiscal" fuera "la suma que fije anualmente su Junta de Gobierno". A su vez, la Junta de Gobierno del Banco de México determinaría el monto tomando en cuenta "las prioridades y objetivos del Plan Nacional de Desarrollo" y la Ley de Ingresos y Presupuesto de Egresos de la Federación.[12]

El Banco de México, además, debía informar anualmente al Ejecutivo federal y al Congreso de la Unión "del monto máximo que fije para su financiamiento interno en el ejercicio, así como, trimestralmente, del movimiento diario que hayan tenido durante el periodo respectivo el financiamiento interno del propio Banco y la cuenta general de la Tesorería de la Federación".[13] Se trata de un cambio importante, pues hasta entonces la información relativa a la reserva del Banco se daba a conocer una vez al año en el Informe presidencial, no obstante que el Fondo Monetario Internacional (FMI) y la Tesorería norteamericana recibían la información con regularidad. No sería hasta 1989 que se empezaron a publicar regularmente los datos de la reserva.[14]

[11] *Op. cit.*, p. 30.
[12] *Ibid.*
[13] *Op. cit.*, p. 31.
[14] Información proporcionada por Víctor L. Urquidi.

Conforme se fueron regulando las operaciones del Banco de México, éste fue adquiriendo mayor autonomía. Con este fin, la iniciativa estableció la prohibición para que el gobierno pudiera obtener directamente valores de la Federación. Así se forzaba a que el Banco los comprara en el mercado, al precio establecido por la bolsa de valores. De igual modo se evitaba que el Banco recibiera un rendimiento inferior por esos valores gubernamentales, con lo que se mitigaban las presiones inflacionarias.[15] En cambio, se autorizó al Banco de México comprar directamente valores del gobierno federal en depósito, en efectivo, no retirables antes de su vencimiento. Bajo esta fórmula el Banco de México podría incrementar el ejercicio de la regulación monetaria en el mercado abierto, "sin que ello implique otorgar financiamiento neto al gobierno federal".[16]

El Ejecutivo federal consideró la regulación del *stock* monetario y la relación con el gobierno como uno de los objetivos prioritarios de la nueva Ley Orgánica. Todavía en 1983, y no obstante todos los esfuerzos del gobierno, la base monetaria guardaba un valor elevadísimo respecto del PIB (17.5%), y la masa monetaria M4 (base monetaria más depósitos, instrumentos bancarios y de gobierno y papeles comerciales) había alcanzado 34.1% del PIB.[17] A su vez, en la iniciativa se consideró que debían articularse las diferentes normas relativas a las facultades del Banco y a las de su Junta de Gobierno en una normativa clara y orgánica. Se debía asegurar "la representación en ella de las dependencias, organismos y entidades cuyas competencias están relacionadas de manera directa con las actividades de la banca central". Se debía designar como miembro de la Junta de Gobierno a "un experto en finanzas que aporte sus conocimientos y experiencias, en forma personal".[18] Se estableció, igualmente, que las facultades de regulación del crédito por parte del Banco Central quedarían sujetas a las resoluciones de una comisión de Crédito y Cambios

[15] *Ibid.*

[16] *Ibid.*

[17] Banco de México, *The Mexican Economy 1984.*

[18] *Op. cit.*, p. 34.

integrada por funcionarios del Banco y de la Secretaría de Hacienda y Crédito Público.[19] Los miembros designados como "expertos en finanzas" en la Junta de Gobierno del Banco no necesariamente eran economistas o financieros nombrados a título personal. Algunos tenían, como ocurrió con Mario Ramón Beteta, Antonio Carrillo Flores y Antonio Ortiz, méritos de naturaleza política. Entre los expertos designados por sus méritos estrictamente profesionales, estaban Miguel Alessio Robles y Víctor L. Urquidi.

La Comisión de Hacienda y Crédito Público dictaminó la iniciativa del Ejecutivo federal al mes de su presentación. La comisión,[20] como lo expresó uno de sus miembros, el diputado Antonio Fabila Meléndez (PRI), examinó la iniciativa en "sesiones permanentes, constantes, con contactos de diverso nivel, con autoridades, no solamente de la Secretaría de Hacienda, sino de todo el sistema financiero y hacendario de nuestro país, para conocer en detalle todas aquellas dudas, todas aquellas medidas de política hacendaria, financiera y de crédito que se han tomado en el ámbito nacional".[21]

El dictamen de la comisión aprobó en su totalidad el proyecto de la nueva Ley Orgánica del Banco de México, tanto respecto de su estructura administrativa como de sus competencias fi-

[19] *Ibid.*

[20] La Comisión quedó integrada de la siguiente manera: Jorge A. Treviño Martínez, Ricardo H. Cavazos Galván, Miguel Ángel Acosta Ramos, Juan M. Acoltzin Vidal, Hermenegildo Anguiano Martínez, Javier Bolaños Vázquez, Manlio Fabio Beltrones Rivera, Ma. Luisa Calzada de Campos, Abraham Cepeda Izaguirre, Manuel Cavazos Lerma, Rolando Cordera Campos, Jorge Luis Chávez Zárate, Antonio Fabila Meléndez, Alberto González Domene, Felipe Gutiérrez Zorrilla, Sergio Lara Espinoza, Enrique León Martínez, Raúl López García, Edmundo Martínez Zaleta, Miguel Ángel Olea Enríquez, Leopoldino Ortiz Santos, David Orozco Romo, José Luis Peña Loza, Héctor Perfecto Rodríguez, Héctor Ramírez Cuéllar, Eulalio Ramos Valladolid, Francisco Rodríguez Pérez, Pedro Salinas Guzmán, Alberto Santos de Hoyos, Dulce María Sauri Riancho, Amador Toca Cangas, Efraín Trujeque Martínez, Carlota Vargas Garza, Salvador Valencia Carmona, Raúl Vélez García, Haydée Eréndira Villalobos Rivera, Alfonso Méndez Ramírez, Javier Moctezuma y Coronado.

[21] *Op. cit.*, p. 79.

nancieras. La comisión sólo estimó conveniente introducir algunos ajustes de carácter técnico" relativos a:

a) "Mencionar de manera expresa en el texto de la ley que el Banco de México es un organismo público descentralizado con personalidad y patrimonio propios".[22]
b) Especificar que el Banco de México, para la realización de sus funciones, podrá "obtener créditos (exclusivamente) de personas morales domiciliadas en el exterior".[23]
c) Especificar "el límite al financiamiento interno del 1º de enero hasta la fecha en que se fije el saldo máximo anual, sugiriéndose al efecto la doceava parte del crecimiento que el propio financiamiento interno haya tenido en el ejercicio anterior".[24]
d) Eliminar de los límites del financiamiento interno los valores de las operaciones de reporto.[25]

Las reformas de peso que introdujo la Comisión de Dictamen a la ley fueron a los artículos 23 y 24. Se "mejoró la integración de la Junta de Gobierno" al aumentar de uno "a tres el número de miembros de reconocida competencia en materia financiera", y se eliminó "la restricción en cuanto a que estas personas no presten servicios laborales en instituciones de crédito".[26]

Pleno: debate y votación

El 12 de diciembre se inició el debate. La primera intervención fue de Rodolfo Peña Farber (PAN). A nombre de la diputación de Acción Nacional propuso una *moción suspensiva* con objeto de que se aplazara la discusión del proyecto de Ley Orgánica del Banco de México. Del mismo modo, pidió que se retiraran

[22] *Op. cit.*, p. 68.
[23] *Op. cit.*, p. 69.
[24] *Ibid.*
[25] *Op. cit.*, p. 70.
[26] *Op. cit.*, pp. 72-73.

"del calendario de este periodo legislativo los otros cinco dictámenes que forman parte del paquete bancario, con objeto de que se reestudien y se presenten todos en un periodo extraordinario de sesiones, que permita su análisis y discusión a fondo".[27]

Peña Farber explicó que el Congreso contaba con múltiples iniciativas, en materia financiera, de diversos grupos parlamentarios, que no se habían discutido en la Cámara. En consecuencia, pidió que se aplazara la discusión, de lo contrario se verían obligados a focalizar esas iniciativas. Más aún, dijo que "las iniciativas enviadas por la Presidencia de la República están compitiendo entre sí, por el tiempo tan escaso que nos falta de este tercer periodo de sesiones, lo cual pone en evidencia la poca importancia que la Legislatura concede a dichas iniciativas, o, alternativamente, la poca importancia que esta Legislatura concede a las consecuencias de su aprobación".[28]

Antonio Fabila Meléndez (PRI), miembro de la Comisión, intervino en contra de la *moción suspensiva*. Argumentó que el trabajo de la Comisión de Dictamen había sido pausado a lo largo de "todo el año, [lo] hemos llevado a cabo en el seno de esta comisión, con sesiones permanentes, constantes".[29] Sin embargo, reconocía que la Cámara había recibido el paquete bancario el 13 de noviembre de 1984, y los diputados de la comisión el día 15 o 16.

Alberto González Domene (PAN) explicó que su partido votaría en contra de la ley porque la consideraba estatista y "todo seguirá quedando en la casa del amo". Como ejemplo, señaló que la regulación del crédito y los cambios por el Banco Central dependía "de una comisión de Crédito y Cambios integrada, ¿por quién?, ¿por quiénes?, por altos funcionarios de la Secretaría de Hacienda y Crédito Público, y del propio Banco de México". Concluía que "esa administración del Banco de México va a quedar en manos del gabinete económico del Poder Ejecutivo",

[27] *Op. cit.*, p. 79.
[28] *Op. cit.*, p. 78.
[29] *Op. cit.*, p. 79.

y "la Junta de Gobierno seguirá dependiendo del Ejecutivo. Luego, será el Poder Ejecutivo el que seguirá mandando y controlando la economía del país sin un equilibrio sano que debería existir con el Poder Legislativo".[30]

Rolando Cordera (PSUM) intervino para señalar los cambios, que en trabajo de comisión y en nombre de su partido, intentó introducir en la iniciativa. Señaló que los presentaba de nuevo ante el Pleno sabiendo de antemano que sus propuestas serían desechadas. Sostuvo que el control de cambios debía ser permanente, y que la institución encargada de dicho control debía ser el Banco de México, auxiliado de "un comité técnico de control de cambios". Agregó que los convenios suscritos con los organismos internacionales, como el Fondo Monetario Internacional, debieron haberse sometido al conocimiento previo del Congreso de la Unión, y concluyó que el Banco de México "pretendía reducir el problema inflacionario que sufría el país a un problema monetario, cosa que no se había demostrado".[31]

Héctor Ramírez Cuéllar (PPS) señaló que durante muchos años el Banco de México había sido un instrumento no sólo de regulación monetaria, sino un instrumento de política económica y de regulación de las instituciones bancarias. Estas características se anulaban en la iniciativa presidencial al dejarle un papel de estricta regulación monetaria, lo cual "es como si se despojara al Banco de México de su musculatura y quedara sólo un esqueleto".[32] Argumentó que la iniciativa se apoyaba en un sofisma que "oculta deliberadamente las causas estructurales de la inflación y de la carestía en un país como México", que están "ligados a la producción, a la planta productiva".[33] Impugnó que la Junta de Gobierno del Banco de México se abriera a la iniciativa privada y el financiamiento inflacionario al gobierno. Dijo que el PPS votaría en contra de la iniciativa.[34]

[30] *Op. cit.*, p. 84.
[31] *Op. cit.*, pp. 100-101.
[32] *Op. cit.*, p. 115.
[33] *Op. cit.*, p. 116.
[34] *Op. cit.*, p. 118.

Concluida la discusión en lo general y en lo particular de los artículos no impugnados, el dictamen se aprobó por 190 votos con 60 en contra. La discusión en lo particular la inició el diputado Alberto González Domene (PAN), quien señaló que el diputado Antonio Fabila (PRI), en su intervención, había sido claro al decir que "el Banco de México era un organismo descentralizado y luego afirmó que el Poder Legislativo regularía al Poder Ejecutivo". González Domene cuestionó el ¿cómo? Si sólo informar al Congreso, de acuerdo con el artículo 10, era el deber del Ejecutivo. "¿Cómo se van a regular estos dos organismos descentralizados por el Poder Legislativo?" Con base en esa incongruencia, propuso una adición al artículo 10 que estableciera que "El Congreso de la Unión podrá aprobar, modificar o rechazar dichos informes trimestrales señalando correctivos obligatorios al organismo descentralizado, Banco de México".[35]

Antonio Fabila Meléndez (PRI) intervino para hacer una aclaración sobre su anterior intervención: "Yo señalé que el Banco de México habrá de fijar los límites de financiamiento que entregaría en su momento al gobierno federal, y que esta Cámara, este Poder Legislativo, tenía la facultad de regular el mismo financiamiento".[36] Explicó que la propuesta del PAN era un contrasentido, ya que "el Ejecutivo no puede modificar las leyes que aprueba el Legislativo, el Legislativo en un momento dado no podrá modificar lo que fija en este caso con ejecución descentralizada del Ejecutivo, como es el Banco de México".[37] Sin embargo, "con el manejo oportuno, atinado, de la Ley de Ingresos y la de Presupuesto e Ingresos, este Poder Legislativo podrá influir en forma determinante en los niveles que el Banco de México le ponga al Ejecutivo en cuanto al financiamiento".[38] La propuesta de cambio del PAN se votó y se rechazó por 200 votos, contra 60 votos en su favor.

[35] *Op. cit.*, p. 128.
[36] *Op. cit.*, p. 179.
[37] *Ibid.*
[38] *Ibid.*

Senado

En el Senado, las comisiones dictaminadoras[39] presentaron su dictamen el 28 de diciembre de 1984, que se aprobó el mismo día. A lo discutido en la Cámara no se agregó nada nuevo, sólo se sintetizó mejor la iniciativa del Ejecutivo.[40]

2. SISTEMA BANCARIO: SU REORGANIZACIÓN

La nacionalización de la banca de septiembre de 1982 y las leyes relativas promulgadas por el presidente José López Portillo transformaron la antigua banca privada en instituciones nacionales de crédito mediante la adquisición, por parte del gobierno federal, de las acciones representativas del capital social. El problema urgente para el presidente De la Madrid era regular, en concordancia con los bancos estatales ya existentes, las nuevas instituciones nacionales de crédito, la banca nacionalizada y las instituciones financieras que permanecieron en la esfera de la acción privada (sociedades financieras, casas de bolsa, arrendadoras, etcétera).

La reorganización del sistema bancario formó parte de un proceso más vasto vinculado al crédito y a las finanzas que comprende el periodo: diciembre de 1982 a enero de 1986. En esos tres años y meses las iniciativas que remitió el Ejecutivo federal fueron examinadas por dos legislaturas diferentes, la LII y la LIII.[41]

[39] Primera Comisión de Crédito, Moneda e Instituciones de Crédito (diciembre de 1984): Hugo B. Margáin, Raúl Caballero Escamilla, José Patrocinio González Blanco Garrido, José Ramírez Gamero, Ernesto Millán Escalante. Segunda Comisión de Hacienda: Ernesto Millán Escalante, Raúl Salinas Lozano, José Patrocinio González Blanco Garrido, José Ramírez Gamero, Ángel Aceves Saucedo. Tercera Sección de Estudios Legislativos: José Patrocinio González Blanco Garrido, Raúl Castellanos Jiménez, José Ramírez Gamero, Humberto Hernández Haddad, *op. cit.*, p. 143.

[40] *Op. cit.*, p. 138.

[41] Acerca de las diferencias entre la composición de la LII Legislatura y la LIII Legislatura, véase el capítulo I.

La iniciativa de ley reglamentaria de los bancos, del 24 de diciembre de 1982, establecía "un marco legal para garantizar que el servicio público de banca y crédito lo presta el Estado, en tanto se establecía un régimen jurídico integral que comprenda a las instituciones que en la actualidad conforman el sistema bancario nacional".[42] Así, la Presidencia de la República buscó una legislación provisional en tanto se definían las nuevas figuras jurídicas, inexistentes en el derecho público mexicano hasta 1982.

En la iniciativa se dijo que esa "nueva persona de derecho público, denominada Sociedad Nacional de Crédito, puede ser creada por Decreto del Ejecutivo federal con personalidad jurídica y patrimonio propios", y con un capital mínimo fijado por la Secretaría de Hacienda y Crédito Público, enteramente pagado. El capital se expresaría en un nuevo título de crédito denominado certificado de aportación patrimonial, nominativo y retribuido "con base en las utilidades de los bancos".[43]

La nueva institución bancaria de derecho público, no se configuró como una institución exclusiva del Estado. La composición de su capital social era de dos tipos de certificados de aportación: los denominados "A", suscritos sólo por el gobierno federal, representaban 66% del capital total, y los denominados "B", el resto, suscritos por el gobierno federal, entidades de la administración pública, los gobiernos estatales y municipales, así como por los usuarios del servicio y los trabajadores. Para los certificados de aportación "B" se estableció que "ninguna persona física o moral podrá adquirir el control de más de 1% del capital de una sociedad".[44] Se precisó que la Secretaría de Hacienda y Crédito Público podría autorizar a los gobiernos estatales y municipales a superar la cuota de 1% del capital.

La distinción en la composición y participación del capital social reviste importancia, que se expresa también en el plano de

[42] Iniciativa del Ejecutivo federal, 24 de diciembre de 1982, en *El marco legislativo..., op. cit.*, vol. II, p. 373.

[43] *Op. cit.*, pp. 375-376.

[44] *Op. cit.*, p. 375.

la dirección de la institución nacional de crédito. El consejo directivo, integrado por un número de consejeros no inferior a nueve y no superior a 21, podía ser designado por el gobierno federal en cuanto propietario de 66% del capital social. El gobierno podía optar —al nombrar a los consejeros— entre los funcionarios de dependencias y entidades de la administración pública federal o entre profesionales independientes. Para los tenedores de certificados de aportación "B" se reservaba un número de cargos directivos cuya reglamentación se fijaría por la Secretaría de Hacienda y Crédito Público. Los tenedores de los certificados "B" formarían, además, parte de una comisión consultiva de la institución bancaria, y designarían a uno de los miembros de la Comisión de Vigilancia. El segundo miembro lo nombraba el gobierno federal.[45]

Nos detuvimos en la descripción de lo que, según el Ejecutivo, sería la nueva forma de las instituciones bancarias nacionalizadas para destacar el afán de la Presidencia por normalizar el sistema bancario. Es claro que se optó por la forma jurídica que evitaba complejos procesos de reorganización y de fusión bancaria y permitía reincorporar —con límites— los intereses privados.

Comisión: iniciativa y dictamen

La iniciativa se dictaminó, con celeridad, por la Comisión de Hacienda y Crédito Público de la Cámara de Diputados. Aceptó las ideas centrales del Ejecutivo, pero introdujo cambios menores,[46] y un artículo nuevo, el 48. En éste "se establece la obligación

[45] *Op. cit.*, pp. 377-378.

[46] La Comisión introdujo los siguientes cambios: "que el comité directivo debía ser presidido por el titular de la Secretaría de Hacienda" o "por la persona que éste designe"; "que no puedan ser consejeros 'B' los condenados por delitos de más de un año de prisión" y que se salvaguardaran en el art. 37 los intereses de los titulares de certificados de aportación B en el caso de fusión de dos o más sociedades nacionales de crédito ya previsto en otros artículos de la ley.

anual del Poder Ejecutivo de informar al Poder Legislativo del establecimiento, disolución y operación de las sociedades nacionales de crédito".[47]

Pleno: debate y votación

Cuando se turnó el dictamen de la comisión para debate en Pleno ese mismo día, 29 de diciembre, los diputados del PSUM decidieron no participar. El motivo fue el escaso tiempo que habían tenido para estudiar la iniciativa y el dictamen.

El PAN, mediante su vocero, el diputado José Armando Gordillo Mandujano, presentó una *moción suspensiva*, que apoyó el PSUM. Se dijo que en escasas 72 horas no se podía examinar el nuevo proyecto de ley bancaria. La *moción suspensiva* se desechó de inmediato por 301 votos en contra y 85 votos en favor.[48]

La discusión fue tensa. En el ambiente se sentía el malestar de los diputados de las fracciones minoritarias: el diputado del PDM, Juan López Martínez, lo dijo, "se está legislando al vapor, sin oportunidad de reflexionar y estudiar su articulado".[49]

Las fracciones parlamentarias del PAN, PDM y PST, en cambio dieron su apoyo. El PAN arguyó que "es una ley deficiente pero con principios que merecen aprobación";[50] el PDM dijo aprobar los principios de libertad que contiene;[51] y el PST afirmó que no encontraba elementos contrarios a la nacionalización.[52] Obviamente, también el PRI votó en favor.[53] Las fracciones del PSUM se

[47] Dictamen de la Comisión de Hacienda y Crédito Público, 29 de diciembre de 1982, *op. cit.*, pp. 401-406.

[48] *Op. cit.*, pp. 409-410.

[49] Intervención del diputado Juan López Martínez en la sesión del 29 de diciembre de 1982, *op. cit.*, p. 426.

[50] Intervención del diputado Felipe Gutiérrez Zorrilla en la sesión del 29 de diciembre de 1982, *op. cit.*, pp. 418-421.

[51] Intervención del diputado Juan López Martínez, *op. cit.*

[52] Intervención del diputado Raúl López García en la sesión citada, pp. 435-438.

[53] Intervinieron los diputados Francisco Rodríguez Pérez y Jorge A. Treviño Martínez, *op. cit.*, pp. 432-435 y 439-444.

declararon en contra de la ley, lo mismo el PPS, con el argumento de que "existe el peligro que se desnacionalice la banca".[54] La ley reglamentaria se aprobó por la Cámara de Diputados el mismo día 29 de diciembre con 320 votos en favor y 26 en contra. El artículo 1, que se reservó para discusión particular, se aprobó en sus términos por 245 votos en favor y 5 abstenciones.

Senado

En la Cámara de Senadores, el dictamen de las comisiones Primera de Crédito e Instituciones de Crédito y Económica no introdujo cambios en el dictamen y proyecto que se había recibido de la Cámara de Diputados.[55] El debate se limitó a la intervención de un senador, quien apoyó el dictamen de la Comisión.[56] El mismo día 30 de diciembre se aprobó por 56 votos. La Ley Reglamentaria del Servicio Público de Banca y Crédito se promulgó el 5 de enero de 1983.

3. DEL ORDENAMIENTO TRANSITORIO A LA BANCA MÚLTIPLE Y DE DESARROLLO (1982-1984)

Como ya se dijo, la ley bancaria de fines de diciembre de 1982 se concibió —por expresa declaración del Ejecutivo federal— como una ley transitoria. En efecto, el 12 de octubre de 1984, el Poder Ejecutivo remitió una iniciativa que superaba el "ordenamiento de carácter transitorio" anterior y daba una definición más clara a la figura jurídica de la sociedad nacional de crédito.

[54] Intervención del diputado Héctor Ramírez Cuéllar en la sesión del 29 de diciembre de 1982, *op. cit.*, pp. 421-424.

[55] Dictamen de las comisiones unidas Primera de Crédito, Moneda e Instituciones de Crédito y Economía, 30 de diciembre de 1982, *op. cit.*, pp. 459-463.

[56] Intervención del senador Ernesto Millán Escalante en la sesión del 30 de diciembre de 1982, *op. cit.*, pp. 467-473.

En la iniciativa se lee que "las instituciones de crédito tendrán el carácter de sociedades nacionales de crédito, con expresa distinción de su función particular, de modo que existirán instituciones de banca múltiple e instituciones de banca de desarrollo". La ley relativa a los bancos de desarrollo determinará "su especialización en la promoción y financiamiento de los diferentes sectores y actividades, su creación, transformación, fusión y disolución, la integración de sus órganos de gobierno, así como las modalidades operativas que requiera su especialización sectorial y el origen fiscal de una parte considerable de los recursos que manejan.[57]

La iniciativa deja claro que el Poder Ejecutivo resolvió, a dos años de su nacionalización, que el sistema bancario debía ser uno, bajo la siguiente modalidad. Se conformaría por un conjunto de sociedades nacionales de crédito, dividido en dos sectores: uno con funciones de banca múltiple y otro con funciones de banca de desarrollo. Desde esta perspectiva, se comprende que la iniciativa de 1984 buscara hacer extensiva a los bancos estatales la personalidad jurídica que se configuró —en sus caracteres básicos— al inicio del sexenio, en 1982.

Comisión: iniciativa y dictamen

De lo anterior se deduce una marcada continuidad entre la iniciativa de 1984 y la de 1982. La diferencia entre una y otra es que la de 1984 recoge en un único texto todas las normas relativas a los bancos, incluidas las de la Comisión Nacional Bancaria y de Seguros. Esta última, en tanto órgano desconcentrado de la Secretaría de Hacienda y Crédito Público, contaba ya con las facultades de inspección y vigilancia de las sociedades nacionales.

Cabe también resaltar que la misma Legislatura dictaminó la iniciativa de 1984 y la de 1982. Incluso las mismas personas inte-

[57] Iniciativa del Ejecutivo federal, 12 de octubre de1984, en *El marco legislativo..., op. cit.*, vol. 10, p. 180.

graron la Comisión de Hacienda y Crédito Público, lo que explica las similitudes entre los dos dictámenes. Los cambios que se introducen son parecidos a las normas para las operaciones bancarias de las sociedades nacionales de crédito, cuyo objetivo último fue "reforzar la certeza jurídica para los particulares, usuarios del servicio público de banca y crédito".[58] No reinó la concordia en los trabajos en comisión porque, de los 35 diputados miembros, sólo 25 firmaron el dictamen, dos votaron en contra (Rolando Cordera Campos, PSUM, y Héctor Ramírez Cuéllar, PPS) y 10 se abstuvieron. Entre los 10 que se abstuvieron figuraban priístas importantes, como Manlio Fabio Beltrones.[59]

Pleno: debate y votación

También en el Pleno el debate fue bastante agitado. El PSUM, por conducto del diputado Raúl Rea Carvajal, presentó una *moción suspensiva* argumentando que el dictamen era inconstitucional en cuanto lesionaba los principios del artículo 28 de la ley suprema, relativo a la rectoría económica del Estado.[60] La moción se desechó, pero sirvió para empujar a que el PAN, el PDM y el PPS se inscribieran para hablar en contra del proyecto de ley; sólo el PST y el PRI hablaron en su favor.

Los argumentos aducidos por el diputado Felipe Gutiérrez Zorrilla, del PAN, y en parte por el diputado David Orozco Romo, del PDM, critican el que toda la actividad bancaria estuviera concentrada en manos del Estado. "En consecuencia —dijo Gutiérrez Zorrilla—, se desalienta la competencia y se acentúa el intervencionismo estatal".[61]

[58] Dictamen de la Comisión de Hacienda y Crédito Público, 6 de diciembre de 1984, *op. cit.*, p. 242.

[59] Archivo del Congreso de la Unión, caja 0025, exp. 00148.

[60] Moción suspensiva del diputado Raúl Rea Carvajal del 6 de diciembre de 1984, *op. cit.*, pp. 248-249.

[61] Intervenciones en la sesión del 6 de diciembre de 1984, *op. cit.*, pp. 250-255 y 276-280.

Los argumentos de los diputados del PSUM y del PPS fueron de carácter distinto. La crítica del PSUM, expuesta por el diputado Salvador Castañeda O'Connor, se centró en dos puntos: *a)* que 34% del capital de las sociedades nacionales de crédito pasara a manos de privados, y *b)* en la competencia que podrían hacer otros intermediarios financieros a la banca nacionalizada.[62] El expositor del PPS, Héctor Ramírez Cuéllar, se declaró en contra por este supuesto: que el viejo poder bancario conservaba sus nexos en las sociedades financieras y podría recuperar el terreno que habían perdido por la nacionalización bancaria del presidente López Portillo en 1982.[63]

En favor del proyecto de ley se expresaron tres diputados del PRI, Haydée Eréndira Villalobos Rivera, Alejandro Lambretón Narro y Ricardo Cavazos, más un diputado del PST, Ricardo Gavela Autrey.[64] Todos hablaron de la importancia del proyecto de ley y de los efectos que la nueva ley reglamentaria tendría en el desarrollo del crédito y en las inversiones mexicanas.

Senado

En el Senado, las comisiones unidas, Segunda de Crédito, Moneda e Instituciones de Crédito, Primera de Hacienda y Segunda de Estudios Legislativos, dictaminaron el proyecto que recibieron de la Cámara de Diputados el 18 de diciembre de 1984.[65] A diferencia de la Cámara baja, la gran mayoría de los miembros de la Comisión del Senado eran recién electos, es decir, distintos a los que dictaminaron en 1982. La única intervención fue de un

[62] Intervenciones en la sesión del 6 de diciembre de 1984, *op. cit.*, pp. 261-270.

[63] Intervención en la sesión del 6 de diciembre de 1984, *op. cit.*, p. 283.

[64] Las intervenciones pueden verse en *op. cit.*, pp. 255-261, 270-276, 280-281 y 287-296.

[65] Dictamen de las comisiones unidas del Senado 18 de diciembre de 1984, *op. cit.*, pp. 321-324.

senador de la Legislatura previa, Ernesto Millán Escalante.[66] En seguida se votó. La ley se aprobó con 60 votos y se promulgó el 14 de enero de 1985.

4. Regularización del sistema bancario

Al aprobarse la nueva ley reglamentaria en 1984, los principales bancos estatales, organizados bajo el régimen de sociedades anónimas, se vieron obligados a introducir cambios. Éstos eran: el Banco Nacional de Crédito Rural —Banrural—, el Banco Nacional de Obras y Servicios Públicos —Banobras—, el Banco Nacional Pesquero y Portuario —Banpesca—, el Banco Nacional de Comercio Exterior, el Banco Nacional del Pequeño Comercio y el Banco Nacional del Ejército. La nueva legislación también condujo a la reforma de la ley orgánica de Nacional Financiera.

En el momento de la nacionalización bancaria, los bancos estatales eran muy distintos unos de otros, por su formación histórica, su evolución y porque contaban con normas operativas diferentes. De tal suerte que mientras el Banco Nacional de Comercio Exterior, fundado en 1937, no poseía estatutos, el Banco Nacional de Crédito Rural creado en 1957 por un acuerdo del Ejecutivo federal, con el fin de fusionar el Banco Nacional de Crédito Ejidal, el Banco Nacional de Crédito Agrícola y el Banco Nacional Agropecuario.

Destaca una constante en las iniciativas del Ejecutivo federal que debían transformar los bancos estatales, de sociedades anónimas a bancos de desarrollo. La constante es la búsqueda de uniformidad en el sistema financiero. En todas las iniciativas aparece que los bancos estatales deben ser considerados como banca de desarrollo; que su función no se limita a la intermediación financiera o a la concesión de créditos preferenciales, sino

[66] La intervención puede verse en *op. cit.*, pp. 327-330.

que deben proporcionar un paquete integral de asistencia para el desarrollo. Al mismo tiempo, se hizo hincapié en que todo banco de desarrollo, además de sus fines específicos, debía sostener el Plan Nacional de Desarrollo.[67]

Si tomamos en conjunto las iniciativas referentes a los bancos de desarrollo, vemos que todas siguen las pautas que se mencionan a continuación:

a) *Capital social:* Se divide en dos series de certificados de aportación patrimonial. La serie "A", por 66% del capital total suscrito exclusivamente por el gobierno federal, y la serie "B" por 34% del capital total que puede ser suscrito por el gobierno federal, gobiernos estatales, gobiernos municipales y por personas físicas y morales de nacionalidad mexicana, por un importe máximo de 1%. La Secretaría de Hacienda y Crédito Público podía autorizar a los gobiernos estatales y municipales a suscribir una participación superior a 1% de los certificados de aportación patrimonial "B". En los certificados de aportación patrimonial "B" se registra una única distinción para el Banco del Ejército. Los miembros de las fuerzas armadas con

[67] Véanse las iniciativas del Ejecutivo federal del 30 de octubre de 1985, referentes al Banco Nacional del Ejército y Fuerzas Armadas y al Banco Nacional del Pequeño Comercio, antes Banco del Pequeño Comercio del Distrito Federal, en *El marco legislativo..., op. cit.*, vol. 15, pp. 563-576; la Iniciativa del Ejecutivo federal del 5 de noviembre de 1985, relativa al Banco Nacional de Obras y Servicios Públicos, *op. cit.*, pp.465-481; las iniciativas del Ejecutivo federal del 8 de noviembre de 1985, conexas al Sistema Banrural integrado por 13 bancos regionales, con personalidad jurídica y patrimonio propios y al Banco Nacional Pesquero y Portuario, *op. cit.*, pp. 31-51 y 259-275, y, la iniciativa del 14 de noviembre de 1985 referida al Banco Nacional de Comercio Exterior, *op. cit.*, pp. 661-685. Si bien la nueva Ley Orgánica de Nacional Financiera no formó parte del paquete enviado en 1985, por los cambios que introduce a la institución se puede sostener que las reformas a su ley orgánica tienen la misma lógica de las otras instituciones nacionales de crédito, banca de desarrollo; la Iniciativa del Ejecutivo federal del 11 de noviembre de 1986, en *El marco legislativo..., op. cit.*, vol. 23, pp. 117-131.

grado de general o jefe podían formar sociedades mercantiles y adquirir certificados "B".

b) *Organización de la institución.* Todas las instituciones contemplan un Consejo Directivo, director general y una comisión de vigilancia. El Consejo Directivo, al igual que en la banca múltiple, se integra por consejeros de serie "A": cinco para Nacional Financiera, seis para Banobras, ocho para Banrural, nueve para el Banco Nacional de Comercio Exterior, el Banco Nacional del Pequeño Comercio y el Banco Nacional del Ejército, y diez para el Banco Nacional Pesquero y Portuario. Las institución con consejos integrados por miembros de serie "A" los presidía el titular de la Secretaria de Hacienda, o quien éste designara, o los secretarios de Estado que tuvieran alguna relación con los objetivos de los bancos de desarrollo, o titulares de entidades de la administración pública federal vinculados a los sectores económicos que la banca promocionaba. Los consejeros de la serie "B" eran, en la mayoría de los casos, representantes de los tenedores de los certificados de aportación, lo que sucedía en casi todas las instituciones, o por representantes de organizaciones sindicales, como fue el caso en Banrural y Banpesca.

c) *Objetivos de las instituciones.* Su objetivo general era la promoción de programas de acción integral para desarrollar algún sector económico, y de sostén a la actividad que realiza el gobierno federal, estatal o municipal.

Comisión: iniciativa y dictamen

Es importante resaltar que la uniformidad en concepto se encuentra tanto en las iniciativas del Ejecutivo federal como en los dictámenes de las comisiones de Hacienda y Crédito Público de la Cámara de Diputados. En ambos —iniciativa y dictámenes— destaca también el apoyo al Plan Nacional de Desarrollo.

La primera regularidad o intencionalidad compartida se observa en los dictámenes relativos a Banobras, Banrural, Banpesca, Banco Nacional del Pequeño Comercio y Banco Nacional del Ejército, los cuales fueron dictaminados por la comisión en favor y no se introdujeron cambios.[68] En los únicos dos dictámenes donde la comisión introdujo cambios fue en los referidos al Banco Nacional de Comercio Exterior y a Nacional Financiera. Respecto al primero, se intentaba definir mejor los objetivos de la ley relativa al Banco, para especificar que dicha institución podría participar en el capital social de empresas cuyo fin fuera el comercio exterior, y para que en el artículo relativo al capital social suscrito por personas físicas y morales se señalara que se daría preferencia a quienes se dedicaran al comercio exterior.[69]

De mayor sustancia fueron los cambios respecto a Nacional Financiera. En relación con los consejeros de la serie "B" designados por los tenedores de los certificados de aportación patrimonial de la Serie "B", en la iniciativa se designan como presidentes a los de la Concanaco y Concamin. En cambio, la Comisión de Hacienda del Congreso modifica e introduce el criterio de que los consejeros debían ser "agentes involucrados en la industrialización y desarrollo regional"; en consecuencia, los cargos debían recaer en "personas de reconocido prestigio y amplios conocimientos y experiencia en materia económica, financiera, industrial o de desarrollo regional".[70]

Pleno: debate y votación

El debate en la Cámara de Diputados en 1986, a dos años de distancia del de 1984, registró cambios y continuidades. El cam-

[68] Dictámenes de la Comisión de Hacienda y Crédito Público, 29 de noviembre de 1985, 4 de diciembre de 1985 y 16 de diciembre de 1985, en *El marco legislativo..., op cit.*, pp. 69-73, 281-285, 383-386, 487-492 y 581-584.

[69] Dictamen de las comisiones unidas de Hacienda y Crédito Público y de Comercio, 9 de diciembre de 1985, *op. cit.*, pp. 681-685.

[70] Dictamen de la Comisión de Hacienda y Crédito Público, 16 de noviembre de 1986, *op. cit.*, pp. 137-140.

bio es sustancial, pues con una nueva legislatura y una mayor presencia de diputados de otros partidos políticos no presentes en la legislatura previa, el debate cobró un cariz más competitivo. Se trataba de una Cámara más plural, donde 30% de las curules estaba en manos de ocho partidos de oposición,[71] de los cuales dos eran de reciente creación, el PMT y el PRT. La pluralidad y calidad de sus miembros introduce en el debate dos nuevas formas de discusión: una de corte político-ideológico y otra de corte político-técnico. Aparentemente no se expresaba gran cambio en el momento mismo del debate del dictamen ante el Pleno; cuando cada partido *fijaba posición*, era éste el momento en el que el vocero de la fracción adoptaba un tono de corte político-ideológico para retomar un discurso tradicional, donde cada partido razonaba en términos de su posición programática.

En cambio, cuando se abordaba la discusión específica de los denominados "artículos apartados", el debate adquiría carácter técnico: concreto y práctico. El resultado fue que a partir de una mayor profesionalización de los miembros de las comisiones, y de los diputados en general, algunas de las leyes orgánicas se modificaron incluso durante el debate en Pleno en la Cámara de Diputados.

En todos los debates de la Cámara de Diputados, respecto a las leyes orgánicas de los bancos de fomento, notamos que en la discusión general se repitieron las mismas posiciones político-ideológicas. La única discusión en la que se rompió este molde fue en la de Banrural, que examinaremos por separado.

En la discusión general de las leyes orgánicas del Banco Nacional del Ejército, del Banco Nacional del Pequeño Comercio, del Banco Nacional Pesquero y Portuario, del Banco Nacional de Comercio Exterior, de Banobras e incluso de Nacional Financiera, las fracciones parlamentarias que criticaban los dictámenes eran las de la izquierda, es decir, PSUM, PPS, PMT y PRT.[72] El

[71] Véase el cap. I, cuadro I.3, "Partidos y porcentaje de curules, 1961-1994".

[72] Los diputados que expusieron las críticas generales a los dictámenes fueron Jorge Alcocer Villanueva, José Luis Sánchez González, José Camilo Valenzuela, Demetrio Vallejo Martínez (PSUM), Adner Pérez de la Cruz, Cuauh-

principal motivo para oponerse era, como sostuvo Jorge Alcocer Villanueva, del PSM, que veían en el conjunto de estas leyes "una política de franco retroceso de la nacionalización de la banca privada", y que la finalidad del gobierno era "obtener el aplauso y beneplácito de los grupos económicamente poderosos".[73] En la discusión general no hubo intervenciones de partidos que criticaran las leyes orgánicas desde una posición de centro o de centro-derecha, mientras que fueron nutridas las intervenciones de los diputados del PRI y PST en defensa de los dictámenes y criterios del gobierno.[74]

Devolución a Comisión de Dictamen

A diferencia de las leyes orgánicas antes mencionadas, la discusión general acerca de Banrural se caracterizó porque el dictamen se devolvió tres veces a las comisiones unidas de Hacienda y Crédito Público y de Agricultura, debido a que nunca se reunió la Comisión de Agricultura. Esta triple devolución es muy interesante, permite ver cómo evolucionaron las prácticas parlamentarias en el curso de la LIII Legislatura. En primer lugar, y

témoc Amezcua Dromundo y Héctor Marquecho Rivera (PPS), Ricardo Andrés Pascoe Pierce y Pedro José Peñaloza (PRT), José Luis Díaz Moll (PMT). Las intervenciones pueden consultar en *op. cit.*, vol. 15, pp. 289-293, 297-300, 495-496, 498-499, 589-593, 596-597, 599-600, 689-690, 694-695 y 696-700, y en vol. 23, 143-144, 146-151,153-157 y 161-163.

[73] Intervención del diputado Jorge Alcocer Villanueva en la sesión del 29 de noviembre de 1985, *op. cit.*, p. 589.

[74] Los diputados del PRI que intervinieron en favor de los dictámenes son: Blanca Esponda de Torres, Marcela González Petricciolí, Manuel Orci Gándara, Agustín Leñero, Hesiquio Aguilar Parra, Jorge Flores Silano, Alfonso Reyes Medrano, Javier Garduño Pérez, Carlos Palafox Vásquez y José Ramón García Soto; los diputados del PST que intervinieron en favor de los dictámenes son: José Felipe Flores Gutiérrez, José Amador Amador, Graco Ramírez Garrido Abreu. Las intervenciones pueden consultarse en *op. cit.*, vol. 15, pp. 293-297, 300-302, 305, 497-498, 498-502, 587-588, 594-595, 598-599, 601-602, 690-693, 695-696, 703-705, 711-713, y vol. 23, pp. 145-146, 151-153, 157-158, 159-161 y 163-165.

con el fin de aprovechar al máximo el periodo de discusión y dictamen de las comisiones, se celebraban conferencias entre ambas cámaras, a las que cualquier miembro podía asistir con voz pero sin voto.[75] El ejercicio de estas sesiones-conferencias enriqueció el trabajo de las comisiones y del Pleno al haber mayor receptividad a las críticas y sugerencias de los diputados, incluso de aquellos no pertenecientes a la comisión.[76] En segundo lugar destacan las objeciones al trabajo de la comisión, ya que el diputado José Amador Amador, del PST, denunció que la Comisión de Agricultura y Reforma Agraria nunca se había reunido a examinar la iniciativa, o que, si lo había hecho, no había informado a los diputados de oposición la fecha de dicha reunión.[77] Voces similares se escucharon de otros diputados de oposición. Uno, del PSM, sostuvo que los acuerdos en comisión no eran siempre acatados por el PRI, ya que los diputados del partido de mayoría en la comisión habían introducido en otro apartado lo que se había eliminado en un artículo precedente.[78]

Lo más novedoso ocurrió en ocasión de la discusión, en lo particular, de los artículos. Es decir, los artículos que habiendo sido votados en lo general y que debían pasar a discusión detallada, artículo, por artículo, impugnado por el Pleno de la Cámara. En esas discusiones los diputados se avocaron a la resolución de problemas político-técnicos y fueron significativas las veces en que se alcanzó el consenso entre mayoría y oposición, o que se aceptaron puntos básicos que enriquecían la ley por aprobar.

En la segunda parte del debate, las intervenciones del PAN, del PSUM, en menor medida las del PDM, tendían a abandonar sus posiciones ideológicas categóricas para adoptar un tono más tolerante. Sin duda, esto fue una práctica parlamentaria inédita,

[75] *Reglamento para el gobierno interior del Congreso General de los Estados Unidos Mexicanos*, véanse los artículos 90 y 92.

[76] Intervención del diputado del PRI Wilbert Chi Góngora en la sesión del 16 de diciembre de 1985, *op. cit.*, pp. 57-58.

[77] Intervención del diputado Jorge Amador Amador en la misma sesión, *op. cit.*, pp. 59-60.

[78] Intervención del diputado Jorge Alcocer Villanueva en la misma sesión, *op. cit.*, pp. 63-65.

pues al parecer se aceptaron cambios en los dictámenes, incluso en los aprobados por el Pleno, como resultado de estas intervenciones.

Artículos reservados

Si realizamos un balance de la discusión de los artículos reservados, que debieron discutirse en lo particular, de todas las leyes orgánicas de los bancos de desarrollo, tendremos la situación que se muestra en el cuadro IV.1.

Las mociones aprobadas en el curso del debate específico sobre algunos artículos no alteran el sentido de las leyes orgánicas de la Banca, pero sí introducen criterios —menos arbitrarios— en la designación de los miembros del Consejo Directivo por parte de las secretarías de Estado. Por ejemplo, en la discusión del Banco Nacional Pesquero se modificó la norma de ingreso de los consejeros "B" para permitir el acceso de un miembro de la Confederación Nacional Cooperativa de la República Mexicana. Lo mismo ocurrió al eliminar el criterio corporativo para la designación de los consejeros de la serie "B" de Nacional Financiera. Los cambios que se introdujeron en cada caso reglamentan con mayor precisión la participación de los bancos de desarrollo en el capital de las empresas, y la participación en las comisiones de vigilancia de los bancos de desarrollo de los tenedores de los certificados de aportación patrimonial "B".

Todos los proyectos de ley conexos a las instituciones bancarias que recibió la Cámara de Senadores de la de Diputados para dictamen, discusión y aprobación, a diferencia de otras leyes, fueron aprobados sin cambio alguno y promulgados de inmediato por el presidente de la República. Hacemos referencia a la ley orgánica de Banrural, del Banco Nacional Pesquero y Portuario y del Banco Nacional del Ejército del 13 de enero de 1986; a la del Banco Nacional de Comercio Exterior, Banobras, y del Banco Nacional del Pequeño Comercio del 20 de enero de 1986, y, finalmente, a la ley orgánica de Nacional Financiera del 26 de diciembre de 1986.

CUADRO IV.1. *Artículos impugnados en lo particular. LIII Legislatura, 1985-1986*

Ley relativa al Banco de	*Número de mociones presentadas*	*Número de mociones aprobadas*	*Número de mociones rechazadas*
Comercio Exterior	6	1	5
Banobras	4	1	3
Banpesca	8	4	4
Banejército	4	2	2
Pequeño Comercio	5	1	4
Banrural	2	0	2
Nacional Financiera	12	4	8

FUENTE: Las propuestas y la discusión relativa al Banco Nacional de Comercio Exterior se encuentran en *op. cit.*, vol. 15, pp. 714-735. Las que se refieren a Banobras en *op. cit.*, pp. 506-545; a Banpesca en *op. cit.*, pp. 307-329; al Banco Nacional del Ejército en *op. cit.*, pp. 400-410; al Banco Nacional del Pequeño Comercio en *op. cit.*, pp. 605-630; a Banrural en *op. cit.*, pp.159-170, y a Nacional Financiera en *op. cit.*, vol. 23, pp. 167-219.

5. CRÉDITO Y MERCADO DE VALORES

Las dos iniciativas del Ejecutivo federal del 12 de noviembre de 1984, relativas al crédito y al mercado de valores, se analizaron conjuntamente, puesto que ambas remitían a la nueva legislación financiera. Como ya se dijo, su objeto era "adecuar la estructura jurídica del sistema financiero a las nuevas condiciones históricas, políticas y económicas imperantes".[79]

La iniciativa que se refería a las organizaciones y actividades auxiliares de crédito puso orden en la regulación existente y "con las adecuaciones, ajustes y modificaciones necesarios", planteó un régimen jurídico que coadyuvaba a la modernización y desarrollo "de los almacenes generales de depósito, las arrendado-

[79] *Diario de los debates de la Cámara de Diputados*, LII Legislatura. Iniciativa del Ejecutivo federal de la ley de organizaciones y actividades auxiliares de crédito, 12 de noviembre de 1984, en *op. cit.*, vol. 10, p. 385.

ras financieras y las uniones de crédito".[80] Estas organizaciones financieras, al igual que otras instituciones de crédito, requerían de la autorización de la Secretaría de Hacienda y Crédito Público para comprar 10% o más de las acciones representativas de su capital. Sin embargo, no se puso límite a la acción de la banca en estas organizaciones. La única condición fue que contaran con la autorización de la SHCP para la compra de acciones de dichas organizaciones auxiliares.[81] Al mismo tiempo, la iniciativa proponía dotar a la Comisión Nacional Bancaria y de Seguros de las facultades necesarias para ejercer mayor control sobre las uniones de crédito, los almacenes generales y las arrendadoras financieras.[82]

La iniciativa de reforma a la ley del mercado de valores se envió al Congreso en la misma fecha, el día 12 de noviembre de 1984. Su finalidad era regular mejor la intermediación financiera. En efecto, en la iniciativa se afirmaba que "el fortalecimiento de nuestro sistema financiero requiere la operación eficaz de diversos tipos de intermediarios cuyas funciones sean complementarias, en condiciones de mayor independencia tanto patrimonial como operativa".[83] En suma, la reforma a la ley del mercado de valores desvinculaba a las casas de bolsa del sistema bancario, modificando la norma imperante desde 1975.

La iniciativa que pretendía separar a la banca de las casas de cambio estableció que ningún banco podía realizar, con la misma casa de cambio, más de 20% de sus operaciones. Más aún, que la vigilancia sobre las operaciones de las casas de cambio y de la banca se harían por medio de la Comisión Nacional Bancaria y de Seguros y por la Comisión Nacional de Valores. Finalmente se reforzaron las garantías a las personas físicas y morales que resultaran afectadas por operaciones en valores con las casas de cambio.[84]

[80] *Op. cit.*, pp. 385-386.

[81] *Op. cit.*, pp. 387-388.

[82] *Op. cit.*, pp. 389-390.

[83] *Diario de los debates de la Cámara de Diputados*, LII Legislatura. Iniciativa del Ejecutivo federal del 12 de noviembre de 1984, en *El marco legislativo...*, *op. cit.*, vol. 23, pp. 333-334.

[84] *Op. cit.*, pp. 335-336.

Comisión: dictamen

La comisión dictaminadora de la iniciativa de ley del mercado de valores fue la Comisión de Hacienda y Crédito Público integrada por 30 diputados del PRI, dos del PSUM, dos del PAN, uno del PPS y uno del PDM.[85] La comisión presentó su dictamen aprobado por unanimidad el 10 de diciembre. Los puntos básicos fueron: *a)* la reforma del mercado de valores, que reforzaba las garantías de los inversionistas; *b)* otorgaba mayores atribuciones a la Comisión Nacional de Valores en materia de instancias conciliatorias, modificando el régimen de sanciones pecuarias para los infractores, y *c)* simplificaba el trámite administrativo.[86]

El dictamen de la comisión acerca de la ley de organizaciones y actividades auxiliares de crédito también se aprobó ese día, con algunos cambios a la iniciativa presidencial. El más importante de éstos fue el incremento de las facultades de la Comisión Nacional Bancaria sobre los Almacenes Generales de Depósito, las arrendadoras financieras, las uniones de crédito y las casas de cambio. El espíritu que animó a la comisión fue el de reforzar las garantías al inversionista y al público que accedía a los servicios de esas asociaciones auxiliares de crédito.

[85] La composición de la Comisión de Hacienda y Crédito Público (XI, 1984) fue la siguiente: Jorge A. Treviño, presidente; Ricardo Cavazos Galván, secretario; Miguel Ángel Acosta Ramos, Hermenegildo Anguiano M., Javier Bolaños Vázquez, Manuel Cavazos Lerma, Rolando Cordera Campos, Antonio Fabila Meléndez, Felipe Gutiérrez Zorrilla, Enrique León Martínez, Edmundo Martínez Zaleta, Juan M. Acoltzin Vidal, Manlio Fabio Beltrones Rivera, Ma. Luis Calzada de Campos, Abraham Cepeda Izaguirre, Jorge Luis Chávez Zárate, Alberto González Domene, Sergio Lara Espinoza, Raúl López García, Miguel Olea Enríquez, Leopoldino Ortiz Santos, José Luis Peña Loza, Héctor Ramírez Cuéllar, Francisco Rodríguez Pérez, Alberto Santos de Hoyos, Amador Toca Cangas, Carlota Vargas Garza, Raúl Vélez García, David Orozco Romo, Héctor M. Perfecto Rodríguez, Eulalio Ramos Valladolid, Pedro Salinas Guzmán, Dulce María Sauri Riancho, Efraín Trujeque Martínez, Salvador Valencia Carmona, Haydée Eréndira Villalobos R.

[86] *Diario de los debates de la Cámara de Diputados*, LII Legislatura. Dictamen de la Comisión de Hacienda y Crédito Público, 10 de diciembre de 1984, *op. cit.*, pp. 363-365.

Pleno: debate y votación

En cambio, el debate en el Pleno de la Cámara de Diputados fue relativamente intenso en los dos casos: de las nueve intervenciones en torno a la ley de sociedades auxiliares de crédito, tres, del PRI, fueron en favor de la iniciativa y del dictamen de la comisión; otra más en favor fue del PST, expuesta por Ricardo Antonio Gavela Autrey. En contra se expresaron dos voceros del PAN, los diputados Felipe Gutiérrez Zorrilla y Jorge Alberto Lino; uno del PSUM, de José Dolores López Domínguez, y otro del PDM, expuesta por David Orozco Romo.

Los argumentos en favor de la ley, de los diputados del PRI, insistían en la necesidad de adecuar la norma jurídica a los cambios económicos.[87] El diputado del PST, Gavela Autrey, apoyó la iniciativa y el dictamen, y sostuvo que de no procederse a la reforma de la ley, se "crearía un ahorcamiento de tipo financiero, una mayor dificultad para salir adelante en la crisis".[88]

Los partidos que objetaron la iniciativa esgrimieron diferentes razones. Los diputados del PAN declararon su inconformidad por tratarse de leyes 'estatizantes' y porque pulverizaban a "todas las organizaciones auxiliares de crédito, seguros y fianzas, y también a las sociedades de inversiones".[89] Las críticas del PDM fueron similares, su diputado Orozco Romo sostuvo que en esa ley, como en otras financieras, "se da a la Secretaría de Hacienda la facultad de convertirse en nuestra verdadera colegisladora, no el Senado".[90]

[87] Intervención del diputado Antonio Fabila Meléndez en la sesión del 11 de diciembre de 1984, *op. cit.*, pp. 458-463. Véanse también las intervenciones de los diputados Raúl Enríquez Palomec y Ricardo Cavazos Galván, *op. cit.*, pp. 466-467 y 486-490.

[88] Intervención del diputado Ricardo Antonio Gavela Antrey en la sesión del 11 de diciembre de 1984, *op. cit.*, p. 478.

[89] Intervención del diputado Felipe Gutiérrez Zorrilla en la sesión del 11 de diciembre de 1984, *op. cit.*, pp. 457-458. Véase la intervención del diputado Jorge Alberto Ling Altamirano, *op. cit.*, pp. 478-481.

[90] Intervención del diputado David Orozco Romo, *op. cit.*, pp. 467-471.

La oposición del PPS se fundamentó en los principios históricos del nacionalismo. Sostuvo "que para mantener la rectoría del Estado en el sistema financiero, no basta con darle atribuciones a los órganos de autoridad del sistema, sino que se requiere que el Estado participe en el capital social de estas sociedades".[91] El PSUM reconoció algunos avances en la ley, en especial en lo relativo a las uniones de crédito. No obstante, "la concentración de las fuentes de financiamiento que se otorga en este caso a Banrural y en general la banca de desarrollo" se oponía a la ley, porque al separar el crédito bancario del no bancario violaba el principio de exclusividad en la prestación de este servicio dispuesto en la Constitución General de la República.[92]

En la discusión de la ley y dictamen de la reforma del mercado de valores, los argumentos de las fracciones parlamentarias en favor —las del PRI— y las contrarias —las del PAN, PDM, PPS y PSUM— fueron similares a las hechas a la ley de sociedades auxiliares de crédito. En esencia, el PRI sostuvo que la ley adecuaba la norma jurídica a los cambios del entorno económico.[93] El PAN y el PDM criticaron el exceso de facultades de la SHCP que conducían al estatismo.[94] El PPS se opuso porque implicaba una reprivatización,[95] y el PSUM objetó la inconstitucionalidad de la reforma, sobre todo porque favorecía a los organismos privados.[96]

La ley general de organizaciones y actividades auxiliares de crédito se aprobó con 236 votos en favor y 53 en contra. La ley

[91] Intervención del diputado Héctor Ramírez Cuéllar, *op. cit.*, pp. 481-486.

[92] Intervención del diputado José Dolores López Domínguez, *op. cit.*, pp. 463-466.

[93] Las intervenciones del PRI fueron de los diputados Miguel Ángel Olea Enríquez, Raúl Enríquez Palomec, Antonio Fabila Meléndez y Eulalio Ramos Valladolid, *op. cit.*, pp. 372-375; 378-380; 382-384; 388-392 y 397-399.

[94] Por el PAN intervinieron los diputados Graciela Gutiérrez de Barrios y Bernardo Bátiz Vázquez, véase *op. cit.*, pp. 371-72 y 384-386. Por el PDM intervino David Orozco Romo, véase *op. cit.*, pp. 380-382.

[95] Por el PPS intervino el diputado Viterbo Cortez Lobato, *op. cit.*, pp. 385-387.

[96] Por el PSUM intervino el diputado Antonio Gershenson, *op. cit.*, pp. 373-375 y 393.

que reformó, adicionó y derogó diversas disposiciones de la ley del mercado de valores se aprobó con 257 votos en favor y 38 en contra.

Senado

La Cámara de Senadores dictaminó la ley del mercado de valores el 17 de diciembre de 1984 y, al día siguiente, la ley de sociedades auxiliares de crédito. En ambos dictámenes, las comisiones unidas de Crédito, Moneda e Instituciones de Crédito, Primera de Hacienda y Segunda Sección de Estudios Legislativos aprobaron tanto el espíritu como la letra de la iniciativa presidencial, e hicieron propias las modificaciones que aprobó la Cámara de Diputados.[97]

La iniciativa presidencial y el dictamen del Senado de la ley de sociedades auxiliares de crédito no se discutió por el Pleno de esa Cámara. La ley relativa al mercado de valores la expuso de modo breve el senador José Socorro Salcido para subrayar su importancia.[98]

La ley de las sociedades auxiliares de crédito se aprobó el 20 de diciembre de 1984 con 51 votos, y enseguida se aprobó con igual número la ley del mercado de valores.

[97] El dictamen de la Ley del Mercado de Valores se encuentra en *op. cit.*, pp. 405-408, y el dictamen de las Sociedades Auxiliares de Crédito, en *op. cit.*, pp. 495-497. Los integrantes de la Segunda Comisión de Crédito, Moneda e Instituciones de Crédito (XII, 1984): Antonio Martínez Báez, Antonio Riva Palacio López, José Socorro S. Gómez, Norberto Mora Plancarte, Abraham Martínez Rivero. Primera Comisión de Hacienda, Hugo B. Margáin, Guadalupe Gómez Maganda de Anaya, Raúl Caballero Escamilla, Humberto Hernández Haddad, Fernando Mendoza Contreras. Segunda Sección de Estudios Legislativos: Renato Sales Gasque, José Socorro Salcido Gómez, Manuel Villafuerte Mijangos, Guillermo Mercado Romero, Salvador J. Neme Castillo.

[98] *Diario de los debates de la Cámara de Senadores*, LII Legislatura. Intervención del senador José Socorro S. Gómez en la sesión del 20 de diciembre de 1984, *op. cit.*, pp. 411-414.

6. SEGUROS E INVERSIÓN

El paquete legislativo que venimos analizando —en relación con el Banco de México, la banca y el crédito, las organizaciones y las actividades auxiliares de crédito— tuvo por objetivo promover el desenvolvimiento del sistema financiero, y una mayor complementariedad entre instituciones bancarias y no bancarias, tanto públicas como privadas. En ese sentido, y con el fin de otorgar garantías a la actividad privada en materia de seguros e inversiones, el Ejecutivo federal envió al Congreso de la Unión, el 12 de noviembre de 1984, dos voluminosas iniciativas.

En materia de seguros propuso reformas que respondían a la demanda creciente de servicios de protección de personas y capitales que contribuyeran a generar recursos financieros, principalmente de largo plazo. Con estos objetivos en mente, se mantuvo la norma que "limita en 15% el porcentaje máximo de acciones representativas de capital de una institución" en manos de una persona, "con el fin de evitar la concentración patrimonial". Esta norma, válida sólo para los inversionistas privados, se convirtió en absoluta, al prohibir "que en el capital de las instituciones de seguro participen otras instituciones de seguros, de fianzas, organizaciones auxiliares del crédito y casas de bolsa".

La promoción del desarrollo intersectorial autónomo fue otra prioridad. Se prohibió "que en el capital de las instituciones aseguradoras participen las instituciones de crédito". Según se expuso, "la experiencia pasada ha demostrado que, si bien esa vinculación favoreció en un principio el desarrollo de las aseguradoras, provocó después situaciones de conflicto de intereses que condicionaban su operación". La normativa previa limitaba la competencia y había dado "lugar a un mercado cautivo y un deterioro en el servicio" que terminó por impedir el desarrollo del sector asegurador "perjudicial al consumidor".[99]

[99] *Diario de los debates de la Cámara de Diputados*. Iniciativa del Ejecutivo federal, 12 de febrero de 1984, en *El marco legislativo...*, *op. cit.*, vol. 11, pp. 121-123.

La iniciativa del Ejecutivo federal en materia de sociedades de inversión se dirigió a ofrecer un orden jurídico nuevo, de certeza al inversionista y con libre acceso de los pequeños inversionistas al mercado de valores. Por ello las sociedades de inversión se definieron como "la combinación de aportaciones en efectivo procedentes de sus accionistas; la adquisición de valores con fines de inversión, evitando asumir el control de empresas, y la distribución de los riesgos provenientes de sus inversiones, así como la administración profesional y especializada de los valores que componen sus activos".[100]

Al igual que con las sociedades de seguros, la iniciativa preveía "que ninguna persona física o moral pudiera ser propietaria, directa o indirecta, de 10% del capital pagado de una sociedad de inversión". De igual modo, se fijó la obligación de dichas sociedades "a que por lo menos 94% de su activo total esté representado en efectivo y valores, y que 6% restante se destine, en proporciones iguales, por otra parte, a los gastos de establecimiento, organización y similar".[101]

Comisión: dictamen

La Comisión de Hacienda y Crédito Público de la Cámara de Diputados dictaminó la ley de seguros el 10 de diciembre de 1984. Aprobaba la iniciativa con cambios menores cuyo fin era "evitar probables confusiones".[102] Por esto, la comisión suprimió

[100] *Op. cit.*, pp. 13-14.

[101] *Op. cit.*, pp. 15-16.

[102] Los miembros de la Comisión de Hacienda y Crédito Público fueron: Diputados Jorge A. Treviño, Ricardo Cavazos Galván, Miguel Ángel Acosta Ramos, Juan M. Acoltzin Vidal, Hermenegildo Anguiano M., Manlio Fabio Beltrones Rivera, Javier Bolaños Vázquez, María Luisa Calzado de Campos, Manuel Cavazos Lerma, Abraham Cepeda Izaguirre, Rolando Cordera Campos, Jorge Luis Chávez Zárate, Antonio Fabila Meléndez, Alberto González Domene, Felipe Gutiérrez Zorrilla, Sergio Lara Espinoza, Enrique León Martínez, Raúl López García, Edmundo Martínez Zaleta, Miguel Ángel Olea Enríquez, Leopoldo Ortiz Santos, David Orozco Romo, José Luis Peña Loza,

una referencia a la ley general, "toda vez que este artículo se encuentra reformado en su totalidad dentro de la presente iniciativa".[103]

El mismo día la comisión dictaminó la ley relativa a las sociedades de inversión. En el dictamen se lee que las nuevas sociedades de inversión de capital de riesgo —antes inexistentes en el ordenamiento jurídico— desempeñarán "un papel de primera importancia para que la estructura de las empresas sea más sólida".[104] La comisión formuló algunos cambios importantes y sustanciales en relación precisamente con las sociedades de inversión de capital de riesgo. Uno fijaba el porcentaje máximo de acciones que una misma empresa podía adquirir en una sociedad de inversión, el cual no debía exceder el 49% de las acciones del capital de la empresa. Otro cambio que introdujo la comisión establecía que el contrato de compra de acciones de una empresa, por parte de una sociedad de inversión, debía contar con la aprobación de la asamblea general de accionistas de la empresa en venta y de la Comisión Nacional de Valores.[105] El tercer cambio fue eliminar la prohibición y autorizar que las personas físicas o morales pudieran detentar cuotas de control de 10% o más de acciones representativas del capital de una sociedad operadora de sociedades de inversión. Incluso a dichas personas no se les exigía más que la autorización de la Comisión Nacional de Valores.[106]

El dictamen de la comisión concluyó por poner en evidencia que la iniciativa presidencial relativa a la ley de sociedades de

Héctor M. Perfecto Rodríguez, Héctor Ramírez Cuéllar, Eulalio Ramos Valladolid, Francisco Rodríguez Pérez, Pedro Salinas Guzmán, Alberto Santos de Hoyos, Dulce María Sauri Riancho, Amador Toca Cangas, Efraín Trujeque Martínez, Carlota Vargas Garza, Salvador Valencia Carmona, Raúl Vélez García y Haydée Eréndira Villalobos Rivera.

[103] *Op. cit.*, p. 156.

[104] *Diario de los debates de la Cámara de Diputados.* Dictamen de la Comisión de Hacienda y Crédito Público, 10 de diciembre de 1984, *op. cit.*, p. 49.

[105] *Op. cit.*, pp. 49-50.

[106] *Op. cit.*, p. 50.

inversión "moderniza las disposiciones jurídicas aplicables a las sociedades de inversión, convirtiéndolas en un instrumento vigoroso para descentralizar el mercado de valores, democratizar el capital y fomentar el ahorro interno".[107]

Pleno: debate

En el debate los representantes del PAN y del PSUM votaron en contra de las dos leyes, pero sus intervenciones obedecían a diferentes perspectivas.

Los diputados José Haddad Interian y Juan Millán Brito, del PAN, expusieron primero su divergencia respecto de la ley de sociedades de inversión y luego de la ley de instituciones de seguros. Criticaron su carácter estatista, argumentaron que se exhibía "el criterio prepotente y estatista que priva en la expedición de estas leyes". En especial dijeron no estar "de acuerdo en que esta facultad [de la Secretaría de Hacienda de conceder las concesiones] quede sujeta a la discrecionalidad de dicha Secretaría".[108]

Los diputados del PSUM, Encarnación Pérez Gaytán y Rolando Cordera, criticaron la tendencia marcadamente en favor de los propietarios de grandes recursos financieros. Argumentaron que ambas leyes favorecían al gran capital privado, porque la reprivatización de la banca significaba "regresarle dinero a los ex banqueros".[109]

[107] *Op. cit.*, p. 52.

[108] *Diario de los debates de la Cámara de Diputados*, LII Legislatura. Intervención del diputado José Haddad Interian en la sesión del 11 de diciembre de 1984, *op. cit.*, p. 55. La intervención del diputado Juan Millán Brito sobre el dictamen de la Ley de Instituciones de Seguro, en *op. cit.*, pp. 161-164.

[109] Intervención del diputado Rolando Cordera en la sesión del 11 de diciembre de 1984, *op. cit.*, pp. 175-176. Véase también la intervención del diputado Daniel Sánchez Pérez del PSUM, sobre la Ley de Seguros, en *op. cit.*, pp. 167-172. La intervención de la diputada Encarnación Pérez Gaytán en relación a la Ley de Sociedades de Inversión, en *op. cit.*, pp. 61-65.

También los diputados del PDM, Ignacio Vital Jáuregui y Enrique Alcántara Enríquez, objetaron las iniciativas y el dictamen de la ley de seguros y de sociedades de inversión. El argumento central del PDM fue que se sujetaba a un "régimen de concesión absurdo" a las instituciones de seguros,[110] y a la discrecionalidad de la "concesión del Estado" a las sociedades de inversión.[111]

El diputado Héctor Ramírez Cuéllar, del PPS, manifestó su desacuerdo con ambas leyes porque las instituciones de seguro "nos han despertado un particular rechazo porque se trata de una institución en que el sistema capitalista es típicamente parasitario e improductivo",[112] y porque las sociedades de inversión permitían el acceso del capital extranjero, que "aun en el caso de que sólo tuviera el 5% del capital, podría controlar una sociedad de inversión por la vía de la administración y por la vía de los servicios".[113]

Las intervenciones del partido de mayoría relativa, PRI, fueron cinco en favor de la iniciativa y del dictamen a la ley de seguros de la comisión. De las cinco intervenciones, dos diputados, Edmundo Martínez Zaleta y Ricardo Cavazos Galván, expusieron los motivos para reformar la norma anterior, sin dar nuevos argumentos. El diputado Edmundo Martínez Zaleta hizo presente que la reforma prohibía "el cruzamiento y piramidización de capitales entre los intermediarios financieros no bancarios", y evitaba que se "constituyeran grupos financieros que condicionaban a los usuarios en la contratación de sus servicios".[114] Las otras intervenciones, de los diputados José Luis Peñaloza,

[110] Intervención del diputado Ignacio Vital Jáuregui en la sesión del 11 de diciembre de 1984, *op. cit.*, p. 176.

[111] Intervención del diputado Enrique Alcántara Enríquez en la sesión del 11 de diciembre de 1984, *op. cit.*, pp. 68-69. Véase también la intervención del diputado David Orozco Romo (PDM), en *op. cit.*, pp. 182-189.

[112] Intervención del diputado Héctor Ramírez Cuéllar, *op. cit.*, p. 179.

[113] *Op. cit.*, pp. 72-73.

[114] Intervención del diputado Edmundo Martínez Zaleta, *op. cit.*, p. 167. La intervención del diputado Ricardo Cavazos Galván, *op. cit.*, pp. 172-175.

Sergio Lara Espinoza y Jorge Cañedo Vargas, fueron esencialmente réplicas al PAN, al PPS y al PDM.[115]

En el debate en torno a las sociedades de inversión intervinieron solamente tres diputados del PRI, quienes hablaron de las bondades de la iniciativa y del trabajo realizado por la comisión. La diputada Haydée Eréndira Villalobos Riva fue la primera en intervenir. Sostuvo, al igual que los diputados Álvaro Uribe Salas y Ricardo Cavazos Galván, que la Comisión de Hacienda y Crédito Público se integraba por diputados de la mayoría y de la minoría. Luego dijo: "consideramos que la ley de sociedades de inversión moderniza las disposiciones jurídicas que se han venido aplicando a las sociedades de inversión, convirtiéndolas en un instrumento más perfeccionado para descentralizar el mercado de valores, fomentar el ahorro interno y democratizar el capital".[116]

La votación, en lo general y en lo particular, de la Ley de Sociedades de Inversiones fue de 235 en favor. No se registró si hubo votos contrarios o abstenciones. Según los resultados anunciados por la prosecretaria de la Cámara, Angélica Paulín Posada, la ley de seguros se aprobó con 182 votos en favor y 63 en contra. La diputada María Teresa Ortuño Gurza (PAN) protestó al decir que "en estos cómputos, se infla la votación", y pidió que "se rectificara el cómputo" porque los votos en favor habían sido 146 y no 182, y los contrarios, 63. Los diputados del PAN, Roger Cicero Mackinney y Rodolfo Peña Farber apoyaron la protesta. El primero pidió que se diera cabida a la aclaración que solicitaba la diputada Ortuño Gurza. El segundo pidió, con base en el reglamento, que se pasara lista de asistencia para ver si había el quórum reglamentario.[117]

[115] Las intervenciones están en *op. cit.*, pp. 177-179; 183-187; 192-193.

[116] Intervención de la diputada Haydée Eréndira Villalobos Rivera en la sesión del 11 de diciembre de 1984, *op. cit.*, p. 58. Las intervenciones de Uribe Salas y Cavazos Galván, en *op. cit.*, pp. 69-71 y 73-76.

[117] Sobre práctica reglamentaria, véase *op. cit.*, pp. 193-196.

Senado: dictamen de las comisiones unidas

Las comisiones unidas Primera de Crédito, Moneda e Instituciones de Crédito, Segunda de Hacienda y de la Comisión de Seguros, al dictaminar la Ley General de Instituciones de Seguros, aprobaron la iniciativa y los cambios que introdujo la Cámara de Diputados.[118] Lo mismo hicieron las comisiones unidas Primera de Crédito, Moneda e Instituciones de Crédito, la Segunda de Hacienda y la Tercera Sección de Estudios Legislativos en lo relativo a la Ley de Sociedades de Inversión.[119]

La Ley General de Instituciones de Seguros, al pasar al Pleno de la Cámara de Senadores, no suscitó ningún debate, por lo que se procedió inmediatamente a su votación. Fue aprobada en lo general y en lo particular por 53 votos, el 11 de diciembre de 1984.

En el debate relativo a la ley de las sociedades de inversión hubo un orador inscrito, el senador Miguel Borge Martín, quien se limitó a hablar de las bondades de la ley en discusión.[120] La ley

[118] *Diario de los debates de la Cámara de Senadores*, LII Legislatura. Dictamen de las comisiones unidas 17 de diciembre de 1984, *op. cit.*, pp. 201-205. Los miembros de las comisiones unidas fueron, por la Primera Comisión de Crédito: Hugo B. Margáin, Raúl Caballero Escamilla, José Patrocinio González Blanco, José Ramírez Gamero, Ernesto Millán Escalante; por la Segunda Comisión de Crédito: Ernesto Millán Escalante, Raúl Salinas Lozano, Patrocinio González Blanco, José Ramírez Gamero; y por la Comisión de Seguros: Gonzalo Pastrana Castro, Heliodoro Hernández Loza, Hugo B. Margáin, María Hernández Posadas, Norberto Mora Plancarte.

[119] *Diario de los debates de la Cámara de Senadores*, LII Legislatura. Dictamen de las comisiones unidas, 17 de diciembre de 1984, *op. cit.*, pp. 83-86. Los miembros de las comisiones unidas fueron, por la Primera Comisión de Crédito, Moneda e Instituciones de Crédito: Hugo B. Margáin, Raúl Caballero Escamilla, José Patrocinio González Blanco, José Ramírez Gamero, Ernesto Millán Escalante; por la Segunda Comisión de Hacienda: Ernesto Millán Escalante, Raúl Salinas Lozano, José Patrocinio González Blanco, José Ramírez Gamero, Ángel Aceves Saucedo; y por la Tercera Sección de Estudios Legislativos: José Patrocinio González Blanco, Raúl Castellanos Jiménez, José Ramírez Gamero, Humberto Hernández Haddad.

[120] *Diario de los debates de la Cámara de Senadores*, LII Legislatura. Intervención del senador Miguel Borge Martín en la sesión del 19 de diciembre de 1984, *op. cit.*, pp. 89-91.

de sociedades de inversión se aprobó con 51 votos el 1º de diciembre de 1984. Ambas leyes se promulgaron el 14 de enero de 1985.

7. Las paraestatales: su reforma

Desde la óptica de la reforma administrativa expuesta en el Plan Nacional de Desarrollo, y con la finalidad de simplificar las prácticas administrativas, el Ejecutivo federal envió a la Cámara de Diputados una iniciativa de ley federal de entidades paraestatales, el 31 de marzo de 1986.

En términos administrativos, la iniciativa "pretende liberar el funcionamiento de las empresas paraestatales" [y dar] "mayores índices de confiabilidad a los servidores públicos que participan en su operación directa" [con el fin] de enaltecer su responsabilidad administrativa y política". Esta finalidad política y administrativa se conseguía, se afirmaba en la iniciativa, devolviendo "a los órganos de gobierno de las entidades públicas su plenitud de responsabilidades [y reforzando] la autonomía de gestión mediante mecanismos que permitan establecer metas guiando el desempeño de las entidades paraestatales en lo fundamental a través del control de sus resultados y a su evaluación permanente".[121]

La reorganización de las entidades paraestatales se basó en una redefinición 'amplia y categórica' de "las responsabilidades del director general, comprometiendo su cometido con los grandes objetivos nacionales" y, en especial, con el Plan Nacional de Desarrollo. Lo anterior no anulaba el control sobre las empresas, por el contrario, se proponía hacer de modo más claro y transparente la relación del gobierno federal. Se buscaba también que dicha relación, del gobierno con las entidades paraestatales, fuera armónica. Esto significaba su autonomía de gestión con "el necesario control del gobierno federal, quien formaba parte de los órganos de gobierno de las paraestatales.[122]

[121] Iniciativa del Ejecutivo federal, 31 de marzo de 1986, en *El marco legislativo..., op. cit.*, vol. 21, México, 1987, pp. 69-70.

[122] *Op. cit.*, p. 70.

El Ejecutivo federal sostenía que su iniciativa era "una respuesta jurídica, moderna y congruente con los principales problemas que enfrentan las entidades públicas de nuestro país" debido a "las excesivas normas jurídicas que las regulan" y "a la dispersión y multiplicación de instancia burocráticas".[123] Por ello, la nueva ley general establecía seis principios básicos. En primer lugar, los principios generales que ordenarían y regularían a las paraestatales bajo normas constitucionales relativas a la intervención económica del Estado. En segundo, se organizaba el funcionamiento de los organismos descentralizados; en tercero, se regulaban las empresas de participación estatal mayoritaria; en cuarto, se regularizaban las normas de operación de los fideicomisos públicos; en quinto, se establecía la relación entre las paraestatales y el Plan Nacional de Desarrollo, sus progresos sectoriales e institucionales; y, finalmente, en sexto, se especificaban los controles y vigilancia de las entidades paraestatales.[124]

[123] *Op. cit.*, p. 71.

[124] *Op. cit.*, pp. 71-76. La Comisión de Gobernación y Puntos Constitucionales (abril de 1986) se integró con: Eliseo Mendoza Berrueto, presidente; Santiago Oñate Laborde, secretario; Cuauhtémoc Amezcua Dromundo, Juan Antonio Araujo Urcelay, José Gonzalo Badillo, Antonio Brambila Meda, Francisco Berlín Valenzuela, Juan Moisés Calleja García, Juan José Castillo Mota, Heberto Castillo Martínez, Carlos E. Cantú Rosas, Juan de Dios Castro Lozano, Germán Corona del Rosal, José Luis Díaz Moll, Guillermo Fonseca Álvarez, Romeo Flores Caballero, Reyes Rodolfo Flores Zaragoza, Oswaldo García Criollo, Jesús González Schmall, Miguel Ángel Herrerías, David Jiménez González, Gabriel Jiménez Remus, Jorge Masso Masso, Juan Maldonado Pereda, Arnoldo Martínez Verdugo, Jorge Montúfar Araujo, Antonio Monsiváis Martínez, Melquiades Morales Flores, Alejandro Ontiveros Gómez, Luis Manuel Orcí Gándara, Fernando Ortiz Arana, Pablo José Pascual Moncayo, Pedro José Espinoza, Ma. Guadalupe Ponce Torres, Ignacio Ramos Espinoza, Heriberto Ramos Salas, Graco Ramírez Garrido Abreu, Nicolás Reynés Berezaluce, Demetrio Ruiz Malerva, Humberto Salgado Gómez, Píndaro Urióstegui Miranda, Diego Valadés Ríos, Sergio Valls Hernández, José Ángel Pescador Osuna.

Comisión: dictamen

La Comisión de Gobernación y Puntos Constitucionales dictaminó la iniciativa presidencial el 18 de abril de 1986.[125] Si bien la dictaminadora concordó con los objetivos generales enunciados, estimó conveniente modificar algunos preceptos, precisar artículos y ajustar la redacción de otros. Entre los cambios sustanciales vale la pena señalar la autonomía de gestión. La comisión sostuvo que la ley debía contemplar como objeto específico la eficacia de gestión. Dicha eficacia se reforzaba al eliminar el carácter temporal y condicionar su duración a una evaluación de "la naturaleza, dimensiones y funciones específicas de cada organismo para el cual se designaba al director". La comisión también propuso definir mejor los comités mixtos de productividad, más precisión y claridad de las atribuciones de los órganos de gobierno de las entidades paraestatales, precisar la "facultad de los directores generales para suscribir los contratos colectivos e individuales conforme a los que se regularán las relaciones laborales de la entidad con sus trabajadores", y las tareas de los comisarios públicos de las entidades paraestatales.[126]

Habló en favor del dictamen de la comisión el diputado Romeo Flores Caballero, del PRI, quien sostuvo que los cambios a la iniciativa presidencial eran el resultado de "un grupo de trabajo integrado por las diversas fracciones parlamentarias para estudiarla con mayor detenimiento". Además, dijo que la comisión "recibió verbal y por escrito las consideraciones de todas las fracciones parlamentarias".[127] El reconocimiento al trabajo en equipo interpartidario fue ratificado por otro diputado del PRI, Fernando Ortiz Arana, quien dijo que la comisión hizo "un trabajo serio y de profundo análisis de la iniciativa del Ejecutivo federal". Exaltó la labor del Congreso al decir que, "en conse-

[125] *Op. cit.*, pp. 115-116.

[126] *Op. cit.*, pp. 116-117.

[127] *Diario de los debates de la Cámara de Diputados*, LIII Legislatura. Intervención del diputado Romeo Flores Caballero en la sesión del 18 de abril de 1985, *op. cit.*, p. 126.

cuencia, no me parece válido sostener que las iniciativas tal y como se reciben, las presentan las comisiones como proyecto de ley o decreto ante esta tribuna y ante este Pleno de la Cámara de Diputados".[128]

Pleno: debate y votación

En el curso de la LIII Legislatura, el debate en torno a un proyecto de ley que volvía a comisión por enmienda tendió a repetirse con mucha frecuencia. La tarea se dividía en dos partes: la primera, de contenido político-ideológico, coincidía con la discusión en lo general; y, la segunda, de contenido político-técnico, con la discusión en lo particular, donde se abordaban los diversos artículos, y si no se resolvían, se dejaban para examen por el Pleno. Como eran los más controvertidos se enviaban a Pleno con la idea de obtener en aula la respuesta, ante la imposibilidad de lograrla en comisión. Una vez debatido por el Pleno, volvía para dictamen final a comisión, pero habiéndose avanzado en la discusión.

Por lo que respecta a las intervenciones generales, apoyaron el proyecto de ley federal de entidades paraestatales las fracciones parlamentarias del PRI y PARM. Se opusieron las fracciones del PAN, PDM, PST, PPS, PRT, PMT y PSUM. Conforme al reglamento interno del Congreso, debían alternarse en la tribuna un diputado en favor y otro en contra, con igual número de intervenciones. Pero no sucedió así. En favor del proyecto de ley hablaron PRI (14) y PARM (1); en total 15.[129] En contra del proyecto de ley hablaron PAN (6), PDM (1), PST (3), PPS (2), PRT (2), PMT (4) y PSUM (2); en total: 19.[130] Dicho de otra manera, el número de intervenciones de la

[128] Intervención del diputado Fernando Ortiz Arana, *op. cit.*, p. 132.

[129] En favor del proyecto de ley hablaron los diputados del PRI: Romeo Flores Caballero, Fernando Ortiz Arana, Rodolfo Menéndez Menéndez, José Ángel Pescador Osuna, Luis Donaldo Colosio, Gonzalo Badillo Ortiz, Eliseo Rodríguez Ramírez, Santiago Oñate Laborde, Sócrates Rizzo García, Píndaro Urióstegui y César Augusto Santiago; y, por el PARM, Carlos Cantú Rosas.

[130] En contra hablaron por el PAN: Jesús González Schmall, Germán Tena

mayoría parlamentaria fue proporcionalmente menor al número de intervenciones de los partidos minoritarios.

Los partidos que votaron en contra del proyecto de ley lo hicieron por distintos motivos político-ideológicos. Los diputados panistas sostuvieron que las paraestatales "atentan contra el bien común; propician la anarquía y el despilfarro" y, de mantenerse con vida, "deben ser subsidiarias sustitutivas de los particulares y de la sociedad, así como de la actividad económica".[131] Los argumentos expuestos por el PAN denunciaban que las paraestatales no aumentaban su eficiencia económica mas en cambio sí incrementaban la deuda pública y la parentela administrativa.[132] De allí que pidieran que en la ley se especificara lo que debía entenderse por áreas prioritarias según consta en la Constitución.[133]

El PDM[134] y el PST se opusieron a la ley por el raquítico peso que se asignaba a los trabajadores. Su argumento fue que la reconstrucción de un sector público de la economía debía hacerse en "alianza con los trabajadores" y "sin lesionar sus intereses".[135]

La posición más contundente y radical en contra del proyecto de ley la sostuvo el PSUM. Su vocero dijo que "la nueva doctrina de la economía mixta", por el hecho de permitir que el sector público, social y privado se desarrollen en asociación o colabo-

Orozco, Federico Ling Altamirano, Juan de Dios Castro Lozano, Eugenio Ortiz Gallegos y Jesús Galván Muñoz; por el PDM, Antonio Monsiváis Ramírez; por el PST, Graco Ramírez Garrido, Jorge Amador Amador y Miguel Álvaro Raya; por el PPS, Martín Tavira Urióstegui y Hildebrando Gaytán Márquez; por el PRT, Ricardo Andrés Pascoe Pierce y Pedro Peñaloza; por el PMT, Eduardo Valle Espinoza, José Luis Díaz Moll, Alejandro Gazcón Mercado y Heberto Castillo; y, por el PSUM, Leopoldo Arturo Whaley Martínez y Pablo Pascual Moncayo.

[131] Intervención del diputado Germán Tena Orozco en la sesión del 18 de abril de 1985, *op. cit.*, pp. 165-169.

[132] Intervención del diputado Federico Ling Altamirano, *op. cit.*, pp. 186-189.

[133] Intervención del diputado Juan de Dios Castro Carmona, *op. cit.*, pp. 221-226.

[134] Intervención del diputado Antonio Monsiváis Ramírez, *op. cit.*, pp. 149-154.

[135] Intervención del diputado Graco Ramírez Garrido, *op. cit.*, pp. 134-140 y 206-211.

ración, acabaría por destruir los fundamentos de la economía nacional existente.[136]

Las críticas generales concentraron su ataque en el excesivo poder que —por medio de las paraestatales— se daba al presidente de la República. Se dijo que éste se convertiría en el "dueño de las empresas paraestatales" y acabaría así por minar las facultades del Poder Legislativo.[137] El PRT subrayó que la reorganización de las paraestatales era el resultado de la presión empresarial, quienes deseaban "subordinar recursos estatales, capitales estatales, a los caprichos del capital privado".[138] De allí que el PMT pidiera mayor control sobre las paraestatales por parte del Congreso de la Unión, mediante su Contaduría Mayor de Hacienda,[139] y a través de una mayor participación de los obreros.[140]

Concluida la discusión en lo general y en lo particular, se pasó a la votación. El proyecto se aprobó con 230 votos en favor, 60 en contra y 8 abstenciones. Quedaron pendientes de discusión en lo particular 21 fracciones del artículo.

En el momento de iniciar la discusión del conjunto de reformas y adiciones a los artículos 8, 24, 41 y 58, fracciones XIV y XVII, el PAN hizo uso de la palabra, a través del diputado Pablo Álvarez Padilla, para objetar lo siguiente: en el artículo 8 de la ley de paraestatales se notaba un precario control del gobierno sobre la operación y la evaluación de la actividad de esas empresas. Se hizo notar que en el artículo 41, la Secretaría de Hacienda y Crédito Público parecía actuar con total autonomía de la Presidencia, y que en el artículo 58, fracción XIV, debía añadirse que: "en todas las ventas, arriendos y otros contratos similares las paraestatales debían actuar con sujeción a las disposiciones legales relativas". Lo mismo debía contemplarse en el artículo 58,

[136] Intervención del diputado Leopoldo Arturo Whaley, *op. cit.*, pp. 155-161.

[137] Intervención del diputado Eduardo Valle Espinoza, *op. cit.*, pp. 169-176.

[138] Intervención del diputado Ricardo Andrés Pascoe Pierce, *op. cit.*, pp. 190-195.

[139] Intervención del diputado José Luis Díaz Moll, *op. cit.*, pp. 202-204.

[140] Intervención del diputado Heberto Castillo, *op. cit.*, pp. 235-240 y 270-271.

CUADRO IV.2. *Propuestas de la oposición sobre los organismos descentralizados*

Partido	*Argumento*	*Votación*
PAN	Limitar los organismos a áreas prioritarias.	Desechada
PAN	Mayor precisión en funciones y atribuciones de los organismos descentralizados.	Desechada
PAN	Mas instrumentos de control sobre los comisarios de los organismos.	Desechada
PSUM, PARM, PST	Mayor control del Congreso sobre los organismos.	Desechada
PSUM	"Clara ideología nacionalista" y aceptación de miembros de sindicatos como funcionarios de alto cargo.	Desechada
PST, PPS, PARM	Mayor profesionalismo en la Junta de Gobierno de las paraestatales.	Desechada
PPS	Control del Congreso sobre fusión o disolución de paraestatales.	Desechada

fracción XVII, en relación con los donativos o pagos extraordinarios que hicieran las paraestatales.[141] Las objeciones y reformas que introdujo el PAN fueron apoyadas por el PRI, por conducto del diputado Fernando Ortiz Arana.[142] Incluso hubo una propuesta del PRI que también se aceptó: el diputado Antonio Ruiz Morales propuso modificar el mecanismo mediante el cual se fijaban los objetivos y metas de la programación de la paraestatal.[143]

Si bien todas las otras reformas y adiciones se rechazaron, vale la pena valorarlas, porque nos pueden dar una idea de las opiniones prevalecientes entre los partidos políticos de oposición.

[141] Intervención del diputado Pablo Álvarez Padilla, *op. cit.*, pp. 290-292.
[142] Intervención del diputado Fernando Ortiz Arana, *op. cit.*, pp. 292-296.
[143] Intervención del diputado Antonio Ruiz Morales, *op. cit.*, p. 309.

Senado

En el Senado las comisiones unidas de Gobernación, Puntos Constitucionales y Tercera Sección de Estudios Legislativos dictaminaron en favor del proyecto de ley de paraestatales que les envió la Cámara de Diputados.[144] Intervinieron los senadores Ángel Aceves Saucedo y Norma Elizabeth Cuevas Melken, y posteriormente se pasó a la votación. La ley federal de entidades paraestatales se aprobó por 50 votos,[145] y se promulgó el 14 de mayo de 1986.

8. Conclusiones: institucionalización financiera, la otra cara del Programa de Estabilización

Hemos detallado cómo se fundó el nuevo sistema financiero mexicano en menos de cuatro años (1982-1986) y cómo se liberalizó y creó una intermediación atenta al nuevo mercado de valores. El conjunto de reformas tenía una meta: impulsar el crecimiento de las transacciones financieras, tanto internas como internacionales.

Este proceso se dio, como también hemos visto, con la participación del Congreso, o sea de los representantes del partido mayoritario y de los de la oposición. De una manera u otra colaboraron, sin renunciar a sus posiciones, al nacimiento de un

[144] *Diario de los debates de la Cámara de Senadores*, LIII Legislatura. Dictamen de las comisiones unidas Primera de Gobernación, de Puntos Constitucionales y Tercera Sección de la de Estudios Legislativos, 24 de abril de 1986, en *op. cit.*, pp. 361-366. La Primera Comisión de Gobernación estaba integrada por los senadores: Antonio Riva Palacio López, Salvador J. Neme Castillo, Alejandro Sobarzo Loaiza, Socorro Díaz Palacios, Gonzalo Martínez Corbalá, José Ramírez Gamero. Comisión de Puntos Constitucionales: Antonio Martínez Báez, Roberto Casilla Hernández, Fernando Mendoza Contreras, Manuel Villafuerte Mijangos, Salvador J. Neme Castillo. Tercera Sección de la de Estudios Legislativos: Alejandro Sobarzo Loaiza, Raúl Castellano Jiménez, Víctor Manzanilla Schaffer, José Patrocinio González Blanco Garrido, Heliodoro Hernández Loza.

[145] Las intervenciones de los senadores Aceves Saucedo y Cuevas Melken están en *op. cit.*, pp. 371-378 y 378-381.

nuevo sistema financiero, acorde con el sistema económico mundial.

Indudablemente nuestro análisis presenta una de las caras o aspectos menos visibles, la que los economistas y financieros acostumbran llamar "ajuste macroeconómico". El "ajuste" en México, por ser el resultado de una profunda reforma institucional, impulsó la corriente llamada ortodoxa; a diferencia de lo que ocurrió en otras economías importantes de América Latina. Es decir, la llamada corriente "ortodoxa" es la que se basa en la disciplina monetaria y fiscal indispensable para crear las condiciones para un crecimiento con estabilidad de precios. En economías frágiles como la mexicana, reforzar la lucha contra la inflación —principal escollo de los "ajustes macroeconómicos"— requiere introducir dos variables de carácter institucional: una que redefina las "reglas del juego" del sistema financiero, y otra que se sustente en la concertación social. Esta última variable institucional se conoce en México como el "Pacto de Solidaridad Económica", que se inicia en diciembre de 1987 para concluir su primera fase en diciembre de 1988. Es decir, una vez que se definió el nuevo sistema financiero cuyas "reglas del juego" serían el fundamento de la estabilización económica.[146]

Los análisis con los que contamos acerca del proceso de estabilización no reflejan la labor del Congreso en dicho programa. Nuestro problema es detectar cuáles variables económicas intervienen en el programa de estabilización del gobierno y los cambios que introducen a nivel de la normativa del sistema financiero. Se trata, como se comprende, de un punto importante para el análisis de la actividad del Congreso en el ajuste económico del decenio de 1980.

[146] El mejor estudio acerca de la estabilización es el de Pedro Aspe Armella, "Ajuste macro-económico y concertación social. El programa de estabilización en México (1983-1991)", en *El camino mexicano...*, *op. cit.*, pp. 13-61. De gran interés es Lustig, *op. cit.*, pp. 50-86, que nos presenta el llamado "ajuste" como el análisis de un proceso. También es muy original el examen de los planes de ajuste de Cárdenas, *La política económica*, *op. cit.*, pp. 118-141.

A título de hipótesis, podemos razonar en los siguientes términos:

a) verificar el desempeño del sector servicios financieros podría ayudarnos a comprender el papel de las reformas legislativas;
b) el análisis de los agregados monetarios podría enseñarnos algo acerca del nuevo papel del Banco de México;
c) la evolución del mercado de valores podría arrojar luz en torno a la influencia de la bolsa mexicana en el mercado, producto de la nueva ley.
d) De modo semejante, y siempre dentro de las hipótesis, podría pensarse que la reforma de las entidades paraestatales permite comprender el mal llamado "proceso de privatización".

Repetimos, es claro que estas consideraciones son en buena medida especulativas.

A nuestro entender, las reformas institucionales influyeron directa o indirectamente el programa de estabilización. Respecto a la primera, la influencia directa, cabe señalar los agregados monetarios, el crédito, las transacciones bursátiles y las privatizaciones. La influencia indirecta —no se puede medir directamente al intervenir otras variables— se encuentran la inflación, el empleo y las finanzas públicas.

Por lo que atañe a los efectos directos se puede decir que la nueva ley bancaria contribuyó a modificar los agregados monetarios.

De los datos del cuadro IV.3 se deduce que a mayor autonomía del Banco de México menor posibilidad de que el gobierno recurra al crédito con facilidad. Al mismo tiempo, y en conjunción con las otras reformas financieras, observamos que se contrajo la base monetaria, se desaceleró su crecimiento con el consiguiente freno a la inflación. Al analizar las reformas en su conjunto, notamos también que propiciaron el crecimiento de los instrumentos bancarios y financieros con plazo de vencimiento

CUADRO IV.3. *Agregados monetarios, 1980-1989*

	Base monetaria (porcentaje Δ)	*M1 (porcentaje Δ)*	*M2 (porcentaje Δ)*	*M3 (porcentaje Δ)*	*M4*[a] *(porcentaje Δ)*	*Profundización M4 (porcentaje del* PIB*)*	*Crédito neto del Banco de México al Gobierno (porcentaje del* PIB*)*
1980	8.6	2.8	10.9	12.2	10.7	31.3	6.0
1	12.7	3.6	18.9	19.4	15.3	33.9	5.9
2	–4.3	–22.5	–13.9	–10.2	–11.6	37.2	17.5
3	–12.5	–21.8	6.9	–10.7	–7.6	34.1	11.3
4	–2.7	2.0	–10.6	7.0	7.1	35.3	8.8
5	–27.8	–6.1	–5.5	–10.4	–7.2	33.3	9.9
6	–27.8	–16.4	–7.0	–2.7	0.5	41.2	13.6
7	–33.3	–11.4	–6.2	0.1	0.1	43.7	11.3
8	–7.3	4.2	19.4	9.1	4.8	34.4	6.1
9	–7.6	17.5	12.5	24.9	26.0	39.9	1.0

FUENTE: Para las primeras cinco columnas, Banco de México, *The Mexican Economy 1983*; y para la última, Aspe, *El camino..., op. cit.*, p. 69.

[a] Agregado monetario que incluye obligaciones a plazo.

Δ: Tasa de crecimiento.

CUADRO IV.4. *Bolsa de Valores, 1980-1989. Transacciones*

(Millones de nuevos pesos)

	Índice[a]	*Total*	*Acciones*	*Obligaciones*	
				A corto plazo	*A largo plazo*
1980	1.43	482	75	382	26
1982	0.67	2 315	44	2 157	114
1983	2.45	6 159	135	5 807	219
1984	4.03	15 631	371	14 313	948
1985	11.19	25 520	1 130	23 378	1 012
1986	47.10	75 796	3 700	68 884	3 212
1987	105.67	307 884	23 024	279 138	5 723
1988	211.53	965 588	17 545	938 205	9 838
1989	418.93	1 170 227	35 778	1 125 387	9 065

FUENTE: Banco de México, *The Mexican Economy 1993.*

[a] Fin del periodo.

superior al año. Un índice de esto se percibe en la evolución de la Bolsa de Valores.

Las reformas financieras indujeron la transformación y al mismo tiempo un rápido crecimiento del mercado mexicano de valores, muy superior a lo esperado o deseado. El naciente mercado de valores favoreció fenómenos de *free ride*, comportamientos especulativos, intermediarios financieros de escasos escrúpulos, que en conjunto provocaron fuertes oscilaciones en los precios y caídas bruscas. Con todas sus imperfecciones, los cambios permitieron construir una nueva realidad, en la que, por ejemplo, los certificados de aportación patrimonial "B" de los bancos fueron una medida esencial para atraer inversión extranjera, sin afectar la administración de las empresas nacionales.[147]

Si bien se puede argumentar que las reformas tuvieron efectos positivos sobre la moneda, el crédito y el mercado de valores, en el momento actual carecemos de estudios que midan la relación entre reformas y desempeño financiero. En cambio, el viraje en la política económica del Estado, mediante la privatización de empresas paraestatales, se puede valorar por la capacidad del gobierno de concentrar su acción en otras ramas económicas. La nueva vocación del Estado, que vulgarmente se ha denominado "privatización", no toma en cuenta que se trata de asignar los recursos y actividad del Estado hacia nuevas actividades sociales y económicas.

Notamos que en el mal llamado proceso de privatización se establece un estrecho vínculo entre reforma económica y desempeño económico. El proceso se funda en las reformas constitucionales que definieron la economía mixta como privada, pública y social. Reformas que perfilaron la rectoría de Estado al distinguir entre áreas estratégicas y prioritarias y definieron un sistema nacional de planeación mediante los planes nacionales de desarrollo. La distinción entre áreas estratégicas y prioritarias nos ayuda a entender la primera fase del proceso de "privatización" (1982-1988). La velocidad del proceso de reforma de las

[147] Información "off the records" de funcionarios de Nacional Financiera, en 1993.

paraestatales de 1986 fue resultado de la crisis por la brusca caída del precio del petróleo en el mercado internacional.

La reforma institucional que aprobó el Congreso a iniciativa de ley del Ejecutivo no preveía, como ya vimos, ningún control por parte del Congreso o de su Contaduría Mayor de Hacienda. Es decir, la privatización se llevaría a cabo por las secretarías del gobierno. La modalidad sería que la Secretaría de Programación y Presupuesto manejaría los presupuestos de las paraestatales sujetas a desincorporación; la Secretaría de Hacienda y Crédito Público intervendría en las cuestiones relacionadas con el crédito; la Secretaría del Trabajo en las relaciones laborales, y la Secretaría cabeza de sector en la política a seguir. Correspondía a la comisión Intersecretarial de Gasto y Financiamiento aprobar cuáles empresas podían o debían ser desincorporadas. Esta última enviaba a la Secretaría de Programación y Presupuesto su parecer para que, a su vez, la remitiera a la Presidencia de la República. Si ésta lo aprobaba, se remitía a la Secretaría de Hacienda y Crédito Público para que seleccionara el banco que se encargaría de vender la empresa por desincorporar.[148]

Con base en datos de la Secretaría de la Contraloría General de la Federación, sobre un total de 722 empresas desincorporadas entre 1982 y 1988, sólo 246 (34%) fueron vendidas o transferidas, mientras las otras 476 fueron liquidadas, extinguidas o fusionadas. De este dato se deduce que el patrimonio de la Federación —inerte, ocioso y parasitario— era enorme. Es, sin duda el mejor índice de comprobación de que las reformas económicas del periodo 1982-1988 fueron no sólo eficaces, sino necesarias.[149] Otro elemento que nos indica el efecto positivo de la reforma es una muestra de 23 empresas privatizadas. Esa privatización alentó la inversión, que aumentó en 113.8 millones de dólares, y, aunque se redujo el empleo en esas industrias, los sueldos y salarios se incrementaron en casi todas.[150] Era de espe-

[148] Juan Ricardo Pérez Escamilla, "Los inicios de la privatización en México: 1982-1988", en Bazdresch *et al.* (comp.), *México...*, *op. cit.*, vol. 3, pp. 292-301.

[149] *Op. cit.*, pp. 288-289.

[150] *Op. cit.*, pp. 304-311.

rarse que los recursos estatales que quedaran libres generaran nueva ocupación.

De los resultados económicos de la desincorporación destaca que, de las empresas vendidas, 85% fueron al sector privado, y 15% (17 empresas) fueron compradas por el nuevo sector social; y de las empresas vendidas al sector privado, 90% de éstas (81 empresas) fueron adquiridas por empresarios mexicanos. También sabemos que la diferencia entre el valor nominal y el valor de venta de las empresas desincorporadas fue de 407.8 mil millones de pesos, y que el valor neto, obtenido por el Estado, entre 1982-1988, de la venta de las empresas, fue de 394.4 millones de dólares.[151]

Hasta ahora hemos hecho notar los efectos económicos de las reformas estudiadas. Éstas también tuvieron repercusiones políticas e institucionales importantes. Si bien no es objeto de este trabajo estudiarlas, en el capítulo I ya hicimos referencia a cómo, en el curso de las legislaturas del periodo 1982-1988, ocurrieron importantes cambios en la composición de la Cámara de Diputados, y, por tanto, en las prácticas parlamentarias. Los cambios los ubicamos en el peso que adquiere el trabajo en comisión y en las sesiones bicamerales abiertas, que permitieron recoger un mayor número de opiniones de los legisladores. También observamos que con mayor frecuencia se buscó el dictamen de consenso, lo que comenzó por crear un cierto balance frente a la aplastante presencia de los diputados del partido de mayoría. Esta voluntad de escuchar la opinión de la oposición fue importante en la definición del dictamen, porque introdujo cambios e incluso permitió que afloraran las divergencias de fracciones del PRI, respecto a las iniciativas del Ejecutivo. Un ejemplo de esta nueva praxis ocurrió con la discusión de ley de paraestatales, que ya narramos, momento en el que se reunieron 21 grupos de

[151] Rolando Cordera y José Ayala, "Estado y privatización: una aproximación a la experiencia mexicana", en Bazdresch *et al.* (comps.), *México..., op. cit.*, vol. 3, pp. 241-279. Véase también Carlos Bazdresch y Víctor L. Urquidi, *Privatización: alcances e implicaciones*, México, Centro de Investigación y Docencia Económica, Documentos de Trabajo, 1990.

trabajo más amplios para escuchar otras opiniones y expresar en conjunto un parecer distinto al del Ejecutivo.

El creciente peso de las comisiones nos da una idea de otro aspecto de esta praxis consensual, que no sólo fue del PRI, sino también de la Presidencia. El Ejecutivo alentó la discusión, instruyó a las secretarías económicas para que sus miembros ofrecieran mayor información a la comisión y enviaran altos funcionarios a esclarecer puntos y ofrecer explicaciones. Fue durante las LII y LIII legislaturas cuando se consolidó la forma conocida con el nombre de "comparecencia", con la que se continuaría en las legislaturas subsecuentes.

Si bien es cierto que en las discusiones en Pleno, los diputados de todos los partidos, al fijar su posición exponen con gran rigidez su ideología y teoría, en el trabajo en comisión muestran capacidad y voluntad de conjugar teoría y praxis. La disposición al diálogo en comisión de la oposición influyó para que los representantes del PRI expresaran su inconformidad al sumarse a las críticas de las otras fracciones cuando el Poder Ejecutivo no tomaba en cuenta sus opiniones. También destacamos en el curso del análisis cómo la oposición de los senadores del PRI a los cambios de la Reforma Agraria obligó a la Presidencia a aceptar modificaciones. Menos espectacular, pero no irrelevante, fue el tema de la reforma bancaria en 1984. En la discusión conexa a Banrural y a la Ley de Sociedades de Inversión, la reticencia de los diputados del PRI a aceptar la iniciativa del Poder Ejecutivo alentó a los diputados de oposición a introducir cambios, que acabaron por ser apoyados por los representantes del partido de mayoría.

Las variantes que percibimos en los trabajos parlamentarios y en la relación entre el Congreso y la Presidencia, por sutiles que sean, reflejan algo extremadamente importante: la difusión de "reglas del juego" más flexibles, menos autoritarias, precisamente en los tres lustros, entre 1982-1997, cuando pudieron prosperar las condiciones para una apertura política significativa.

V. LAS REFORMAS FINANCIERAS: DESARROLLO

EL ANÁLISIS de los planes de desarrollo 1989-1994 y 1995-2000 nos permitió destacar criterios sustantivos de la política económica del gobierno. La modernización financiera y la deuda exterior se configuran como los puntos nodales de la estrategia económica gubernamental.

El proceso de liberalización y modernización del sistema financiero mexicano continúa a lo largo del decenio. Los aspectos que abordamos en el capítulo previo se apuntalan mejor en éste. Los nexos entre unos y otros se ubican en la desregulación operativa, es decir, en la liberación de las tasas de interés pasivas del sistema bancario, las que pagan los bancos a los depositantes al eliminar la canalización obligatoria de recursos, o sea el financiamiento forzoso de los pasivos del sector gobierno. Por último sustituyen el encaje legal por el coeficiente de liquidez. Coeficiente que toda institución bancaria debía "mantener como reserva de liquidez de por lo menos 30% de su captación, la cual podía integrarse por valores gubernamentales y/o efectivo en caja y/o depósitos a la vista en el Banco de México".[1] Posteriormente también se eliminó este último.

A pesar de los rasgos de continuidad con el decenio previo, de 1980, las reformas de la década de 1990 se centran en el incremento del ahorro y de la inversión debido a la brusca caída, en los años ochenta, de los coeficientes de ahorro y, en especial, de los de inversión. ¡Se busca con obstinación elevar los dos rubros en una década![2] Lo reiterativo de ambos objetivos se ex-

[1] Guillermo Ortiz Martínez, *La reforma financiera y la desincorporación bancaria*, Fondo de Cultura Económica, México, 1994, pp. 41-55. La cita proviene de la p. 52.

[2] Para una excelente síntesis de los problemas del ahorro y de la inversión,

plica por los cambios que resultan de la globalización económica y el peso creciente, desde fines de los años ochenta, de la inversión fija y del nivel de ahorro. Más aún, es ya evidente que se procura maximizar el nivel de ahorro, no sólo con contratos económicos atractivos, sino también con un encuadramiento institucional adecuado. Las políticas económicas contribuyen a incrementar el financiamiento interno —no inflacionario— y favorecen que los mercados monetarios y de bienes asignen de modo eficiente sus recursos. El desarrollo de las instituciones se concibió para fortalecer y mayor eficacia de los sistemas financieros, mejorar la captación, intermediación y asignación de recursos. Resulta así que al Estado se le asignaba una nueva función: la de supervisar y regular estos recursos, razón por la cual dedicamos este capítulo a este aspecto.

1. Desregulación y simplificación de la intermediación financiera

Hacia el término del año de 1989 el Poder Ejecutivo envió al Congreso un conjunto de iniciativas relacionadas con el sistema financiero, con el fin de generar un nuevo marco jurídico. Se trataba de reformas a distintas leyes, en especial la reglamentaria del servicio público de banca y crédito; la general de instituciones de seguros; la federal de instituciones de fianzas; la general de organizaciones y actividades auxiliares del crédito; la del mercado de valores y general de sociedades de inversión. El conjunto de iniciativas lo recibió la Cámara de Diputados el 14 de noviembre de 1989. El secretario de Hacienda, Pedro Aspe, presentó dicho paquete en su comparecencia del 21 de noviembre, y el secretario de Programación y Presupuesto, Ernesto Zedillo Ponce de León, hizo lo propio el 23 de noviembre.[3] La Co-

véase CEPAL, *América Latina y el Caribe. Quince años después. De la década perdida a la transformación económica*, Fondo de Cultura Económica, México, 1996, páginas 69-98.

[3] *Diario de los debates de la Cámara de Diputados*, LIV Legislatura. Sesión del 16 de noviembre, diario 19.

misión de Hacienda y Crédito Público examinó el conjunto de iniciativas entre el 21 de noviembre y el 4 de diciembre, fecha en que dictaminaron en favor los 36 miembros de la comisión. Luego de la primera lectura en Pleno, la votación de la Cámara fue el 5 de diciembre, y se envió, en el curso del mismo mes, al Senado.

Una de estas reformas, la Ley Reglamentaria del Servicio Público de Banca y Crédito, fue efímera, pues duró pocos meses.[4] Sin embargo, fue relevante si se vincula con lo dicho acerca de la sustitución del encaje legal por el coeficiente de liquidez. Es decir, el porcentaje de la captación bancaria que obligatoriamente permanecía en el Banco de México, así como la liberación de las tasas de interés activas y pasivas. Ambos aspectos "exigían un proceso de desregulación administrativa para dar cabida a que las instituciones de banca múltiple contaran con una mayor capacidad de respuesta a las condiciones cambiantes del mercado financiero para competir eficazmente".[5]

La iniciativa presidencial de noviembre de 1989 enfocaba a su vez un problema clave: ampliar las facultades de los consejos directivos en la toma de decisiones atribuyéndoles la facultad de designar y remover al director general. Se eliminaba la vieja atribución del presidente de la República que ejercía desde la nacionalización bancaria a través de la Secretaría de Programación y Presupuesto. Al mismo tiempo, se reforzaba el capital de las instituciones mediante la inversión extranjera "neutra", es decir, la que no participa en la administración de la sociedad emisora bancaria. Para ello, se crearon los certificados de aportación patrimonial "C". De esta manera se modificó la estructura financiera de las sociedades nacionales de crédito sin necesidad de alterar la estructura del capital ordinario. En su serie "A", se seguiría representando 66% del capital ordinario suscrito por el gobierno federal, y en su serie "B" el 34% restante, con la posibilidad de ser suscrito por particulares. La nueva serie "C" representaría el capital adicional de la sociedad. De modo similar,

[4] Ortiz, *La reforma financiera...*, *op. cit.*, p. 58.

[5] Archivo Congreso de la Unión, caja 0025, exp. 00152.

para la serie "B" se elevó el nivel máximo de participación de 1 a 5%. Finalmente, se propusieron medidas para ampliar la supervisión y control de la Comisión Nacional Bancaria.[6]

Comisión: dictamen

La iniciativa se dictaminó por la Comisión de Hacienda y Crédito Público el 4 de diciembre de 1989, donde, al parecer, sólo fue suscrita por los diputados del PRI, con la abstención de 20 diputados de la oposición —que no firmaron el dictamen— y un voto contrario.[7] En el debate en lo general del Pleno, el diputado Noé Aguilar Tinajero (PAN) presentó una *moción suspensiva* en nombre de su partido con el fin de posponer la discusión de todas las iniciativas del paquete financiero. Expuso la imposibilidad de "analizar un paquete de importantes iniciativas contenidas en más de 370 páginas en solamente 20 días, donde además hemos tenido que examinar varias otras, también de mucha importancia". Afirmó que su protesta no tenía que ver con el espíritu que animaba las iniciativas, donde reconocían "conceptos positivos" y puntos a enmendar. Al contrario, dijo que, por su importancia, el PAN proponía que se remitiera su discusión al próximo periodo de sesiones ordinarias del mes de abril de 1990.[8]

En nombre del PRI, el diputado Napoleón Cantú impugnó la moción. Motivó su exposición en que la Comisión de Hacienda

[6] *Diario de los debates de la Cámara de Diputados*, LIV Legislatura. Iniciativa del Poder Ejecutivo, 16 de noviembre de 1989, diario 9, pp. 111 ss.

[7] *Diario de los debates de la Cámara de Diputados*, LIV Legislatura. Dictamen de la Comisión de Hacienda y Crédito Público, 4 de diciembre de 1989, diario 14, pp. 16-28. Archivo Congreso de la Unión, caja 00217, exp. 00161.

[8] *Diario de los debates de la Cámara de Diputados*, LIV Legislatura. Sesión del 7 de diciembre de 1989, pp. 59-60. Véase Cámara de Diputados, *Reglamento para el gobierno interior del Congreso General de los Estados Unidos Mexicanos*, México, H. Cámara de Diputados, LIV Legislatura, junio 1990. Artículos 109 y 110. La discusión en Pleno sólo puede ser suspendida porque: *a)* concluye la hora señalada de la sesión; *b)* porque la Cámara decida dar preferencia a un asunto grave; *c)* por falta de *quórum*, o *d)* por moción suspensiva. Basta que uno o algunos miembros de la Cámara la sustente, se acepte discutir y se apruebe por votación de la mayoría.

y Crédito Público, luego de haber recibido la iniciativa, "creó cuatro subcomisiones de trabajo, dividiendo así entre ellas las seis iniciativas que se recibieron el 15 de noviembre; en cada una de ellas se nombraron subcoordinadores y se pidió a todos los grupos parlamentarios que a su vez nombraran a quienes los representaran en cada una de esas subcomisiones".[9] En consecuencia, la iniciativa sí había sido valorada adecuadamente por los distintos grupos, por lo que solicitó y se aceptó que se desechara la moción.

Pleno: debate, escisión y rectificación

El dictamen de la Comisión de Hacienda y Crédito Público se aprobó por 212 votos en favor, 155 en contra y 133 abstenciones.[10] La señal fue clara: existía una profunda división entre mayoría y oposición. De los 500 diputados, 42.4% votó en favor, incluso vale la pena notar que de los 260 diputados del PRI, no votaron 48 legisladores, y respecto de los diputados de oposición, éstos votaron en contra, o se abstuvieron, 101 por el PAN, y 139 por el FDN. La fisura reflejaba un sostén precario de las reformas. La Comisión de Hacienda y Crédito Público, preocupada, de inmediato inició consultas con los otros grupos políticos, en un intento por reconciliar intereses. Algo se logró, pues el diputado David Gómez Reyes, en nombre de la Comisión, informó "que habiendo recibido de diversos grupos parlamentarios las siguientes proposiciones, las hacía suyas". Los cambios o enmiendas al dictamen fueron: limitar la participación de los extranjeros en el capital adicional —es decir, de la nueva serie "C"—, de modo que "no podrá rebasar en ningún momento el 34% del capital adicional pagado". Al mismo tiempo, se introdujo al artículo 97 una cláusula para aumentar el control de la Comisión Nacional Bancaria y de la Secretaría de la Contraloría General de la Fede-

[9] *Op. cit.*, p. 61.

[10] El total de los diputados era de 500: PRI 260, PAN 101 y el FDN 139.

ración sobre la actividad de los miembros del Consejo Directivo de las Sociedades Nacionales de Crédito.[11]

La adenda al dictamen de la Comisión de Hacienda esclarece el por qué, en el debate general de esta ley, la oposición de los partidos de izquierda se concentró en proteger el capital nacional de manera que el capital extranjero no pudiera penetrar en las sociedades nacionales de crédito. La defensa del capital nacional en lo relativo a la no apertura a capital extranjero la hicieron los diputados Abigail Cruz Lázaro (PPS), Pablo Gómez Álvarez (PRD) y Alberto Pérez Fontecha (PARM). El diputado Alberto Amador Leal (PRI) habló en nombre de la Comisión de Hacienda. Defendió el dictamen y los anexos posteriores y sostuvo que "el servicio público de banca y crédito, que se ha venido conformando a partir de la reforma constitucional de 1982, constituye un activo estratégico, un instrumento imprescindible para el desarrollo nacional".[12] Después de la votación se turno a la Cámara alta.

Senado

El Senado recibió el 14 de diciembre la minuta de la Cámara de Diputados y su Comisión de Hacienda dictaminó la iniciativa el 20 de diciembre. Aprobó en lo sustancial el trabajo realizado por la Cámara de Diputados. El dictamen se votó al día siguiente, sin discusión. Los senadores de oposición Porfirio Muñoz Ledo e Ifigenia Martínez no asistieron a la sesión. De los 64 senadores 51 votaron por el sí, y un voto en contra, el del senador Óscar Ramírez Mijares.[13]

2. Ley general de instituciones de seguros

La reforma de la ley general de instituciones de seguros también forma parte de esta modernización financiera. Lo anterior res-

[11] *Op. cit.*, pp. 72-73.

[12] *Op. cit.*, pp. 75-94.

[13] *Diario de los debates de la Cámara de Senadores.* Dictamen de la Comisión de

ponde a la relevancia que habrían de adquirir los seguros, las fianzas y las pensiones bajo un proceso de crecimiento económico de tipo más intensivo y el desarrollo de la Bolsa de Valores. El sistema de seguros había evolucionado muy poco en comparación con países con características similares a las de México, y urgía su modernización. Se planteó con esa finalidad una reforma destinada a "fortalecer la competitividad entre las empresas aseguradoras y los usuarios del seguro, sin abandonar la intervención de la autoridad y de la sociedad en su conjunto para prevenir o regular las situaciones anormales en protección del público en general".[14] La nueva ley, denominada ahora Ley General de Instituciones y Sociedades Mutualistas de Seguros, preveía la creación de una Comisión Nacional de Seguros y Fianzas, autoridad encargada de vigilar e inspeccionar las actividades de las instituciones y sociedades mutualistas de seguros, las instituciones de fianzas así como de las personas vinculadas a estas áreas.

La iniciativa de ley otorgaba mayor flexibilidad normativa para incentivar la competencia. En materia de coberturas, planes, primas, tarifas y documentos contractuales, las aseguradoras y afianzadoras contaron con mayor libertad para fijar sus tarifas, siempre con base en las disposiciones generales dictadas por las autoridades. Simultáneamente a "la desregulación", se fortalecieron los recursos patrimoniales de las instituciones aseguradoras. Se fijaron capitales mínimos para cada operación y ramo, así como un capital mínimo de garantía, "que les permitiera el debido cumplimiento de sus obligaciones y responsabilidades".

Un punto en particular importante de la iniciativa de reforma fue la inclusión de una participación minoritaria de la inversión extranjera directa en las instituciones de seguro. Con esto se buscaban "importantes beneficios para la propia industria al

Hacienda, 20 de diciembre de 1989, diario 18, pp. 2 ss., y sesión del 21 de diciembre de 1989, *op. cit.*, diario 19, p. 2.

[14] *Diario de los debates de la Cámara de Diputados*, LIV Legislatura. Iniciativa del Poder Ejecutivo, 16 de noviembre de 1989, diario 9, pp. 123 ss.

favorecer su capitalización, así como la posibilidad de obtener directamente los beneficios del desarrollo tecnológico en esta actividad, lo que contribuiría a una mayor y mejor protección a menor precio y a que las aseguradoras del país lleguen a participar con mejor eficacia y competitividad en los mercados mundiales".[15] No obstante, se vetó la participación del capital extranjero en la sociedad controladora de acciones. Esta sociedad controladora se integraría con un mínimo de tres intermediarios financieros, quienes debían detentar 51% del capital pagado por cada uno de los integrantes del grupo financiero.

Comisión: dictamen y debate

La Comisión de Hacienda y Crédito Público dictaminó la iniciativa del Ejecutivo el 4 de diciembre con 35 votos en favor y uno en contra. Sólo se introdujeron cambios menores, en el aspecto del control de la autoridad sobre las sociedades de seguros.[16] En el Pleno se notó la afinidad entre el PRI y el PAN respecto a la materia. La oposición vino del PRD, siendo aprobada la ley por 330 votos en favor y 60 en contra.[17]

Senado

El dictamen de la Comisión de Hacienda y Crédito Público del Senado, del 27 de diciembre, hizo suyas las observaciones de la Cámara de Diputados y, al día siguiente, discutió la iniciativa. La senadora Ifigenia Martínez, del PRD, sostuvo que la iniciativa contenía generalidades y ambigüedades; en cambio, era obvio que introducía un comienzo de control del capital extranjero sobre las sociedades de seguro. El senador Porfirio Muñoz Ledo, también del PRD, destacó que los seguros representaban una ga-

[15] *Ibid.*

[16] Archivo Congreso de la Unión, caja 0026, exp. 00158.

[17] *Diario de los debates de la Cámara de Diputados*, LIV Legislatura. Sesión del 22 de diciembre de 1989, diario 20, pp. 45 ss.

nancia adicional para el capital extranjero. Argumentó que esta reforma, como todas las que se examinaban, no tenían por objeto aumentar el ahorro interno, sino encubrir el grave problema del financiamiento del Estado. El senador Jesús Rodríguez y Rodríguez (PRI) defendió el dictamen de la comisión y el espíritu de la iniciativa. Enseguida se procedió a la votación: 49 en favor, cuatro en contra. De hecho eran sólo cuatro los miembros de la oposición en la Cámara alta.[18]

3. Ley de Compañías Afianzadoras

La iniciativa de reforma de la ley que regularía las afianzadoras tuvo como meta adecuar la intermediación nacional e internacional a las nuevas condiciones del mercado al otorgarles garantías suficientes para el cumplimiento de sus obligaciones frente a los usuarios. A imagen y semejanza de la ley relativa a las instituciones de seguro, la de instituciones de fianza estableció que las operaciones de las afianzadoras no serían consideradas como concesión, sino simplemente como una autorización del Estado. Las autorizaciones permitirían la participación minoritaría extranjera en su capital, reservándose esta posibilidad a sociedades de seguros y fianzas. Además, regularían la participación de los grupos financieros en las sociedades controladoras de acciones, prohibiendo tanto la inversión extranjera como las de instituciones de crédito o financieras nacionales. Las instituciones de fianzas serían vigiladas por una nueva autoridad denominada Comisión Nacional de Seguros y Fianzas; finalmente se liberalizaban procedimientos y se dotaba de mayor autonomía a las instituciones.[19]

[18] *Diario de los debates de la Cámara de Senadores*. Dictamen de la Comisión de Hacienda, 26 de diciembre de 1989, diario 22, pp. 20 ss.; sesión del 28 de diciembre de 1989, diario 23, pp. 11-19.

[19] *Diario de los debates de la Cámara de Diputados*, LIV Legislatura. Iniciativa del Poder Ejecutivo, 15 de noviembre de 1989, diario 9, pp. 147 ss.

Comisión: pleno y debate

El dictamen de la Comisión de Hacienda y Crédito Público introdujo algunos cambios en la iniciativa sobre las instituciones de seguro. En especial el que señalaba que la Secretaría de Hacienda podría autorizar discrecionalmente una participación mayor a 15% a las personas, con el fin de asegurar un sano desarrollo en la comercialización del sector de fianzas. Del mismo modo, hizo explícito que las personas morales mexicanas podían participar en las sociedades controladoras, a condición de no participar simultáneamente en el capital de intermediación financiero. Estableció que las sanciones a los infractores serían resueltas por la Comisión Nacional de Seguros y Fianzas.[20]

Como ocurrió durante el debate conexo a las instituciones de seguro, el de la ley de fianzas se centró en la participación del capital extranjero; demostración clara de la fuerza del nacionalismo económico entre los partidos de izquierda. En efecto, el diputado Juan Nicasio Guerra (PMS) insistió en que esa ley, como las otras del paquete financiero, obedecían a una misma lógica: "abrirse a la inversión extranjera, al capital extranjero; favorecer algo que con la nacionalización de la banca se había golpeado, el problema de la monopolización de esos sectores".[21]

En cambio la intervención del diputado Federico Ruiz López, en nombre del PAN, hizo presente que el cambio de actitud de su grupo parlamentario se debía a una coincidencia temática con el PRI y el Ejecutivo. Por a esa afinidad, votarían en favor de la iniciativa. Dejó constancia de que aun estando de acuerdo su partido, hubiera preferido introducir otros cambios, en el sentido de dar mayor independencia a la Comisión Nacional de Va-

[20] *Diario de los debates de la Cámara de Diputados*, LIV Legislatura. Dictamen de la Comisión de Hacienda y Crédito Público, 5 de diciembre de 1989, diario 14, 1989, pp. 55 ss.

[21] *Diario de los debates de la Cámara de Diputados*, LIV Legislatura. Sesión del 26 de diciembre de 1989, diario 21, p. 77. Otras intervenciones en contra, criticando la presencia del capital extranjero fueron las de Jesús Antonio Hernández (PPS), Marco Antonio Castellanos (PARM) y Alfonso Méndez Ramírez (no se señala el grupo parlamentario), en *op. cit.*, pp. 80-84.

lores.[22] También en favor del dictamen intervino el diputado Artemio Meixueiro Sigüenza (PRI).[23]

La afinidad entre PRI y PAN en lo relativo al paquete financiero determinó que la ley fuera aprobada por 334 votos en favor y 60 en contra. Todas las propuestas del PRD, PARM y PAN, de modificar artículos o fracciones de éstos, fueron desechadas.[24]

Senado

En el Senado, la Comisión de Hacienda dictaminó la iniciativa con los cambios que introdujo la Cámara de Diputados.[25] Al discutir en lo general, intervino la senadora Ifigenia Martínez, del PRD, para recalcar lo que llamó "frivolidad y superficialidad" del dictamen. El segundo orador, el senador Jesús Rodríguez y Rodríguez, del PRI, defendió el dictamen. Luego se pasó a la votación: 49 por el sí y cuatro en contra.[26]

4. REGULACIÓN DE LAS EMPRESAS DE FACTORAJE

Reconocidas jurídicamente durante el gobierno de Miguel de la Madrid, bajo el rango de organizaciones auxiliares de crédito, las empresas de factoraje fueron motivo de reformas financieras y discusión en el Congreso. Se trata de empresas dedicadas principalmente a descontar documentos sin que las autoridades financieras tengan la posibilidad de regular y supervisar su actividad. En su calidad de intermediarios financieros no bancarios, las empresas de factoraje desempeñaban un papel importante

[22] *Op. cit.*, p. 79.

[23] *Op. cit.*, p. 85.

[24] *Op. cit.*, pp. 88-91.

[25] *Diario de los debates de la Cámara de Senadores.* Dictamen de la Comisión, 16 de diciembre de 1989, diario 22, pp. 42-43.

[26] Sesión del 28 de diciembre de 1989, diario 23, pp. 19-22.

en el sistema comercial y financiero. La iniciativa de reforma de la ley general de organizaciones y actividades auxiliares de crédito tenía por objetivo regular las empresas de factoraje, los almacenes generales de depósito, las arrendadoras financieras y las uniones de crédito. Este conjunto de organizaciones de crédito no bancarias, cabe recordar, podían ejercer un importante papel en nuestro país, donde predominaba una pluralidad de empresas pequeñas y medianas con muy bajo nivel de capitalización y escasa capacidad administrativa, y que, en la mayoría de los casos, accedían con dificultad al financiamiento bancario.

La iniciativa de reforma procuraba que el factoraje financiero constituyera un esquema de financiamiento alternativo para las pequeñas y medianas empresas; que las arrendadoras financieras pudieran colocar sus obligaciones en el mercado de capitales de tal manera que acelerara el arrendamiento de bienes de capital *(leasing)* de dichas empresas. Dentro del mismo esquema, las almacenadoras, arrendadoras y empresas de factoraje podían acceder al capital extranjero. Por último, se quería modernizar las uniones de crédito para incrementar sus fuentes de crédito, diversificar sus inversiones y multiplicar la posibilidad de adquisición de mercancías e insumos, así como de arrendamiento de bienes de capital a sus socios. La iniciativa establecía que la autoridad reguladora de las organizaciones auxiliares de crédito sería la Comisión Nacional Bancaria y de Seguros.[27]

Comisión y Pleno

Al igual que la anterior, también esta iniciativa se dictaminó en favor por la Comisión de Hacienda y Crédito Público de la Cámara de Diputados. Sin embargo, sí se modificaron los puntos en relación a la participación del capital extranjero al exigirles una autorización previa de la Secretaría de Hacienda. Otros

[27] *Diario de los debates de la Cámara de Diputados*, LIV Legislatura. Iniciativa del Poder Ejecutivo 15 de noviembre de 1989, diario 9, pp. 168-170.

cambios fueron el monto límite de las obligaciones contingentes y la proporción de la inversión en relación con el capital contable de las arrendadoras financieras.[28]

En el curso del debate en Pleno se retomó el tema de la inversión extranjera. El diputado José Jaime Enríquez Félix (grupo independiente) dijo que era otro ejemplo de una "ley entreguista, procapitalista y antipopular".[29] La diputada María Rosario Guerra Díaz (PRI) sostuvo lo contrario, que era un sistema que alentaba un mayor ahorro interno al poder contar con recursos adicionales, no derivados del endeudamiento externo. Explicó que con este esquema los recursos adicionales podrían destinarse "a apoyar a la pequeña y mediana empresas, columna vertebral del empleo y potencial de riqueza y redistribución del ingreso".[30]

Al igual que en la discusión previa, tanto la fracción del PRI como la del PAN aprobaron las reformas al paquete financiero. El diputado Cuauhtémoc Anda Gutiérrez (PRI) intervino para decir que las modificaciones que se habían introducido en el dictamen habían sido de común acuerdo con los diputados del PAN, como la modificación al artículo 81, relativa a que se agregara "al público", a la autorización que daría la Secretaría de Hacienda a las organizaciones auxiliares de crédito en la compra y venta de divisas extranjeras.[31] El entendimiento PRI-PAN se refleja en la votación: la ley se aprobó por 331 votos en favor y 60 en contra.[32] El PRI, como recordaremos, contaba con 260 diputados, y el PAN con 101 de los 500 diputados.

[28] *Diario de los debates de la Cámara de Diputados*, LIV Legislatura. Dictamen de la Comisión de Hacienda, 26 de diciembre de 1989, diario 21, pp. 93-94.

[29] *Diario de los debates de la Cámara de Diputados*, LIV Legislatura. Sesión del 26 de diciembre de 1989, diario 21, p. 113. Otras intervenciones contrarias a la iniciativa y al dictamen fueron las de los diputados José Torres Malo (PARM) y Mario Vásquez Martínez (PPS), *op. cit.*, p. 116.

[30] *Op. cit.*, p. 117.

[31] *Op. cit.*, p. 121.

[32] *Op. cit.*, pp. 122-124.

Senado

La Comisión de Hacienda del Senado aprobó tal cual el dictamen de la Cámara de Diputados.[33] En el debate intervino la senadora Ifigenia Martínez (PRD), quien propuso una *moción suspensiva* que permitiera que los dictámenes se turnaran a las comisiones unidas de Hacienda y Desarrollo Económico y Social para su análisis, de manera que se debatieran en el periodo ordinario de sesiones de 1990. La moción se desechó en votación económica. En su intervención, el senador Porfirio Muñoz Ledo (PRD), en cambio, insistió en el "terrible caos en la labor legislativa"; atacó duramente las políticas de modernización desreguladoras llevadas a cabo por el gobierno. El senador Jesús Rodríguez y Rodríguez (PRI) defendió con vehemencia el dictamen y la labor legislativa de ambas cámaras. Acabada la discusión se pasó a votación. La ley se aprobó por 55 votos en pro y cuatro en contra.[34]

5. Mercado de valores

Había aún por delante mayores reformas para lograr que los objetivos del Plan Nacional de Desarrollo concordaran con los procesos de internacionalización del mercado de valores, la globalización de los servicios financieros no bancarios y la desregulación de las operaciones, así como su simplificación administrativa. Primero fueron las reformas a la ley del mercado de valores. Para dicha reforma se hacía necesario colocar un mayor número de valores mexicanos en las bolsas extranjeras, atraer flujos de capitales extranjeros a la bolsa de valores de México y alentar la competencia de los intermediarios financieros. En última instancia, se trataba de internacionalizar el financiamiento.

La iniciativa redefinió la denominada "información privilegiada". El derecho a la información debía dar transparencia a las

[33] Dictamen de la Comisión de Hacienda, 26 de diciembre de 1989, *op. cit.*, diario 22, pp. 2-20.

[34] *Diario de los debates de la Cámara de Senadores*. Sesión del 28 de diciembre de 1989, pp. 5-11.

operaciones en el mercado de valores. Por esto se estableció que quien tuviera responsabilidad al interior de sociedades emisoras, o sociedades de participación en la intermediación o en actividades del mercado de valores y con acceso a información privilegiada, tenía la obligación de abstenerse de operar con esos valores. Se trataba de garantizar la competencia y las operaciones al desregular la actividad bursátil, sin intervenir negativamente en el libre funcionamiento del mercado. Significativo fue que la iniciativa introdujera la figura del especialista bursátil. Éste sería el intermediario del mercado de valores, cuya función sería estimular la participación de nuevos inversionistas. Dichos intermediarios —además de la autorregulación fijada por la Bolsa de Valores— quedaban bajo control de la Comisión Nacional de Valores, que actuaría como reguladora, conciliadora y árbitro, garante de la autonomía de la contratación bursátil.[35]

Comisión y Pleno

El dictamen de la Comisión de Hacienda aprobó lo sustancial de la reforma del mercado de valores propuesta por el Poder Ejecutivo. Sólo reforzó lo correspondiente a la acción de control por parte de la Comisión de Valores.[36] El primer dictamen parece no haber sido bien recibido por una parte de los partidos de oposición. La Comisión de Hacienda, por conducto del diputado Antonio Silva Beltrán (PRI), rescató "algunas propuestas de varios grupos parlamentarios integrantes de esta honorable Cámara y que la comisión hizo suyas".[37] Por esto encontramos un segundo dictamen de la iniciativa relativa al mercado de valores, donde se introdujeron cambios en las operaciones de reporto de títulos bursátiles, de modo que éstos no excedieran los 360 días. Asimis-

[35] *Diario de los debates de la Cámara de Diputados*, LIV Legislatura. Iniciativa del Poder Ejecutivo, 15 de noviembre de 1989, diario 10, pp. 7-36.

[36] *Diario de los debates de la Cámara de Diputados*, LIV Legislatura. Dictamen de la Comisión de Hacienda, 4 de diciembre de 1989, diario 10 pp. 126-149.

[37] *Op. cit.*, p. 124.

mo, se incorporaron reformas para la cancelación de la inscripción de las casas de bolsas en el Registro Nacional de Valores e Intermediarios; hubo además un incremento en el monto de las multas impuestas por la Comisión Nacional de Valores.[38]

Al parecer, con los citados cambios hubo consenso entre los grupos parlamentarios PRI y PAN, por lo que la discusión de la iniciativa y dictamen por el Pleno de la Cámara de Diputados fue breve. Sólo expusieron sus tesis los diputados de la oposición de izquierda, sin duda, molestos por el nuevo acuerdo entre PRI y PAN. El diputado Alberto Pérez Fontache (PARM) sostuvo: "no podemos, compañeros diputados, seguir legislando al vapor por obedecer las consignas partidistas".[39] En favor de la iniciativa y de los dictámenes intervino el diputado Dionisio Pérez Jácome (PRI), quien habló de las ventajas de la nueva ley en relación con el mercado de valores y la economía financiera del país. Conjuntamente, el PRI y el PAN aprobaron la ley con 328 votos, hubo 55 en contra y los demás o se retiraron, o no votaron.[40]

Senado

La Comisión de Hacienda del Senado no introdujo modificación alguna a la minuta que les remitió la Cámara de Diputados.[41] Al pasarla a debate en aula, la senadora Ifigenia Martínez (PRD) expresó su voto contrario. Sostuvo que el mercado de valores en México era raquítico, que el resultado de lo ocurrido entre 1982 y 1988 fue que el beneficio se lo habían llevado unos cuantos inversionistas, "casi todos de la cúpula financiera". La senadora Dulce María Sauri Riancho (PRI) defendió el dictamen. En segui-

[38] *Diario de los debates de la Cámara de Diputados*, LIV Legislatura. Segundo dictamen de la Comisión de Hacienda, 26 de diciembre de 1989, diario 21, pp. 124-125.

[39] *Diario de los debates de la Cámara de Diputados*, LIV Legislatura, Sesión del 16 de diciembre 1989, diario 21, p. 152. Intervinieron en contra también Pedro René Etienne Llano (Grupo Independiente), *passim*.

[40] *Op. cit.*, pp. 155-156.

[41] *Diario de los debates de la Cámara de Senadores*. Dictamen de la Comisión de Hacienda, 26 de diciembre de 1989, diario 22, pp. 61-63.

da se pasó a votación, siendo aprobado por 51 votos y cuatro en contra.[42]

6. SOCIEDADES DE INVERSIÓN

La última iniciativa del paquete financiero de 1989 se relaciona con la reforma de la Ley General de Sociedades de Inversión. Su objetivo fue desregular las operaciones y simplificar administrativamente el funcionamiento de los intermediarios financieros. El fundamento de esta reforma se encuentra en el Plan Nacional de Desarrollo, que insistía, al igual que las otras leyes de su tipo, en la necesidad de impulsar la formación de ahorro interno. En especial, serían las sociedades de inversión las que servirían de vehículo de acceso del pequeño y mediano inversionista al mercado de valores.

La iniciativa del Ejecutivo se dirigía a impulsar la formación de grupos financieros, no bancarios. Así se establecía que las sociedades de inversión se regularían por una sociedad controladora de acciones sin participación de los inversionistas extranjeros. Dicha sociedad controladora se integraba por lo menos con tres intermediarios financieros no bancarios y 51% del capital total pagado. También se previó su control por la Comisión Nacional de Valores.[43]

Comisión y Pleno

El primer dictamen de comisión prácticamente aprobó íntegra la iniciativa del Ejecutivo; igual que lo ocurrido con la ley del mercado de valores. Si acaso hubo cambios marginales,[44] pero una vez más hubo de formularse un segundo dictamen, que se

[42] *Diario de los debates de la Cámara de Senadores*. Sesión del 27 de diciembre de 1989, diario 23, pp. 22-25.

[43] *Diario de los debates de la Cámara de Diputados*, LIV Legislatura. Iniciativa del Poder Ejecutivo, 15 de noviembre de 1989, diario 10, pp. 141 ss.

[44] *Diario de los debates de la Cámara de Diputados*, LIV Legislatura. Dictamen de la Comisión de Hacienda, 4 de diciembre de 1989, diario 14, pp. 124-133.

presentó a 20 días del primero. De nuevo se deja sentir un acuerdo PRI-PAN, pues los cambios a la iniciativa de ley retoman viejas demandas de pasadas legislaturas panistas. A saber: la mayor autonomía e independencia entre la Comisión de Valores y los órganos de gobierno; mayor control de la Comisión de Valores sobre las Casas de Bolsa y sobre las inversiones en valores y documentos. Finalmente también se incluía una cláusula de carácter general respecto a la acción reguladora que debía ejercer la Comisión de Valores. El segundo dictamen sintetiza de este modo los cambios: "Se proponen enmiendas al estatuto legal de las sociedades operadoras de sociedades de inversión, las que por naturaleza de la función que cumplen son el intermediario financiero más especializado de todo el sistema. Finalmente, la Comisión Nacional de Valores fortaleció su papel de autoridad reguladora al tener la capacidad de ejercer sus funciones de manera directa, incluyendo la de aplicar sanciones administrativas, cuyo régimen también es materia de reforma".[45]

La discusión en Pleno fue escueta. Los diputados de oposición de izquierda volvieron a levantar sus banderas. Y el diputado Ismael Garza T. González (PRI) defendió el dictamen. La votación arrojó como resultado 330 votos en favor y 42 en contra.[46]

Senado

En el Senado, el proyecto de ley se dictaminó por la Comisión de Hacienda y luego, en Pleno, se acogieron todas las modificaciones hechas en la Cámara de Diputados.[47] En el debate, el senador Porfirio Muñoz Ledo intervino en contra del proyecto de ley, con el mismo argumento ya expuesto en el curso del debate de otras

[45] *Diario de los debates de la Cámara de Diputados*, LIV Legislatura. Dictamen de la Comisión de Hacienda, 26 de diciembre de 1989, diario 21, pp. 157-165.

[46] *Diario de los debates de la Cámara de Diputados*, LIV Legislatura. Sesión del 26 de diciembre de 1989, diario 21, pp. 166-167.

[47] *Diario de los debates de la Cámara de Senadores*. Dictamen de la Comisión de Hacienda, 27 de diciembre de 1989, diario 22, pp. 81-88.

leyes de dicho paquete financiero. Dijo que el conjunto de leyes representaba: "la aceptación de una pérdida de soberanía". En favor del dictamen y de la iniciativa se expresó el senador Jesús Rodríguez y Rodríguez (PRI). La votación fue 49 votos en favor y cuatro en contra.[48]

El proceso de discusión y aprobación del conjunto de iniciativas y reformas ocurrieron, en lo esencial, del 16 de noviembre al 18 de diciembre de 1989, primer año de gobierno de Carlos Salinas. El conjunto de leyes conllevaban un objetivo: proporcionar nuevas normas operativas y mayor eficacia a la libre competencia, al desregular y simplificar su administración. El paquete global procuraba el crecimiento del ahorro interno y un mejor funcionamiento del mercado de capitales mexicano en un contexto internacional. En este periodo de escasas cuatro semanas, destaca el creciente acercamiento entre PRI y PAN. Nace así un fenómeno inédito en la política mexicana: una coalición de partidos que permitió que el nuevo gobierno contara con una mayoría absoluta en la Cámara de Diputados y con los dos tercios del voto necesarios a toda reforma constitucional.

7. LA REFORMA DEL SISTEMA BANCARIO

Había transcurrido apenas un semestre de que el Congreso hubiera aprobado las reformas financieras recién analizadas, cuando el 2 de mayo de 1990 el Ejecutivo federal envió a la Cámara de Diputados una iniciativa de reforma constitucional de los artículos 28 y 123. "Esa misma mañana del 2 de mayo se ofreció un desayuno en la residencia oficial de Los Pinos a los legisladores del PRI, así como a los gobernadores de todo el país y al gabinete en pleno. El secretario de Gobernación Fernando Gutiérrez Barrios dio lectura, en ese acto, a la iniciativa que justo ese día se había presentado a la Cámara de Diputados."[49]

[48] *Diario de los debates de la Cámara de Senadores*. Sesión del 28 de diciembre de 1989, diario 23, pp. 25-27.

[49] Ortiz, *La reforma financiera...*, *op. cit.*, p. 79.

Gracias al excelente estudio del actual gobernador del Banco de México y ex secretario de Hacienda y Crédito Público, Guillermo Ortiz Martínez, se puede reconstruir el proceso que condujo a la reforma constitucional que restituyó el régimen mixto en la prestación del servicio de banca y crédito. Ortiz nos narra que un fin de semana del mes de febrero de 1990, el secretario de Hacienda, Pedro Aspe, lo invitó a su domicilio particular, donde le informó —de modo confidencial— que el presidente Salinas, de regreso de la reunión de Davos en Suiza, había decidido regresar al sistema bancario existente antes de 1982. Es decir, a cuando la iniciativa privada fue dueña de la mayoría de los bancos comerciales. En ese primer momento, estaban enterados sólo el gabinete económico y el director del Banco de México. El secretario de Hacienda y el director del Banco de México solicitaron que se incluyera en el grupo a Francisco Borja Martínez, por parte del Banco de México, y a Guillermo Ortiz por parte de Hacienda. El proyecto de reforma se manejó con absoluta reserva, al grado que el propio presidente de la Asociación Mexicana de Bancos no se enteró. "Los primeros anteproyectos de iniciativa presidencial fueron elaborados entre la Secretaría de Hacienda y el Banco de México." En seguida se presentó ante el gabinete económico y ante el presidente de la República, quien recomendó que Juan Rebolledo, coordinador de asesores, se incorporara al grupo redactor.[50]

La crónica de los trabajos hecha por Guillermo Ortiz nos dice además que no bastaba el consenso del grupo interno del gobierno. La reforma era de tal trascendencia que se hacía necesario convencer a algunos de los diputados del propio Partido Revolucionario Institucional (PRI). Máxime cuando ocho años atrás, habían votado en favor de la reforma constitucional que introdujo la exclusividad del Estado en el régimen patrimonial de la banca".[51] Lo que Ortiz destaca es revelador de que la representación parlamentaria del PRI no es un mero reflejo del gobierno, como se ha sostenido. Los diputados y senadores del PRI, a semejanza de la

[50] *Op. cit.*, pp. 75-77.
[51] *Op. cit.*, p. 77.

sociedad que representan, no apoyaron en bloque la desregulación y la libre competencia. Las corrientes proteccionistas y populistas arraigaron y se atrincheraron incluso en el seno del PRI.

Comisiones

De allí que cuando, el 2 de mayo de 1991, se depositó la iniciativa en la Cámara de Diputados, contaba ya con tres o cuatro meses de trabajo preparatorio, tanto del gabinete, como de un selecto grupo de parlamentarios del partido de mayoría (PRI). Sólo así se explica por qué cuando se dio a conocer la iniciativa a los directores generales de la banca nacionalizada "se podían observar rostros que reflejaban las más diversas reacciones. Varios de ellos mostraron caras largas, cuyas razones desde luego se reservaron en ese momento, mientras otros no ocultaban su satisfacción al ver que se tomaba una decisión trascendente y congruente con los tiempos que ellos mismos atestiguaban".[52]

El problema mayor de que regresara el sistema bancario a la situación de antes de 1982 consistía en que una reforma constitucional debía ser aprobada por una *mayoría calificada*, es decir, por dos tercios de la votación en ambas cámaras: la de Diputados y de Senadores. Si bien el gobierno contaba con esa mayoría calificada en el Senado, no la poseía en la Cámara de Diputados. En esta última la representación del PRI era de 52%, y requería el 63.3% del voto. Esto explica el cuidado con que se elaboró la iniciativa de reforma. Ante todo se defendió el principio económico que sustenta la Constitución, a saber: "la economía mixta como decisión fundamental del pueblo de México". Luego se abundó en que hoy en día "los mexicanos no podemos admitir un Estado tan propietario, con tan considerables recursos invertidos en la banca, en un país con nuestras carencias y necesidades y urgencias sociales básicas". Enseguida, se habló de los grandes avances tecnológicos que hacían que "la distinción entre lo que constituye el servicio de banca y crédito y los servicios que ac-

[52] *Op. cit.*, p. 79.

tualmente prestan los demás intermediarios financieros fuera cada vez más tenue". En consecuencia, se asentó que los servicios financieros debían ser considerados una actividad de interés general, y "no como servicios públicos sujetos a concesión"; claro está sin que esto signifique el abandono del principio de la rectoría de Estado. Todo lo contrario —continúa el discurso— la reforma debía ser vista como una forma para ampliar el acceso y mejorar la calidad de los servicios de banca y crédito en favor del público, evitando subsidios onerosos y privilegios injustificados.[53]

Las comisiones unidas de Gobernación y Puntos Constitucionales y de Hacienda y Crédito Público elaboraron su dictamen, una vez que el 4 de mayo compareció ante ambas el secretario de Hacienda, Pedro Aspe. Éste respondió a las numerosas interrogantes y preocupaciones de los diputados. Los priístas fueron los más inquisitivos y preocupados. El diputado Cuauhtémoc Anda habló del papel de la rectoría del Estado, y el diputado Ciro Mayén con relación a que si la nueva situación bancaria podía dar cabida a desviaciones similares a las de 1982. El secretario de Hacienda respondió que el nuevo marco regulatorio daba las garantías suficientes al público. Habló de "la oportunidad que representaba el destinar los recursos que derivarían de la venta de los bancos a resolver problemas sociales apremiantes, sin poner en peligro la rectoría del Estado en materia bancaria y financiera". Fue cuestionado severamente por el diputado Pablo Gómez (PRD).[54]

Pleno

Las comisiones unidas sometieron, en primera lectura, su dictamen el 7 de mayo. Una vez recogidas las sugerencias e introducidos los cambios, el segundo dictamen lo expuso ante el Pleno, en nombre de la Comisión de Hacienda y Crédito Público, el

[53] *Diario de los debates de la Cámara de Diputados*, LIV Legislatura. Iniciativa del Poder Ejecutivo, 2 de mayo de 1990, diario 6, pp. 7-13.

[54] Ortiz, *La Reforma financiera...*, *op. cit.*, pp. 82-84.

diputado Rogelio Montemayor (PRI). Dijo que "después de la primera lectura de este dictamen, diversos diputados, integrantes de varios grupos parlamentarios, solicitaron a las comisiones unidas que se agregasen al dictamen los párrafos que recogen elementos de las deliberaciones realizadas en las comisiones". Los puntos de acuerdo de dichas plásticas se referían a la homologación de los bancos públicos y privados en el sistema bancario, la limitación a la participación accionaria de los bancos en empresas comerciales e industriales, la tenencia accionaria de los bancos y su regulación. Por expresa declaración del diputado Rogelio Montemayor, se constata que el acuerdo se alcanzó en virtud de los temas de convergencia entre "diputados pertenecientes a la fracción parlamentaria del Partido Revolucionario Institucional y del Partido Acción Nacional".[55]

La reacción de los grupos parlamentarios contrarios a la reforma constitucional y a la reprivatización bancaria no se hizo esperar. El PPS, PRD y el grupo independiente presentaron sustanciosos *votos particulares*.[56] Al momento del debate, en favor del dictamen, hablaron primero los diputados Manuel Cavazos Lerma y Rogelio Montemayor (PRI), y luego el diputado Abel Vicencio Tovar, coordinador del grupo parlamentario del PAN. Hicieron uso de la palabra para impugnar el dictamen los diputados Pablo Gómez Álvarez (PRD) y Francisco Ortiz Mendoza (grupo independiente).[57] El coordinador del grupo parlamentario del PAN sacó a relucir en su intervención argumentos importantes de su partido en relación con el sistema bancario. Fue el diputado Bernardo Bátiz quien los sintetizó, diciendo que desde 1982 "el Partido Acción Nacional se opuso al proyecto (de estatización de la banca) con variados argumentos"; dejó bien claro que el partido no defendía banqueros sino principios. "Queremos —dijo entonces— una banca democrática que no sea ni el monopolio del Estado ni el monopolio de unas cuantas familias."

[55] LIV Legislatura. Sesión del 11 de mayo de 1990, diario 9, pp. 30-31.
[56] *Op. cit.*, pp. 42-50.
[57] *Op. cit.*, pp. 51-67.

Fue precisamente en una referencia, mencionada en el dictamen reformado por las comisiones unidas, donde se introdujo el principio de la democratización del accionario bancario.[58] Más aún, los panistas reiteraron que Manuel Gómez Morin había sido el fundador del Banco de México y fundador de su partido, Acción Nacional. Gómez Morin, dijeron con orgullo, "desde sus orígenes defendió la necesidad de conducir al Banco hacia su total autonomía". En consecuencia, ellos, como fracción parlamentaria del PAN, acogían el proyecto como propio.

Luego de numerosas intervenciones, se votó la reforma constitucional y se aprobó por 266 votos en favor, cuatro abstenciones y 61 votos en contra.

Aprobada la reforma constitucional por parte del Senado y las 31 legislaturas locales, fueron reformados los artículos correlativos. El párrafo quinto del artículo 28 estableció la prestación del servicio de la banca y el crédito como competencia exclusiva del Estado, y modificó el régimen de relación laboral, reformando el artículo 123 fracción XXXI del apartado A, y la fracción XIII bis del apartado B.

Con la reforma constitucional, fueron tres las leyes de instituciones de crédito que el Congreso debió estudiar y aprobar entre 1990 y 1993. La iniciativa de ley de 1990 proporcionaba el cuadro normativo de la actividad bancaria. Establecía que los integrantes del sistema bancario eran el Banco de México, los de crédito, de banca múltiple y de banca de desarrollo, el Patronato del Ahorro Nacional y los fideicomisos públicos constituidos por el Gobierno federal para el fomento económico. Las instituciones de banca múltiple se conformarían como sociedades anónimas, y en cuanto al capital se integrarían por varias series, de modo de "asegurar que los mexicanos detenten el control de los bancos y, segundo, que exista una participación diversificada y lo suficiente[mente] plural, que impida fenómenos de concentración indeseables en la toma de decisiones". Se reanudaba el permiso para que las instituciones de crédito del exterior pudiesen establecer sucursales en México. La banca de desarrollo conservaba

[58] *Op. cit.*, pp. 73-75.

el carácter de "sociedades nacionales de crédito" para así formar parte de la administración pública federal. El Estado debía mantener "su participación en el capital social de esas instituciones como parte de una estrategia global de conducción y rectoría en materia bancaria". La superintendencia y vigilancia de todo el sistema bancario la tendría la Comisión Nacional Bancaria.[59]

La iniciativa de reforma de 1992, en lo esencial, se refiere al capital social de las instituciones de crédito y de las sociedades controladoras de grupos financieros. Su finalidad fue consolidar las condiciones institucionales y económicas del proceso de modernización del sistema bancario; en especial fortalecer la capitalización de las instituciones. La iniciativa propuso que su capital pagado se integrara por una parte ordinaria y por una adicional. El capital social de las instituciones de crédito y de las sociedades controladoras se integraría por 51% de capital ordinario en acciones de la serie "A", y por 49% de capital ordinario compuesto indistintamente por acciones de serie "A", "B" y "C". Estas últimas no debían exceder 30% de dicho capital. La parte más innovadora de la propuesta de ley tuvo que ver con las acciones de la serie "L". Éstas podían representar hasta 30% del capital ordinario y podían adquirirse por personas morales mexicanas, por personas físicas o morales extranjeras, a condición de que éstas no desempeñaran funciones de dirección en el banco. Finalmente la iniciativa otorgaba la facultad a las sociedades controladoras para contraer pasivos con objeto de capitalizar a la propia sociedad o para incorporar en su grupo a otras entidades financieras.[60]

La tercera y última iniciativa relativa a la materia fue la de 1993. Tuvo como cámara de origen el Senado. Esencialmente tenía que ver con la mayor autonomía del sistema bancario, tanto en su definición como en ampliar su sistema de información.

[59] *Diario de los debates de la Cámara de Diputados*, LIV Legislatura. Iniciativa del Poder Ejecutivo, 27 de junio de 1990, diario 22, pp. 8-50.

[60] *Diario de los debates de la Cámara de Diputados*, LV Legislatura. Iniciativa del Poder Ejecutivo, Ley de instituciones de crédito y de la ley para regular las agrupaciones financieras, 6 de mayo de 1992, diario 6, pp. 38-44.

Antes toda información era reservada y bajo control del Banco de México, ahora debía ser del conocimiento público.[61] También debían darse facilidades para "la asociación de grupos financieros con diferentes inversionistas, ampliando las posibilidades de que los intermediarios establezcan alianzas". Además, se fijó que el sistema de ahorro para el retiro fuera puesto bajo la vigilancia de la Comisión Nacional Bancaria.[62]

8. NUEVAS "PRAXIS" PARLAMENTARIAS

Los cambios en la normatividad del sistema bancario mexicano fueron fundamentales. Merecen ser destacados ciertos aspectos. En primer lugar, entre 1990 y 1992, hubo dos legislaturas: la LIV y la LV, que se ocuparon de dicho proceso. En segundo lugar, en la iniciativa de 1993, el Senado fue la cámara de origen, a diferencia de las anteriores, que se turnaron primero a la Cámara de Diputados. Comencemos por los años 1990-1992. Ocurren cambios importantes, como la transformación de forma y sustancia en la presentación del dictamen. La Comisión de Hacienda y Crédito Público, al pasar su dictamen a lectura por el Pleno, en el año de 1990, asienta: "el presente dictamen refleja el resultado de diversas deliberaciones de los ciudadanos diputados de esta comisión, así como de las reuniones de trabajo informativas con servidores públicos de la Secretaría de Hacienda y Crédito Público".[63] De nuevo en el dictamen de 1992 encontramos que se confirma lo anterior:

> el Acuerdo Parlamentario suscrito por los partidos políticos que integran la LV Legislatura de las cámaras de Diputados y Senadores, a fin de designar sendas comisiones para efectuar *trabajos-conferencia* sobre las iniciativas que se estimaran pertinentes. En su oportu-

[61] Véase el capítulo IV, notas 13-14.

[62] *Diario de los debates de la Cámara de Senadores*. Iniciativa del Poder Ejecutivo, 18 de mayo de 1993, diario 11, pp. 44- 51.

[63] *Diario de los debates de la Cámara de Diputados*, LIV Legislatura. Dictamen de la Comisión de Hacienda y Crédito Público, 8 de julio de 1990, diario 26, p. 8.

> nidad se designarán los grupos de legisladores que intercambiarían puntos de vista sobre la iniciativa de Decreto, integrados fundamentalmente por la Comisión de Hacienda y Crédito Público de la Cámara de Diputados y su homóloga de la Cámara de Senadores. En cumplimiento del referido acuerdo, se reunieron las comisiones Transitorias para poner en práctica —mecanismos de *sesión-conferencia*— diversas reuniones de trabajo, en las que analizaron con todo detenimiento y amplitud la iniciativa de referencia. Estas labores permitieron apreciar en su integridad los proyectos de estudio, intercambiar puntos de vista y establecer criterios conjuntos para que en la presentación de ese dictamen se consideraran las adecuaciones que estimaron pertinentes los legisladores.[64]

La tónica inédita del proceder parlamentario continúa a lo largo del trienio 1992-1995. El modo de operar consiste en sumar las propuestas que hacen las fracciones parlamentarias; enseguida la comisión procura difundirlas al máximo posible en conferencias públicas, donde explica los motivos de dichas reformas. Una vez más, estas prácticas parlamentarias se repiten con motivo de la reforma de 1993. El Ejecutivo entregó la iniciativa al Senado, pero —como todas las que tienen que ver con el paquete financiero de 1993— fue examinada "en los términos del acuerdo suscrito en su oportunidad por los grupos parlamentarios conformados en el seno de las cámaras de Diputados y de Senadores". Se suma al trabajo bicameral el hábito de hacer público el avance en la discusión y recoger las opiniones de otros legisladores bajo la modalidad de *sesión-conferencia*. De modo simultáneo se comenzó a repartir el trabajo entre comisiones y subcomisiones, todas designadas por ambas cámaras del Congreso de la Unión. El conjunto de modalidades que se adoptaron: trabajo en comisión, en subcomisiones, sesiones conjuntas de ambas cámaras y *sesiones-conferencia* públicas abiertas para recibir el parecer de todos los legisladores, enriquecieron las labores del Congreso. La suma de modos de intercambiar puntos de vista y

[64] *Diario de los debates de la Cámara de Diputados*, LV Legislatura. Dictamen de la Comisión de Hacienda y Crédito Público, 20 de mayo de 1992, diario 11, pp. 1803-1810.

opiniones sobre el contenido, propósitos y alcances de las cinco iniciativas de reforma a las leyes de orden financiero bajo estudio sin duda refleja una nueva praxis parlamentaria. Se abunda aún más en estos intentos por multiplicar labores, esfuerzos y consultas y *sesiones-conferencia* abiertas a no legisladores, pues "dentro de estas labores, también se estimó prudente llevar a cabo una reunión de trabajo con servidores públicos del sector financiero, con objeto de profundizar en el estudio de los textos de las referidas iniciativas".[65]

Consideramos fundamental otorgar la debida importancia a estos signos, a estos hechos, en especial si se relacionan con lo ya expuesto respecto a la reforma constitucional de los artículos 28 y 123. El camino recorrido en casi tres lustros y de modo acelerado en el último, denota cambios significativos en la relación entre Poder Ejecutivo y Legislativo, así como en el seno del Poder Legislativo. En primer lugar, notamos que existe un mejor entendimiento entre el gobierno y Congreso; sin duda empujado por la necesidad de contar con el apoyo de un partido opositor y lograr la aprobación de reformas constitucionales que requerían de una mayoría de dos tercios. Este primer entendimiento —resultado de una necesidad objetiva— se origina en los acuerdos informales practicados, de vez en vez, por el PRI con el PAN, cuando se presentó el paquete financiero en 1989. Los tiempos y acuerdos para alcanzar esos consensos son visibles ya en los cambios que se introducen entre el primero y el segundo dictamen o en las adendas a los dictámenes a que nos hemos referido. Es muy probable que el gobierno tuviera un papel importante en esta nueva modalidad de corte consensual. En el caso que estudiamos es posible que el conducto fuera la Secretaría de Hacienda. En efecto, no es casual que el secretario de Hacienda, Pedro Aspe, compareciera ante la Comisión de Hacienda y Crédito Público de la Cámara baja para defender la reforma constitucional. Dicho reconocimiento fue público en el dictamen de la

[65] *Diario de los debates de la Cámara de Senadores*. Dictamen de la Comisión de Hacienda, 10 de junio de 1993, diario 17, pp. 12-21.

ley de instituciones bancarias de ese año de 1990, cuando se refiere explícitamente a que en los trabajos de la comisión participaron funcionarios de la Secretaría de Hacienda.

La necesidad de dialogar y concordar acciones para llegar a puntos afines se acrecienta a partir de la LV Legislatura. La praxis del diálogo comprende no sólo a la Cámara de Diputados sino también a la de Senadores, no obstante que en esta última el PRI tuviera mayoría absoluta. La nueva modalidad dio origen a una práctica que se repetiría continuamente: la formación de comisiones bicamerales, que constituyó, como ya se dijo, una modalidad parlamentaria nueva e inédita en México. Al igual que en el pasado reciente, aparece —en el papel de mediador— la Secretaría de Hacienda y Crédito Público. Un motivo es evidente, la Cámara adolece de un cuerpo de asesores propios que refuerce su labor parlamentaria, que la informe en materia tan altamente especializada como la economía; aun en términos jurídicos o políticos el Congreso adolece de un equipo profesional propio. En los primeros pasos hacia el perfeccionamiento de las labores parlamentarias, y aun a sabiendas de que se traslapaba la autonomía de los dos poderes, fueron los funcionarios de Hacienda quienes proporcionaron la información necesaria a los diputados.

Los enlaces de nuevo tipo y las variadas modalidades de trabajo se tradujeron en discusiones en comisión más informadas y, sobre todo, en dictámenes a las iniciativas de ley elaborados de modo autónomo por la comisión.[66] En efecto, el dictamen de 1990 introdujo correcciones significativas. Eliminó la cláusula que hacía posible que los residentes extranjeros en México pudieran comprar acciones de la serie "A" de los bancos. Fijó que los Consejos Directivos debían integrarse por múltiplos de 11 consejeros con el fin de que estuvieran debidamente representados los accionistas de las tres series de capital ordinario. Hizo extensiva la ley federal de responsabilidades de los servi-

[66] Es sabido que en periodos anteriores al que aborda este estudio, la propia Secretaría elaboraba el dictamen para los congresistas.

dores públicos a las instituciones de banca múltiple en las que el gobierno tuviera control por su participación accionaria.[67]

Lo mismo se repite con motivo del dictamen de 1992. Se introdujeron cambios importantes, entre los que destacan: los accionistas de la serie "L", del capital ordinario de los bancos pueden contar con un comisario que los represente ante la institución bancaria a fin de tutelar su inversión; también introdujo la comisión, un mayor control sobre las inversiones de los bancos en empresas que desarrollaran proyectos de larga duración o de fomento, más la posibilidad de crecer con fondos comunes para crédito hipotecario, y la supresión de la facultad de la Secretaría de Hacienda de resolver consultas en materia bancaria. Se suprimió la facultad de la Comisión Nacional Bancaria de ocuparse de ilícitos bancarios que eran de competencia de la justicia ordinaria.[68] A riesgo de insistir, la autonomía y capacidad de la comisión para emitir dictámenes informados y razonados ocurre de nuevo con el dictamen del Senado de 1993. Las modificaciones que la Comisión del Senado introdujo se sintetizan así: "mejores condiciones de competitividad que refuerzan el marco de derechos de las instituciones de crédito, que fortalecen las atribuciones de la autoridad para garantizar la operación adecuada de las instituciones de crédito, y que señalan obligaciones de estas instituciones con el sistema financiero nacional".[69]

Cabe ahora preguntarse por los efectos que estas prácticas consensuales tuvieron en los diferentes partidos políticos representados en el Congreso. Al respecto hemos notado cómo, en ocasión del debate de las reformas constitucionales en 1989, los partidos de izquierda PPS, PARM, PRD y grupo independiente tomaron su distancia y *fijaron su posición* en relación con el acuerdo establecido entre PRI-PAN, mediante *votos particulares*. En el curso del debate de esa iniciativa del año de 1990, el PRD, por conducto del diputado Juan Nicasio Guerra Ochoa, presentó un *voto*

[67] Dictamen de la Comisión de Hacienda y Crédito Público, 8 de julio de 1990, *op. cit.*

[68] Dictamen de la Comisión de Hacienda y Crédito Público, 20 de mayo de 1992, *op. cit.*

[69] Dictamen de la Comisión de Hacienda, 10 de junio de 1993, *op. cit.*

particular. Expuso en 12 puntos la posición del PRD respecto al sistema bancario: se opuso a la privatización de la banca, a la penetración del capital extranjero, a la excesiva concentración de capitales bancarios, y solicitó mayores garantías para el público y los trabajadores, así como una definición de un sistema bancario de corte más democrático y regulado. El *voto particular* ratificó lo dicho, que el dictamen era resultado de "un acuerdo parlamentario entre el Partido Revolucionario Institucional y el Partido Acción Nacional, cocinado en reuniones cerradas entre diputados de estos dos partidos políticos".[70]

El diputado César Coll Carabias (PAN) hizo uso de la palabra para hablar en favor de la iniciativa, e hizo referencia a los efectos negativos de la nacionalización bancaria, además de proporcionar algunos elementos que nos ayudan a entender el acuerdo PRI-PAN. Sostuvo que "el acuerdo que los grupos parlamentarios tuvimos, tanto el Partido Revolucionario Institucional, como el Partido de Acción Nacional, el año pasado [1989], fue en parte para llevar a cabo la modificación constitucional de los artículos 28 y 123 e ir analizando si estas leyes, con base en esos acuerdos, se encontraban contenidos en ellos". En seguida especificó cuáles eran los puntos del acuerdo suscrito por el PAN con el PRI:

a) El servicio de banca se prestará indistintamente por instituciones oficiales, de participación estatal e instituciones de particulares que se establecerán mediante autorizaciones.

b) La democratización de las instituciones de banca y crédito, contempladas por particulares, se definirá en su constitución, su tenencia accionaria y funcionamiento.

c) Las autorizaciones se otorgarán atendiendo a los requerimientos de crédito y fomento del ahorro en todos los sectores y regiones del país.

d) El servicio de banca y crédito será instrumento eficaz para la creación de riqueza en beneficio de la población.

[70] *Diario de los debates de la Cámara de Diputados*, LIV Legislatura. Voto particular del grupo parlamentario del PRD, 10 de julio de 1990, diario 26, pp. 53-60.

e) Se limitará y reglamentará la participación accionaria de estas instituciones en empresas comerciales industriales.

f) La banca deberá ajustar su operación a las disposiciones aplicables a las sanas prácticas y usos bancarios, evitando el otorgamiento de créditos preferentes, injustificados o de complacencia.[71]

El diputado Coll Carabias declaró: "el Partido Acción Nacional quiere hacer un reclamo al Partido Revolucionario Institucional, porque la última parte del convenio que se firmó no ha sido, hasta este día, puesto en práctica". Se establecía en dicho pacto que:

> ambos grupos consideraban necesario destacar su acuerdo en el sentido de examinar en el futuro los resultados y efectos de la nueva ley de la materia para llevar, en su caso, a rango constitucional los principios básicos que deberían regular en forma permanente las instituciones que proporcionan los servicios de banca y crédito, para que sean instrumento eficaz en la obtención de una democracia económica y cumplan cabalmente con los fines nacionales a que está destinado.[72]

En el curso del debate emergió con nitidez que el llamado acuerdo entre grupos parlamentarios atañía exclusivamente a lo convenido entre el PRI y el PAN. Este acuerdo se formalizó en ocasión de la reforma constitucional, se puso en práctica —por vez primera— en el curso de la aprobación del paquete financiero de 1989. La citada alianza fue factible porque a cambio del apoyo crítico que brindaría el PAN al PRI, el partido de mayoría se empeñaría en apoyar la demanda del PAN, de precisar en una reforma constitucional con mayor claridad las garantías a la propiedad privada. En suma, no se puede sostener, como lo hizo el PRD y otros partidos, que fue un contubernio. Todo lo contrario, fue un acuerdo bastante claro entre el partido de mayoría que

[71] *Diario de los debates de la Cámara de Diputados*, LIV Legislatura. Sesión del 10 de julio de 1990, diario 26, pp. 70-72.

[72] *Ibid.*

sostiene al gobierno y uno de los partidos de oposición, con el objetivo de señalar las bases para la desincorporación bancaria y afianzar los derechos de propiedad en el sector financiero.

En el curso del debate del año de 1990, en especial durante 1992, el Frente Cardenista de Reconstrucción Nacional apoyó el dictamen de la mayoría PRI-PAN. En cambio, el PPS y el PARM se alinearon con el PRD. El mismo tipo de polarización se repitió en el curso del debate de 1993. Las formas en que se agruparon las fracciones parlamentarias, no obstante que en 1993 entró la recién electa Legislatura, nos muestra no sólo la autonomía de cada fracción, sino las afinidades temáticas entre éstas. Es decir, el cambio legislativo no necesariamente representó que cambiaran las líneas estratégicas diseñadas por sus predecesores en el Congreso de la Unión.

Con base en el análisis de los acuerdos y en el *iter* parlamentario, vemos nacer nuevas normas relativas al sector bancario y crediticio, donde notamos la tendencia a constituir una mayoría impenetrable, como de "tanque blindado", en apoyo a la nueva normatividad. De este modo pareciera buscarse que la opinión pública nacional e internacional se percatara de que el nuevo derrotero de la política económica y financiera del gobierno contaba con una mayoría absoluta. Si se piensa que en 1992 votaron en favor de la reforma de la ley de instituciones bancarias 389 diputados, es decir 77.8%, se puede concluir que efectivamente el gobierno y el PRI lograron conformar una amplia coalición en favor de la nueva política económica. Sin embargo, y no obstante todas las ventajas que podía tener esta mayoría "impenetrable" en favor de la política económica del gobierno, contiene un elemento negativo que conviene aclarar. Este elemento negativo se nota en el hecho de que se excluye por completo al resto de los partidos de oposición. La diferencia de lo que había sucedido en las Legislaturas previas residía en que los acuerdos eran formales y no informales. También resultaban de la coincidencia de posiciones sobre temas específicos entre el partido de mayoría y los partidos de oposición. Digámoslo de modo sencillo, a partir de la LIV Legislatura se acentúa el cambio en las formas del trabajo en el interior del Congreso: se vigoriza el pasaje de las prácticas informales a las prácticas de coalición, así fueran caso por caso. Este cambio nos señala cómo y cuánto se había caminado en el proceso democrático en México.

9. El paquete financiero de 1993 y la autonomía del Banco de México

El proceso de transformación financiera que inicia en 1989 se acelera en el curso del año siguiente, y alcanza su clímax en 1993, con la autonomía del Banco de México. Esta autonomía del Banco Central debe verse como una respuesta a la necesidad de regular el mercado financiero, sin la intervención directa del gobierno. La respuesta no sólo es mexicana, sino también latinoamericana y mundial.[73] Los diferentes momentos tienen gran importancia para el ajuste normativo, pues deben introducirse en el proceso cambios o reformas en las leyes bancarias y en las que regulan la intermediación financiera. En efecto, una nueva ley de instituciones de crédito y de agrupaciones financieras hacía necesario reformas relativas al mercado de valores, de organizaciones y actividades auxiliares, de instituciones de seguros y de instituciones de fianzas. Precisamente porque estas reformas se dirigían a proporcionar mayor libertad y autonomía a toda la intermediación financiera, era ineludible que la máxima institución bancaria del país, el banco de los bancos, el Banco de México, también fuera reformada, de manera que fuera autónomo del gobierno de la República.

Guillermo Ortiz sintetiza las iniciativas enviadas a la Cámara de Senadores por el Poder Ejecutivo del modo siguiente:

> Este paquete de reformas tuvo como propósito fundamental promover la competitividad de los distintos intermediarios financie-

[73] Véase Ricardo Hansmann y Liliana Rojas-Suárez (eds.), *Banking Crisis in Latin America: Experiences and issues*, y el análisis de Guillermo Ortiz y Miguel Mancera sobre México, en R. Hansmann y L. Rojas-Suárez (eds.), *Banking Crisis in Latin America*, Inter-American Development Bank, Washington, D. C., 1996, pp. 3-21 y 216-223.

ros, al permitirles la realización de nuevas operaciones y desregular algunas de sus actividades. Otro objetivo básico de estas iniciativas fue homologar los regímenes aplicables a los diversos intermediarios. En este sentido se revisaron las facultades de los órganos de gobierno y de los presidentes de las comisiones Nacional Bancaria, de Valores y de Seguros y Fianzas. También se revisaron los montos o porcentajes de las sanciones, se redefinieron infracciones y delitos en algunos casos y se uniformaron los procedimientos administrativos para impugnar los actos de autoridad. Asimismo, se impuso a los consejeros y directivos de algunos intermediarios financieros, requisitos especiales a partir del modelo que ya regía para las instituciones de crédito.[74]

Ortiz también nos dice que la iniciativa que presentó el Ejecutivo al Senado, con motivo de la reforma de la ley relativa al mercado de valores, nació a partir de una sugerencia del Comité de Modernización del Mercado de Valores —cuerpo colegiado— de autoridades financieras (Secretaría de Hacienda y Crédito Público, Comisión Nacional de Valores y Banco de México) y de representantes del sector privado (Bolsa Mexicana de Valores y Asociación Mexicana de Casas de Bolsa).[75] Un dato de esta índole nos permite suponer que las otras reformas respecto a los intermediarios financieros —antes de convertirse en iniciativas de ley— fueron valoradas y sometidas a un acucioso análisis de la Secretaría de Hacienda y del Banco de México. También es de pensarse que ambas instituciones recibieron información y sugerencias de las comisiones: Nacional Bancaria, de Valores, de Seguros y de Fianzas. Todo lo anterior significa que una iniciativa de ley, antes de que se transcriba en blanco y negro contiene un intenso trabajo de distintos grupos o instituciones.

Comisión bicameral

Así como las iniciativas precedentes, las que recibió el Senado el 18 de mayo de 1993 fueron apoyadas por el bloque macizo del

[74] Ortiz, *La Reforma financiera...*, *op. cit.*, p. 112.
[75] *Ibid.*

PAN-PRI. Digamos que se repitió el fenómeno narrado en páginas anteriores en relación con la ley de las instituciones de crédito. Todo el *iter* parlamentario de las leyes relativas a la intermediación financiera transcurrió sin tropiezos, gracias al acuerdo suscrito entre PRI y PAN. De allí que todos los dictámenes —por estar previamente acordados en la comisión bicameral— fueran esencialmente idénticos en las dos cámaras. Tampoco el debate parlamentario presentó grandes novedades respecto al que hemos analizado en relación con la ley bancaria. Es claro que la oposición sabía que se encontraba frente a una mayoría impenetrable que apoyaba la política financiera del gobierno; en consecuencia, se limitó esencialmente a *fijar posición política*. Incluso el PRD retomó los principios ya expuestos, en su *voto particular*, con motivo del debate de la ley de instituciones de crédito.[76]

10. LA AUTONOMÍA DEL BANCO DE MÉXICO

El nuevo orden alcanzó su plena conformación, como ya se anticipó, con la mayor autonomía del Banco de México. Ya se valoró en los capítulos previos cómo se reformaron los artículos constitucionales relativos a la gestión de la economía mexicana en 1983 para dar forma al sistema de planeación democrática.[77] Sin embargo, el artículo 18 no contenía ningún apartado específico relativo al Banco de México. Fue más adelante que nació el compromiso del PRI con el PAN de garantizar el nuevo orden financiero mediante reformas de carácter constitucional. Ambos partidos en unión con el gobierno fueron los constructores de un nuevo orden financiero. De allí que cuando el presidente Salinas,

[76] Para el análisis del *iter* parlamentario de las leyes que regulan las agrupaciones financieras, el mercado de valores, las organizaciones y actividades auxiliares de crédito, las instituciones y sociedades de seguros y las instituciones de fianzas, pueden verse las iniciativas, los dictámenes y los debates del Diario de los debates de la Cámara de Senadores y los de la Cámara de Diputados en el *Diario de los debates de la Cámara de Senadores*, diarios 11-19, 1993, y en el *Diario de los debates de la Cámara de Diputados*, LV Legislatura, diarios 20-26.

[77] Véase Miguel de la Madrid Hurtado, *El régimen constitucional...*, *op. cit.*, pp. 451-461.

en su discurso inaugural de la IV Convención Nacional de Aseguradores, del 17 de mayo de 1993, anunció el envió de la iniciativa a la Cámara de Diputados, la cual reformaba los artículos 28, 73 y 123 de la Constitución, sostuvo que el objetivo era "consignar en el Texto Fundamental la plena autonomía del Banco de México, para precisar su objetivo prioritario de procurar la estabilidad del poder adquisitivo de la moneda nacional".[78]

En la iniciativa de reforma constitucional se afirma que la autonomía del Banco de México tiene por finalidad consolidar y preservar la estabilidad de precios. Que para lograr ese objetivo y desarrollarse el Banco Central no debe ser sometido a presiones; es decir, debe ser autónomo en el ejercicio de sus funciones. La exposición de motivos recuerda los efectos negativos de la inflación en los planos económico y social, con argumentos similares a los expuestos en el Plan Nacional de Desarrollo, y vincula la inflación con los cuantiosos déficits fiscales financiados con el crédito del Banco Central. Por lo anterior, la iniciativa se apoyaba en la idea de que para mantener una política de lucha permanente contra la inflación es conveniente separar la función de emisión de dinero de las tareas del Estado. Que el Estado debe financiarse sin abusar del crédito proveniente del Banco Central.

La iniciativa de reforma constitucional también contiene una referencia al contexto internacional: se recuerda que en todo el mundo se ha acentuado la tendencia a dar mayor independencia a los bancos centrales. Por ello el otorgar la autonomía al Banco de México era parte de un movimiento de carácter internacional que, al mismo tiempo, obedecía a condiciones y experiencias mexicanas. En concreto, se afirmó que así se podría instrumentar una política de estabilización económica y habría un manejo racional del crédito que otorgaba el Banco de México.[79]

Víctor Urquidi expresó ante la Junta que

[78] Ortiz, *La reforma financiera...*, *op. cit.*, pp. 121-122. Véase también Javier López Moreno, *Reformas constitucionales para la modernización*, Fondo de Cultura Económica, México, 1994, p. 121.

[79] *Diario de los debates de la Cámara de Diputados*, LV Legislatura. Iniciativa del Ejecutivo, 17 de mayo de 1993, diario 11, pp. 19-25.

le parecía demasiado limitante que se dijera en la enmienda constitucional que la función del Banco de México sería consolidar y preservar la estabilidad de precios, pues los precios, la tasa de inflación, dependen de muchos factores fuera del alcance directo del Banco Central. La reforma fue de tono estrictamente monetarista [...] Cambiar la estructura, funciones y composición de la Junta de Gobierno habría merecido más discusión, pero no se nos pedía opinión, aunque algunos miembros de la Junta hicieron comentarios. En mi caso hice ver que al Banco de México le convendría contar con un Consejo Consultivo que permitiera a los altos funcionarios oír la opinión de diferentes sectores sobre la situación económica, como ocurre con otros países. Los funcionarios presentes rehusaron considerar esta idea.[80]

Comisiones unidas

Las comisiones unidas de Gobernación y Puntos Constitucionales que estudiaron y dictaminaron la iniciativa del Ejecutivo convocaron al secretario de Hacienda, Pedro Aspe, a que compareciera. El secretario de Hacienda explicó a las comisiones unidas los avances en materia económica. Sostuvo que la mejoría se debía a la corrección en el desequilibrio fiscal y monetario, a las transformaciones en el nivel productivo y al Pacto de Solidaridad entre los sectores sociales. Abundó en los principales resultados alcanzados en el proceso de estabilización de precios y las razones básicas y la iniciativa presidencial, para reformar la Constitución.[81]

El dictamen de las comisiones unidas modificó la iniciativa presidencial en un aspecto: introdujo el principio de que las personas encargadas de la conducción del Banco Central también eran sujetos de juicio político. La reforma constitucional se aprobó el 10 de junio de 1993 en la Cámara de Diputados por 385 votos en favor y 17 en contra, y, una semana más tarde, por la

[80] Víctor L. Urquidi y Alicia Hernández Chávez. Apuntes y sugerencias. 5 de junio de 1998.

[81] *Diario de los debates de la Cámara de Diputados*, LV. Legislatura. Comparecencia del secretario de Hacienda Pedro Aspe, 12 de noviembre de 1993, diario 8, pp. 958-970.

Cámara de Senadores, con todos los votos en favor, menos dos. La ley se promulgó el 20 de agosto de 1993, una vez aprobada por todas las legislaturas de los estados de la Federación.

La reforma constitucional estableció en el párrafo cuarto del artículo 28 que

> el Estado tendrá un banco central que será autónomo en el ejercicio de sus funciones y en su administración. Lo prioritario será procurar la estabilidad del poder adquisitivo de la moneda nacional [...] Ninguna autoridad podrá ordenar al banco conceder financiamiento [...] El banco central regulará los cambios, así como la intermediación y los servicios financieros, contando con las atribuciones de autoridad necesarias para llevar a cabo dicha regulación y proveer su observancia. La conducción del banco estará a cargo de personas cuya designación será hecha por el presidente de la República con aprobación de la Cámara de Senadores, o de la comisión permanente, en su caso, desempeñarán su encargo por periodos cuya duración y escalonamiento provean al ejercicio autónomo de sus funciones; sólo podrán ser removidas por causa grave y no podrán tener ningún otro empleo, cargo o comisión, con excepción de los que actúen en la representación del banco [...] las personas encargadas de la conducción del banco central, podrán ser sujetos de juicio político conforme a lo dispuesto por el artículo 110 de esta Constitución.[82]

La iniciativa de ley orgánica del Banco de México norma el dictado constitucional y señala que los elementos esenciales de su autonomía son proveer al país de moneda legal, dar estabilidad al poder adquisitivo de la moneda, promover el sano desarrollo del sistema financiero, propiciar el buen funcionamiento de los sistemas de pago. La conformación del gobierno del Banco de México se consideró importante para su autonomía. A este fin estableció una junta de gobierno, integrada por cinco miembros; un gobernador y cuatro subgobernadores, designados de acuerdo con la norma constitucional. El gobernador duraría en su cargo seis años, comenzando sus funciones al inicio del cuarto año calendario de cada periodo presidencial. Los subgoberna-

[82] Tena Ramírez, *Leyes fundamentales...*, *op. cit.*, pp. 1087-1089.

dores servirían ocho años, su sustitución sería escalonada de tres en cada administración, conforme a un calendario preciso (al inicio del primero, tercero y quinto años). De este modo se garantizaba su estabilidad y autonomía de juicio. En las sesiones de la Junta de Gobierno participaban el secretario y subsecretario de Hacienda, responsables además de convocar la sesión y fijar el orden del día. Las facultades del Banco de México en materia monetaria se estipulan en el capítulo relativo a las operaciones donde se fija un tope al crédito que el Banco Central puede conceder al gobierno. El tope se fijó por un máximo de 1.5% de las erogaciones presupuestales y, de financiar el eventual excedente, el Banco colocaría valores por cuenta y cargo del gobierno federal. Al mismo tiempo, el Banco de México sólo podría (adquirir) emitir valores, a condición de que la operación no provocara expansión monetaria. El Banco de México participaría en formular y ejecutar la política cambiaria en estrecha colaboración con el gobierno a través de la Comisión de cambios. Dicha comisión se integraría por miembros de la Junta de Gobierno del Banco y altos funcionarios de la Secretaría de Hacienda. Hubo otras disposiciones dirigidas propiamente a precisar las facultades del Banco de México en la regulación del sistema bancario, la intermediación y los servicios financieros. Todas se enfocaron a la regulación monetaria o cambiaria, al sano desarrollo del sistema financiero, al buen funcionamiento del sistema de pagos y a la protección de los intereses del público.

En la iniciativa destacaba un punto de gran importancia para la autonomía del Banco Central: el de la vigilancia sobre el Banco de México. Esta vigilancia correspondería a ambos poderes constitucionales, al Ejecutivo y al Legislativo. De esta forma se puntualizaría lo dispuesto en el artículo constitucional en relación al juicio político que se puede seguir a las personas encargadas de la conducción del Banco y al personal del Banco: a todos se les sujetaba a la Ley Federal de Responsabilidades de los Servidores Públicos.[83]

[83] *Diario de los debates de la Cámara de Diputados*, LV Legislatura. Iniciativa del Poder Ejecutivo, 24 de noviembre de 1993, diario 12, pp. 1058-1077.

La iniciativa de Ley Orgánica del Banco de México, al igual que las recién aprobadas reformas financieras, se dictaminaron mediante las comisiones bicamerales, y el proceso se agilizó en virtud del acuerdo entre el PRI y el PAN. Se celebraron *sesiones-conferencia* con miembros de las comisiones involucradas de ambas cámaras.

Las *sesiones-conferencia* enriquecieron la labor de las comisiones en el momento de redactar sus respectivos dictámenes, a la vez que hicieron posible que en las escasas semanas en que se dictaminaba y aprobaba una iniciativa de ley se pudieran escuchar y recoger ideas y posiciones incluso de miembros de ambas cámaras no pertenecientes a las comisiones. Tal fue el caso de la Ley Orgánica del Banco de México cuya iniciativa se recibió en la Cámara de Diputados, y se turnó por la Comisión de Hacienda de Diputados a su correlativa en el Senado. Fue así que ambas cámaras, vía su Comisión de Hacienda, conocieron "oportunamente el texto de la iniciativa del Poder Ejecutivo federal y analizamos con la mencionada comisión de diputados federales los alcances de dicho proyecto a la luz de la referida reforma constitucional". Los trabajos conjuntos de diputados y senadores consistieron en evaluar, en lo general, la iniciativa y analizar las "distintas propuestas para la modificación de algunos de sus artículos, particularmente los que nos parecieron de mayor relevancia para reflejar adecuadamente en el ordenamiento secundario el carácter autónomo de la banca central y las atribuciones que le permitan actuar en ese sentido".[84]

Se capta de esta praxis legislativa que el acuerdo PRI-PAN suscrito hacia 1990 había dado distintos frutos. Uno en cuanto a la votación en el Pleno en favor de las reformas del sistema financiero. Otro había generado las condiciones para idear las comisiones bicamerales que podían analizar, con la participación de funcionarios de la Secretaría de Hacienda, las propuestas del Ejecutivo, formular criticas e introducir cambios en las iniciati-

[84] *Diario de los debates de la Cámara de Senadores.* Dictamen de las comisiones unidas de Hacienda y de Estudios Legislativos, 12 de diciembre de 1993, diario 19, pp. 3-4.

vas. En efecto, como veremos a continuación, los cambios a la iniciativa de ley fueron significativos.

Los principales artículos se modificaron o perfeccionaron: en el artículo 1 se redondeó el concepto de autonomía del Banco de México; en el artículo 22 se fijaron límites a las operaciones activas y pasivas que pudieran significar riesgos cambiarios; en el artículo 26 se aseguró que la banca de desarrollo se adecuara —al igual que las otras instituciones de crédito y de intermediación bursátil— a las disposiciones que fijara el Banco de México; en el artículo 44 se introdujo que el dictamen de la Junta de Gobierno —en caso de remoción de algunos de sus miembros— debía ser examinado por el Senado o por la comisión permanente; en el artículo 50, al igual que en el anterior, se reforzó el papel del Congreso en la designación del auditor externo del Banco de México, quien debía ser aprobado por la Comisión de Vigilancia de la Contaduría Mayor de Hacienda; en el artículo 51 se introdujo una nueva fracción donde se fijó como deber del Banco de México informar al Ejecutivo y al Legislativo sobre la política monetaria seguida; en el artículo 55 se introdujo como fecha límite el mes de abril para que el Banco de México enterara al gobierno federal del remanente de operación; en el artículo 61 se estableció que no se contemplaría excepción alguna en la aplicación de la ley federal de responsabilidades de los servidores públicos tanto a los miembros de la junta de gobierno como al personal del Banco de México.

Los artículos transitorios también se modificaron. El primero precisó la fecha de entrada del nuevo ordenamiento; otro estableció que la remuneración al gobernador y subgobernadores las fijaría una comisión conjunta, Banco de México y Secretaría de Hacienda. Por último, en el décimo punto se fijó un plazo máximo de dos años para que el Banco de México dejara el papel de fiduciario de los fideicomisos que operaba.[85]

[85] *Diario de los debates de la Cámara de Diputados*, LV Legislatura. Dictamen de la Comisión de Hacienda y Crédito Público, 6 de diciembre de 1993, diario 17, pp. 1711-1714; *Diario de los debates de la Cámara de Senadores*. Dictamen de las comisiones unidas de Hacienda y Estudios Legislativos, 12 de diciembre de 1993, *op. cit.*, pp. 8-9.

Como era de esperarse, y en virtud de los trabajos en comisiones y los consensos alcanzados, el dictamen sufrió pocos cambios al presentarse a debate en el Pleno. El diputado Juan Gualberto Campos Vega (PPS) se declaró en contra de la autonomía del Banco de México, en tanto que Adolfo Kuntz Bolaños (PARM) propuso mayor vigilancia sobre el Banco de parte del Poder Legislativo, moción que apoyó el diputado del PAN Juan Antonio Urquiza. Juan Calderón (PRD) explicó los motivos por los que su grupo parlamentario se oponía a la nueva Ley Orgánica del Banco de México: dijo que el criterio de ésta era esencialmente monetarista y que su partido impulsaba todo un nuevo sistema de crédito.[86]

Senado

El debate en el Senado fue más breve. Intervinieron los senadores Armando Hopkins Durazno, quien presentó el dictamen de las comisiones unidas; luego Héctor Terán Terán (PAN), para ratificar el apoyo de su partido; y finalmente Porfirio Muñoz Ledo (PRD), quien dijo que, si bien no se oponía a la autonomía del Banco de México, rechazaba "los propósitos, medios, objetivos y procedimientos de la ley" porque se establecían "candados institucionales para despojar a los gobiernos electos democráticamente", se suscribía el monetarismo y se supeditaba "a unas cuantas variables económicas el resto de las actividades productivas y de los niveles de vida de los mexicanos"[87] Una vez cumplido el debate se pasó a la votación y la ley reglamentaria del Banco de México se promulgó el 23 de diciembre de 1993.[88]

[86] *Diario de los debates de la Cámara de Diputados*, LV Legislatura. Sesión del 9 de diciembre de 1993, diario 17, pp. 1731-1772.

[87] *Diario de los debates de la Cámara de Senadores*. Sesión del 14 de diciembre de 1993, diario 20, pp. 20-27.

[88] Acerca del estatuto del Banco de México, véase Francisco Borja Martínez, "Consideraciones sobre el actual estatuto jurídico del Banco de México", en *El Banco de México en la reconstrucción económica nacional*, Jus, México, 1996, páginas 147-157

11. TRANSFERENCIAS DE RECURSOS AL EXTERIOR, DEUDA PÚBLICA E INVERSIONES EXTRANJERAS

El Plan Nacional de Desarrollo asentó que "la renegociación de la deuda externa y su servicio era el pilar fundamental sobre el que descansarán los esfuerzos de reducción de la transferencia neta de recursos al exterior".[89] El principio era, por una parte, disminuir el "valor de la deuda histórica acumulada", pero también "abatir la transferencia neta de recursos al exterior". Esto último sólo se lograría incorporando ahorro externo mediante la inversión de capitales financieros y productivos extranjeros.[90]

La deuda exterior fue y es un factor esencial en toda la política económica de México del periodo que analizamos. Como es sabido, la deuda externa mexicana había tenido un modesto crecimiento a lo largo del siglo hasta 1972. Para ese año el monto de la deuda externa era de 5 000 millones de dólares, de los cuales 1.4% era de corto plazo. A partir de 1972 la deuda creció a un ritmo sin precedentes en la historia del país, tanto que en diez años, para 1982, había alcanzado la suma de 87.6 mil millones de dólares.

La renegociación de la deuda externa fue para el gobierno mexicano, a partir de 1982, una prioridad. La postura que tomó fue que toda restructuración debía rebasar los aspectos meramente técnico-financieros y adquirir una dimensión política que involucrara en un diálogo constructivo a gobiernos deudores, prestamistas, autoridades financieras internacionales y gobiernos de entidades acreedoras. Una atenta reconstrucción de la política relativa a la deuda nos indica que, para usar el término acuñado por José Ángel Gurría, hubo cuatro ejercicios de restructuración: 1982-1983, 1984-1985, 1986-1987 y 1988, cuyos efectos fueron los de hacer disminuir la transferencia neta de recursos al exterior en modo significativo, como se destaca en el cuadro V.1.

No sorprende la ausencia de estudios en torno al papel del

[89] *Plan Nacional de Desarrollo 1989-1994, op. cit.*, p. 68.
[90] *Passim.*

CUADRO V.1. *Efectos de los acuerdos de restructuración de la deuda externa pública en la transferencia neta de recursos al exterior*
(Porcentaje del PIB)

Año	*Transferencia original*	*Después de la restructuración*
1983	14.4	5.3
1984	10.7	6.6
1985	11.4	6.1
1986	11.5	6.5
1987	12.1	5.5
1988	8.2	6.4

FUENTE: José Ángel Gurría T., "La política de deuda externa de México, 1982-1990", en Bazdresch *et al.* (comp.), *México..., op. cit,* vol. 2, p. 299.

Poder Legislativo en la definición de la deuda externa. A pesar de su relevancia, no se puede aducir el olvido, porque en lo fundamental es dominio y competencia exclusiva del Poder Ejecutivo.[91] Es indudable que el Congreso fue mejor informado al

[91] Acerca de la política de la deuda externa, véase Rosario Green, *La deuda externa de México: 1973-1987. De la abundancia a la crisis de créditos,* Secretaría de Relaciones Exteriores-Nueva Imagen, México, 1988, especialmente los capítulos relativos a la restructuración de 1986 y 1987, pp. 282-383; José Ángel Gurría, "La política...", en Bazdrech *et al.* (comp.), *México..., op. cit.* Hemos encontrado en el Archivo del Congreso de la Unión algunos de los informes trimestrales de la Secretaría de Programación y Presupuesto y más tarde los de Hacienda y Crédito Público donde se informa detalladamente sobre la evolución de los ingresos y egresos, el déficit del sector público, el financiamiento de dicho déficit con recursos internos y recursos externos. A título de ejemplo citamos el informe del primer trimestre de 1987 (caja 0040, exp. 00263 del Archivo de la Comisión de Hacienda y Crédito Público de la Cámara de Diputados), en el cual se lee que "el financiamiento interno [del déficit] provino de las siguientes fuentes: 3 billones 439.2 mil millones de pesos del sistema bancario, 1 billón 782.4 mil millones de pesos de valores gubernamentales, que se colocaban entre empresas privadas y particulares, y amortizaciones del sector público al Banco de México de 1 billón 58.6 mil millones de pesos. El desendeudamiento externo neto del sector público ascendió a 398.0 mil millones de pesos, representa una salida neta de la banca de desarrollo de 82.5 mil millones de pesos, así como una amortización también neta por 315.5 mil millones de pesos realizada por el gobierno federal y el sector paraestatal, derivados de una dispo-

respecto cuando, a partir de la LII Legislatura, los secretarios de Programación y Presupuesto y el de Hacienda y Crédito Público iniciaron sus comparecencias en ocasión de la presentación de la iniciativa de presupuesto de egresos y de la ley de ingresos y cuando comenzaron a enviarse a las comisiones de Hacienda, también a partir de la LII Legislatura, los informes trimestrales sobre la situación económica y las finanzas públicas.[92]

En el curso de esas comparecencias todos los secretarios informaban, al inicio de modo muy escueto, acerca del estado de la deuda pública y sobre la política seguida y a seguir. A título ilustrativo —y como ejemplo— retomamos la comparecencia del secretario de Hacienda y Crédito Público Pedro Aspe, de noviembre de 1990, porque fue una de las más extensas de todo el periodo 1982-1994.

La información que proporcionó el secretario de Hacienda fue relativa a la conclusión del proceso de restructuración de la deuda pública que culminó en 1990. Explicó que el proceso de negociación de la deuda externa había concluido el 4 de febrero de 1990, con la firma de un acuerdo que contemplaba tres opciones. La mayoría de los bancos acreedores "seleccionó las dos primeras, que implicaban una reducción del saldo de la deuda en 35% y una disminución en la tasa de interés a un nivel fijo de 6.25%". El resultado final fue que de los 48.9 mil millones de dólares negociados, 42.8% "optó por la reducción del principal, 47.4% por la reducción de la tasa de interés y 9.8% por la aportación de dinero nuevo". Agregó que "la negociación alcanzada implica que el saldo contractual de la deuda externa total —a diciembre de 1990— representa alrededor de 44% del producto interno bruto, indicador que se compara muy favorablemente con la cifra de 75% que, en promedio mostró, durante el bienio 1986-

sición neta de deuda directa por 213.7 mil millones de pesos y amortizaciones netas de agencias en el exterior por 367.6 mil millones de pesos; así como una salida neta de disponibilidades en el exterior 117.5 mil millones de pesos y pagos netos al exterior de 62.1 mil millones de pesos, y sobre todo, del mismo, *La política de la deuda externa*, Fondo de Cultura Económica, México, 1993.

[92] Véase el capítulo VII.

1987". Así, se "permite una reducción significativa de la transferencia neta de recursos".[93]

La deuda exterior fue competencia casi exclusiva del Poder Ejecutivo y se manejaba por conducto de las secretarías competentes. Pese a que al Congreso sólo le correspondía fijar un tope máximo al endeudamiento, reivindicó con insistencia su derecho a la información en una materia de tal importancia. Sin embargo, en un régimen presidencial como el mexicano, es facultad del presidente "dirigir la política exterior y celebrar tratados internacionales" y someterlos para su aprobación al Senado. Sin embargo el Senado carece de toda facultad para examinar y aprobar el presupuesto de egresos de la Federación y, por lo tanto, de intervenir en la deuda externa. De suerte que, en cuanto a tratados vinculados con la deuda exterior, o su renegociación, quien los conduce y ejecuta es el Poder Ejecutivo, mientras que al Poder Legislativo, y en exclusiva al Senado, corresponde la facultad de aprobarlos o rechazarlos.

En este sentido lo inédito en 1991 fue que el Senado examinara la iniciativa del Poder Ejecutivo para "regular tanto los tratados que celebre el presidente de la República con representantes de Estados extranjeros y con los demás sujetos de Derecho Internacional Público, como los acuerdos interinstitucionales que celebren dependencias y organismos descentralizados de la Administración Pública Federal, Estatal o Municipal con órganos gubernamentales extranjeros y organizaciones internacionales".[94]

La iniciativa era precisa: el acuerdo interinstitucional obligaba conforme al derecho internacional público a las partes firmantes, pero, "a diferencia de los tratados, no requiere ser sometido a la aprobación del Senado, por no ser ley suprema en la Nación".[95]

La iniciativa además especificaba que el acuerdo institucional

[93] *Diario de los debates de la Cámara de Diputados*, LIV Legislatura. Relación del Secretario de Hacienda y Crédito Público, 15 de noviembre de 1990, diario 7, p. 11.

[94] *Diario de los debates de la Cámara de Senadores*. Iniciativa del Poder Ejecutivo, 6 de diciembre de 1991, diario 20, p. 71.

[95] *Op. cit.*, p. 72.

obligaba a las dependencias y organismos descentralizados de la administración pública federal, estatal o municipal, a mantener informada a la Secretaría de Relaciones Exteriores acerca de cualquier acuerdo interinstitucional.[96] El dictamen del Senado señala el mérito de este acuerdo, que al igual que las leyes financieras del periodo 1990-1993 se había suscrito al amparo del Acuerdo parlamentario tantas veces mencionado entre PRI y PAN. El cambio que introdujeron fue en dos fracciones:

a) "el ámbito material de los acuerdos interinstitucionales deberá circunscribirse exclusivamente a las atribuciones propias de las dependencias y organismos de los niveles de gobierno mencionados que los suscriban";
b) "los compromisos que se pacten, no los asume el Estado mexicano como tal, sino que constituyen compromisos para las dependencias u organismos descentralizados federales, estatales o municipales".[97]

Comisión: dictamen

El dictamen introdujo un nuevo artículo en la iniciativa. Éste fue "producto de las deliberaciones que llevamos a cabo en los trabajos de conferencia, se consideró conveniente establecer en una disposición específica la actividad del Senado de la República en materia de tratados que sean sometidos a su consideración, así como por lo que respecta a la comunicación que de sus deliberaciones deberá hacer el titular del Poder Ejecutivo de la Unión".[98]

Incluso el senador Porfirio Muñoz Ledo (PRD) propuso una adición a los acuerdos interinstitucionales que los circunscribiera a las atribuciones propias de las dependencias y organismos descentralizados. Así, el gobierno mexicano solamente se vería

[96] *Op. cit.*, p. 74.
[97] *Diario de los debates de la Cámara de Senadores*. Dictamen de la Comisión de Relaciones Exteriores, 16 de diciembre de 1991, diario 26, p. 5.
[98] *Op. cit.*, p. 5.

CUADRO V.2. *Endeudamiento del Ejecutivo autorizado por el Congreso de la Unión, 1989-1996*

(Millones de dólares)

Año	*Monto autorizado por el Congreso*	*Saldo de la deuda exterior (sector público)*
1989	7 000	76 060
1990	7 900	77 770
1991	2 700	79 987
1992	2 000	75 755
1993	2 000	78 904
1994	5 000	85 400
1995	5 000	100 900
1996	5 000	n. d.

FUENTE: Iniciativa, Dictamen y Ley de Ingresos, en CD LIV y LV Legislatura, *Diario de los Debates*; Senado, *Diario de los Debates*; *Diario Oficial*, varios años; Gurría, *La política...*, *op. cit.*, cuadros 11 y 12; Banco de México, *The Mexican Economy, 1996. Economic and financial developments in 1995*, México, 1996.

obligado a dicho acuerdo cuando "se ajusten a los requisitos señalados en la fracción primera".[99] La ley sobre la celebración de los tratados se aprobó por 46 votos en favor y ninguno en contra. La enmienda que propuso el senador Muñoz Ledo se desechó.

El hincapié en el *iter* parlamentario de esta ley obedece a la necesidad de que las dependencias del gobierno federal pudieran negociar sobre asuntos económicos con instituciones extranjeras. Esto les daba mayor flexibilidad en asuntos que estrictamente no fueran materia de las facultades económicas del Congreso de la Unión. La norma constitucional sentaba las bases para que el Ejecutivo pudiera celebrar empréstitos y para la aprobación anual de "los montos de endeudamiento que deberían incluirse en la ley de ingresos" (artículo 73-7-VII).

De lo anterior se desprende que la verdadera facultad del Congreso en materia de deuda exterior se limita a establecer las

[99] *Diario de los debates de la Cámara de Senadores*. Sesión del 17 de diciembre de 1991, diario 27, p. 20.

bases del endeudamiento y aprobar el monto anual del mismo. Es decir, su acción se ejerce esencialmente en el presupuesto. Al aprobar la Ley de Ingresos, el Congreso sólo establece el monto total del nuevo endeudamiento autorizado al Ejecutivo federal.

El cuadro V.2 expresa el monto que autorizó el Congreso al Ejecutivo en materia de deuda exterior, que de hecho es lo que solicitó el gobierno en su iniciativa de ley. El monto se reduce cuando el gobierno, en especial la Secretaría de Hacienda, lo considera conveniente. Se constata así que entre 1990 y 1993 los montos disminuyeron, mientras que en el trienio siguiente, 1994-1996, el crecimiento de la deuda exterior poco se relacionó con los montos autorizados por el Congreso. Pensamos que es probable que el acuerdo PRI-PAN hubiera tenido un papel significativo en bajar el nivel de endeudamiento puesto que se mantuvo esa tendencia en toda la LV Legislatura. Si se compara el monto autorizado con el crecimiento real de la deuda externa se concluye que el gobierno nunca o raramente utilizó el total autorizado. Esto plantea una interrogante similar a la que expusieron algunos congresistas en estos años. Si el gobierno insiste en que las finanzas se sanearon y que se alcanzó el equilibrio del presupuesto y un superávit primario, incluso que al término del gobierno de Salinas hubo superávit total, ¿por qué se continúa recurriendo a crédito externo? Lo cierto es que diputados y senadores, así como la opinión pública, tienden a olvidar que el crédito público es un recurso adicional de los gobiernos responsables para acelerar la inversión e incentivar el bienestar. Otra razón para mantener un superávit total fue el control de la inflación. Fidel Velázquez, al acordar el Pacto de Solidaridad Económica, impuso que si el sector obrero "postergaba las demandas de incremento salarial sería a condición de que el gobierno no devaluara y mantuviera un superávit".[100] Vale la pena notar que en el curso del periodo 1989-1994 el endeudamiento externo sí disminuyó para repuntar en ocasión de la crisis de 1994.

Los montos de endeudamiento que debían ser incluidos en la ley de ingresos comenzaron a ser objeto de una amplia discusión

[100] Comunicación personal de Víctor L. Urquidi, junio de 1998.

en la LVI Legislatura, cuando el acuerdo PRI-PAN dejó de funcionar. En efecto, el viejo interés de la Cámara de Diputados por contar con más peso en materia de deuda exterior reapareció en ocasión de la emergencia financiera de 1994-1995. Esto es notorio en los trabajos de la Comisión de Hacienda y Crédito Público de la Cámara de Diputados, presidida por el diputado Francisco Suárez Dávila.[101]

Durante la comparencia del secretario de Hacienda, Guillermo Ortiz Martínez, el presidente de la Comisión, Suárez Dávila, destacó, en nombre del PRI, la apremiante necesidad de enfrentar la emergencia financiera. Dijo que ésta era producto de "una gigantesca burbuja de inversión extranjera, que en circunstancias de confianza [los plazos de la deuda] deberían ser renovados, y que ahora, de exigirse su pago no existen suficientes reservas internacionales para cubrirla". Urgía establecer salvaguardas en materia de endeudamiento. Solicitó para este fin que se ratificara el monto total de endeudamiento de la ley de ingresos, es decir, de 5 000 millones de dólares, para poder estabilizar el mercado cambiario, mejorar condiciones del costo financiero y extender los plazos de la deuda.

El diputado Suárez Dávila se dirigió a todos los grupos parlamentarios para pedirles su colaboración ante la emergencia que vivía el país. Las comisiones de Hacienda y de Programación, Presupuesto y Cuenta Pública —esta última presidida por el diputado Antonio Sánchez Gochicoa— acordaron diversos puntos, logrando involucrar a las fracciones parlamentarias del

[101] El análisis de los cambios en el peso de las comisiones y sus fracciones durante la LVI Legislatura de la Cámara de Diputados proviene del Archivo de la Cámara de Diputados, Sección de Hacienda y Crédito Público, relativa al Decreto que reforma la ley de ingresos de la Federación para el ejercicio fiscal 1995, 26 de febrero de 1995, Carpeta 03 . Agradecemos al ex presidente de la Comisión y actual embajador de México en la OCDE, licenciado Francisco Suárez Dávila, por habernos ayudado a acceder al archivo de la Comisión. Al personal responsable del Archivo nuestro reconocimiento por las amplias facilidades que nos brindaron. Archivo de la Cámara de Diputados, Comisión de Hacienda y Crédito Público, en adelante se citará ACD.CHCP seguido del documento y fecha.

PRI, PAN, PRD y PT. Los puntos que todos los partidos de las dos comisiones suscribieron fueron ni más ni menos que un acuerdo de colaboración política. Suscribieron el acuerdo los diputados Antonio Sánchez Gochicoa (PRI, presidente), Marcos Parras Gómez (PAN, secretario), Raúl Livas Vera (PRD, secretario) y Joaquín Vela G. (PT, miembro de la comisión).

En la Comisión de Programación, Presupuesto y Cuenta Pública todos los partidos acordaron que —aun en situación de emergencia económica— primero, no se debía afectar el gasto social; segundo, que debía acelerarse el proceso de descentralización, "particularmente en materia de salud, educación, comercio y transporte, agricultura y desarrollo social"; tercero, que de modo definitivo se involucrara al Congreso de la Unión en el proceso de definición del Plan Nacional de Desarrollo, pues "nuestra preocupación no es sólo superar la difícil coyuntura por la que atraviesa el país, sino incidir en la definición de política de medio y largo plazos".[102]

El acuerdo suscrito por la Comisión de Hacienda y Crédito Público contiene tres puntos. Directa o indirectamente todos se refieren a la deuda exterior. La comisión acuerda "que la soberanía nacional es innegociable y no puede estar sujeta a decisiones de un gobierno extranjero; que por lo tanto rechaza y rechazará que el Congreso de los Estados Unidos de América y su gobierno pretendan imponernos condiciones políticas o medidas de política económica; y, que considera que las relaciones entre los Estados Unidos de América y nuestro país se deben regir por un trato justo, equitativo y respetuoso en las áreas de política, economía y finanzas".[103]

Los acuerdos previos sin duda llevaron a que se escribiera de nuevo entre el 24 y 25 de enero de 1995 el artículo 2 de la Ley

[102] ACD.CHCP. Punto de acuerdo de la Comisión de Programación, Presupuesto y Cuenta Pública, 26 de enero de 1995.

[103] ACD.CHCP. Punto de acuerdo de la Comisión de Hacienda y Crédito Público, 23 de enero de 1995. Firman el Acuerdo los diputados Francisco Suárez Dávila (presidente, PRI), Jorge Padilla Olvera (secretario, PAN), Saúl Escobar Toledo (secretario, PRD) y Joaquín Vela González (miembro de la Comisión, PT).

de Ingresos. Hubo un predictamen o borrador de trabajo, donde sólo 20 diputados, todos del PRI, incluido el presidente de la comisión, discutieron y aceptaron el texto. Los puntos eran: se establecía el máximo de endeudamiento externo autorizado por 5 000 millones de dólares, se autorizaba al Ejecutivo para canjear o refinanciar obligaciones del erario federal y convertirlos en Bonos de la Tesorería de la Federación expresados en dólares, a condición de que el saldo total en circulación no excediera 50% de la deuda interna total. Para concluir, se autorizó al Ejecutivo contratar créditos o emitir valores con el objeto de canjear los Bonos de la Tesorería de la Federación por un monto total que no excediera los 29 000 millones de dólares. La oposición en bloque solicitó que en el nuevo dictamen se estableciera que la emisión de los Bonos de la Tesorería de la Federación en dólares no excedería 25% de la deuda interna total y que los Bonos de la Tesorería de la Federación dados en canje fueran sólo 26 500 millones de dólares. En efecto, en el dictamen se nota que todos los diputados aceptan las sugerencias y cambios. Se fija el monto de los bonos canjeables en 15% del total de la deuda interior, y en 26 500 millones de dólares el canje de los antiguos bonos de la Tesorería de la Federación.

El dictamen contiene un dato inédito que refleja el espíritu de las nuevas prácticas de coalición entre el partido en el gobierno (PRI) y los partidos de oposición. En el dictamen se lee que "en caso de que la contratación de créditos o emisión de valores en el extranjero a que se refiere el párrafo precedente se hiciera con la garantía de un gobierno extranjero [es una clara referencia al préstamo norteamericano de rescate financiero] oportunamente, el Congreso de la Unión, en los términos del artículo 73, fracción VIII de la Constitución de los Estados Unidos Mexicanos, conocerá acerca de las condiciones correspondientes a efecto de que aquéllos le sean sometidos a su aprobación".[104]

[104] ACD.CHCP. Dictamen de la Comisión de Hacienda y Crédito Público, 26 de enero de 1995.

Pleno

Al intervenir en el Pleno, el diputado Suárez Dávila sostuvo que la propuesta era de "carácter histórico [pues] reintegra al Congreso de la Unión el ejercicio de sus facultades constitucionales en materia de endeudamiento externo. Estamos —dijo— en efecto, dando bases sobre las cuales el Ejecutivo puede celebrar empréstitos sobre el crédito de la Nación y en su caso aprobarlos".

En favor del dictamen, en lo general, votaron 381, y en contra 58. En lo particular, la adición del párrafo relativo a los créditos con garantía de un gobierno extranjero tuvo 419 votos en pro, 11 abstenciones y nueve en contra. La ley se promulgó el 27 de enero de 1995.[105]

Tanto la reducción de la deuda exterior como la promoción de la inversión directa extranjera aparecen en el Plan de Desarrollo como factores para reducir las transferencias de recursos al exterior. La inversión extranjera se presenta claramente asociada a la apertura comercial. Se rompía así, en definitiva, con el viejo criterio de ceder cuotas de mercado interno a las empresas extranjeras para que éstas invirtieran en sectores —no explotados— de la economía mexicana. El papel de la inversión extranjera en su nueva concepción debía contribuir a que "la economía mexicana participe con mayor eficacia y competitividad en los mercados mundiales" a condición de que dicha inversión "compita en el mercado nacional con otros productores nacionales y extranjeros".[106]

El Plan precisa que para fomentar la inversión extranjera directa "los reglamentos y procedimientos aplicables deben orientarse a hacer que los procedimientos de autorización de nuevas inversiones permitidas por la Ley sean automáticos, expeditos y transparentes; simplificar trámites, definir requisitos con precisión, y dar fluidez institucional a los procedimientos; aprovechar al máximo la aportación tecnológica y el acceso a los merca-

[105] *Diario de los debates de la Cámara de Diputados*, LVI Legislatura. Sesiones de 25-26 de enero de 1995, pp. 140-278.

[106] *Plan Nacional de Desarrollo...*, *op. cit.*, p. 88.

dos de exportación de la inversión extranjera; y crear los mecanismos para que la nueva inversión extranjera no genere presiones adicionales sobre los mercados financieros nacionales".[107]

La iniciativa de ley de inversión extranjera que el Ejecutivo envió a la Cámara de Diputados en noviembre de 1993 contenía los nuevos criterios bajo los que operaría la inversión extranjera. La exposición de motivos señala que la nueva ley era necesaria porque México —entre 1989 y1991— se ubicó como el octavo receptor de inversión extranjera directa en el ámbito mundial, y pasó de la séptima a la segunda posición entre los países receptores de inversión estadunidense.[108]

La inversión extranjera creció a partir de 1989 al amparo de la reciente normativa. En virtud de la nueva legislación, la inversión extranjera podía establecer negocios en México con derecho de propiedad total y sin necesidad de la aprobación de la Comisión Nacional de Inversiones Extranjeras (CNIE). La única condición era que la inversión en activos fijos no sobrepasara los 100 millones de dólares estadunidenses, que los proyectos se ubicaran fuera del Distrito Federal, Guadalajara y Monterrey, y que la compañía mantuviera un saldo positivo global en divisas durante los tres primeros años de operación. Del mismo modo, se decía que dicha inversión debía generar puestos de trabajo permanentes y capacitar mano de obra. También se precisó que el proyecto utilizara tecnología acorde con los requisitos de protección del ambiente. Además, el reglamento fijó las actividades exclusivas al Estado, las reservadas a mexicanos, las actividades en las cuales los extranjeros podían invertir hasta 34% del capital social, o 49% del capital, y donde los inversionistas podían tener interés mayoritario, previa aprobación del CNIE. Gracias a esta reforma administrativa, la nueva inversión pasó de 2 157.1 millones de dólares en 1988 a 9 414.6 millones de dólares en 1991, o sea, en tres años se incrementó por más de cuatro.[109]

[107] *Ibid.*

[108] *Diario de los debates de la Cámara de Diputados,* LV Legislatura. Iniciativa del Poder Ejecutivo, 24 de noviembre de 1993, diario 12, pp. 1045-1047.

[109] Aspe, *El camino..., op. cit.,* pp. 142-146.

La iniciativa de ley determinó, a su vez, un conjunto de actividades reservadas a la inversión estatal en áreas definidas como estratégicas: el petróleo e hidrocarburos, la electricidad, las comunicaciones. Hubo otras propias de mexicanos o sociedades mexicanas, como la banca de desarrollo, la radiodifusión, el transporte terrestre nacional de pasajeros, turismo y carga. Enseguida se establecieron cuotas de máxima participación de la inversión extranjera: 10% en las sociedades cooperativas de producción; 25% en el transporte aéreo; 30% en las instituciones de crédito de banca múltiple; 49% en las sociedades de intermediación financiera, sociedades de inversión, televisión y telefonía. La Comisión Nacional de Inversiones Extranjeras vigilaría por la observancia de dichas normas. La Comisión se compuso por los secretarios de Gobernación, Relaciones Exteriores, Hacienda y Crédito Público, Desarrollo Social, Energía, Minas e Industria, Comercio, Comunicaciones y Transportes, del Trabajo y Turismo. El presidente de la comisión fue el secretario de Comercio y Fomento Industrial.[110]

La iniciativa se estudió, discutió y elaboró conforme a la nueva praxis parlamentaria. Se trabajó en *sesiones-conferencias bicamerales*, o sea integradas por senadores y diputados, y públicas para los legisladores. En consecuencia el dictamen de la Cámara de Diputados, que se presentó al Pleno de la Comisión de Patrimonio y Fomento Industrial, y el dictamen del Senado, que expusieron las comisiones unidas de Comercio y Fomento Industrial y de Estudios Legislativos, guardan enormes similitudes. El trabajo bicameral permitió introducir cambios en la inversión extranjera y cláusulas de exclusión de extranjeros; también se precisaron las actividades estratégicas reservadas al Estado; se reglamentó con mayor claridad la participación extranjera indirecta; se liberaron de ciertas constricciones las acciones que conformaban el capital social de las sociedades mexicanas; se desreguló la constitución y modificación de las sociedades mercantiles; se reguló la inversión neutra y se perfeccionaron las facultades

[110] *Op. cit.*, pp. 1050-1055.

discrecionales de la Comisión Nacional de Inversiones Extranjeras.[111]

Todos los representantes de los grupos parlamentarios intervinieron en la discusión de la iniciativa y en el dictamen. Sin embargo, llegada la hora de suscribir el dictamen, fueron firmadas por esa mayoría compacta arropada por el Acuerdo PRI-PAN, al igual que las reformas analizadas en este capítulo. Al pasar a discusión en el Pleno las intervenciones sirvieron para *fijar posición* de cada grupo parlamentario. Los cambios propuestos por la oposición, en el Pleno, se desecharon, incluso hubo propuestas de diputados del PAN que tampoco se aceptaron.[112] Las diferentes intervenciones en la Cámara dejan entrever un asunto álgido que, si bien no era de su competencia, estaba en el trasfondo de las discusiones: el Tratado de Libre Comercio con Estados Unidos y Canadá. También el Senado discutió el dictamen de modo escueto y lo aprobó con 48 votos en favor y dos en contra. La ley se promulgó el 23 de diciembre de 1993.[113]

12. CONCLUSIÓN: EFECTOS MACROECONÓMICOS Y POLÍTICOS

Es aún difícil evaluar en términos cualitativos los efectos económicos y políticos de los cambios institucionales que ocurrieron en el sector financiero en virtud de las políticas de liberalización. Nuestra hipótesis respecto a la liberalización financiera, la restructuración de la deuda externa y la liberalización de la inversión extranjera es que, en última instancia, estimularon la for-

[111] *Diario de los debates de la Cámara de Diputados*, LV Legislatura. Dictamen de la Comisión de Patrimonio y Fomento Industrial, 7 de diciembre de 1993, diario 16, pp. 1542-1547; *Diario de los debates de la Cámara de Senadores*. Dictamen de las comisiones unidas de Patrimonio y Fomento Industrial y Estudios Legislativos, 14 de diciembre de 1993, diario 20, pp. 8-12.

[112] *Diario de los debates de la Cámara de Diputados*, LV Legislatura. Sesión del 11 de diciembre de 1993, diario 19, pp. 2146-2259.

[113] *Diario de los debates de la Cámara de Senadores*. Sesión del 15 de diciembre de 1993, diario 21, pp. 27-31.

CUADRO V.3. *Ahorro, formación bruta, capital fijo, inversión, 1982-1994*

(Relación con el PIB en moneda constante)

	1982	*1983-1984*	*1985-1986*	*1987-1988*	*1990-1991*	*1992-1994*
Ahorro nacional	22.4	23.6	20.3	20.0	18.5	15.6
Ahorro privado	30.1	27.9	27.3	27.4	17.6	13.0
Ahorro público	–7.7	–4.4	–7.0	–7.4	0.9	2.6
Ahorro externo	0.5	–3.3	–0.5	0.3	3.6	6.9
Formación bruta de capital fijo	23.9	18.7	17.2		20.8	
Inversión privada	13.0	11.0	12.0		16.0	
Inversión pública	11.0	8.0	6.0		5.0	
Inversión no residencial	9.1	7.5	5.6		3.5	
Inversión en maquinaria y equipo	10.3	6.6	6.7		9.9	
Inversión extranjera directa	(1978-1980 = 100)	100.0	9.3		15.9	

FUENTE: CEPAL, *América Latina y el Caribe...*, *op. cit.*, pp. 79, 83 y 94-96.

CUADRO V.4. *Profundización monetaria (M4) y mercado de valores*[a]

	M4 (porcentaje del PIB)	*M4 (Δ porcentaje real)*	*Índice del mercado*[b]	*Transacciones bursátiles*[c]	*Transacciones acciones*[c]
1989	39.9	26.0	419	1 170 144	35 779
1990	43.2	12.6	629	2 243 705	54 207
1991	44.8	10.1	1 432	5 233 118	119 602
1992	45.6	7.0	1 759	11 146 164	159 465
1993	52.1	17.2	2 603	14 432 194	203 756
1994	58.2	15.9	2 376	13 293 604	298 287
1995	55.7	-20.6	2 779	5 054 248	227 322

FUENTE: Banco de México, *Informe Anual, op. cit.*

[a] M4 Es un agregado monetario que incluye obligaciones a plazo.

[b] Finales del periodo.

[c] Millones de pesos.

Δ: Tasa de crecimiento.

mación bruta de capital fijo, y eventualmente deben activar el ahorro. Según reciente estimaciones de la CEPAL en 1990-1994 la evolución de ambos indicadores se muestra en las cifras del cuadro V.3.

Si bien es cierto que los beneficios de las reformas institucionales no son tangibles, ni tampoco mensurables en términos de ahorro, de la formación bruta de capital y de inversión, probablemente son más notorios en indicadores relativos a las reformas monetaria y de la Bolsa de Valores. Dos índices, indirectos, nos ayudan a entender la expansión de la economía financiera.

De los cambios financieros que ocurren entre 1989 y 1995, destacan como grandes hitos del proceso las nuevas leyes financieras de 1989, la reforma del sistema bancario y crediticio (1990) y la ley de inversiones extranjeras (1993), para llegar a la crisis de 1995. Los grandes lineamientos del programa económico de los tres gobiernos que abarcan nuestro análisis se caracterizan por la continuidad en lo básico de la política económica. Los elementos de continuidad datan del giro en política económica que arrancara con el gobierno de Miguel de la Madrid, cuando México hubo de hacer frente a circunstancias críticas en el sector financiero en 1986. Éstas condujeron a la necesidad de transformar profundamente nuestras estructuras financieras para así poder acelerar el ritmo de formación de ahorro interno y reducir nuestras transferencias al exterior. Para ello, debió intensificarse la presencia del capital en sectores productivos del país. En síntesis, la transformación de las instituciones financieras que hemos valorado fueron los fundamentos esenciales que llevarían a la economía mexicana, del estadio de economía extensiva —basada esencialmente en el uso de la mano de obra— a una economía de tipo intensiva —con la participación creciente de capital fijo—; condición ineludible —en las condiciones mundiales actuales— para superar el atraso económico.

Una nueva relación entre el Poder Ejecutivo y Legislativo se hizo necesaria para poder transformar las instituciones financieras internas y externas de México. Una relación nueva, en consecuencia, debía prevalecer entre el partido de mayoría y los demás partidos. La convergencia de distintas circunstancias, nos conduce a destacar que también en este nivel ocurrió un cambio importante que constituye uno de los peldaños del tránsito de México hacia una democracia plena. En efecto, los factores fundamentales son básicamente dos: el primero fue el acuerdo PRI-PAN, que duró casi dos legislaturas. El citado acuerdo permitió la concertación y apoyo político entre partido de mayoría y el partido que poseía la segunda mayoría, el PAN. También hemos insistido en el hecho de que durante la emergencia económica 1994-1995, la corresponsabilidad política se amplió, ya que ningún partido deseaba que México se hundiera o se estancara. Aquí el hecho más significativo fue que la totalidad de los partidos representados en el Congreso asumieron la responsabilidad, y sin menoscabo de sus posiciones políticas —que siempre expusieron y defendieron— dieron a ese apoyo su real significado: el de ser una alianza y por lo tanto transitoria.

Si el acuerdo PRI-PAN y el sustento intrapartidos constituye una gran innovación en términos políticos, vale la pena atribuirle también los beneficios que aportó en el pleno institucional. Las facultades del Congreso en lo económico sin duda se vieron fortalecidas. El gobierno se vio obligado no sólo a dar mayor importancia al Congreso, sino a su vez concebir al Congreso como una instancia importante para verificar, controlar y validar tanto sus propuestas y acciones como las de la Presidencia ante la sociedad y frente a los gobiernos extranjeros. En términos institucionales, el nuevo trato entre Congreso y gobierno representó uno de los elementos más positivos del proceso de democratización.

VI. TRANSFORMACIÓN DE LOS SERVICIOS PÚBLICOS, DE LA PRODUCCIÓN Y DEL SECTOR PÚBLICO

LOS PLANES nacionales de desarrollo de 1989-1994 y de 1994-2000 insisten en la necesidad de cambios institucionales en la economía mexicana. Es claro que las nuevas instituciones no son objetivos en sí: son mecanismos indispensables para agilizar y dar mayor eficacia a la relación entre oferta y demanda de bienes y servicios. Sólo de esta manera se podrían reducir los costos de transacción al recortar el gobierno el gasto administrativo y contable que incide en esos costos.

La proyección del gobierno fue hacer más eficiente la economía de México mediante reformas legislativas en materia de infraestructura de comunicaciones y transporte, la producción de bienes primarios e industriales, la comercialización en el mercado, interno, internacional y entre agencias del Estado. Es interesante notar la naciente percepción del uso racional de los recursos públicos en la clase política, entre gobernantes y congresistas. Con el cambio de mentalidad vino la creciente idea de que al racionalizar y dirigir en otro sentido los recursos públicos se abrían oportunidades importantes para impulsar el crecimiento económico y eliminar obstáculos para el buen desenvolvimiento de la economía.

El conjunto de las reformas que se propusieron para modernizar las instituciones se encuentran ya en el Plan Nacional de Desarrollo 1989-1994. Se insiste en que la "modernización económica implica un sector público más eficiente para atender los requerimientos de infraestructura económica y social del desarrollo; mayor competitividad del aparato productivo en el exterior; un sistema de regulación económica que en vez de atro-

CUADRO VI.1. *Producto interno bruto. Tasas de crecimiento y participación*

	Tasas de crecimiento (porcentaje)			
	Electricidad, gas y agua	*Transportes y comunicaciones*	*Servicios públicos y sociales*	*Total*
1975-1982	8.3	8.2	5.8	6.1
1982-1985	5.9	0.2	1.8	2.8
1985-1988	3.9	2.7	–0.1	0.5
	Participación (porcentaje del PIB)			
	Electricidad, gas y agua	*Transportes y comunicaciones*	*Servicios públicos y sociales*	*Total*
1975	0.9	5.7	15.4	—
1982	1.2	8.4	17.8	—
1985	1.5	8.7	15.0	—
1989	3.3	9.0	17.0	—

FUENTE: INEGI, *Cuentas Nacionales.*

fiar, aliente la actividad económica eficiente de los particulares, elimine inseguridades, permita y fomente la concurrencia de todos en las actividades productivas; educación mejor y más amplia, mejor capacitación de la fuerza de trabajo; un uso adecuado y eficiente de tecnologías propias y externas de acuerdo con su rentabilidad y conveniencia; en suma, más productividad y más competitividad".[1]

El gobierno reaccionó para mitigar los efectos negativos de la precaria red de comunicaciones, del retraso en los medios de transporte; con el fin de corregir los cuellos de botella producto de la endeble estructura de los servicios públicos y sociales. En el cuadro VI.1 se destacan dichas medidas.

Notamos que en la década de 1980 —conocida también como la "década perdida" debido al crecimiento económico decreciente en los diferentes países latinoamericanos— la tasa de crecimiento de los servicios públicos y sociales se redujo drástica-

[1] *Plan nacional de Desarrollo 1989-1994, op. cit.*, pp. 69-70.

mente respecto de la década anterior. También constatamos que el peso de los servicios públicos y sociales, en el producto interno bruto, tiende a disminuir. Lo anterior nos dice que la economía mexicana no incorporó las nuevas tecnologías necesarias para acelerar su participación en el proceso de globalización de los mercados.

El obstáculo mayor al crecimiento de los servicios públicos y sociales fue el arraigo de la vieja idea que dejaba en manos del Estado su desarrollo. Las dos crisis, de 1982 y 1986 privaron al gobierno de preciosos recursos, el Estado quedó en tal condición de precariedad que no estaba y no estaría más en condiciones de ser la única fuerza capaz de sostener el crecimiento de los servicios públicos y sociales.

México no fue un caso aislado, la intervención y gestión del Estado sobre esos servicios se cuestionaba ya en otros países. La tendencia mundial era la del abandono del estatismo en la oferta de servicios públicos y sociales. Tal política había marginado —no sólo al sector privado— sino incluso a los otros niveles de gobierno (estados y municipios). Lo público era por definición el Estado, y en concreto el Estado federal. Asentado esto, en este capítulo analizaremos el paso de una oferta exclusivamente estatal a otra donde se conjugan recursos públicos con privados. Dicho tránsito ha sido lento, difícil, sin que se hubiera completado, menos aún consolidado.

1. LOS SERVICIOS PÚBLICOS

El Plan Nacional de Desarrollo 1989-1994 contiene dos conceptos nuevos respecto a los servicios públicos. Uno fue la figura jurídica de la *concesión*. Al respecto sostiene que:

> dada la necesidad de ampliar la infraestructura y asegurar la prestación suficiente de servicios públicos en un marco de escasez de recursos, se propiciará la participación de los particulares mediante la figura de la concesión, en los casos y términos en que la ley lo

permite. Asimismo se promoverá la construcción de obra pública con financiamiento privado. Los beneficios que pueden obtenerse de la participación de los capitales de los particulares pueden ser significativos, como lo muestra la experiencia de diversos países.[2]

La otra modalidad inédita bajo la cual se propuso construir la infraestructura necesaria para que la actividad productiva, comercial y de movimiento de personas, bienes y servicios no se topara con obstáculos fue proporcionar los bienes públicos en conjunto entre sector público y privado, además de desarrollar una infraestructura eficiente bajo esta fórmula, se potenciaban al máximo los recursos de ambos sectores. El estado de dichos servicios era totalmente inadecuado. Basta constatar que la inversión pública en carreteras disminuyó en el periodo 1971-1990; en 1971 dicha inversión representaba 0.75% del PIB, y para 1990 era 0.35%. Más grave fue que la inversión se redujo, no obstante que el nivel de motorización se multiplicó por siete en el mismo periodo, y el volumen de pasajeros transportados creció a una tasa de 5.5% anual, y el volumen de toneladas movilizadas tuvo un crecimiento anual del tres por ciento.

Cámara de Diputados, comisión bicameral: iniciativa y dictamen

Al debatirse el tema en la Cámara de Diputados se puso en evidencia que la falta de recursos públicos había conducido a que las principales carreteras se encontraran en pésimo estado de conservación. La meta sería construir 9 600 kilómetros de autopistas en las rutas de mayor demanda, con la participación del capital privado, quien proporcionaría 80% de los recursos necesarios.[3]

La exposición de motivos de la iniciativa de ley de vías gene-

[2] *Op. cit.*, p. 80.

[3] *Diario de los debates de la Cámara de Diputados*, LV Legislatura. Intervención del diputado Francisco José Dávila Rodríguez, 2 de junio de 1992, diario 14, pp. 2106-2107.

rales de comunicación la recibió en mayo de 1992 la Cámara de Diputados. El criterio expuesto en el Plan proponía una relación entre el sector público y privado bajo nuevos supuestos: "la función de rectoría de Estado debe complementarse con la participación de los recursos de los particulares en la construcción y operación de la infraestructura".[4] La figura jurídica que lo hacía posible fue la *concesión*, donde se "estipula conforme a la ley en la materia, el término en el cual los bienes concesionados revierten en favor de la Nación". La iniciativa contemplaba ampliar el plazo de la *concesión* para garantía de los derechos de propiedad de los concesionarios y la recuperación de su inversión. Se especificó también que la concesión sería para la explotación de las carreteras, donde participarían tanto particulares como los gobiernos de los estados y municipios.[5]

El análisis de dicha iniciativa se efectuó bajo la modalidad *trabajo-conferencia*. Práctica parlamentaria a la que hemos ya aludido, donde los miembros de las comisiones de ambas Cámaras se reúnen para el análisis del contenido, alcance y propósitos de la iniciativa y así enriquecer el dictamen que se somete al Pleno. Esta organización del trabajo había producido buenos resultados, por lo que se ratificó mediante el "Acuerdo Parlamentario suscrito por los diversos partidos políticos en las Cámaras del Congreso de la Unión el 21 de noviembre de 1992, con el objeto precisamente de considerar, en conferencia, las iniciativas que se estimara pertinente, independiente de la Cámara de origen".[6] La modalidad de trabajo explica la similitud de los dictámenes de las respectivas comisiones. El debate en ambas cámaras, en consecuencia, fue breve pero suficiente para entender las posiciones de la mayoría y las razones de la oposición.

[4] *Diario de los debates de la Cámara de Diputados*, LV Legislatura. Iniciativa del Poder Ejecutivo, 5 de mayo de 1992, diario 6, pp. 931-934.

[5] *Ibid.*

[6] *Diario de los debates de la Cámara de Senadores.* Dictamen de las comisiones unidas de Comunicaciones y Transporte y de Estudios Legislativos, 8 de junio de 1992, diario 16, p. 3.

Pleno: debate

En la Cámara de Diputados, el diputado Enrique Gabriel Jiménez Remus (PRD) sostuvo que su grupo parlamentario consideraba que el Estado no debía ceder "su responsabilidad en la construcción, mantenimiento y mejoramiento de las carreteras [y] que se diseñe y promueva una política diferente de estímulo a la inversión productiva de los recursos financieros".

El grupo parlamentario independiente, por conducto del diputado Juan Jacinto Cárdenas García, propuso suprimir el artículo 112, relativo a las huelgas en las vías federales de comunicación, por ser contrario a la Constitución y a los derechos de los trabajadores. La única modificación que se introdujo en el Pleno fue la suscrita por el PRI y el Partido del Frente Cardenista, en relación con el monto de la indemnización por pérdida de vida.[7] En el Senado intervinieron en favor de la iniciativa y dictamen los senadores Mauricio Valdés y Netzahualcóyotl de la Vega (PRI), y Roberto Robles Garnica (PRD) en contra, con posiciones similares a las expuestas en la Cámara Baja.[8]

La ley de vías generales de comunicación se aprobó en la Cámara de Diputados por 289 votos en favor, 37 en contra y 44 abstenciones. En el Senado obtuvo 47 votos en pro y uno en contra. La ley se promulgó el 11 de junio de 1992.

2. Ley de caminos, puentes y autotransporte federal

El Poder Ejecutivo envió a la Cámara de Diputados el 22 de noviembre de 1993 otra iniciativa de ley de caminos, puentes y autotransporte federal. Urgía una nueva ley, ya que en el bienio 1990-1992 la tasa de crecimiento del volumen de carga transportada se había duplicado respecto al decenio anterior, o sea el de

[7] *Diario de los debates de la Cámara de Diputados*, LV Legislatura, Sesión del 2 de junio de 1992, diario 14, pp. 2106-2136.

[8] *Diario de los debates de la Cámara de Senadores*. Sesión del 11 de junio de 1992, diario 17, pp. 18-22.

1980. Como ya se explicó, lo mismo ocurría con los pasajeros movilizados en esos periodos. En síntesis, la iniciativa de ley venía a consolidar las medidas legislativas previas: reafirmaba la certidumbre jurídica para la inversión privada, estatal y municipal; ampliaba el plazo de concesión para construcción y explotación de caminos de 30 a 50 años, lo que permitía reducir las tarifas de peaje y simplificar los trámites administrativos; además, se restringió el margen de discrecionalidad de la Secretaría de Comunicaciones y Transportes, a la vez que se incrementaba la seguridad de los pasajeros y de la carga transportada.[9]

Comisión bicameral: dictamen

Al igual que la ley anterior, esta iniciativa se dictaminó por las comisiones de Transporte y Comunicaciones y Transportes de ambas Cámaras en *trabajos-conferencia*, con la presencia de funcionarios de la Secretaría del ramo.[10] Los cambios que ambas comisiones introdujeron a la iniciativa perfeccionaron las bases del concurso al diferir, a plazos más largos, las concesiones. Éstas serían de 50 años, con posibilidad de prórroga por un periodo adicional similar, a condición de que el concesionario hubiera cumplido con las condiciones impuestas. En segundo lugar, se precisaron los términos de la prestación del servicio de pasajeros y carga.[11]

Pleno y debate

Es fácil deducir la crítica de la oposición: se concentró en el plazo de las concesiones. Algunos diputados de la oposición, PPS, PARM

[9] *Diario de los debates de la Cámara de Diputados*, LV Legislatura, Iniciativa del Poder Ejecutivo, 22 de noviembre de 1993, diario 11, pp. 845-860.

[10] *Diario de los debates de la Cámara de Diputados*, LV Legislatura. Dictamen de la Comisión de comunicaciones y transporte, 2 de diciembre de 1993, diario 11, pp. 1565-1566.

[11] *Op. cit.*, pp. 1565-1588.

y PRD, pidieron que se respetara el plazo ya fijado de 30 años. Otros objetaron la escasa vigilancia de parte del poder público, en especial en lo relativo al cuidado de las vías concesionadas.

El PRI y el PAN sostuvieron la iniciativa y el dictamen modificado. En el Pleno, el PRI, el PAN y el Partido del Frente Cardenista de Reconstrucción Nacional propusieron algunas adiciones, como que los caminos federales ya construidos no se concesionaran por más de 20 años, y que el transporte local pudiera usar los caminos federales para recorridos cortos de 30 kilómetros. Todos los cambios se aprobaron, al igual que la propuesta del PPS de introducir la planeación en las políticas de desarrollo de carreteras.

Sin duda alguna la reforma importante fue al artículo 6 de la iniciativa, donde el Ejecutivo proponía extender la concesión a 50 años renovables por otros 50. Los grupos parlamentarios del Frente Cardenista de Reconstrucción Nacional, del Partido Popular Socialista y del PRI propusieron, y lograron, que se aprobara que las concesiones sólo se otorgaran por 30 años, con posibilidad de prórroga por otro plazo similar, o sea un total de 60 años. Las otras propuestas se rechazaron. La ley con los cambios que introdujo el Pleno se aprobó por 355 votos en pro y 32 en contra.[12] En este caso tanto el PRI como el PAN apoyaron el límite propuesto del periodo de 30 años renovables.

Senado

En el Senado intervino en favor del dictamen y en nombre de las comisiones unidas el senador Miguel Alemán, y en contra el senador Roberto Flores Garnica. La ley se aprobó con 44 votos en favor y uno en contra,[13] y se promulgó el mismo día, 13 de diciembre de 1993.

[12] *Diario de los debates de la Cámara de Diputados*, LV Legislatura. Sesión del 7 de diciembre de 1993, pp. 1588-1622.

[13] *Diario de los debates de la Cámara de Senadores*. Sesión del 13 de diciembre de 1993, diario 19, pp. 69-75.

3. Sistema portuario

Con anterioridad a la ley federal de caminos, el Congreso de la Unión examinó la iniciativa del Ejecutivo de reforma de la ley de puertos remitida el 1º de junio de 1993. Dicha iniciativa de ley establecía las bases para que la administración integral de un puerto recayera en sociedades mercantiles. Se fijaba que el gobierno federal sólo constituiría o administraría puertos en ausencia del interés de particulares o de los gobiernos estatales. Se establecía "la continuidad de la política que se inició con las reformas reglamentarias de 1991 en materia de maniobras portuarias [luego] de la requisa del puerto de Veracruz con el fin de liquidar los vicios que estrangulaban y encarecían el principal puerto del país". Sin embargo, frente a las nuevas normas, "los inversionistas se mostraban reticentes a incurrir en las grandes inversiones necesarias a ese efecto, pues el marco jurídico aún era poco transparente en algunos aspectos importantes".[14]

Los altos costos de transacción del viejo sistema portuario exigían una nueva normativa con motivo de la apertura comercial definitiva del país, que había iniciado en 1986. El gobierno federal conocía la ineficiencia con que operaban los puertos, no obstante la fuerte inversión que se hiciera en el decenio de 1970. En el puerto de Veracruz, el principal o uno de los de mayor tráfico, la productividad de las maniobras portuarias —medidas en tonelada por hora en operación— fue de escasas 55 toneladas en 1988, para pasar a 92 toneladas hora en 1990, para la carga general. Valores similares encontramos para los puertos de Ensenada, Lázaro Cárdenas, Acapulco, Progreso y Coatzacoalcos, sólo fue superior la productividad en los puertos de Guaymas, Mazatlán, Manzanillo y Tampico.[15]

La iniciativa estableció las bases para que la administración integral de un puerto recayera en particulares, organizados en

[14] Guillermo Martínez y Guillermo Fárber, *Desregulación Económica (1989-1993)*, Fondo de Cultura Económica, México, 1994, p. 75.

[15] *Op. cit.*, p. 57.

sociedades mercantiles. Con tal fin se creó la administración portuaria integral, es decir una *concesión* que otorgaba la Secretaría del ramo para que una empresa privada construyera, planeara, promoviera, operara, fomentara y desarrollara un puerto. A su vez, la sociedad concesionaria se comprometía a desarrollar una zona portuaria con infraestructura industrial y de servicios. Estaba previsto en la iniciativa de ley que en los puertos donde no se creara una administración portuaria integral se concesionaría a terceros la explotación y operación de terminales e instalaciones portuarias tanto de uso público como particular. La ley también fijaba las normas tarifarias.[16]

Comisión bicameral: dictamen

El examen de la iniciativa, al igual que en proyectos previos, se desarrolló en *reuniones-conferencias bicamerales,* de las comisiones de Comunicaciones y Transportes, "con el propósito de avanzar conjuntamente en el análisis y estudio de la iniciativa e intercambiar opiniones". En dichas *reuniones-conferencia,* diputados y senadores dialogaron "con funcionarios de la Secretaría de Comunicaciones y Transportes y de Puertos Mexicanos, para efectuar observaciones referentes a la iniciativa".[17]

La estrecha relación entre apertura comercial y política de modernización portuaria es evidente en el dictamen. El intercambio comercial había crecido, de 70 a 108 billones de dólares entre 1989 y 1992. Existía una conciencia generalizada de que todo el sistema de comunicaciones era precario y obsoleto. Ni que decir del sistema portuario, que debiendo proporcionar un transporte eficaz y a bajo costo, adolecía de graves deficiencias. La apertura comercial desencadenó la necesidad y voluntad de modernizar; un problema obligaba a resolver otros, por lo que

[16] *Diario de los debates de la Cámara de Diputados,* LV Legislatura. Iniciativa del Poder Ejecutivo, 1 de junio de 1993, diario 15, pp. 1086-1103.

[17] *Diario de los debates de la Cámara de Diputados,* LV Legislatura. Dictamen de la Comisión de Comunicaciones y Transporte, 16 de junio de 1993, diario 20, p. 1514.

se aprobó sin mayor dilación el nuevo marco jurídico y administrativo. Incluso en esta ocasión, y con el fin de diferir costos en un plazo más largo, la comisión aceptó, en el caso de una administración integral del puerto, el periodo de la concesión por 50 años, renovable por otro tanto.[18]

Pleno: debate y votación

Como era de esperarse, y al igual que la objeción al proyecto carretero, PPS, PARM y PRD criticaron el que las concesiones se otorgaran por casi un siglo, y que a los trabajadores del ramo se les dejara sin protección laboral. En cambio, el diputado Juan Luis Calderón Hinojosa (PAN) declaró que su partido votaría en favor de la iniciativa. El diputado J. Benigno Aladro Fernández (PAN) presentó una serie de modificaciones relativas al carácter legislativo de los puertos y de su zona de desarrollo. Habló del mecanismo de asignación de los bienes de dominio público de la Federación por parte de las secretarías de Desarrollo Social y de Comunicaciones y Transportes. Las propuestas de cambio eran respecto al carácter de la zona de desarrollo, moción que coincidió con lo dicho por el diputado Fernando Rodríguez Serna, del PRI. El diputado Servando Hernández Camacho habló por el PARM, para pedir que se reforzaran los artículos relativos a la protección ecológica y que se aumentara la vigilancia sobre los puertos de parte de las secretarías correspondientes. Las distintas fracciones parlamentarias pidieron una revisión de distintos artículos: el PPS para que el Estado fuera socio mayoritario en la nueva administración portuaria; el PRD pidió que se incrementara el papel regulatorio del Estado. Después de un amplio debate se aprobó la propuesta del PRI relativa a la zona de desarrollo portuario, y la del PAN, que definía el carácter del puerto. Se desechó la relativa a la zona de desarrollo portuario así como la propuesta regulatoria de las secretarías competentes en la asig-

[18] *Op. cit.*, pp. 1514-1538.

CUADRO VI.2. *Participación de los transportes y de las comunicaciones en el gasto federal total*
(Porcentaje)

1985	4.6
1988	2.3
1992	3.8
1993	4.2
1994	5.6

FUENTE: IMF, *Goverment Finance Statistics*, Washington, D. C., 1996, p. 259.

nación de bienes públicos a las sociedades administradoras de puertos. En cambio, se aceptó la propuesta del PAN en relación con los términos para la presentación de solicitudes por parte de las empresas. Todas las otras modificaciones fueron rechazadas. La ley se aprobó por 375 votos en favor y 33 en contra.[19]

Senado

En la Cámara de Senadores hubo tres intervenciones: el senador Adolfo Vega Camacho apoyó la iniciativa con los cambios propuestos por la Cámara de Diputados, el senador Héctor Terán Terán (PAN) habló en contra, insistiendo en la duración de la concesión, y el senador Porfirio Muñoz Ledo (PRD) presentó hiperbólicamente la ley como sus homólogas: "una rendición institucional del Estado mexicano con la única y estrecha mirada de la aprobación del Tratado de Libre Comercio." Varios senadores, como Iglesias, Miramontes y Miguel Alemán (PRI), replicaron a las generalizaciones del senador Muñoz Ledo y luego se procedió a la votación: 45 en favor.[20] La ley se promulgó el 1º de julio de 1993.

[19] *Diario de los debates de la Cámara de Diputados*, LV Legislatura. Sesión del 22 de junio de 1993, diario 21, pp. 1616-1673.

[20] *Diario de los debates de la Cámara de Senadores*. Sesión del 1º de julio de 1993, diario 23, pp. 36-51.

La nueva política de ofrecer un servicio público de modo conjunto: Estado y sector privado, se aplicó al transporte terrestre por autopista y al transporte marítimo mediante la reorganización de los puertos. El cambio anterior condujo a la reorganización de los recursos estatales que se presentan en el cuadro VI.2.

El cambio del marco regulatorio en materia de infraestructura logró, a partir de 1992, reorganizar el gasto federal en el sector y, enseguida, hacerlo crecer. Obviamente, no hay por ahora ningún estudio que valore las repercusiones del cambio de un servicio público estatal hacia otro de coparticipación Estado y particulares.

4. Apertura comercial

El nuevo marco institucional tantas veces mencionado se asocia directamente con las normas que derivan del Tratado de Libre Comercio, que el Senado mexicano había ratificado el 22 de noviembre de 1993. Su ratificación provocó un fenómeno en cascada de reformas, adiciones y derogación de disposiciones de diversas leyes en vigor.

El Tratado de Libre Comercio fue la culminación del proceso de apertura comercial. Este proceso comenzó con la reforma del régimen comercial de mediados de 1985, que se facilitó debido al Entendimiento Bilateral sobre Subsidios y Derechos Compensatorios firmado por México y los Estados Unidos en ese mismo año. "La liberalización se realizó gradualmente al principio, y se consolidó en 1988. A mediados de 1985, más de 90% de la producción nacional estaba protegida a través de un sistema de permisos previos de importación... después de las medidas de diciembre de 1987 los aranceles se redujeron a cinco niveles y el máximo se fijó en 20% [...] y el arancel promedio ponderado por la producción se redujo a 11% en ese año de 1988". El proceso continuó en 1989, no obstante que aún fueron necesarios los permisos previos de importación para el petróleo, equipo de transporte, agricultura y producción de alimentos y bebidas.[21]

[21] Lustig, *op. cit.*, pp. 149-153, y Aspe, *El camino...*, *op. cit.*, pp. 132-134 y 137-142.

El Tratado de Libre Comercio consta de un preámbulo y 22 capítulos, agrupados en ocho partes. En el preámbulo, los tres países adquieren el compromiso de promover el empleo y el crecimiento económico en la región mediante la expansión del comercio y de la inversión. Los tres gobiernos subrayan que el Tratado permitirá aumentar la competitividad de las empresas mexicanas, canadienses y estadunidenses sin descuidar la protección del ambiente, y a continuación se listan los objetivos y las definiciones generales. Las tres partes subsecuentes del Tratado hablan del comercio de bienes, las barreras técnicas a este comercio y las compras del sector público. En seguida se exponen los acuerdos a nivel de la inversión, de los servicios —incluidos los financieros—, de la propiedad intelectual y finalmente de la resolución de los conflictos.[22] Los beneficios esperados del TLC se sintetizan al afirmar que se busca reducir los obstáculos remanentes al intercambio de bienes y servicios entre las tres naciones, y crear las premisas para una expansión de la inversión.

Si hemos abordado el Tratado de Libre Comercio es sólo para decir que el papel del Congreso se limitó a que el Senado lo ratificara. El Consejo Asesor del Tratado, es decir, el que participó en su elaboración, se compuso por representantes del sector laboral, agropecuario, empresarial y académico, con total ausencia de congresistas.[23]

No obstante, al Poder Legislativo se le encomendó revisar el Tratado en función de la normatividad vigente, que debía modificarse por entrar en conflicto con las cláusulas firmadas.[24] Por

[22] Para un buen análisis del TLC, véase Herminio Blanco Mendoza, *Las negociaciones comerciales de México con el mundo*, Fondo de Cultura Económica, México, 1994, pp. 161-226, y Eduardo Andere y Georgina Kessel (comps.), *México y el Tratado Trilateral de Libre Comercio*, ITAM-McGraw-Hill, México, 1992. El análisis jurídico se encuentra en Jorge Witker (coord.), *El Tratado de Libre Comercio de América del Norte*, UNAM, Instituto de Estudios Jurídicos, México, 1993, 2 vols.

[23] Jorge Bustamante, "El Consejo Asesor del Tratado de Libre Comercio", en Secofi, *Hacia un Tratado de Libre Comercio en América del Norte*, Porrúa, México, 1991, pp. 301-304.

[24] Podemos identificar el antecedente de esta iniciativa en la reforma de la

esta razón encontramos en la exposición de motivos de la iniciativa del Ejecutivo federal un recordatorio de antecedentes. En primer lugar se menciona que la apertura comercial era uno de los objetivos del Plan Nacional de Desarrollo, que la liberalización comercial se había iniciado bajo el gobierno previo, de Miguel de la Madrid. Durante ese gobierno se redujeron de manera unilateral los aranceles, se eliminaron otros obstáculos de carácter no arancelario a las importaciones y exportaciones de mercancías. Del mismo tenor, se recordó, fue la decisión de adherirse al Acuerdo General sobre Aranceles Aduaneros y Comercio (GATT) en 1988. Que la posición de México en la Ronda Uruguay fue en favor de la liberalización del comercio mundial, que el gobierno había suscrito numerosos acuerdos tendientes a liberalizar sus relaciones comerciales en América Latina y con el resto del mundo. Se concluyó que estas medidas, en su conjunto, habían reducido los aranceles promedio de 27 a 10% en el decenio 1983 y 1992.[25]

Comisión bicameral: dictamen

El papel del Congreso se hizo sentir en las leyes que debían ser reformadas. En la ley del comercio exterior, en lo relativo a:

a) si una mercancía estaba sujeta a una cuota compensatoria;
b) el procedimiento de revisión de dichas cuotas y lo relativo a la solución de controversias;

ley general de sociedades mercantiles promulgada el 2 de junio de 1992 que tuvo "como objetivo primordial la desregulación del marco jurídico aplicable a las sociedades mercantiles liberalizando, entre otras cosas, la formación de sociedades anónimas". Véase al respecto *Diario de los debates de la Cámara de Senadores*. Iniciativa del Poder Ejecutivo, 22 de abril de 1992, diario 3, pp. 19-22, y *Diario Oficial de la Federación*, 11 de junio de 1992.

[25] *Diario de los debates de la Cámara de Diputados*, LV Legislatura. Iniciativa del Poder Ejecutivo, 25 de noviembre de 1993, diario 12, pp. 1077-1084.

c) la ley aduanera, con el fin de especificar los regímenes especiales en los tratados comerciales internacionales;
d) el código fiscal, para permitir que auditores extranjeros pudieran registrarse ante la Secretaría de Hacienda y poder dictaminar los estados financieros;
e) la ley orgánica del Tribunal Fiscal de la Federación, con el fin de otorgar a ese órgano la facultad para conocer y resolver conflictos en materia de prácticas desleales;
f) la ley reglamentaria relativa al ejercicio de profesiones en el Distrito Federal, con el objeto de suprimir la prohibición del ejercicio profesional a extranjeros y naturalizados;
g) la modificación de la ley de expropiación para "otorgar una mayor seguridad jurídica a los particulares en los procedimientos expropiatorios" y hacer claros y transparentes sus procedimientos;
h) la ley orgánica de petróleos y organismos subsidiarios y la ley del servicio público de energía eléctrica, de modo que Pemex y la Comisión Federal de Electricidad pudieran pactar cláusulas arbitrales;
i) la ley federal de derechos de autor para prolongar el derecho patrimonial del autor 75 años después de su muerte, y la derogación del dominio público pagante, además de la protección al derecho autoral corporativo.[26]

El dictamen se efectuó bajo la mecánica de *reuniones-conferencia bicamerales* de las comisiones de comercio respectivas. Los cambios que se aprobaron respetaron el espíritu de las reformas, sólo se tocaron ciertos puntos para que fueran congruentes con el Tratado de Libre Comercio.[27]

[26] *Ibid.*

[27] *Diario de los debates de la Cámara de Diputados*, LV Legislatura. Dictamen de la Comisión de Comercio, 8 de diciembre de 1993, diario 18, pp. 1868-1876; *Diario de los debates de la Cámara de Senadores*. Dictamen de las comisiones unidas de Comercio, Fomento Industrial y Estudios Legislativos, 13 de diciembre de 1993, diario 19, pp. 53-58.

Pleno: debate

Cuando se pasó a debate por el Pleno de la Cámara de Diputados, Rubén Raymundo Gómez Ramírez (PAN) denunció los procedimientos parlamentarios, "equivocados, la secuencia inaceptable, la ligereza con que se ha actuado para enviarnos este conjunto de leyes tan importantes". Según el diputado del PAN, el Senado de la República actuó con "una lamentable falta de decisión [...] pues si consideraba o considera que el Tratado es bueno o es malo, debió aprobarlo o rechazarlo de inmediato" y no esperar más de diez meses para aprobarlo faltando apenas 20 días para que entrara en vigor. Así, dijo, se ha arrinconado a los diputados "para obligarnos a aprobar [las reformas] al vapor", y se "nos pide que cambiemos la legislación mexicana para atender compromisos con extranjeros, lo cual muestra claramente que estamos cambiando las disposiciones jurídicas internas para conformarlas, plegarlas, adecuarlas a compromisos contraídos en el exterior".

El diputado Jorge Calderón (PRD) asentó que la Cámara de Diputados no tuvo conocimiento de "informes específicos, sectoriales y precisos, que funcionarios y negociadores presentaran ante la comisión. Las comisiones nunca recibieron los antecedentes de lo que en su área se convenía: la Hacienda no recibió un informe de las negociaciones en materia de servicios financieros"; tampoco la de agricultura sobre negociaciones agropecuarias; la de Patrimonio y Fomento Industrial no fue informada de la política industrial o de compras de gobierno, y tampoco la de Comercio sobre las tablas de desgravación aduanera ni de las percusiones que los procesos de integración tendrían en los niveles arancelarios. Sostuvo igualmente que "un grupo de funcionarios del Ejecutivo federal negoció en bloque, disposiciones que fueron aprobadas en paquete por el Senado de la República [...] sin participación de amplios sectores populares y tampoco del Congreso de la Unión". Otro diputado del PAN, Héctor Pérez Plazola, propuso cambios relativos a los títulos profesionales expedidos en el extranjero y sobre la resolución de controversias.

Todas éstas se desecharon. Lo mismo ocurrió con la propuesta del PRD en torno a la improcedencia de reformar la ley de expropiación. En cambio, el PRI y el FCRN propusieron un cambio al Códice Fiscal de extranjeros y del Tribunal Fiscal de la Federación que se aprobaron. La ley se votó: 237 en favor y 125 en contra; las abstenciones o ausencias fueron cuantiosas.[28]

Senado

El dictamen del Senado retomó las reformas que introdujo la Cámara de Diputados, que eran el resultado del trabajo realizado en *sesiones-conferencia* de ambas Cámaras.[29] En el curso del debate, el senador Roberto Flores Garnica (PRD) se opuso a la iniciativa y dictamen porque subordinaba la ley mexicana a los fines del Tratado de Libre Comercio, mientras que el senador Gustavo Salinas (PRI) habló de los beneficios económicos que se derivarían de la apertura comercial. La ley se aprobó por 54 votos en favor y uno en contra.[30] Una vez ratificada se reformaron, adicionaron y derogaron las otras leyes vinculadas con el Tratado de Libre Comercio de América del Norte que se promulgó el 14 de diciembre de 1993. Como hemos expuesto en el capítulo I, la L Legislatura se integró una vez más por una abrumadora mayoría del PRI. A este hecho cabe sumar el acuerdo PRI-PAN de 1991 para entender las votaciones del Congreso en esos años.

El Congreso de la Unión sin duda tuvo un reducido papel en la apertura comercial del país que rompió en definitiva con el proteccionismo. La voz de la oposición no produjo cambios significativos y es probable que algunos priístas votaran por disciplina, más que por convicción, uno de los convenios internacio-

[28] *Diario de los debates de la Cámara de Diputados*, LV Legislatura. Sesión del 10 de diciembre de 1993, diario 18, pp. 1876-1910.

[29] *Diario de los debates de la Cámara de Senadores.* Dictamen de la comisiones unidas de Comercio, Fomento Industrial y Estudios Legislativos, 13 de diciembre de 1993, diario 19, pp. 53-58.

[30] *Diario de los debates de la Cámara de Senadores.* Sesión del 14 de diciembre de1993, diario 20, pp. 33-39.

nales de mayor trascendencia para México. Pedro Aspe Armella estudia los efectos de esta reforma, y argumenta que es difícil medir los efectos de la apertura comercial porque "son en su mayoría cualitativos". Con todo, realiza un brillante ejercicio comparando la solución óptima de una economía cerrada con la respuesta óptima de una economía abierta. De la comparación resulta que en una economía abierta el sector más perjudicado es el del petróleo y gas natural; en cambio, las pérdidas son pequeñas en alimentos procesados, textiles y vestidos, es decir, dos sectores de baja intensidad de capital. Las grandes ventajas de una economía abierta, en cambio, beneficiarían a sectores productivos de reciente tecnología, como la industria automotriz, química, del cemento, de la madera, maquinaria y equipo, al igual que la industria de la construcción, sector eléctrico, comercial y servicios.[31]

5. Modernización productiva

La modernización de los servicios públicos y sociales al igual que la liberalización comercial —conforme al Plan de Desarrollo—, debió beneficiar a los sectores agrícola y pesquero; y conservar y hacer un uso racional de los recursos renovables y no renovables del país.

Un asunto de alta prioridad fue la modernización del área rural, que padecía graves problemas estructurales. Pobre en tierras agrícolas y densamente poblado, su campo padeció recortes constantes en la inversión agrícola y en el desarrollo de nuevos distritos de riego. La tendencia desde el decenio de 1960 a destinar el gasto en beneficio del desarrollo industrial y para infraestructura y servicios urbanos privó al sector agrícola de recursos para su desarrollo. Las altas tasas de natalidad en el medio rural, además, gravaron los recursos de por sí limitados, a pesar de la tendencia a la baja de la población rural total, que entre 1980 y 1990 pasó de 33.7 a 28.7%. Otro índice fue la tendencia a la baja

[31] Aspe, *El camino...*, *op. cit.*, pp. 134-137.

en productividad. Esto lo advertimos por el descenso del PIB *per capita* nacional, que pasó de 203 000 a 225 000 pesos (de 1980) en diez años, 1980-1990, mientras el PIB *per capita* agrícola tuvo un crecimiento raquítico de 62 000 a 75 000 pesos, en el mismo periodo. O sea que representó en 1980 30.5%, y en 1990 33.3% del PIB *per capita*. La pobreza rural constituía un dato fundamental para toda política económica, más aún cuando escasamente 16.1% de la población rural contaba, en 1984, con ingresos superiores a dos salarios mínimos.

El programa sectorial del Plan Nacional de Desarrollo dedicado al campo establecía que para acelerar la transformación del sector agropecuario se debía crear un marco legal nuevo que alentara la eficiencia económica. Con tal objetivo, se debían desarrollar la infraestructura, esquemas directos de intervención a través de entidades públicas, programas de apoyo a productos agrícolas específicos, planes precisos para atacar la pobreza extrema en zonas rurales y utilizar de modo racional y eficiente los recursos públicos.[32]

A partir del decenio de 1980 se acentuó la idea de que uno de los obstáculos para la renovación del campo obedecía a que el marco jurídico agrario había quedado rezagado en relación con los cambios económicos y sociales en el mismo sector rural.[33] Los resultados de las encuestas agrarias, del ingreso de los hogares, así como los censos agropecuarios y censos generales de los últimos 20 años reiteraban que realidad y norma no eran complementarias, más aún, se obstaculizaban. Las encuestas revelaban que la productividad de la tierra en la pequeña y gran propiedad era mayor a la de las parcelas ejidales, que la pequeña propiedad estaba más capitalizada que la ejidal, y que la producción en la pequeña propiedad era más intensiva en capital. Los datos mostraban que la propiedad ejidal era relativamente com-

[32] Para un análisis de la evolución del sector agropecuario y de las políticas seguidas en los años de 1980 y primeros años del siguiente, véase Luis Téllez Kuenzler, *La modernización del sector agropecuario y forestal*, Fondo de Cultura Económica, México, 1990, pp. 17-84 y 153-234.

[33] Véase el cap. II.

petitiva con la privada en igualdad de inversión, sólo que la banca privada difícilmente prestaba al ejidatario, pues el ejido no podía cubrir el aval, y los bancos ejidales prestaban pero sólo bajo sus normas de cultivo y comercialización. La coinversión de ejidatarios y privados también se topaba con obstáculos, por lo que los ejidatarios arrendaban las tierras o las traspasaban al margen de la ley. Por otra parte, la pequeña o mediana propiedad, en especial la ganadera, no invertía en pastizales y riego por temor a la expropiación. En suma, los datos y la realidad de la pobreza rural corroboraban la convicción de que el marco jurídico de la reforma agraria requerían un ajuste, puesto que el vigente había sido rebasado por la realidad.[34]

Esta corriente de opinión se manifestó en la iniciativa de reforma constitucional del artículo 27, llamada Reforma de la Reforma Agraria, que el presidente de la República envió a la Cámara a finales de 1991. La exposición de motivos refiere que por efecto de los cambios económicos del país, el sector rural genera menos de 10% del producto nacional, y que el crecimiento promedio de la producción agropecuaria, en el último cuarto de siglo, había sido inferior al de la población. Precisamente por no ser la inversión pública de la magnitud suficiente para financiar la modernización productiva del campo, debía alentarse el libre juego de los actores sociales. El primer paso fue dar certidumbre a la propiedad rural y liberar al Estado del mandato constitucional de dotar de tierras a todo núcleo de población que lo requiriera. Si ya no había más tierra que repartir y se debía continuar con el reparto vía la expropiación se caía en un círculo vicioso que minaba la certidumbre necesaria a la inversión. A la vez se estimuló la inversión productiva en el agro mediante una reforma que permitía la libre asociación entre distintas formas de tenencia de la tierra.

La reforma constitucional, en primer lugar, liquidó el mandato constitucional del reparto de tierra por el Estado. Estableció que:

[34] Acerca del progresivo cambio en política agraria, véase Téllez, *La modernización..., op. cit.*, pp. 235-254.

la ley reconoce y protege la propiedad ejidal y comunal de la tierra [...] protegiendo la integridad territorial de los pueblos indígenas [...] y la voluntad de ejidatarios y comuneros para adoptar las condiciones que más le convengan en el aprovechamiento de sus recursos productivos ..., estableciendo que la ley regulará el ejercicio de los derechos de los comuneros sobre la tierra y de cada ejidatario sobre su parcela. Asimismo establecerá los procedimientos por los cuales ejidatarios y comuneros podrán asociarse entre sí o con terceros y otorgar el uso de sus tierras, y tratándose de ejidatarios, transmitir sus derechos parcelarios entre sí; igualmente fijará las condiciones conforme a las cuales el núcleo ejidal podrá otorgar al ejidatario el dominio sobre su parcela... [La reforma constitucional garantiza la pequeña propiedad, considerando como tal] la que no exceda de 100 hectáreas de riego o humedad de primera o sus equivalentes en otras clases de tierras... [y establece que las] sociedades mercantiles por acciones podrán ser propietarias de terrenos rústicos pero únicamente en la extensión que sea necesaria para el cumplimiento de su objetivo.[35]

Comisión bicameral: dictamen

La reforma constitucional del artículo 27, promulgada el 3 de enero de 1992, abrió la vía a la Ley Agraria que la reglamentó. La iniciativa se recibió en la Cámara de Diputados el 7 de febrero de 1992. Nos recuerda, en su exposición de motivos, que el antecedente directo de la nueva ley agraria y la reforma constitucional fue el programa enunciado por la Presidencia el 14 de noviembre 1991. Con este motivo hubo un amplio debate tanto en el Poder Legislativo como entre las organizaciones campesinas. Se precisa que el 6 de enero de 1992, en Veracruz, numerosas organizaciones campesinas, a través de más de 2 000 delegados, presentaron sus observaciones, las cuales se tomaron en cuenta al elaborar la iniciativa de ley agraria.[36]

[35] Reforma del artículo 27 del 3 de enero de 1992, en Tena Ramírez, *Leyes Fundamentales..., op. cit.*, pp. 1069-1074. Véase también Téllez, *La modernización..., op. cit.*, pp. 254-260, y Javier López Moreno, *Reformas constitucionales para la modernización*, Fondo de Cultura Económica, México, 1994, pp. 153-167.

[36] *Diario de los debates de la Cámara de Diputados*, LV Legislatura. Iniciativa del Poder Ejecutivo, 7 de febrero de 1992, diario 8, pp. 224-255.

La iniciativa, que obviamente recoge y formaliza la normativa constitucional, reitera el compromiso del Estado de promover el desarrollo rural integral, y precisa que la organización interna máxima del ejido, "la asamblea, el comisariado y el consejo de vigilancia ya no se conciben como autoridades, sino como órganos de representación y ejecución". Así, se refuerza el principio, válido también para los ejidos, de "que los ejidatarios adopten las formas de organización que ellos consideren más adecuadas y les permite también celebrar cualquier contrato que diversifique riesgos e incremente sus ingresos".[37] Se propuso además la creación de la Procuraduría Agraria y de Tribunales Federales Agrarios para garantizar la impartición de justicia y dar definitividad a la materia.[38]

La iniciativa propiciaba —al otorgar mayor seguridad jurídica— nuevas formas de asociación, y eliminaba los obstáculos a sociedades mercantiles, con el fin de vincular a los productores con el mercado. Se propuso un régimen flexible de tenencia de la tierra ejidal al dividirlas en tres tipos: de asentamiento humano, para uso común y parceladas. Son de asentamiento humano las de la zona urbana, la reserva para crecimiento del poblado y las parcelas destinadas a los servicios de la comunidad. Estos lotes, con excepción de los que habitan los miembros del núcleo de población, son inalienables, imprescriptibles e inembargables. El segundo tipo, de uso común, no se puede enajenar pero sí se aporta a una sociedad para el desarrollo de un proyecto productivo donde participen ejidatarios con otros inversionistas. Las tierras parceladas también son propiedad del ejido, pero el ejidatario puede optar por mantenerlas bajo régimen ejidal y en absoluta libertad contratar su uso o dar en garantía su usufructo por un periodo máximo de 30 años renovables. Incluso puede, con autorización de la asamblea ejidal, desincorporarlas del ejido y cambiar el régimen de tenencia de su parcela al de pequeña propiedad. Una vez convertida en propiedad privada,

[37] *Op. cit.*, pp. 225-226.
[38] *Op. cit.*, pp. 246-247.

el ejidatario puede venderla o enajenarla, hipotecarla o realizar cualquiera acción de pleno dominio.[39]

Uno de los propósitos de la reforma era canalizar mayores recursos al campo e incorporar nuevas tecnologías para aumentar su productividad y rentabilidad. Por ello la iniciativa preveía la participación de otros sectores en la actividad agrícola, en especial de sociedades civiles y mercantiles. Sin embargo, con el fin de evitar que por medio de estas sociedades se diera un proceso de acumulación de la tierra, se propuso que el límite máximo de tierra fuera de 25 veces la pequeña propiedad, es decir, de 2 500 hectáreas, y que se distinguiera en el capital social una serie especial de acciones para las partes sociales representantes del capital en tierras. Así, en el caso de una eventual disolución de la sociedad, sus tenedores recuperarían sus derechos sobre la tierra. Las sociedades debían inscribirse en el Registro Agrario Nacional y la Secretaría de la Reforma Agraria vigilaría la suscripción y transmisión de las acciones de tierra así como de otros actos, documentos e información pertinente.[40]

Los dictámenes de ambas Cámaras del Congreso se discutieron y aprobaron bajo la modalidad del *trabajo-conferencia* practicado normalmente por la LIV Legislatura. Esta práctica parlamentaria, como ya vimos, se renovó con el Acuerdo Parlamentario del 21 de noviembre de 1991, según el cual se llevan a cabo "trabajos de conferencia sobre las iniciativas que cada Cámara recibiera con el carácter de Cámara de origen".[41] La iniciativa de reforma del artículo 27 se valoró en *trabajos-conferencia* y en conjunto se introdujeron 60 cambios. Destaca la facultad de las organizaciones de productores de elaborar las propuestas de políticas de desarrollo y de fomento del campo; los derechos de los ejidatarios y de los avecindados, su papel en las asambleas ejidales; el destino de las tierras no parceladas; las funciones y los

[39] *Op. cit.*, pp. 233-239.

[40] *Op. cit.*, pp. 241-243.

[41] *Diario de los debates de la Cámara de Senadores.* Dictamen de las comisiones unidas del Sector Social Agrario y de Fomento Agropecuario, Recursos Hidráulicos y Forestales, 23 de febrero de 1992, diario 9, p. 3.

requisitos de los procuradores y subprocuradores agrarios, y las garantías a la propiedad comunal y ejidal.[42]

El dictamen de las comisiones unidas de Gobernación y Puntos Constitucionales y de Reforma Agraria de la Cámara de Diputados recogió las ideas del Senado. Todos los grupos parlamentarios reconocieron la dificultad de llegar en una sola ley a agotar "de manera exhaustiva todos los aspectos de esta realidad que deben ser sujetos de normatividad jurídica".[43] Como en otras ocasiones, establecieron un acuerdo, firmado por todos los coordinadores de los partidos políticos. Convinieron en que las discusiones se harían en dos días y que en la discusión, en lo general, participarían hasta tres oradores por grupo parlamentario por 30 minutos máximo. En las intervenciones en lo particular cada diputado contaría con 10 minutos.[44]

Pleno: debate

Como preludio del debate, el diputado Francisco Hernández Juárez (PPS), en nombre de su grupo parlamentario y del PRD, presentó una *moción suspensiva.* Dijo que el dictamen "no recoge las opiniones de los campesinos, ejidatarios y auténticos pequeños propietarios", y solicitaba que la Cámara aprobara "la suspensión del proceso legislativo en discusión" y que se trasladara dicha discusión al siguiente periodo ordinario de sesiones. La propuesta de *moción suspensiva* desató un debate que anunciaba que la nueva ley agraria sería motivo de sustanciosos juicios políticos, ideológicos e incluso históricos. Una vez más se hacía

[42] Los resultados de los trabajos en conferencia se encuentran en el Dictamen de las comisiones unidas del Senado, *op. cit.*, pp. 6-9.

[43] *Diario de los debates de la Cámara de Diputados,* LV Legislatura. Dictamen la comisiones unidas de Gobernación y Puntos Constitucionales y de Reforma Agraria, 15 de febrero de 1992, diario 3, pp. 12-48.

[44] *Diario de los debates de la Cámara de Diputados,* LV Legislatura. Acuerdo parlamentario para regular la discusión sobre la ley agraria, 19 de febrero de 1992, diario 5, p. 293.

evidente que el tema de la reforma agraria, al igual que los de la soberanía y de la deuda exterior, era nodal a la cultura política mexicana, y punto de alta sensibilidad de todos los partidos políticos. El diputado J. Jesús González Cortázar (PRI) sostuvo que se debía desechar la *moción suspensiva,* ya que consideró ridícula la posición de la oposición respecto a que la nueva ley agraria fuera una imposición de las grandes compañías extranjeras. La *moción suspensiva* se desechó.[45]

En virtud del acuerdo de todos los grupos parlamentarios, incluido PPS y PRD, el debate en lo general comenzó el día siguiente, 20 de febrero. El presidente de la Comisión de Gobernación, diputado César Augusto Santiago Ramírez (PRI), inició la plenaria; fundamentó los aspectos básicos del dictamen de la comisión. Enseguida inició el debate. Los partidos fijaron posición con argumentos similares a los esgrimidos en la *moción suspensiva.* La oposición, representada por PPS, PARM y PRD, emitió juicios extremadamente negativos en relación con el dictamen y la iniciativa. Defendieron el dictamen y la iniciativa el PRI, el PFCRN y el PAN. Los diputados de este último partido sostuvieron de modo consistente la necesidad de votar en favor. Al igual que en las otras ocasiones, fue el acuerdo PRI-PAN suscrito en la Legislatura precedente el que permitió la construcción de una amplia mayoría de sostén de los proyectos del Ejecutivo. En efecto, gracias a este acuerdo, la reforma agraria se aprobó por 388 votos en favor y 45 en contra.[46] Es probable que un buen número de los 600 diputados se hubiera retirado del aula a la hora de la votación.

Senado

El dictamen que presentaron las comisiones unidas del Senado recogía los escasos cambios que se habían introducido en las

[45] *Diario de los debates de la Cámara de Diputados,* LV Legislatura. Sesión del 19 de febrero de 1992, diario 5, pp. 293-311.

[46] *Diario de los debates de la Cámara de Diputados,* LV Legislatura. Sesión del 20 de febrero de 1992, diario 5, pp. 320-381.

discusiones, en lo general y en lo particular, por la Cámara de Diputados.[47] Durante el debate hubo intervenciones del senador Héctor Hugo Olivares Ventura (PRI) y, en nombre de las comisiones unidas, del senador Manuel Aguilera Gómez (PRI), quien defendió la nueva ley agraria. Enseguida hizo uso de la palabra el senador Porfirio Muñoz Ledo (PRD) para oponerse a la nueva ley con los mismos argumentos esgrimidos por los diputados del PRD, PPS y PARM. En breve, los diputados y senadores de estos tres partidos políticos denunciaron la creciente subordinación de la economía mexicana a los designios del capitalismo y la política neoliberal, de la que la ley era una manifestación más. El senador Héctor Terán Terán (PAN), en apoyo de la ley agraria, agregó: "se nos ha acusado, hace unos días, de que hemos estado apoyando muchas iniciativas del Ejecutivo; de que nosotros nos estamos acercando mucho a la política del Ejecutivo, [cuando en cambio] es el Ejecutivo el que se ha acercado a nosotros". La ley se aprobó por 53 votos en favor y dos en contra, se promulgó el 23 de febrero de 1992.[48]

6. MODERNIZACIÓN PRODUCTIVA DE MINERÍA Y PESCA

Como dijimos previamente, el Plan Nacional de Desarrollo abarcaba una modernización productiva integral, de la cual era parte la iniciativa de ley de pesca y la ley minera. La primera pretendía invertir la tendencia decreciente entre 1980 y 1990, cuando bajó la captura y tonelaje de la flota pesquera respecto del decenio anterior. Cabe recordar que más de la mitad de la producción se exportaba. La nueva política pesquera debía invertir la tenden-

[47] *Diario de los debates de la Cámara de Senadores.* Dictamen de las comisiones unidas del Sector Social Agrario y del Fomento Agropecuario, Recursos Agrarios y Forestales, diario 9, pp. 2-37.

[48] *Diario de los debates de la Cámara de Senadores.* Sesión del 23 de febrero de 1992, diario 9, pp. 37-59.

cia con criterios de racionalidad biológica y de viabilidad económica, al otorgar concesiones, permisos y autorizaciones. El nuevo régimen de concesión se otorgaría por concurso, para así garantizar una explotación más racional de las especies. Sin desvirtuar la naturaleza jurídica de los concesionarios, la concesión podía servir de aval y de respaldo adicional ante las instituciones financieras.[49]

La iniciativa de la minera también se pensó con la finalidad de reactivar al sector. Entre 1960 y 1979 la participación de la minería en la producción industrial total bajó de 5.2 a 2%. En 1988 recuperó su nivel de los años sesenta: 5.5% del producto industrial global. La idea era que la recuperación del sector minero continuara sin incremento de la participación estatal; por el contrario, alentando la pequeña y mediana industria responsables del incremento productivo en el decenio de 1980.[50] Con el fin de acelerar el crecimiento del sector se daba mayor certidumbre jurídica a "la industria minera [que] por su naturaleza es intensiva en capital y de largo plazo de maduración"; por lo que sólo se podía afirmar bajo un régimen jurídico que le diera plenas garantías. La inversión y el proceso de capitalización de las empresas requería "de capital de riesgo para la exploración, de altas inversiones de capital para la explotación y de tecnología sofisticadas para la recuperación eficiente y competitiva de los minerales". De allí la necesidad de permitir "la participación del capital extranjero en las actividades de exploración y de explotación". La simplificación administrativa prevista en la ley, además de reducir las barreras al ingreso de nuevos participantes, duplicaba el periodo de la vigencia de las concesiones para exploración (de tres a seis años) y para explotación (de 25 a 50 años).[51]

[49] *Diario de los debates de la Cámara de Diputados*, LV Legislatura. Iniciativa del Poder Ejecutivo, 22 de abril de 1992, diario 3, pp. 43-82.

[50] INEGI, *La minería en México*, México 1992, pp. 13-15.

[51] *Diario de los debates de la Cámara de Diputados*, LV Legislatura. Iniciativa del Poder Ejecutivo, 6 de mayo de 1992, diario 6, pp. 909-929.

Comisión bicameral

Ambas leyes se dictaminaron conforme la *praxis* del *trabajo-conferencia* para conjuntar opiniones e intereses de los distintos grupos y crear una amplia mayoría en favor de ambas iniciativas. La ley minera se promulgó el 17 de junio de 1992, y la de pesca el 23 de junio de 1992.

Si analizamos el debate en el Congreso, en relación con las reformas institucionales en agricultura, minería y pesca, encontramos que por el número de cambios que introdujeron ambas cámaras hubo mayor interacción entre las fracciones parlamentarias y el Ejecutivo. Los efectos políticos de estas reformas han sido inmediatos, pero sus efectos económicos e institucionales son aún difíciles de cuantificar, por ser muy recientes. La eficacia de una reforma radica en crear un nuevo contexto institucional que abra espacios para el cambio de viejas prácticas y, en lo mediato, mejore la eficacia económica. Ambos aspectos son difíciles de valorar, porque no es posible suponer una relación causal entre cambio institucional y crecimiento económico.[52]

7. EL SECTOR PÚBLICO: ENTIDADES PARAESTATALES Y SEGURIDAD SOCIAL

El Plan Nacional de Desarrollo, respecto a la "modernización de la empresa pública", establece que los "instrumentos fundamentales de la acción de gobierno son las entidades paraestatales que actúan en áreas estratégicas y prioritarias de la economía". Por áreas estratégicas debe entenderse, según el mismo texto, los "campos de actividad exclusiva del Estado, cuya administración, aprovechamiento y conservación es de interés para la soberanía de la Nación", y se definen en el artículo 28, párrafo 4 de la Constitución Federal. Se sostiene que "el Estado también mantendrá

[52] El mejor análisis de la Reforma Agraria es de Alain de Janvry, Gustavo Gordillo, Elizabet Sadoulet, *Mexico's Second Agrarian Reform: Household, and Community Responses, 1990-1994*, Center for US-Mexican Studies, 1997.

su participación en aquellas empresas consideradas como prioritarias, cuyas actividades, por ser de amplio beneficio social, demandan una atención preferente, tal es el caso de los servicios de salud, vivienda, educación y las actividades de regulación y garantía de abasto de productos básicos".[53]

Las paraestatales

A partir de estas premisas, ya enunciadas en el Plan Nacional de Desarrollo previo (1982-1988), de modo explícito se dice que "las entidades que no reúnan las características de estratégicas, prioritarias, o de ambas, serán desincorporadas". Los mecanismos fueron los procesos de liquidación o extinción, de fusión de entidades con posibilidad de integrarse o complementarse, de transferencias a gobiernos de los estados de empresas prioritarias de importancia regional o local, y mediante la venta de empresas. El fin último de este proceso de desincorporación era "dar espacio a la participación a los sectores social y privado, [y] liberar recursos públicos para una mayor y mejor atención a lo estratégico y prioritario".[54]

Consideramos importante destacar los elementos de continuidad esenciales entre los planes de desarrollo 1982-1988, 1989-1994 y 1995-2000. La disciplina fiscal, estabilidad y certidumbre económica y financiera encabezan la lista de prioridades: "el gasto público tendrá una orientación prioritaria hacia el desarrollo social y la inversión en sectores estratégicos. El objetivo será no sólo destinar una mayor cantidad de recursos, sino también lograr un uso más eficiente de los mismos". Se insiste, como en los anteriores planes, en que "la actividad reguladora del Estado no debe obstruir o entorpecer la actividad productiva de los particulares, por el contrario, debe promoverla". De allí que "se ejecutará un programa de desregulación y simplificación administrativa orientado a mejorar la eficiencia de la regulación

[53] Véase el capítulo II, apartado 1. *Plan Nacional de Desarrollo 1989-1994, op. cit.*, p. 89.

[54] *Op. cit.*, p. 90.

vigente y eliminar la discrecionalidad innecesaria de la autoridad y el exceso de trámites burocráticos que impiden a las empresas —especialmente a las micro, pequeñas y medianas— concentrar su atención y esfuerzo en la producción y en las ventas".[55]

Si bien existen elementos de continuidad, estos tres planes difieren en la velocidad e intensidad para alcanzar sus objetivos. Mientras en el Plan 1982-1988 encontramos afirmaciones y enunciados cautelosos, casi tímidos, en el plan siguiente, de 1989-1994, los objetivos son claros y el paso acelerado. El Plan 1995-2000 contiene criterios explícitos y directos que corrigen y ajustan medidas con el fin de consolidar 15 años de política económica. Los éxitos del proceso de desregulación y de libre competencia creciente se sustentan en una política económica de certidumbre jurídica y continuidad entre gobiernos.[56]

> Durante el periodo que abarca de diciembre de 1982 a junio de 1994, el gobierno mexicano concluyó 416 operaciones de venta a los sectores social y privado, que representaron alrededor de 76.0 miles de millones de nuevos pesos en términos devengables, de recursos para el sector público, sin incluir la asunción de pasivos ni la inversión comprometida. De estas ventas, 155 fueron realizadas en el periodo gubernamental 1982 a 1988, y 261 bajo el periodo de 1988 a 1994.[57]

El informe de gobierno confirma que en diciembre de 1988 el universo de paraestatales en manos del Estado era de 657, y para el 31 de diciembre de 1993 era de 258.[58]

[55] *Plan Nacional de Desarrollo 1995-2000, op. cit.*, pp. 146 y 159.

[56] La reforma al artículo 90 de la Constitución, publicada en el *Diario Oficial de la Federación* el 21 de abril de 1991, fijó la base constitucional para que el Congreso creara organismos *desconcentrados*, descentralizados o a otras entidades actualmente conocidas como del sector paraestatal.

[57] Rogozinski, *La privatización en México. Razones e impactos, op. cit.*, p. 11. Véase el capítulo IV, para la privatización del periodo anterior a 1988.

[58] *Desincorporación de entidades paraestatales. Información básica de los procesos del 1º de diciembre de 1988 al 31 de diciembre de 1993*, Secretaría de Hacienda y Crédito Público-Secretaría de la Contraloría General de la Federación-Fondo de Cultura Económica, México, 1994.

La política económica de largo plazo sólo se comprende a la luz de los cambios institucionales analizados hasta aquí, en especial en el capítulo IV. Cambios institucionales, nuevos instrumentos legales, reglamentos y circulares hicieron posible la desregulación y *desincorporación* de las empresas. En efecto, en 1990 el reglamento de ley federal de entidades paraestatales perfeccionó

> el marco normativo de la empresa pública a efecto de hacer coincidir sus fines de servicio con la eficiencia, eficacia y productividad que su modernización reclama. [La finalidad era lograr que el sector paraestatal] ... asuma plenamente la responsabilidad que implica dirigir y administrar las áreas estratégicas y prioritarias de desarrollo; [ofrecer los instrumentos para] ... avanzar en la desregulación de las actividades de las entidades paraestatales y en la simplificación del orden jurídico que las rige [así como permitir] ... que las entidades estratégicas y prioritarias, cuya propiedad, administración y control deba mantener el gobierno federal, contribuyan eficazmente a la consecución de los objetivos de desarrollo.[59]

El reglamento atribuía a la Secretaría de Programación y Presupuesto y a la de Hacienda y Crédito Público el proponer la constitución o desincorporación de entidades paraestatales. La facultad de designar la sociedad nacional de crédito responsable de la evaluación técnico-financiera y de realizar la enajenación recayó en la Secretaría de Hacienda y Crédito Público.[60] La comisión intersecretarial de gasto-financimiento dictaría el procedimiento específico para la desincorporación-privatización.[61]

En la introducción de este apartado hicimos referencia a la distinción, entre áreas estratégicas y prioritarias, que se encuen-

[59] Reglamento de la Ley Federal de las Entidades Paraestatales 25 de enero de 1990, *Diario Oficial*, 26 de enero de 1990.

[60] Véase el capítulo II, "De la Constitución y Extinción de Entidades", en el *Reglamento...*, *op. cit.*

[61] El "Procedimiento para la enajenación a título oneroso" puede consultarse en Rogozinski, *La privatización...*, *op. cit.*, pp. 235-239.

tra en el Plan Nacional de Desarrollo 1989-1994. Dicha distinción se fundamenta en la reforma constitucional del artículo 25 de 1983, donde se introduce en la Constitución Federal, y de modo preciso, el papel de dirección económica del Estado, y se caracteriza la economía mexicana como una de tipo mixta, a la cual concurren los tres sectores: público, social y privado. En las áreas denominadas prioritarias se incluyó una oferta de bienes públicos, tales como educación, salud, vivienda. Más clara y congruente es la concepción de las áreas prioritarias en el actual Plan de Desarrollo 1995-2000, al definir como políticas prioritarias aquellas capaces de incidir sobre "las causas estructurales de la desigualdad [y asegurar un bienestar social a través del] crecimiento económico, generación de empleos y una mejor distribución del ingreso [su finalidad] mejorar la educación, la salud, la vivienda, aumentar la productividad y los ingresos reales de las personas y las familias [que son] nuestros retos más importantes a fin del milenio".[62]

De igual modo, el Plan de Desarrollo vigente asocia la idea de bienestar social con el desarrollo del capital humano y, por lo tanto, "impone una cruzada nacional para elevar la cobertura y la calidad de los servicios de educación, salud y vivienda".[63]

La seguridad social: un caso estudio

Mediante la acción conjunta del gobierno y el Congreso se reformó la seguridad social —entendida como el instrumento que permite ofrecer al trabajador una serie de prestaciones que complementan su ingreso salarial y permiten su desarrollo individual y el de su familia—. En el último Plan de Desarrollo se dice que una de las metas de la acción de gobierno será "promover la incorporación de la fuerza de trabajo que ahora no goza de las prestaciones de seguridad social al mercado laboral formal, de modo que tenga derecho a esos beneficios".[64]

[62] *Plan Nacional de Desarrollo 1995-2000*, *op. cit.*, p. 84.
[63] *Op. cit.*, p. 95.
[64] *Ibid.*

La seguridad social, al igual que todos los conceptos relativos a la igualdad y a los deberes que contrae el Estado con los ciudadanos y con los nacionales, es una nacion muy compleja para poder traducirse a la realidad, porque se requiere, como se precisa en el Plan de Desarrollo, vincular el "financiamiento de la seguridad social con el propósito de asegurar su viabilidad en el mediano plazo y, al mismo tiempo, eliminar las distorsiones que limitan la contratación de la mano de obra". Dicho de modo muy simple, se trata de hacer compatibles la libertad económica del trabajador y la del empresario con el costo que tiene la seguridad social para la sociedad en su conjunto. En efecto, no escapa a la atención del Plan 1995-2000 que "la fortaleza financiera de las instituciones de seguridad social constituye la mejor garantía de que éstas podrán hacer frente al pago de las pensiones cuando los trabajadores alcancen la edad de retiro".[65]

El concepto de seguridad social lo incluimos en el de vivienda, porque así se enfocó en el debate legislativo y en la legislación que se aprobó. Nuestro análisis se centra en la pensión y jubilación, así como en el derecho a la vivienda de los asegurados, y muy poco en el sistema de salud pública. En efecto, la seguridad social mexicana cubre los trabajadores sujetos al régimen obligatorio del IMSS (Instituto Mexicano del Seguro Social), del ISSSTE (Instituto de Seguridad y Servicios Sociales de los Trabajadores del Estado) y del Infonavit (Instituto del Fondo Nacional de la Vivienda para los Trabajadores). El crecimiento de esta cobertura fue notable en los últimos 40 años, tanto que para comienzos de 1990 casi 56% de la población nacional se beneficiaba de alguna forma de seguridad social.

En el decenio 1990 hubo un giro en su sentido. Se identificaron nuevas líneas estratégicas: la modernización del sistema, la extensión social y territorial de los servicios y el mejoramiento de su calidad. La reforma inició en 1992, cuando ISSSTE e IMSS restructuraron su administración; se eliminaron áreas innecesarias, hubo reducción de costos y se actualizaron las cuotas de los trabajadores para el seguro de invalidez, vejez, cesantía y muerte. A

[65] *Ibid.*

lo anterior se agregó una disposición que revolucionaría el sistema de seguridad social. Se estipuló que en un plazo de diez años las reservas del seguro de invalidez, vejez, cesantía y muerte se invertirían en activos financieros y sus productos se destinarían exclusivamente a cubrir las prestaciones de los trabajadores.[66]

La norma que innovaría el sistema de pensiones y de vivienda respondía a una nueva relación entre la seguridad social y el mercado de valores. Bajo el naciente sistema, la primera podría incrementar el fondo a su disposición con un riesgo limitado; y el mercado de valores aumentar la oferta monetaria, y así contribuir a elevar los niveles de capitalización de las empresas a través de la Bolsa. En este sentido, los actuales sistemas conocidos como SAR y Afores se originan en 1992, como resultado de esta nueva concepción de un sistema financiero con aportaciones semestrales de los patrones y del Estado cuando éste adquiere tal carácter. Los fondos se canalizarían en instrumentos de inversión con cuentas individuales que las instituciones de crédito debían abrir a nombre de cada trabajador.

La reforma del seguro social de 1992 se fundó sobre algunos hechos que conviene recordar. Por muchos años, 45 para ser exactos, el porcentaje del salario destinado al sistema de retiro fue muy bajo. Bastaría comprender que un mes de pensión equivalente al último sueldo percibido era la suma de más de seis meses de aportaciones. Si a lo anterior se añade el hecho de que el número de años de cotización promedio de los pensionados era de 22, sus cotizaciones apenas cubrirían 16 meses de pensión, y tomando en cuenta la tasa de interés se llegaría a un máximo de siete años. Si añadimos que, en promedio, la esperanza de vida de un pensionado es de casi 20 años después de retirarse, se concluye que la diferencia entre siete y 20 años es lo que terminaba por pagar el Estado.[67]

Con base en estas consideraciones se presentó en 1992 una iniciativa con el fin de establecer un nuevo tipo de seguro de

[66] José Narro Robles, *La seguridad social mexicana en los albores del siglo XXI*, Fondo de Cultura Económica, México 1994, pp. 83-85.

[67] *Op. cit.*, pp. 94-95.

retiro que fuera compatible con la necesidad de incrementar el ahorro interno. La ley recién aprobada estableció que el Sistema de Ahorro para el Retiro (SAR) era un seguro adicional que involucraría obligatoriamente a todos los trabajadores afiliados al IMSS y al ISSSTE. La cuota se repartiría así: 2% del salario base a cargo del empleador, 3% del empleado y 2% el Infonavit en ahorro para la vivienda. La ley establecía además que los recursos del seguro de retiro debían entrar en cuentas individuales a nombre de cada uno de los trabajadores, abiertas en una de las instituciones de crédito del país, y que los depósitos en cada cuenta generarían intereses a una tasa real no inferior a 2% anual.[68] Para comprender el significado del nuevo sistema de ahorro para el retiro y el volumen de recursos que se inyectaría a la banca, baste pensar que, según el INEGI, el número de afiliados al IMSS, en enero de 1993, fue de 11 232 000.[69]

El nuevo sistema de ahorro para el retiro se perfeccionó en 1994, al enviar el Ejecutivo a la Cámara de Diputados una iniciativa dirigida a establecer las instancias gubernamentales de coordinación, regulación y vigilancia del funcionamiento correcto del SAR. El esquema de coordinación propuesto establecía "la creación de un solo órgano especializado que concentre las facultades de regulación, control y vigilancia de los sistemas de ahorro para el retiro". El órgano de vigilancia sería la Comisión Nacional del Sistema de Ahorro para el Retiro, *órgano desconcentrado*[70] de la Secretaría de Hacienda y Crédito Público. A la comisión se le confiaba el papel de coordinación de los institutos de seguridad social, con las secretarías de Hacienda, Trabajo y

[68] *Op. cit.*, pp. 97-98, y Rafael Catalán Valdés, *Las nuevas políticas de vivienda*, Fondo de Cultura Económica, México, 1994, pp. 117-126 y 213-219.

[69] INEGI, *Cuaderno de información oportuna*, marzo de 1996.

[70] Un órgano desconcentrado es la unidad administrativa de una dependencia a cuyo responsable han sido conferidas, por disposición presidencial o del Congreso, funciones específicas y se le han transferido los recursos presupuestales y apoyos administrativos necesarios que le permitan resolver con agilidad y eficacia sobre determinada materia dentro del ámbito territorial que se fije en el instrumento jurídico que lo crea. El órgano desconcentrado no cuenta con personalidad jurídica, ni patrimonio propio. Es una unidad administrativa subordinada jerárquicamente al órgano del que dependen.

Desarrollo Social y del Banco de México; la toma de decisiones en materia de coordinación se haría con la representación de las organizaciones nacionales de trabajadores y de patrones. Las facultades atribuidas a la comisión fueron las de regular la administración de todos los aspectos relacionados con los sistemas de ahorro para el retiro, proporcionar soporte y asesoría en el manejo de la información; operar los mecanismos de protección de los intereses de los trabajadores, e inspeccionar y vigilar las instituciones de crédito y sociedades de inversión que manejaran los recursos de las cuentas individuales de retiro. La iniciativa previó una organización basada en una Junta de Gobierno de ocho miembros; presidida por el secretario de Hacienda y Crédito Público e integrada por los secretarios de Trabajo y de Previsión, y de Desarrollo Social, el gobernador del Banco de México, el director general del IMSS, del Infonavit, del ISSSTE y el presidente de la comisión (Consar). En ausencia del secretario de Hacienda y Crédito Público éste designaría su remplazo. El comité técnico consultivo se integraría por representantes de los trabajadores e instituciones de seguridad social y de los patrones. En el comité de vigilancia estarían, además de miembros obreros, patronales y de instituciones de asistencia social, representantes de la Secretaría de Hacienda y Crédito Público.[71]

Esta iniciativa, al igual que todas las analizadas por la LIV y la LV legislaturas, se sometió a discusión bajo la forma de *trabajos-conferencia*, "en la que participaron los ciudadanos senadores integrantes de estas comisiones dictaminadoras, se establecieron coincidencias con los diputados federales que asistieron a esos trabajos, a fin de analizar y preparar modificaciones para enriquecer la iniciativa del Ejecutivo federal".[72] De los *trabajos-conferencia* surgieron cambios que se incorporaron en los dictámenes de ambas comisiones. Los cambios fueron respecto a la calidad de los representantes de los secretarios de Estado y el gobernador del Banco de México en la Junta de Gobierno. Se

[71] *Diario de los debates de la Cámara de Diputados*, LV Legislatura. Iniciativa del Poder Ejecutivo, 6 de junio de 1994, diario 18, pp. 767-792.

[72] *Diario de los debates de la Cámara de Senadores*. Dictamen de las comisiones unidas del sector social del trabajo y de Hacienda, 12 de julio de 1994, diario 27, p. 7.

insistió en una mayor participación de los representantes de los trabajadores y de los patronos en los comités de vigilancia y en el comité técnico. Además, se estipuló que el comité técnico integraría a representantes de las comisiones Nacional Bancaria, de Valores y de Seguros y Fianzas, así como a representantes de las asociaciones de Bancos, Seguros e Intermediarios Bursátiles. Del mismo modo, las comisiones dieron mayor relevancia al comité técnico en las decisiones relativas a las inversiones de las cuotas de los trabajadores.[73]

Por fortuna disponemos de las versiones estenográficas completas de las reuniones de la Comisión de Hacienda y Crédito Público, que tuvieron lugar los días 14, 21 y 22 de junio de 1994.[74] Se trata de una documentación importante porque nos permite captar la dinámica que se generó en la comisión entre el partido de mayoría y los otros, así como los mecanismos que llevaron a la aprobación del dictamen. El presidente de la Comisión comenzó por afirmar que "la iniciativa que van a dictaminar es importante, ya que fue la misma Legislatura la que aprobó en 1992 la creación del sistema de ahorro para el retiro". La Comisión de Hacienda, nos informa su presidente, operaba bajo la modalidad de foro libre para permitir que los servidores públicos informaran y resolvieran de inmediato dudas de los legisladores.[75] Las actas nos señalan además que los *trabajos-conferencia* entre las comisiones de senadores y diputados condujeron a cierta agilidad que permitió modificar, de vez en vez, los resultados alcanzados en cada reunión bicameral.

En la primera reunión, del 14 de junio, el presidente de la comisión, el diputado Ángel Aceves Saucedo (PRI), encomendó

[73] *Diario de los debates de la Cámara de Diputados,* LV Legislatura. Dictamen de la Comisión de Hacienda y Crédito Público, 28 de junio de 1994, diario 26, pp. 1434-1466; *Diario de los debates de la Cámara de Senadores.* Dictamen de las comisiones unidas del sector social del trabajo y de Hacienda, 12 de julio de 1994, diario 27, pp. 3-28.

[74] Esta documentación proviene de la Comisión de Hacienda de las LV y LVI legislaturas de la H. Cámara de Diputados y la hemos podido consultar gracias a la cortesía de su presidente, licenciado Francisco Suárez Dávila.

[75] ACD.CHCP. LV Legislatura. Comisión de Hacienda y Crédito Público, Acta de Hechos, 14 de junio de 1994.

al doctor Reynoso, coordinador de asesores de la Secretaría de Hacienda, que informara acerca de cuatro problemas:

a) ponderar otras posibles alternativas a la creación de la Consar;
b) cómo fue evaluada la relación beneficio-costo para su creación;
c) su juicio sobre los principales artículos de la iniciativa, y
d) si la Consar era una nueva entidad de seguridad social, o una coordinadora.

El doctor Reynoso sostuvo que el SAR había ya producido recursos por un valor de 20 000 millones de nuevos pesos y que precisamente recursos de la subcuenta de ahorro se podían invertir en sociedades de inversión en el sector social y privado de la economía y así generar empleos permanentes y financiamiento por periodos prolongados. Por este motivo se hacía indispensable una comisión para supervisar y regular "los instrumentos financieros en los cuales todos los trabajadores del país tendrían oportunidad de invertir sus recursos".[76] Reynoso insistió en la simplificación administrativa, en las ventajas que a través de la Consar tendría el SAR para las 621 000 pequeñas y medianas empresas de 644 000 patrones que cotizan en favor de los trabajadores.[77] Hubo numerosas preguntas al funcionario de la Secretaría de Hacienda. Destacamos las del diputado Luis Raúl Álvarez Garín (PRD), quien preguntó por qué no estaban representados los trabajadores en la Junta de Gobierno si eran ellos los propietarios del capital del SAR, y por qué no había instancias de asesoramiento en la iniciativa. Intervinieron nueve diputados en total.

En la segunda reunión, del 21 de junio, intervino el diputado y secretario de la comisión José Antonio Gómez Urquiza (PAN), quien planteó la necesidad de que la ley incluyera una serie de salvaguardas para el trabajador, tales como que se debiera pre-

[76] *Ibid.*
[77] 23 000 del total de 644 000 registran más de 50 trabajadores.

ver la deducibilidad de los planes privados de pensiones. El presidente de la comisión sostuvo que uno de los elementos importantes era que los rendimientos reales de las cuentas individuales había llegado a ser de 5% anual. El diputado Álvarez Garín (PRD) insistió en la necesidad de dar mayor legalidad al SAR y de que los banqueros y los comités informaran acerca de los beneficios que se habían obtenido en la operación de los recursos y que se debía dejar en libertad a cada trabajador de abrir su propia cuenta. Garín también sacó a relucir el tema del arbitraje en caso de inconformidad de los trabajadores.[78] Nuevamente el doctor Reynoso y el licenciado Héctor Tinoco respondieron a las inquietudes de los diputados.[79]

En la tercera reunión de la comisión, el 22 de junio, el presidente de la comisión anunció que se discutiría el anteproyecto con el fin de elaborar el dictamen definitivo. Dijo que el dictamen se había "enriquecido con las aportaciones, insisto, de todos, en especial de la Comisión de Trabajo y Previsión Social, con cuyo presidente conversé el día de hoy y cuya opinión resulta de fundamental importancia". Recordó también que ese anteproyecto significaba un punto de referencia, un punto de partida, que tomaba en cuenta, entre otras, las indicaciones del diputado Álvarez Garín (PRD) en relación con que los fondos del SAR sirvieran para financiar proyectos de los institutos de seguridad social; y del diputado Valencia Carmona acerca de la resolución de los eventuales conflictos a través del arbitraje y no sólo de la conciliación. El diputado Gómez Urquiza sostuvo que en el dictamen debería aparecer que en la integración de la Junta de Gobierno el suplente del gobernador del Banco de México sería uno de rango inmediatamente inferior. Mientras el diputado Fernando Rodríguez Serna dijo que el dictamen debía recoger la idea de que la Comisión de las Cuentas del SAR debía tener un tope máximo.[80]

[78] ACD.CHCP. LV Legislatura. Acta de Hechos, sesión del 21 de junio de 1994.

[79] ACD.CHCP. LV Legislatura. Segunda Reunión de Trabajo, 21 de junio de 1994.

[80] ACD.CHCP. LV Legislatura. Acta de hechos, 22 de junio de 1994.

En la reunión conclusiva de la comisión, se pusieron a votación dos modificaciones de la iniciativa que, de aprobarse, formarían parte de los cambios en el dictamen de la comisión. Éstas tenían que ver con la coordinación de los sistemas de ahorro para el retiro, que fue desechada. En cambio se aprobó la modificación del número de miembros del comité técnico. También se aprobó la reforma propuesta por el PRD sobre la prioridad a la inversión del SAR en los mismos institutos de seguridad social y sobre la composición del comité de vigilancia. Substancialmente se trataba de cambios que probablemente los diputados habían tenido ocasión de discutir en los *trabajos-conferencia* con los senadores.[81]

Del estudio de los documentos de la comisión y de la información de los *Diarios de los Debates* emerge claramente que los dictámenes de las comisiones no son un acto voluntarioso o impuesto por los representantes de un partido, sino el producto de un trabajo en el curso del cual se liman asperezas, y sobre todo se reduce la distancia entre gobierno y oposición, se incorporan ideas, propuestas de las otras fracciones parlamentarias, y se escuchan sus posiciones. En este proceso el dictamen final incorpora cambios que emanan de los distintos legisladores de partidos aún cuando al *fijar posición* voten en contra de la iniciativa.

En el debate en la Cámara de Diputados, el grupo parlamentario del PPS declaró que votaría en favor de la iniciativa y del dictamen de igual modo lo hizo el PRI y el FCRN. El PRD en cambio declaró que votaría en contra, y el PAN denunció las indebidas presiones ejercidas por el sector obrero del PRI para tener más representantes en la Comisión del Sistema de Ahorro para el Retiro. Se hizo referencia a una intervención de la coordinación del sector obrero del PRI en la Cámara. Éste entregó un documento, que aparece en el *Diario de los Debates,* donde afirmaban que votarían en favor del proyecto pero en lamentaban no contar con representantes de los trabajadores en la Junta de Gobierno; sin

[81] ACD.CHCP. LV Legislatura. Decreto para la coordinación de los sistemas de ahorro para el retiro, sin fecha.

embargo, reconocían públicamente que sí habían obtenido mayor presencia en el comité técnico y de vigilancia.[82]

A la iniciativa se incorporaron cambios presentados por el PRD con los cuales se ampliaba el papel de vigilancia de la comisión y de los comités técnicos. Otras modificaciones sustantivas a las leyes de seguro y del IMSS no se recogieron. El PAN también presentó una modificación para ampliar el comité técnico. Ambas propuestas se desecharon y la iniciativa de ley se aprobó por 257 votos en pro y 13 en contra, una vez más, muchos no votaron.[83]

Senado

En el Senado intervinieron los senadores Leonardo Rodríguez Alcaine (PRI) y Porfirio Muñoz Ledo (PRD). Este último criticó en cuatro intervenciones tanto la sustancia como el ordenamiento jurídico de la iniciativa. Recordó que su fracción parlamentaria se había opuesto a la creación del SAR en 1992. Que éste, según Muñoz Ledo respondía a un proyecto de privatización y a la necesidad del gobierno de allegarse recursos financieros de modo constante y a largo plazo. Que lo anterior acabaría por deteriorar la seguridad social de carácter público y que se sustituía el principio solidario entre trabajadores-empresa y Estado, y de solidaridad entre generaciones, por el principio de equivalencia. Y que finalmente se imponía un ahorro forzoso por vía bancaria.[84] Por lo expuesto, dijo que votarían en contra de la iniciativa. Fue rebatido en tres ocasiones por el senador Jesús Rodríguez y Rodríguez y por Carlos Jiménez Macías. La ley se aprobó por 46 votos en favor y dos en contra. Se promulgó el 20 de julio de 1994.[85]

[82] Este documento había sido entregado también a prensa.

[83] *Diario de los debates de la Cámara de Diputados*, LV Legislatura. Sesión del 6 de julio de 1994, diario 26, pp. 1466-1498.

[84] *Diario de los debates de la Cámara de Senadores*. Intervención del senador Porfirio Muñoz Ledo en la sesión del 13 de julio de 1994, diario 28, pp. 39-40.

[85] *Diario de los debates de la Cámara de Senadores*. Sesión del 13 de julio de 1994, diario 28, pp. 37-45.

La reforma del SAR de 1994 expuso la necesidad de elaborar una nueva ley de seguro social que diera la debida importancia a la transición demográfica mexicana de los años noventa. El reciente fenómeno era que la tasa de crecimiento de los jubilados aumentaba a una velocidad superior a los recién ingresados en el sistema de seguro. La iniciativa del Poder Ejecutivo se envió a la Cámara de Diputados a finales de 1995. En la exposición de motivos el Poder Ejecutivo reseñaba las transformaciones en la seguridad social mexicana de los últimos 50 años, la progresiva ampliación de la seguridad social a las áreas rurales y cómo había ido creciendo el déficit, que para 1994 alcanzaba los 954 millones de nuevos pesos. También hacia presente que, en ocasión de la formulación del Plan Nacional de Desarrollo 1995-2000, se había creado una comisión tripartita —gobierno-sector obrero y sector patronal— para estudiar el aumento y modernización de la seguridad social. Sus conclusiones fueron la base de la iniciativa de la nueva ley del seguro social. Ésta prevé el monto de la pensión mínima (un salario mínimo general del D.F.), el número de semanas mínimas de cotización (un incremento de 500 a 1250 semanas) y que la cotización de los salarios, equivalentes a 8.5%, se dividiría en tres: 2.5% para el seguro de invalidez y vida, 4.5% para retiro, cesantía y vejez, y 1.5% para la reserva especial de gastos médicos a pensionados. El 2% patronal de la subcuenta de retiro del SAR se incorporaría al seguro de retiro, cesantía y vejez, que sería manejado por las Asociaciones de Fondo para el Retiro (Afore). La iniciativa precisaba las atribuciones del IMSS y de la Comisión Nacional del SAR, definiendo esta última como "la autoridad financiera encargada de regular la operación de las administradoras de fondo para el retiro y la inversión de los recursos de los trabajadores", y establecía que los beneficios del seguro se actualizarían conforme a la inflación.[86]

[86] *Diario de los debates de la Cámara de Diputados*, LVI Legislatura. Iniciativa del Poder Ejecutivo, 9 de noviembre de 1995, diario 18, pp. 2360-2428.

Las comisiones unidas de Trabajo y de Seguridad Social de la Cámara de Diputados modificaron las normas relativas a cotizaciones, derechos y deberes de los trabajadores asegurados e introdujeron cambios importantes. Distinguieron la cuenta individual de la subcuenta para la vivienda y la subcuenta de retiro y cesantía. Nos interesa destacar los cambios en relación con las administradoras de fondos para el retiro —Afores—. Se reconfirmó lo dicho en la iniciativa en relación con el control de Consar sobre las Afores. Se estableció la libertad del trabajador de elegir la Afore de su cuenta individual. También se introdujo la norma relativa a que las sociedades de inversión especializadas de fondos para el retiro serían operadas sólo por las Afores. Éstas invertirían sus recursos en adquirir valores emitidos por el gobierno federal o en instrumentos de renta fija o variable emitidos por particulares inscritos en el registro nacional de valores e intermediarios.[87]

El PRD abrió el debate con una *moción suspensiva;* dijo que el tiempo de discusión de la iniciativa era demasiado breve y que "no hubo una sola sesión en las comisiones donde se discutiera la iniciativa de ley" que presentó el PRD. La *moción suspensiva* se desechó por 277 en contra y 70 votos en favor. La diputada María Remedios Olivera Orozco, del PAN, presentó un *voto particular* en torno a una ley especial que regularía las Afores, donde la vigilancia sobre las Afores fuera responsabilidad de la Comisión Nacional Bancaria y no de la Consar. Dijo que su partido votaría en contra del dictamen. El PT dijo que su voto también sería en contra. Los diputados del PRI defendieron la iniciativa.

Con base en las propuestas presentadas, la comisión informó de los artículos "modificados y aceptados por las comisiones unidas". Éstos fueron: que la ley contemple disposiciones que impidan el conflicto de interés sobre el manejo de los fondos, que los inscritos en las Afores reciban toda la información que soliciten, que se reforme la Ley de 1994 relativa a la Consar, acerca

[87] *Diario de los debates de la Cámara de Diputados,* LVI Legislatura. Dictamen de las comisiones unidas de Trabajo y Previsión Social y de Seguridad Social, 5 de diciembre de 1995, diario 29, pp. 5050-5127.

de la información que la Consar proporcionaría cada semestre al Congreso de la Unión. Se pasó a votación y se aprobó por 289 votos con 160 en contra. Las propuestas de las comisiones unidas en cambio se aprobaron por 390 votos.[88]

En el Senado las comisiones unidas de Trabajo, de Seguridad Social y de Estudios Legislativos dictaminaron la minuta recibida de la Cámara de Diputados sin cambiar nada.[89] En el debate intervino el senador Juan S. Millán Lizárraga, quien la defendió, en nombre de las comisiones unidas, mientras que el senador Félix Salgado Macedonio (PRD) sostuvo que para aprobar la ley en la Cámara de Diputados el gobierno corrompió con dinero a los diputados priístas. Anunció que su partido votaría en contra por estar en total desacuerdo con la ley de seguro social. También el senador Heberto Castillo Martínez (PRD) emitiría su voto en contra, pues dijo que las Afores eran una estafa para los trabajadores ya que las cuentas individuales se encogerían "como se ha encogido toda cuenta de ahorro que ha sido depositada". Los senadores Natividad Jiménez Moreno, Leonardo Yáñez Vargas y Francisco Salazar Castro (PAN) dijeron que votarían en contra por considerar que el IMSS debía tener una estrategia de seguridad social integral para todos los mexicanos. Los diputados panistas, al igual que sus correligionarios, propusieron una serie de reformas a la ley en discusión. Enseguida los senadores Ángel Sergio Guerrero Mier, Porfirio Camarena Castro y Manuel Cadena Morales (PRI) apoyaron el dictamen con el argumento de que no se privatizaba el Seguro Social y que el mecanismo de las Afores eran de gran importancia. La ley se aprobó por 92 votos en favor, 25 en contra y una abstención, se promulgó el 19 de diciembre de 1995.[90]

[88] *Diario de los debates de la Cámara de Diputados,* LVI Legislatura. Sesión del 7 de diciembre de 1995, diario 30, pp. 5248-5379.

[89] *Diario de los debates de la Cámara de Senadores.* LVI Legislatura. Dictamen de las comisiones unidas de Trabajo y Previsión Social, de Seguridad Social, y de Estudios Legislativos, 11 de diciembre de 1995, diario 29, pp. 23-70.

[90] *Diario de los debates de la Cámara de Senadores.* LVI Legislatura. Sesión del 12 de diciembre de 1995, diario 30, pp. 16-52.

En el curso de la discusión de la ley del seguro social, muchos congresistas argumentaron que era necesario sujetar las Afores a una ley especial. La iniciativa de ley que el Ejecutivo envío a la Cámara de Diputados en el mes de marzo de 1996 "retomaba los principios básicos de la nueva ley del seguro social. Se previeron mecanismos de regulación y supervisión para el adecuado funcionamiento de los sistemas de ahorro para el retiro y establecer nuevas facultades para la Consar". Para fortalecer a la Consar, "se deseaba transformarlo en un auténtico órgano de supervisión y regulación a través de una nueva organización, estructura y funcionamiento". En consecuencia, se le asignaron las siguientes atribuciones: otorgar, modificar o revocar las autorizaciones a las Afores; ordenar la intervención administrativa de las personas sujetas a su supervisión; amonestar, suspender o inhabilitar a los representantes, directivos y demás funcionarios de las Afores, y rendir un informe bimestral al Congreso de la Unión sobre las Afores.

Para lograr esos objetivos, la iniciativa propuso fortalecer al presidente de la Consar, unificar en un único comité el técnico consultivo y de vigilancia y la creación de delegaciones regionales de la Consar. Por lo que concierne las Afores, se caracterizan como "entidades financieras encargadas de individualizar los recursos de los trabajadores, canalizándolos a través de sociedades de inversión especializadas de fondos de ahorro para el retiro (Siefores) con el fin de mejorar los rendimientos de las cuentas individuales. Para garantizar la solvencia financiera de las Afores, se propuso que el capital mínimo fijo exigido se suscribiera y pagara íntegramente y se exigiera a las Afores constituir una reserva especial con el fin de cubrir las responsabilidades a cargo de las propias administradoras. Se estableció que el capital social de las Afores se integraría por acciones de series "A" y "B". La serie "A" representaría 51% del capital, y sólo podrían ser adquiridas por sociedades o personas físicas y morales mexicanas. En cambio, la serie "B", con 49% del capital social, sería de libre suscripción, con el fin de fomentar alianzas estratégicas con extranjeros. El Consar establecería los lineamientos generales de política sobre el régimen de inversión de las Siefores. La ley fijaría las normas con el fin de evitar conflictos de interés entre las Afores y las Siefores, las sanciones administrativas y delitos a sus infractores así como procedimientos de conciliación y arbitraje.[91]

La iniciativa se turnó a las comisiones unidas de Hacienda y de Trabajo. Contamos con las versiones estenográficas de los trabajos de la comisión[92] que se desarrollaron del 26 de marzo al 18 abril. Hubo 10 sesiones: 72 horas de trabajo con 147 participantes, 62 invitados y 18 senadores.

En la primera sesión de trabajo, del 27 de marzo, intervino primero el subsecretario de Hacienda y Crédito Público, doctor José Sidahui, quien presentó la iniciativa del Ejecutivo. Subrayó el papel central del trabajador y el papel de regulación de los intermediarios financieros en el sistema Afores. Sostuvo también que las filiales extranjeras estarían sujetas a la aprobación del gobierno federal a través de la Consar, conforme a la legislación mexicana. A solicitud de miembros de las comisiones precisó que la participación de las filiales extranjeras tenían que ver con las disposiciones del TLC. En el curso del debate los diputados expusieron la necesidad de hacer claros y precisos los mecanismos de regulación de las Afores, limitar el papel del gobierno en la reglamentación de la ley. Algunos diputados, del PRI y de

[91] *Diario de los debates de la Cámara de Diputados*, LVI Legislatura. Iniciativa del Poder Ejecutivo, 20 de marzo de 1996, diario 4, pp. 199-248.

[92] Dichas versiones estenográficas fueron consultadas gracias al presidente de la Comisión de Hacienda y Crédito Público de la LVI Legislatura de la Cámara de Diputados, licenciado Francisco Suárez Dávila, con el cual tuve la oportunidad de conversar para conocer sus apreciaciones en relación con las prácticas parlamentarias de la LVI Legislatura. Además de expresar mis agradecimientos al licenciado Suárez Dávila quisiera precisar que cualquier error en la interpretación de la información por él ofrecida, es de mi exclusiva responsabilidad. Las versiones estenográficas están en ACD.CHCP. LVI Legislatura, vol. 10A, 10C y 10D de la numeración dada por la Comisión de Hacienda.

la oposición, insistieron en darles mayor representación a los trabajadores. En la misma sesión intervino el licenciado Gómez Fordillo, procurador fiscal de la Federación, quien expuso los problemas de vigilancia de las Afores. Luego intervino el doctor Noriega, alto funcionario de la Secretaría de Hacienda, para decir que la normatividad no podía ser contraria a las disposiciones del Tratado de Libre Comercio.

En la sesión del 28 de marzo comparecieron el licenciado Francisco Santoyo, subdirector de Finanzas del ISSSTE, y el doctor José Luis Stein, subdirector jurídico y de fiscalización del Infonavit. Ambos dieron su visión de la ley. En la sesión del 1 de abril el arquitecto Rafael Rivapalacio habló en nombre de la CTM, para criticar la ley por la escasa representación de los trabajadores y la participación de filiales extranjeras. Además, dijo que el IMSS debía contar con la posibilidad de organizar su propia Afore. El presidente de la comisión tomó nota de las dudas de la CTM. El licenciado Enrique Aguilar Borrego, secretario general de la Federación Nacional de Sindicatos Bancarios, también criticó la iniciativa; dijo que no había reglas puntuales, claras y estrictas para otorgar la autorización y concesión de las Afores y Siefores. En la misma sesión hablaron los representantes del Sindicato de Empleados Fonacot, del Sindicato de Telefonistas y de la FSTSE para apoyar la formación de las Afores; solicitaron que se reforzaran las facultades del Comité de Vigilancia, lo cual se tomó en consideración.

En la sesión del 2 de abril, en virtud de que se invitaron a empresarios e intelectuales universitarios a exponer sus dudas, intervino el sector empresarial. Tocó ese día el turno a los representantes de la Coordinación Empresarial, Concamin, Concanaco y Canacintra. Todos insistieron en la necesidad de considerar las asimetrías e igualar en consecuencia las condiciones y oportunidades entre los empresarios nacionales y las filiales extranjeras. Fue en torno a este problema que hicieron muchas preguntas y expusieron dudas a los diputados de las dos comisiones. El

9 de abril intervinieron los representantes de la Federación de sindicatos bancarios y dos personas que propuso el PRD, Juan Castaños y Néstor de Buen. El día siguiente, 10 de abril, los miembros de la comisión escucharon e interrogaron a personas del mundo académico. El día 11 de abril hablaron los doctores Carlos Noriega, coordinador de asesores de la Secretaría de Hacienda, Fernando Solís, presidente de la Consar, y el licenciado Cárdenas, subprocurador fiscal de asuntos financieros de la Secretaría de Hacienda.

La sesión del 11 de abril es importante porque el presidente de la comisión sintetizó los principales problemas y el procedimiento seguido en la discusión hasta ese momento. Informó que la comisión y su presidencia, habían formulado un borrador de anteproyecto para comenzar a discutir. Se había invitado a distintos servidores públicos y a las otras comisiones y, a partir de sus comentarios, se fue perfeccionando el dictamen. La comisión discutió posteriormente la iniciativa con el secretario de Hacienda, después con la Comisión de Trabajo y las otras comisiones relativas para llegar a un pre-dictamen de mayoría. Una vez que la comisión razonó, deliberó y acordó su dictamen, anexaron los puntos de las otras comisiones. Este proceso, desde que se recibió la iniciativa, se llevó tres semanas. Enseguida el presidente expuso que se había procurado plasmar en el pre-dictamen el mayor número de observaciones pertinentes. En particular destacó la insistencia del PRD en ampliar la participación de los trabajadores y empleadores en la Junta de Gobierno; las del PAN y PRD de ampliar las funciones del Comité Consultivo y de Vigilancia, así como la necesidad de evitar concentraciones exclusivas en una sola Afore. La inversión extranjera en las Afores se vigilaría al circunscribirla a la serie "B" del capital social de libre suscripción. Además, se establecieron reglas puntuales para que la Consar controlara las inversiones de las Afores. Finalmente se incluyó la prohibición de que las Afores pudieran invertirse en el extranjero o en valores extranjeros. Esta sesión se había celebrado en presencia de las dos Cámaras, donde expusieron sus ideas y sus dudas numerosos senadores.

La sesión del 15 de abril se dedicó a examinar las 60 cuartillas del "predictamen". Los diputados Saúl Escobar e Ifigenia Martínez (PRD) propusieron varios cambios respecto a la participación de los trabajadores, el papel de regulación de la Consar, el reforzamiento de la comisión consultiva y de vigilancia, y los objetivos de las Afores. También los diputados del PAN propusieron ampliar la Junta de Gobierno de la Consar y de las Siefores. Lo mismo dijeron numerosos diputados del PRI en relación con la Junta de Gobierno, a las Afores, Siefores, y la cuenta concentradora en el IMSS. El presidente de la comisión, diputado Suárez Dávila, cerró la sesión diciendo que, habiendo concluido el examen del anteproyecto de dictamen, se procedería a incorporar los puntos expuestos y las distintas propuestas en un proyecto de dictamen.

En la sesión del 16 de abril el presidente de la comisión entregó a todos los miembros el texto de la iniciativa de ley con los cambios que habían introducido las comisiones unidas. Puso en evidencia que en los "aspectos en que hay concepciones distintas respetamos cabalmente los puntos de los partidos que así se han expresado, las reservas que en su momento se hicieron, y esto será un tema a examinar realmente ya en el Pleno de la Cámara cuando se libre el debate y finalmente la votación". Se procedió en seguida a votar el dictamen por capítulos. Del artículo 1 al 4 el diputado Saúl Escobar del PRD señaló que no se había incluido su propuesta de que el Consar fuera un organismo descentralizado. El mismo diputado Escobar dijo que del artículo 5 al 17 los representantes de los trabajadores en la Junta de Gobierno deberían ser designados por la Secretaría del Trabajo y no por la de Hacienda. Dentro del mismo capitulado pidió que se especificara que el presidente de la Consar debía ser ratificado por el Congreso. El diputado Molina propuso que ninguna Afore recogiera más de 20% de las aportaciones totales de los trabajadores. A solicitud de numerosos diputados, el presidente de la comisión especificó que sí se introduciría en los artículos 18 al 74 la propuesta de que las Siefores deberían invertir en títulos que garantizaran el patrimonio de los trabajadores y lo salvaguardaran contra la inflación. Concluyendo la sesión, el presidente asentó un hecho que confirman las actas de la comisión "aquí creo que sí se trató de recoger todas las propuestas que se hicieron".

El 18 de abril se elaboró el dictamen de las comisiones unidas para ser discutido por el Pleno de la Cámara de Diputados. Para llegar al dictamen se aclararon los criterios utilizados para el examen de la iniciativa en los que hubo acuerdo básico de todos los miembros de la comisión. Vale la pena recapitular los puntos comunes:

a) la idea de que la seguridad social a través del SAR tenía tanto la finalidad de incrementar "el bienestar de la clase trabajadora" como "contribuir a fortalecer el ahorro interno de los mexicanos" para "impulsar el desarrollo nacional a largo plazo";
b) que los SAR se integrarían por Afores públicas, privadas y sociales y formaría parte de las áreas estratégicas de la rectoría de Estado, cuya administración sería tripartita (gobierno, trabajadores y patronos);
c) que la vigilancia se ejercería a través de la Consar, y
d) que las Afores debían preservar "su carácter primordialmente nacional".

Luego de conciliar criterios, se procedió a introducir los cambios en relación con la aclaración de que la ley de las Afores no era sólo de "orden público", sino también "de interés social". En consecuencia, se modificaron todas las fracciones del artículo 5 para fortalecer y definir las facultades de regulación, vigilancia y supervisión de la Consar. También se modificaron los órganos de gobierno. Se amplió la Junta de Gobierno de 11 a 15 miembros, se aumentaron las facultades del presidente y de los miembros obreros del comité consultivo y de vigilancia, así como las facultades de dicho comité. Se hizo claro el carácter de libre asociación por parte del trabajador y la obligación de la Afore de entregar un programa detallado de sus inversiones y de cómo reinvertirían sus utilidades. Se agregaron dos nuevos artículos, el 25 y el 26, para incrementar el papel de vigilancia de la Consar sobre las Afores y establecer el límite máximo de participación de cada Afore. Se decidió igualmente aumentar el papel del contralor normativo en las Afores y mejorar el control sobre las Siefores.

El dictamen concluyó con una votación, o más bien con la decisión de los diputados por optar por firmar o no, o votar en contra. La abstención se deduce de los diputados que no firmaron. Los resultados fueron los siguientes. Por la Comisión de Trabajo firmaron el dictamen: 14 diputados del PRI, más el presidente y los dos secretarios de comisión, también del PRI; en suma 17 de 30. Se abstuvieron, los tres secretarios de la comisión, miembros del PAN, PRD y PT. Tampoco firmaron el dictamen un diputado del PRI, tres del PRD y seis del PAN, en total 13. Por la Comisión de Hacienda, firmaron en favor el presidente y un secretario, ambos del PRI, y los 14 miembros priístas, en total 16. No firmaron, absteniéndose, seis diputados del PAN, el secretario de la comisión, también panista, y dos diputados del PRD. Tampoco firmaron el diputado ciudadano independiente Tonatiuh Bravo Padilla, y la secretaria de la Comisión del PRI, Mónica Leñero. El tercer secretario de la comisión, miembro del PRD, votó en contra, o sea 11 abstenciones y una firma en contra.

El interés de las versiones estenográficas es que se pueden valorar las relaciones en el seno de las comisiones. Las actas permiten conocer que sus trabajos se realizan consultando expertos independientes, a miembros del gobierno, a representantes de sindicatos y de organizaciones patronales. Nos indican también cómo el Congreso, y en concreto la Cámara de Diputados, se fue transformando en un órgano plural, donde incluso los diputados del partido de mayoría hicieron suya la idea de que su función era la de ejercer un mejor control sobre las acciones del gobierno.

Una vez que se leyó el dictamen ante el Pleno, se procedió a la discusión.[93] Cada partido *fijó posición*. Éste es el momento en el

[93] *Diario de los debates de la Cámara de Diputados*, LVI Legislatura. Dictamen

que se observa que la oposición se vale de argumentos ideológicos que no esgrimió durante las discusiones en comisión. Así, el diputado Saúl Escobar Trejo sostuvo en el Pleno que las Afores y Siefores eran el producto de recomendaciones del Banco Mundial y que resultarían en la concentración de enormes recursos en manos privadas. Los otros partidos, al *fijar posición*, mantuvieron esa tónica. El PT declaró que votaría en contra, así como el PRD; por motivos diferentes, el PAN también se opuso. El PRI, en numerosas intervenciones de sus diputados, incluida la del presidente de la Comisión de Hacienda y Crédito Público, Francisco Suárez Dávila, declaró que aprobaría el dictamen y la iniciativa. En seguida cada grupo parlamentario procedió a presentar sus propuestas. La del PRD tuvo sólo 26 votos en favor, la del PAN 81, las del PT siete y las del PRI 279. La ley se aprobó por 280 votos en favor y 100 en contra.[94]

El dictamen de las comisiones unidas de Comercio, Instituciones de Crédito, de Justicia y de Estudios Legislativos del Senado retomó todos los cambios de los diputados. Esto ocurrió en virtud del trabajo conjunto de sus miembros en sesiones bicamerales con las comisiones unidas de la Cámara de Diputados.[95] En el debate se repitió la misma situación que en el Pleno de la Cámara de Diputados. También aquí los senadores del PRI, Porfirio Camarena Castro, José Luis Medina Aguiar, Melchor de los Santos Ordóñez, Samuel Aguilar Solís, Carlos Sales Gutiérrez y Fernando Ortiz Arana, defendieron la iniciativa y el dictamen. En cambio, los senadores del PAN, José Ángel Conchello, Mauricio Fernández Garza, Francisco Xavier Salazar Sáenz y Arturo Nava Bolaños, dijeron que votarían en contra por la escasa autonomía concedida a la Consar. También los senadores del PRD,

de las comisiones unidas de Trabajo y Previsión Social y de Hacienda y Crédito Público, 18 de abril de 1996, diario 13, pp. 1453-1534.

[94] *Diario de los debates de la Cámara de Diputados*, LVI Legislatura. Sesión del 19 de abril de 1996, diario 13, pp. 1537-1624.

[95] *Diario de los debates de la Cámara de Senadores*. Dictamen de las comisiones de Hacienda y Crédito Público, Trabajo y Previsión Social y de Estudios Legislativos, 23 de abril de 1996, diario 16, pp. 7-74.

Félix Salgado Macedonio y Juan de Dios Castro Lozano, criticaron las concesiones al capital extranjero, y expusieron que su fracción votaría en contra. En efecto, la ley se aprobó con 88 votos en favor y 23 en contra, y se promulgó el 21 de mayo de 1996.[96]

El tiempo dirá si esta reforma puede garantizar una pensión equitativa para los trabajadores, si permitirá generar un ahorro interno, si aumentará la capitalización de la empresa para generar mayor riqueza, cuyos frutos puedan ser distribuidos en función a la capacidad de trabajo y no en función de criterios políticos.

8. Conclusiones

El estudio de los cambios institucionales en los servicios públicos y sociales, en la producción y en el sector público guardan un nexo con los cambios institucionales analizados en los dos capítulos anteriores, relativos a la intermediación financiera.

Como hemos visto, para el SAR y las Afores, se trataba de incrementar el flujo de recursos para transformarlos en capital productivo y generar un mayor vínculo entre ahorro e inversión, en este caso con el producto del ingreso del trabajo. La idea era que el primer ahorro participara con el capital productivo sin intervenir en su gestión. El capital, a su vez, reduciría sus riesgos al ampliar el número de participantes o accionistas. Ahorro e inversión conjuntamente buscarían obtener el máximo de ganancia posible. Los cambios en el aspecto de los servicios públicos también tuvieron que ver con la modernización financiera. Su objetivo esencial fue reducir los costos de transacción entre la producción y el mercado, hasta llegar a los consumidores. En esta forma se generaba un aliciente a la inversión productiva y a la modernización de los servicios.

La Reforma Agraria fue otro cambio mayor. El sentido de su actualización fue en parte ofrecer al sector productivo más reza-

[96] *Diario de los debates de la Cámara de Senadores*. Sesión del 25 de abril de 1996, diario 17, pp. 15-69.

gado la posibilidad de nuevas bases para fundar un crecimiento autosostenido, pero sobre todo incorporar al mercado financiero el sector rural, hasta entonces excluido de ese mercado.

Del análisis de la política económica del periodo 1982-1997 resulta que la profundidad de las reformas transforman el trabajo parlamentario. El Congreso más representativo de la sociedad desarrolla una vida política profesional, de mayor discusión y competencia que obliga a las fracciones parlamentarias a prácticas inéditas, como las *sesiones-conferencia* bicamerales para poder responder a nuevas demandas. Del mismo modo, la publicidad de la información conformó una representación más enterada y demandante, lo que condujo a un diálogo más intenso entre el gobierno y el Congreso.

Nuestra impresión es que, en la medida en que avanzó el proceso de modernización institucional, el partido de mayoría (PRI) se vio en la necesidad de involucrar a un mayor número de componentes políticos del Congreso. Involucrarlos no significa, como se ha sostenido, componendas, corrupción, complicidad, sino más bien compromiso. Compromiso que se expresa en alianzas temporales, sobre puntos específicos, cuando existe afinidad de objetivos. Esto es ya muy notorio durante la labor parlamentaria de la LIV y LV legislaturas, cuando PRI y PAN acordaron generar un nuevo marco institucional que precisara formas de corresponsabilidad eficaces entre sector público y privado. Ambos partidos se identificaban en un objetivo común: acelerar el proceso de formación de capital e intensificar su presencia en los diferentes sectores económicos. La meta también los identificaba: aumentar la productividad de la economía mexicana e incrementar el ingreso *per capita*.

La necesidad de cultivar las alianzas interparlamentarias se continuó durante la LVI Legislatura, sólo que bajo una distinta modalidad. Una vez que el acuerdo PRI-PAN parece haberse interrumpido, y al no tener el PRI mayoría absoluta en la Cámara de Diputados, éste debe buscar, de vez en vez, apoyo, o por lo menos la neutralidad de los partidos de oposición. Esto lo notamos con mayor nitidez en el largo proceso de reforma de la seguridad social. En las discusiones en comisión y en el Pleno, el PAN y el PRD formularon críticas constructivas, aportaron sugerencias de cambio valiosas, y muchas de ellas fueron incluidas en el dictamen, sólo así pudo el gobierno llevar adelante la reforma. Es muy probable, que muchos congresistas del partido de mayoría hubieran comprendido el valor y la necesidad de la crítica constructiva —incluso autónoma— sin desconocer que el PRI es el partido en el gobierno y, como tal, su sostén. La autonomía se observa en que el mismo PRI comienza a reformar las iniciativas del Ejecutivo en comisión y en el Pleno. Inclusive las distintas facciones que componen al PRI aprovecharon la apertura para hacer presente el parecer de su agrupación, como fue el caso de la CTM. No es que CTM o CNC no presionaran antes al Ejecutivo en función de sus intereses, sólo que ahora se expresaban en público, en comisión y en el Poder Legislativo. Lo anterior representa un cambio fundamental, pues fue en el curso de la LVI Legislatura que se aceleró el proceso de reequilibrio entre el poder presidencial y el Congreso. Un hecho distingue el periodo bajo análisis: el poder del Ejecutivo se acota en su esfera de facultades constitucionales y se autodepura de prácticas no republicanas.

La consideración más general que podemos hacer a partir de la observación de la vida parlamentaria de las últimas tres legislaturas es que se fue creando un clima de corresponsabilidad entre los partidos representados en el Congreso de la Unión. Es obvio que esta relación no excluye enfrentamientos y posiciones diferenciadas, sin las cuales no lograríamos distinguir el partido en el gobierno de los partidos de oposición, pero finalmente todos parecen concordar en el principio *sine qua non* de la vida parlamentaria: la coparticipación, la corresponsabilidad en la resolución de los conflictos a través de la acción legislativa y la responsabilidad frente a la sociedad que los eligió.

VII. POLÍTICA DE PRESUPUESTO. ESTRATEGIAS Y ACUERDOS INSTITUCIONALES

1. EL PRESUPUESTO: "PRIMERO Y PRINCIPAL OBJETIVO DE UN SISTEMA REPRESENTATIVO"

Nuestro análisis en los capítulos previos se concentró en el proceso de conformación de las grandes líneas de política económica del gobierno que debieron ser aprobadas por el Congreso de la Unión. Pudimos apreciar que el poder de la Presidencia no es omnímodo y que sin una adecuada relación con el Poder Legislativo la ejecución de las políticas económicas no habría sido viable. Conviene ahora analizar uno de los instrumentos básicos en la definición de la política económica y en el proceso de valoración del Congreso: la discusión, aprobación y control sobre el presupuesto de egresos y la ley de ingresos. Abordaremos así en este capítulo un aspecto de la política de presupuesto: la relación que se establece entre el Ejecutivo y el Congreso de la Unión al elaborar y aprobar el presupuesto del Estado. La política de presupuesto nació en el siglo pasado en México con la Revolución Liberal.[1] Decía José María Luis Mora ya en 1830 que el primero y principal objetivo de un sistema representativo es "el momento de combinar los recursos del Estado [...] apreciar sus riquezas y las relaciones que median entre el precio de los frutos y las facultades de los hombres, entre la felicidad y la fuerza; descubrir esas verdades que se hallan en verdad compuestas de tantos motivos; recorrer las leyes y las costumbres, conocer en

[1] Véase Marcello Carmagnani, *Estado y mercado*, *op. cit.*

donde acaban sus ventajas y en donde comienzan los abusos; reformarlos todos, concebir un sistema y dirigirlo a un fin [...]".[2]

Al ser el instrumento mediante el cual el Congreso autoriza al gobierno a erogar el gasto y a cobrar los impuestos pone en movimiento una serie de acciones específicas que se dejan sentir en la intervención directa o indirecta del Estado en la economía. Debido al monto de recursos que recibía el Estado de los ciudadanos y que ejercía a través del gasto corriente y de inversión, la política de presupuesto cobró especial relevancia en los decenios de 1980 y 1990. Las razones por las cuales el tema de los ingresos-egresos se volvió de primera importancia fueron que la ciudadanía de año en año comenzó a pagar más y más elevados impuestos y el Estado fue cada vez más efectivo para cobrarlos.

A su vez, fue el momento en que el Estado comenzó a tener rendimientos decrecientes en su oferta de bienes públicos y se comenzó a trasladar dicha oferta del sector público hacia el sector privado. Este cambio político vigorizó el debate en torno al papel del Estado social, y tanto la sociedad como sus representantes y las posturas políticas de los partidos se dejaron oír en el Poder Legislativo. El debate es fundamental y no sólo atañe a México sino también a otros países. Las preocupaciones y decisiones de los individuos en su calidad de actores económicos, quienes pagan impuestos cada vez en aumento, exigen a cambio servicios públicos y sociales buenos y eficientes. El periodo aquí estudiado es particularmente relevante en este aspecto, porque fue cuando la ciudadanía cobró conciencia de que dichos servicios públicos no eran una dádiva del Estado, sino que los pagaban, y los pagaban caro; eran un derecho.[3] De este cambio de percepción en el impuesto y en el gasto del Estado se generó la exigencia de un mejor uso del gasto público y la presión creció

[2] José María Luis Mora, *Hacienda Pública (1830)*, en *Obras completas*, México, Secretaría de Educación Pública-Instituto de Investigaciones Dr. José María Luis Mora, 1986, vol. 1, p. 365. *Hacienda Pública*, México, 28 de julio de 1830.

[3] Tómese por caso el ahorro interno de los 15 millones de trabajadores en el caso de las Afores.

sobre la representación en el Congreso exigiéndole proveer por una gestión eficaz del dinero público.

Por lo anterior, la política de presupuesto tiende, a partir del decenio de 1980, hacia un nuevo equilibrio entre la acción reguladora del Estado y la acción espontánea del mercado. La relevancia política de este nuevo equilibrio, tanto para el ciudadano como para sus representantes electos, radica en que el poder adquisitivo se vincula con el voto: "un peso, un voto", y con la preferencia válida para toda democracia: "una cabeza, un voto".

2. Las facultades constitucionales

La Constitución de 1917 estableció como facultad del Congreso el decretar las contribuciones necesarias para cubrir el presupuesto y sentar las bases en las que el Ejecutivo podía celebrar empréstitos sobre el crédito de la Nación. Fue reservada también como facultad exclusiva de la Cámara de Diputados examinar, discutir y aprobar anualmente el presupuesto de egresos de la Federación y del Distrito Federal.[4] Estas facultades generales del Congreso en materia de presupuesto, a diferencia de lo que sucedió con otros artículos constitucionales, no sufrieron grandes modificaciones entre 1917 y 1982. Las pocas que se introdujeron fueron en 1942, para especificar el tipo de contribuciones que se podían imponer, y, en 1946, para establecer que los empréstitos externos debían tener un fin productivo o servir para la regulación de la moneda, conversión de la deuda o para repeler una invasión externa o un disturbio interior.[5]

Tampoco se modificó el texto original de 1917 en lo relativo a las facultades específicas de la Cámara de Diputados, donde figuran las de "aprobar el presupuesto anual de gastos discutiendo, primero, las contribuciones que a su juicio deben decretarse para cubrirlo" y "vigilar por medio de una comisión en su

[4] Véase el artículo 73, fracciones VII, VIII y XIX de la Constitución de 1917, en Felipe Tena Ramírez, *Leyes fundamentales*, *op. cit.*, pp. 904 y 909.

[5] *Op. cit.*, pp. 847 y 849.

seno el exacto desempeño de las funciones de la Contaduría Mayor".[6]

Las reformas constitucionales de 1976, iniciativas del Ejecutivo federal que discutió la L Legislatura, así como las reformas políticas referidas en el primer capítulo, condujeron a que se rehiciera en su totalidad la fracción IV del artículo 74. En primer lugar se estableció que era facultad exclusiva de la Cámara de Diputados, no sólo aprobar, sino también examinar y discutir el presupuesto de egresos. Se estableció igualmente el día último de noviembre como fecha límite para que el Ejecutivo federal hiciera llegar las iniciativas de ley de ingresos y el proyecto de presupuesto; y, obligatorio, el que el secretario de Hacienda y Crédito Público compareciera personalmente a la Cámara para presentarlos. Además, se asentó que era facultad exclusiva de la Cámara de Diputados revisar la cuenta pública y confirmar si se había ajustado a los criterios señalados en el presupuesto autorizado.[7]

Con otra reforma constitucional de 1986, se especificó que la presentación de la cuenta pública debía hacerse dentro de los diez primeros días del mes de junio.[8] Con esto se daba a las comisiones del Congreso el tiempo para examinar el presupuesto ejercido; a diferencia del pasado reciente, cuando el Congreso debía examinar el gasto ejercido y aprobar el gasto por ejercer en un mismo y breve periodo.

Las reformas constitucionales y las nuevas facultades que se otorgaron al Congreso, en especial a la Cámara de Diputados, en materia de impuestos, contribuciones y gasto federal en 1976, 1983 y 1986 confirieron mayor peso y fuerza. Veamos entonces cómo se tradujeron en la práctica parlamentaria y en la política de la Cámara. En consecuencia, en este capítulo se valorará si en el curso de las cinco Legislaturas que estudiamos, el Congreso

[6] Artículo 74, fracciones II y IV, *op. cit.*, p. 854

[7] Reforma del 1º de diciembre de 1977 del artículo 74, fracción IV, *op. cit.*, pp. 990-991.

[8] Reforma del 19 de marzo de 1986 del artículo 74, fracción IV, *op. cit.*, p. 1040.

de Unión reforzó su capacidad para incidir en las políticas hacendarias.

Con base en este doble enfoque: el constitucional y el de las prácticas políticas y parlamentarias, se comprenderá por qué se centra este capítulo en los aspectos generales de la discusión de política fiscal y en los ingresos y egresos federales. Es así que se analizan los puntos de vista de los diputados del partido en el gobierno y de los diputados de la oposición. Del mismo modo, se valoran las comparecencias de los representantes del Poder Ejecutivo y, en especial, las de los secretarios de Hacienda y Crédito Público y de Programación y Presupuesto. Nuestro objetivo es ponderar, y en su caso, destacar el papel efectivo del Poder Legislativo en la preparación y aprobación de la política fiscal y del gasto público.

3. La LII Legislatura: la búsqueda de una nueva relación

La LII Legislatura inició sus trabajos en el mes de septiembre de 1982 y los concluyó en el mes de agosto de 1985. Recordemos que hasta la reforma constitucional de 1986, el Congreso de la Unión había contado con un único periodo de sesiones que iniciaba el 1º de septiembre de cada año y concluía a fines de diciembre del mismo.[9] El único cambio que se introdujo en la Constitución de 1917 fue la reforma de 1977 que dejó inalterado el periodo de sesiones; en cambio eliminó las prioridades establecidas en la discusión de las iniciativas. La reforma de 1977 estableció que "el Congreso se reúne para celebrar sesiones ordinarias, en las cuales se ocupará del estudio, discusión y votación de las iniciativas de ley que le presenten y de la resolución de los demás asuntos que le correspondan conforme a esta Constitución".[10]

Si concedemos valor alguno a lo anterior es obvio que la escasa

[9] Véase el capítulo I.

[10] Art. 65. El texto original *op. cit.*, p. 842 y el reformado en 1977 en p. 989.

duración del periodo de sesiones ordinarias de la Cámara de Diputados redujo el peso político del Congreso y su gestión autónoma. Las presiones para legislar en brevísimo tiempo y con recursos precarios —sin un cuerpo de asesores autónomos y derecho a la información oportuna— minaron la calidad del trabajo de los diputados. De allí las críticas, que se vuelven constantes en la década de 1980, de que se legisla "al vapor", lo que llevará a que en la legislatura subsecuente se amplíe a dos el número de periodos de sesiones.

Con la nueva legislatura se introdujo, en diciembre de 1982, a iniciativa del Ejecutivo federal, una nueva *praxis:* "por primera vez, en el envío de la Iniciativa de Ley de Ingresos y el proyecto del Presupuesto de Egresos, se cumplió una demanda que reiteradamente le había hecho el Poder Legislativo al Poder Ejecutivo, conocer con anterioridad a la comparecencia que por ley tienen que hacer los secretarios de despacho, del contenido de estos tan importantes instrumentos de desarrollo".[11]

Al declararse lo previo queda claro que con anterioridad, o sea hasta al sexenio 1982-1988, los diputados conocían la iniciativa de presupuesto federal en el momento en que los secretarios de Hacienda y de Programación hacían su comparecencia. Es probable que la práctica previa fuera que el Ejecutivo federal enviara las Iniciativas acompañadas de un breve resumen escrito y que, debido a la escasez de tiempo y la escasa preparación de los legisladores en materia económica, los miembros del Congreso se basaran en este resumen para presentar su dictamen.[12]

En cambio, con una representación en la Comisión de Presupuesto técnica y política más preparada, se comienza por exigirle al gobierno que se establezcan mecanismos para que el Congreso obtenga información oportuna y permanente, a lo largo del año, acerca del ejercicio del presupuesto. Bajo la vigilancia del Congreso debían evitarse desviaciones injustificadas en su asignación y no tener que detectarlas tardíamente. Asimismo, se

[11] *Diario de los debates de la Cámara de Diputados*, LII Legislatura, Relación del secretario de Programación y Presupuesto 13 de diciembre de 1982, diario 50.

[12] Información de altos funcionarios públicos de la década de 1960 y de 1970.

introdujeron medidas para que el Congreso conociera con oportunidad los elementos generales que integraban el presupuesto de 1984.[13]

Con el fin de reforzar la labor fiscalizadora de la Cámara de Diputados, la Comisión introdujo, en la iniciativa de presupuesto de gastos, las siguientes enmiendas: que se informara trimestralmente a la Cámara acerca del ejercicio del gasto aprobado y sobre la disolución, liquidación o extinción de instituciones paraestatales. Además debían fijarse los mecanismos de coordinación entre el Legislativo y el Ejecutivo para el mejor control del presupuesto; se insistió además en la necesidad de reforzar la Contaduría Mayor de Hacienda de la Cámara con el fin de adecuarla a las nuevas tareas. La Comisión recibió con beneplácito la decisión del secretario de Programación de reunirse cada tres meses con la Comisión de Presupuesto para dialogar sobre el avance del presupuesto del año y las perspectivas de su desenvolvimiento.[14]

Las críticas de las fracciones parlamentarias de oposición, al dictamen y a los procedimientos de análisis y discusión del presupuesto de gasto federal, fueron numerosas. El compromiso del gobierno federal en torno a la nueva práctica política llevó a que los diputados del PAN, PDM, PPS y PSUM sostuvieran que entre el dicho y el hecho había un buen trecho. El diputado Medina Valtierra, del PAN, habló de que la información era todavía escasa y que la comparecencia de los secretarios de Hacienda y de Programación ocurría tardíamente, "cuando ya está por concluir el periodo ordinario de sesiones".[15] En el mismo sentido se expresó el diputado del PPS Alfredo Reyes Contreras, quien declaró que el Poder Ejecutivo "ubica a la representación popular ante un hecho consumado, al que nada puede agregar ni quitar tra-

[13] *Diario de los debates de la Cámara de Diputados*, LII Legislatura, Dictamen de la Comisión de Presupuesto 28 de diciembre de 1982, diario 58.

[14] *Ibid.*

[15] *Diario de los debates de la Cámara de Diputados*, LII Legislatura, Iniciativa de reforma al párrafo 2 de la fracción IV del artículo 74 de la Constitución sobre las fechas de presentación de las leyes de ingresos y egresos de la Federación, 21 de septiembre de 1982, diario 24.

duciéndose esa facultad constitucional en la aprobación de la iniciativa".[16] Mucho más ríspida fue la intervención del diputado Raymundo León Ozuna, del PDM, quien arguyó que "la armonía entre los dos poderes constitucionales se confunde con la sujeción, se ha confundido el equilibrio con la subordinación del Legislativo al Ejecutivo [porque] la mayoría parlamentaria no es el representante del pueblo [sino que son] la prolongación del Poder Ejecutivo en esta Cámara".[17]

Las intervenciones —en favor y en contra del dictamen— giraron esencialmente sobre algunos temas. El más significativo fue la relación entre gasto federal y la equidad en la distribución de recursos. Sobre este aspecto insistió el secretario de Programación y Presupuesto, Carlos Salinas de Gortari, argumentando que el objetivo era llegar a generar ahorro real en el sector público. Esto significaba, dijo, que "el gasto corriente se va a cubrir con ingresos propios, incluido el pago de intereses, y va a haber un sobrante de recursos para apoyar el programa de inversiones. [De este modo] se ha buscado equidad; se ha propuesto avanzar sustancialmente en evitar que el costo de la crisis lo paguen únicamente los grupos mayoritarios. Lo que se busca con el programa es que pague más quien más tiene".[18]

La oposición al dictamen del presupuesto de gasto federal se basó en que las políticas concomitantes a la iniciativa de presupuesto conducirían a mayores desequilibrios entre los niveles de ingreso. El diputado Iván García Solís, del PSUM, sostuvo que en el presupuesto "lo que se propone es un programa concreto y específico para ahondar la desigualdad, [pues no sólo lesiona] la producción, sino directamente a los trabajadores y a las grandes masas populares".[19] Jesús Luzán Gutiérrez, del PPS, se opuso

[16] *Ibid.*

[17] *Diario de los debates de la Cámara de Diputados*, LII Legislatura, Intervención del diputado Raymundo León Ozuna, 23 de diciembre de 1982. Debate sobre el artículo 2º de la ley de ingresos de la Federación 1983, diario 56.

[18] Relación del secretario de Programación y Presupuesto, 13 de diciembre de 1982, *op. cit.*

[19] *Diario de los debates de la Cámara de Diputados*, LII Legislatura, Intervención del diputado Iván García Solís, sesión del 13 de diciembre de 1982. diario 50.

al presupuesto de egresos porque "no se tomaron medidas radicales para obtener mayores recursos económicos de los sectores privilegiados de la sociedad". Dijo también que no se había eliminado "la política de subsidios y estímulos fiscales que en el pasado reciente se otorgaron en favor de las grandes empresas y, lo que es más grave aún, a los grandes monopolios extranjeros".[20] El diputado del PAN también sostuvo que el presupuesto de 1983 "empobrecerá aún más a los sectores más pobres de la población",[21] porque carecía, según el diputado del PDM, Raymundo León Loza, de bases sólidas, con el resultado que "han dejado flotando en el espacio" el presupuesto de egresos.[22]

Los diputados de la oposición de izquierda, en sus numerosas intervenciones, criticaron el presupuesto de gasto porque generaba efectos negativos sobre el mercado interno.[23] Los diputados del PAN, en cambio, aducían que crecería el aparato estatal. Dijeron que "el campo de acción del Estado se incrementa en forma constante, a tal grado que estamos viviendo ya una caricatura de economía mixta".[24] No obstante estas diferencias, todos los diputados de oposición —izquierdas y derechas— concordaron en que sólo mediante el combate a la corrupción, en especial la que imperaba en las paraestatales y descentralizadas, y erradicando las prácticas deshonestas de muchos funcionarios se podrían sentar las premisas que le confirieran credibilidad al presupuesto de egresos.[25]

En la misma dirección apunta la intervención del diputado Antonio Gershenson también del PSUM, *op. cit.*

[20] Intervención del diputado Jesús Luzán Gutiérrez, sesión del 13 de diciembre de 1982, *op. cit.*

[21] Intervención del diputado Astolfo Vicencio Tovar, sesión del 13 de diciembre de 1982, *op. cit.* En la misma dirección apunta la intervención del diputado del PAN Rubén Darío Méndez Aquino.

[22] Intervención del diputado Raymundo León Loza, sesión del 13 de diciembre de 1982, *op. cit.*

[23] *Diario de los debates de la Cámara de Diputados*, LII Legislatura. Intervención de los diputados Gershenson del PSUM y Juan Campos Vera del PPS, 13 de diciembre de 1982 y del 29 de diciembre de 1982, diarios 50 y 59.

[24] Intervención del diputado José Gordillo Mandujano, sesión del 13 de diciembre de 1982, diario 50.

[25] Véanse las intervenciones de los diputados Felipe Gutiérrez Zorrilla y

La crisis económica obligó al nuevo gobierno, por una parte, a reducir el presupuesto de gasto federal y, por la otra, a aumentar los ingresos. La iniciativa que envió el Ejecutivo a la Cámara de Diputados en 1983 contempló dicho aumento. Comenzaba por sostener que el fin último era "el saneamiento de las finanzas públicas" a través de acciones "que permitan apoyar el Programa Inmediato de Reordenación Económica". Se proponía recaudar mayor ingreso, sin afectar la inversión y el empleo, mediante "cambios de fondo en el capítulo de acumulación de ingresos de las personas físicas", con el pago del impuesto sobre la renta, elevando la tasa general del IVA de 10 a 15%. Se amplió su cobertura mediante la eliminación de exenciones —quedaron exentos los alimentos no procesados y de consumo popular—, y se dejó un IVA de 6% para los alimentos que requerían de algún proceso de industrialización. La idea era que la repercusión por el incremento de impuestos recayera en "los grupos de mayor capacidad económica".[26]

Lo novedoso, como concepción de la iniciativa presidencial, fue la política de precios y tarifas del sector público, que se comenzaron —por vez primera— a indexar con la inflación. Se dijo que la indexación era importante como medio para combatir la inflación en cuanto que "precios y tarifas realistas son una vía para evitar el endeudamiento excesivo" del sector público.[27]

En el dictamen consta que en la Comisión de Hacienda y Crédito Público se protestó el aumento de impuestos por los sectores del PRI: "campesino, obrero y popular" así como por "representantes de los partidos de oposición". El dictamen concluyó por asentar que, "con base en esas inquietudes", se buscó "atemperar la carga [fiscal] en renglones que se estimaban importantes

José González Torres (PAN), Raymundo León Ozuna (PDM), Alberto González Domene (PPS) e Iván García Solís, en sesión del 13 de diciembre de 1982, *op. cit.*

[26] *Diario de los debates de la Cámara de Diputados*, LII Legislatura, Iniciativa de ley de ingresos de la Federación para el ejercicio de 1983, 9 de diciembre de 1982, diario 48. Acerca de la reforma a los ingresos véase Álvaro Baillet, "La evolución de los ingresos del sector público: 1983-1988", en Bazdresch, *et. al.* (comps.), *México..., op. cit.*, vol. I, pp. 48-55.

[27] *Ibid.*

para los sectores mayoritarios de la población", para lo cual se creó un grupo de trabajo específico.[28] Los resultados del trabajo de dicho equipo condujeron a rectificaciones importantes: quedó exenta del impuesto al valor agregado (IVA), la canasta básica, al igual que "las enajenaciones en las tiendas sindicales, ejidales, comunales y de dependencias y organismos públicos". Se hizo así bajo el supuesto de que la comercialización de los productos básicos de consumo popular en este tipo de tiendas serviría para controlar los precios de los comercios privados al abrirlas al consumidor nacional. Al mismo tiempo quedaron exentos del impuesto sobre la renta los derechos de autor y, del IVA, el comercio de libros, periódicos y revistas.[29]

La mayor parte del debate en torno a la ley de ingresos se concentró, al igual que lo ocurrido cuando se discutió el presupuesto de gasto, en la cuestión de la inequidad de los nuevos impuestos. Las críticas y oposición al dictamen de la Comisión de Hacienda fueron del PAN, del PDM, del PPS y del PSUM, quienes insistieron en que el IVA se incrementaba en 204%, los servicios públicos en 100% y el impuesto sobre la renta sólo 36%.[30] A las críticas relativas a la inequidad fiscal, el secretario de Hacienda respondió con el argumento siguiente: "no está consignada en ningún momento la equidad" sino que se buscan "recursos adicionales para cumplir con las funciones esenciales del gobierno" y, por tanto, el objetivo de las medidas "es eminentemente recaudatorio". Reconoció, sin embargo, que el objetivo esencial de las medidas era la lucha contra la inflación, y que una tasa de 100% anual "afecta en modo directo y de modo claro a la población, y a la población con ingresos más bajos, sobre todo a aque-

[28] *Diario de los debates de la Cámara de Diputados*, LII Legislatura, Dictamen de la Comisión de Hacienda y Crédito Público 23 de diciembre de 1982, diario 56.

[29] *Ibid.*

[30] Intervinieron en el debate los diputados Alberto Santos de Hoyo, Alberto González Domene, Salvador Castañeda O'Connor (PPS), David Lomelí Contreras (PDM), Alfredo Reyes Conteras (PPS), Juan López Martínez (PDM), Haydée Eréndira Villalobos Rivera (PRI), Rolando Cordera y Samuel Meléndez (PSUM), José González Torres (PAN). *Diario de los debates de la Cámara de Diputados*, LII Legislatura, sesión del 11 de diciembre de 1982, diario 49.

llos con ingresos fijos". Sin embargo, recalcó el hecho indiscutible de que la inflación "es el impuesto más regresivo, es el impuesto más inequitativo".[31]

La iniciativa del Ejecutivo federal de presupuesto de egresos y a la ley de ingresos de 1984 denota mayor compromiso con el derecho de información a la Cámara de Diputados. En el presupuesto de egresos se precisa que el objetivo a mediano y largo plazos del gobierno era el de lograr una "restructuración permanente del gasto público" donde desempeñara un papel fundamental "la responsabilidad y disciplina en las actividades del sector público". Por lo anterior, el abatimiento del déficit del sector público fue una meta a alcanzar con el Plan Nacional de Desarrollo, donde el déficit no debía superar 5.5% del PIB. Para alcanzar dicho objetivo, el Ejecutivo federal hizo presente que "el gasto público se ajustó [en 1983] a la disponibilidad de ingresos y al monto del endeudamiento autorizado por la H. Cámara". De tal suerte que "no hubo sobregiro del gasto financiado con un endeudamiento superior al autorizado".[32] Sin lugar a dudas, hubo una mayor disciplina del Poder Ejecutivo en el ejercicio del presupuesto, disciplina que también tuvo que ver con la necesidad de garantizar al Poder Legislativo, con base en sus demandas, un derecho a la información más certera y eficaz. La vigilancia que ejerció la comunidad financiera internacional sobre la deuda también contribuyó, y de modo importante a que el conjunto del sector público mantuviera la disciplina financiera necesaria.

La información relativa a la política fiscal seguida por el gobierno fue también más continua y precisa. En la iniciativa de ingresos federales se afirmó que la política fiscal apuntaba "a incrementar el monto total de la recaudación, sin aumentos sustanciales de gravámenes, sino a través de dotar de más y mejores elementos a la administración fiscal". Además, la política fiscal se concentró en tres puntos:

[31] Intervención del secretario de Hacienda y Crédito Público, en sesión del 11 de diciembre de 1982, *op. cit.*

[32] *Diario de los debates de la Cámara de Diputados*, LII Legislatura, Iniciativa del Ejecutivo federal del presupuesto de egresos 1984, diario 42.

a) el incremento del impuesto sobre la renta, que tiene que ver con la tributación directa para "aumentar la equidad vertical y horizontal del sistema tributario";

b) el impuesto al valor agregado, vinculado a la tributación indirecta, con el fin de lograr "la descentralización administrativa en forma global a favor de los estados, a través de convenios de coordinación en la materia", con la meta de proporcionar autonomía financiera a los estados; y, por último, en

c) mantener una política de precios y tarifas del sector público que se muevan "en relación con el costo de producción de los bienes y servicios en cuestión".[33]

Con esta fórmula se liquidaba la vieja y funesta política fiscal de mantener inalterados los precios y las tarifas públicas por años, con grave deterioro de la Hacienda y del mismo bien público, con el fin de subsidiar indirectamente a toda la población, independiente de sus ingresos.

Otro cambio lo señalaba el Ejecutivo federal —en las iniciativas de ley— como el esfuerzo por tomar en consideración las recomendaciones y los requerimientos de la Cámara. Por ejemplo, al año siguiente en el proyecto de presupuesto de egresos se recordó que se incluía la recomendación de la Cámara de "dar prioridad a los sectores de bienestar social" al canalizarles mayores recursos. También se incluía la propuesta de la Cámara, de incorporar Altos Hornos de México, S. A., y la Fundidora Monterrey, S. A., "al grupo de entidades paraestatales controladas presupuestalmente". Se subrayaba finalmente la "voluntad del Ejecutivo federal de no ejercer un presupuesto mayor al aprobado por la H. Representación Popular".[34]

La voluntad de autocontención del gobierno, en materia de presupuesto, la reconoció la Comisión de Programación y Presupuesto de la Cámara de Diputados. Elogia también la meta de

[33] Iniciativa del Ejecutivo federal de la ley de ingresos 1984, *op. cit.*

[34] Iniciativa del Ejecutivo federal del presupuesto de egresos y de la ley de ingresos 1984, *op. cit.*

restructurar el gasto federal, el aliento que se desea dar a "la participación de la comunidad en los programas sociales", especialmente en las "zonas rurales y urbanas más deprimidas"; y la canalización y racionalización de los subsidios y de las transferencias. Dentro de las nuevas prácticas entre el Congreso y el Ejecutivo destacan: los informes trimestrales al Congreso de las secretarías, acerca de la situación económica y el estado de las finanzas públicas; las reuniones frecuentes entre funcionarios y diputados, y la creciente vigilancia que realizaba la Contaduría Mayor de Hacienda. La Comisión, en su conclusión, mencionó que la nueva actividad había llevado a "la formación de un grupo técnico de apoyo que facilita nuestra labor de seguimiento y evaluación en materia presupuestal".[35]

Carlos Salinas de Gortari ofreció poner "en marcha medidas para que la Cámara de Diputados conozca con oportunidad los elementos para el año siguiente" en materia de presupuesto de egresos e ingresos. Las comisiones de la Cámara, sin embargo, hicieron presente que no se había respetado el compromiso adquirido por el titular de la Secretaría de Programación y Presupuesto. Se solicitó también que en los informes trimestrales se incluyera la información acerca de los programas de desarrollo regionales y los subsidios a estados y municipios con el fin de "vigilar que un mayor número de compatriotas sean incorporados a los beneficios del desarrollo". La Comisión pidió la inclusión de los programas conexos al análisis sectorial, con el fin de poder evaluar el presupuesto tanto desde el punto de vista programático como del sectorial. Se instó al Ejecutivo a que remitiera al Legislativo "todos los programas del Plan Nacional de Desarrollo, es decir, los de mediano plazo, el anual global y los operativos anuales, para su examen y opinión [en] el próximo presupuesto de egresos". Con dicha información la Cámara tendría una mejor comprensión del proceso global de planeación-programación-presupuestación. La Comisión también pidió la

[35] *Diario de los debates de la Cámara de Diputados*, LII Legislatura, Dictamen de la Comisión del Presupuesto de Egresos de la Federación 1984, 26 de diciembre de 1983, *op. cit.*

inclusión, en el presupuesto de egresos, de las otras empresas estatales, como Pronase, Albamex, Azúcar, S. A., y los diferentes astilleros. Finalmente, hizo un reconocimiento a que se hubiera incorporado al presupuesto una disposición donde se solicitaba a la Secretaría de Programación y Presupuesto tomar todas "las medidas convenientes para promover la disolución, liquidación o extinción de las entidades de la administración paraestatal que no cumplan sus fines u objeto social".[36]

El cambio más importante que introdujo la Comisión al presupuesto fue la creación, en el gasto federal, de una partida reservada para la recuperación de la actividad económica. Se trataba de una partida correspondiente a uno por ciento del PIB, equivalente a 277 000 millones de pesos de 1983, que sería asignada a los programas prioritarios, de mediano plazo, del Plan Nacional de Desarrollo.

Si bien la Comisión aprobó el principio de dicha reserva, estableció que "su monto debía utilizarse para impulsar la recuperación económica, siempre y cuando se obtuvieran recursos no inflacionarios para financiarlo".[37] Dicho con otras palabras, se aprobaba a condición de que no hubiera aumento de impuestos y sirviera para reactivar la economía.

La Comisión especificó además que los sectores en que debería invertirse la reserva eran: en el desarrollo rural (especialmente en asignaciones a las organizaciones campesinas en las zonas de temporal), en lo social (en especial a la vivienda popular) y en lo regional, en comunicaciones, transporte y abasto. Según la Comisión, el objetivo de la reserva era la expansión de lo que en el Plan Nacional de Desarrollo se denominó sector social. Fundamentó esta decisión en el hecho de que la recuperación económica debía hacerse en estrecha asociación con "un incremento del ingreso de los grupos de menores recursos".[38]

Vale la pena señalar que la Comisión dictaminadora del presupuesto de egresos la formaban en su mayoría diputados del

[36] *Ibid.*
[37] *Ibid.*
[38] *Ibid.*

PRI. No obstante, se expresaron en favor de un cambio en la hegemonía tradicional del Ejecutivo federal en torno al presupuesto. Apoyaron, e incluso alentaron, la reciente *praxis* en el sentido de aumentar el control del Poder Legislativo en la definición programática del presupuesto como en su relación con la planeación económica y el manejo global y sectorial del gasto público.

Los cambios abrieron mayor espacio a la crítica. El diputado del PSUM Iván García Solís sostuvo que el dictamen de la Comisión era engañoso. Dijo que de forma criticaba la iniciativa presidencial pero en la práctica le concedía gran libertad de acción. En consecuencia "no existe voluntad política para ejercer un papel autónomo y propio por parte de quienes dominan esta Cámara".[39] En cambio, el diputado José Isabel Villegas afirmó que "los diputados de Acción Nacional recogemos los propósitos de rigor, perseverancia, austeridad, la reiteración de no regresar a esquemas anteriores", presentes en el dictamen y en la iniciativa.[40] Para el exponente del partido de mayoría, PRI, demostraba el cambio en "la voluntad política del presidente de perfeccionar la práctica de la división y colaboración de poderes".[41]

Las recomendaciones y críticas al predominio del Ejecutivo en materia de presupuesto dieron algunos frutos. La iniciativa de presupuesto del Ejecutivo federal del año siguiente menciona que la asignación para las dependencias y entidades federales se expresaban claramente con el fin que "las entidades conozcan desde el inicio los recursos con que cuentan a lo largo del año".[42] La iniciativa de ley de ingresos de 1984 fue similar. Se sostuvo que "con base en las recomendaciones de la H. Cámara de Diputados la reserva [es decir la partida equivalente a 1% del PIB para

[39] *Diario de los debates de la Cámara de Diputados*, LII Legislatura, sesión 27 de diciembre de 1983, diario 43.

[40] *Ibid.*

[41] Intervención del diputado Manuel Cavazos L., *op. cit.*

[42] *Diario de los debates de la Cámara de Diputados*, LII Legislatura, Iniciativa del Ejecutivo federal 23 de noviembre de 1984, diario 28.

el sector social de la economía] para la recuperación de la actividad económica fue asignada en el segundo semestre" de 1984.[43]

El secretario de Programación y Presupuesto, Carlos Salinas de Gortari, fue más explícito. Se refirió a la nueva relación entre el Ejecutivo y el Congreso en materia de presupuesto. Argumentó que el Ejecutivo había cumplido con el envío puntual al Congreso de los anteproyectos del presupuesto de gastos de la Federación y del Departamento del Distrito Federal. Que amplió, a solicitud de la Cámara, la información con la entrega oportuna de los informes trimestrales sobre finanzas públicas y el primer informe de evaluación del Plan Nacional de Desarrollo. Subrayó que fueron numerosas las solicitudes de las comisiones legislativas y las reuniones de trabajo entre funcionarios de esa Secretaría y diputados. A todo se había respondido.[44] El secretario de Programación y Presupuesto insistió en que la intención del gobierno, en el ejercicio presupuestal de 1985, era buscar "el delicado equilibrio entre un nivel de déficit que no alimente la inflación, un monto de gasto que no abata la recuperación [económica] ni desatienda demandas sociales fundamentales".[45]

El secretario de Hacienda y Crédito Público, Jesús Silva Herzog, mencionó los mismos objetivos generales y argumentó que el motor esencial de la política correctiva era "la reconstitución del ahorro del sector público, a partir del aumento de sus ingresos y de la racionalización de sus gastos". Que se revisaron precios y tarifas públicas bajo "los criterios de equidad y abatimiento de expectativas inflacionarias, [y continuaron] las acciones emprendidas en materia de deuda pública".[46]

El material de trabajo de la Comisión de Hacienda y Crédito Público fue la iniciativa e información que recibió de la Comisión

[43] *Ibid.*

[44] *Diario de los debates de la Cámara de Diputados*, LII Legislatura, Fundamentos y alcances de los egresos de la Federación y del Departamento del Distrito Federal 1985, 23 de noviembre de 1984, diario 28.

[45] *Ibid.*

[46] *Diario de los debates de la Cámara de Diputados*, LII Legislatura, Exposición sobre la ley de ingresos de la Federación 1985, 2 de noviembre de 1984, diario 27.

de Programación, Presupuesto y Cuenta Pública y lo expuesto por los diversos grupos parlamentarios. La Secretaría de Programación y Presupuesto entregó la información que se le pidió. Con ese acervo se procedió al análisis de la política presupuestaria para 1985. Se abordó el comportamiento previsible del gasto federal en el sector público consolidado y sectorial, las estrategias específicas del gasto público y su vínculo con los ingresos tributarios y no tributarios y con la formación del ahorro. Después de sesiones en Comisión, debatidas e informadas, y de manera inesperada, el dictamen se cerró con una serie de conclusiones y recomendaciones para el Ejecutivo federal, muy de tono menor, en relación con lo discutido.

La Comisión aprobó el proyecto de presupuesto para 1985. Reiteró que existía coherencia con el proceso de 1982 porque era "un instrumento vital de una estrategia que ha probado su eficiencia y su efectividad para combatir la crisis económica, rescatar la capacidad de crecimiento de la economía". Además, se había logrado revertir "la tendencia hiperinflacionaria", [sanear] las finanzas federales y paraestatales reduciendo el déficit del sector público, [transformar] las fluctuaciones cambiarias drásticas en estabilidad programada, [y detener] la tendencia al desempleo masivo y la quiebra generalizada de empresas [aunque la crisis], controlada en sus aspectos fundamentales, aún no está superada, ni vencida, ni erradicada".[47]

Dicho dictamen sin duda concluyó con unas recomendaciones de la Comisión basada en "la función de vigilancia, fiscalización, control y evaluación que corresponde a esta representación popular". Se recomendó incluir los informes trimestrales que la Cámara recibía de la Secretaría de Programación; además del presupuesto de divisas, los avances en la descentralización administrativa y los diferentes rubros de la inversión pública. Otra encomienda fue que se intensificaran las relaciones con el Ejecutivo. Se recomendó asignar mayores recursos a la Contaduría Mayor de Hacienda y avanzar para incorporar en el

[47] Dictamen de la Comisión de Programación, Presupuesto y Cuenta Pública 27 de diciembre de 1984, *op. cit.*

presupuesto, a las empresas estatales. El dictamen hizo explícita la necesidad de acelerar el proceso, de incorporar al presupuesto a Pronase, Albamex y a los diferentes astilleros.[48]

La Comisión de Hacienda y Crédito Público, que dictaminó la iniciativa de la ley de ingresos, la aprobó con algunas modalidades. Solicitó de la Secretaría de Hacienda informes trimestrales sobre "los resultados de los ingresos del sector público autorizados para 1985, dentro de los cuarenta y cinco días siguientes al trimestre vencido". Además, propuso una mejor redacción del artículo relativo a la cancelación de exenciones de impuestos federales.[49]

El debate del presupuesto y la ley de ingresos, por parte de críticos como defensores del dictamen, se concentró en lo general. El diputado Alberto González Domene, del PAN, expuso el exceso de estatismo, "donde el Estado se transforma no en un rector de la economía, sino en amo y señor de esa economía". El diputado Raymundo León Ozuna, del PDM, aludió a la sujeción del Congreso al Ejecutivo. Lo atribuyó, en materia de presupuesto, a que "el Congreso claudica de su poder" porque "de antemano declara que no va a ejercer las funciones de control que en tales aspectos [deuda pública y empréstitos] le atribuye la Constitución".[50]

La oposición al gobierno, no obstante, hizo frente común en contra del artículo 2 de la ley de ingresos que facultaba al Ejecutivo federal "a ejercer o autorizar montos adicionales de financiamiento cuando a juicio del propio Ejecutivo se presenten circunstancias que así lo exijan". Para el diputado del PSUM Florentino Jaimes Hernández era un artículo con el que "el Congreso cede una de sus facultades constitucionales más importantes al Poder Ejecutivo". Propuso la abolición de esa fracción del artículo. El diputado Juan Vázquez, del PAN, se sumó a la propuesta y

[48] *Ibid.*

[49] *Diario de los debates de la Cámara de Diputados*, LII Legislatura, Dictamen de la iniciativa de ley de ingresos de la Federación para 1985, 18 de diciembre de 1984, diario 42.

[50] *Diario de los debates de la Cámara de Diputados*, LII Legislatura, sesión del 20 de diciembre de 1984, diario 44.

denunció además que, en política fiscal, "todo queda a juicio personal del Ejecutivo".[51]

Si debiéramos juzgar exclusivamente los resultados de la votación con base en los dictámenes del presupuesto y de la política fiscal llegaríamos a la conclusión de que hubo mucho ruido y pocas nueces. En efecto, el presupuesto de egresos se aprobó por 238 votos en favor y 61 en contra. Se desecharon todas las modificaciones propuestas por el Pleno. Algo similar ocurrió con la ley de ingresos. El dictamen se aprobó por 225 votos en favor y 69 en contra, se desecharon todas las modificaciones propuestas por el Pleno. En el caso de la facción del PRI se tiene la impresión que un buen número votó en favor por disciplina partidista, porque previamente, en comisión, parecieran haber buscado, con los diputados de oposición, introducir cambios.

4. La LIII Legislatura: nuevas tensiones en la política de presupuesto

El año de 1985, además de ser el inicio de una nueva legislatura, fue un año particularmente duro, como "difícilmente se encontrará en la historia reciente del desarrollo nacional", sostuvo el secretario de Hacienda y Crédito Público.[52] Señaló la existencia de "gran incertidumbre en el mercado internacional del petróleo, consecuencia de la sobreoferta prevaleciente y de la débil coordinación de los productores". Al mismo tiempo, los países industrializados acentuaron sus políticas proteccionistas lo cual redujo el superávit en la balanza comercial de México y, consecuentemente, se deterioró la cuenta de capital destinada, en lo fundamental, para amortizar la deuda externa, pública y privada.[53]

[51] *Ibid.*

[52] *Diario de los debates de la Cámara de Diputados*, LIII Legislatura, Exposición de la iniciativa de ley de ingresos 1986, 25 de noviembre de 1985, diario 41.

[53] *Diario de los debates de la Cámara de Diputados*, LIII Legislatura, Exposición de la iniciativa de presupuesto de egresos 1986, 25 de noviembre de 1985, diario 42 y Exposición de la iniciativa de ley de ingresos 1986, *op. cit.*

El cuadro, de por sí negativo, de la economía se deterioró —de modo agudo— por los efectos del terremoto del 19 de septiembre de 1985. Respecto de las finanzas federales el efecto, fue desastroso, puso un alto a la lucha contra la inflación y al proceso de reducción del déficit fiscal. Los resultados económicos y hacendarios de ese año de 1985 fueron un brutal desafío a la política económica de reordenación diseñada en el Plan Nacional de Desarrollo.

Los cambios estructurales

La posición del Ejecutivo federal se refleja bien en la iniciativa del presupuesto de egresos y en la ley de ingresos de 1986 que envió al Congreso. Sostuvo la ineludible necesidad de "actuar con mayor intensidad en las acciones de carácter estructural". Por vez primera se escuchó de parte del Ejecutivo, la propuesta de restringir el campo de acción del sector público. Con esto se daba luz verde al proceso de liquidación, transferencia, fusión o venta de entidades y sociedades públicas y se impulsaba y aceleraba la descentralización de la administración pública para reducir los costos de transacción de la actividad privada.[54] La acción de carácter estructural significaba acelerar el proceso de saneamiento de las finanzas públicas dando prioridad al abatimiento del déficit público, de tal modo de disminuirlo de 9.6 a 4.9% del PIB en ese año. Se debían —sostuvo el presidente De la Madrid— concentrar las inversiones en áreas estratégicas prioritarias, como Pemex y la Comisión Federal de Electricidad, en la modernización del transporte y en el área de la comercialización. Se insistió además en la estricta calendarización del gasto del gobierno federal para lograr economías significativas, especialmente en el sector paraestatal; y, finalmente, una reducción del gasto corriente en sueldos y salarios, "congelando" los sueldos de los altos funcionarios públicos.[55]

Al intensificar el proceso de reajuste fiscal para reducir el

[54] Véase el capítulo IV.

[55] Exposición de la iniciativa de presupuesto de egresos 1986, *op. cit.*

déficit público se actuaba tanto en el gasto federal como también en el de los ingresos federales. El secretario de Hacienda y Crédito Público hizo presente que en 1986 "no se aumentará la carga tributaria en su conjunto", pero sí se extendería la base fiscal para alcanzar a un mayor número de personas físicas y morales sujetas a impuesto, en especial, a las empresas. Sostuvo que se incrementarían los ingresos con aplicar una política realista de precios y tarifas del sector público. En relación con la restructuración de la deuda externa, la actividad de los nuevos bancos de desarrollo y de las instituciones de crédito nacional y de los nuevos intermediarios financieros —no bancarios— estaba prevista una mayor aportación para el año de 1985.[56]

Las comparecencias de los secretarios de Programación y de Hacienda dieron origen a un debate en la Cámara de Diputados. A diferencia de comparecencias previas, entonces la crítica fue más dura. En efecto, a partir de 1986 notamos que tiende a disminuir el diálogo entre gobierno y Congreso y, en especial, al interior del Congreso, entre diputados de la mayoría y diputados de la oposición. Es probable que la voluntad de interactuar se viera deteriorada por la difícil coyuntura económica que obligaba al gobierno a buscar la aprobación —sin concesión— del presupuesto tal como lo enviaba el Ejecutivo federal. Un elemento que pudiera confirmar la percepción que se tiene acerca de que el partido en el gobierno cerró filas en torno al Ejecutivo, fue que el secretario de Programación no consideró más —como sí lo hizo en el primer periodo— las recomendaciones del Congreso en materia de presupuesto. El diputado del PSUM Jorge Alcocer Villanueva puso en evidencia esta escasa voluntad de diálogo. Dijo que en el debate, la mayoría del PRI había impuesto las reglas del juego concediendo toda la ventaja al secretario de Programación. Que poco más, poco menos, le había advertido a "esta Cámara de Diputados: discutan todo lo que quieran, pero no pueden cambiar nada" del presupuesto de egresos.[57]

El debate en la Cámara, en presencia de los dos secretarios de

[56] Exposición de la iniciativa de ley de ingresos 1986, *op. cit.*

[57] *Diario de los debates de la Cámara de Diputados*, LIII Legislatura, sesión del 25 de noviembre de 1985, diario 42.

Estado, fue mucho más vivaz que en anteriores legislaturas. El porcentaje de curules en manos del PAN, PRI y PPS-PARM era similar al de la legislatura previa; la diferencia en la Cámara baja residía en la reciente coalición de los partidos de izquierda, aliada con los partidos de derecha, quienes a partir de posiciones opuestas rechazaron las medidas económicas.[58] Vale la pena destacar que por vez primera fueron exclusivamente los diputados del PRI a defender en el debate las razones del gobierno federal. El número de intervenciones fue de 21, de éstas sólo tres correspondieron a diputados del PRI que, como hemos dicho, defendieron a ultranza la posición del gobierno y de los secretarios.[59] La disciplina partidista del PRI se notó: el diputado Urióstegui Miranda dijo que debía sostenerse "el esfuerzo tenaz, nacionalista y honesto del presidente de la República porque las iniciativas no son un conjunto de medidas desesperadas, improvisadas o populistas: son la ratificación de una estrategia económica de largo plazo y de una actitud política definida".[60]

Las posiciones críticas se hicieron oír por el resto de las intervenciones: 18 diputados del PAN, PDM, PM, PMT, PST, PPS, PARM y PRT criticaron en general ambas iniciativas y elevaron objeciones específicas a la política de crédito público y de ingresos federales. Dos diputados, uno del PAN, Oswaldo Harris Muñoz, y otro del PSUM, Jorge Alcocer Villanueva, criticaron, una vez más, la información incompleta recibida por los diputados. Harris Muñoz sostuvo que, con base en los datos trimestrales remitidos por la Secretaría de Programación y Presupuesto, se notaba que el endeudamiento externo de 1985 había superado en 773 millones de dólares el monto autorizado por el Congreso.[61] Por su parte, el diputado Alcocer Villanueva preguntó "por cierto, señor secretario, ¿qué caso tiene no informarle a la Cámara con exactitud

[58] Véase el capítulo I, cuadro 1.6, "Congreso de la Unión, Cámara de Diputados, partidos y porcentaje de curules", p. 35.

[59] Intervinieron los diputados Jesús Murillo Karam, Luis Donaldo Colosio y Píndaro Uriostegui Miranda, sesión del 25 de noviembre de 1985, *op. cit.*

[60] Sesión del 25 de noviembre de 1985, *op. cit.*, p. 45.

[61] *Ibid.*, p. 18.

cuánto se pagará por la deuda externa y cuánto por la deuda interna?".[62]

Críticas generales al conjunto de la política de presupuesto y fiscal del gobierno vinieron de los diputados del PSUM. Uno sostuvo que "hemos vivido ya tres años de forzada reordenación y austeridad y francamente, señor secretario, los saldos de este lapso son impresionantemente desfavorables".[63] También se escucharon críticas, de parte del PRT, a las políticas de reordenamiento económico y de rigor fiscal del gobierno. Su portavoz calificó la política seguida por el gobierno como una "política económica antipopular que ha tenido como estrategia la de deprimir los niveles de los asalariados bajo la divisa de un endeudamiento sin límite y la hipoteca de la soberanía nacional".[64] Similar fue la posición del diputado del PMT Heberto Castillo, quien declaró que la política del gobierno era la de seguir "descargando el peso de la crisis en los obreros, campesinos, empleados y sobre los pequeños empresarios privilegiando los grandes negociantes nacionales y extranjeros".[65]

Los diputados dirigieron sus baterías en contra de los ingresos y el gasto federal. En particular se atacó el problema de la deuda pública y el impuesto al consumo, el IVA. La fracción del PAN criticó con severidad la gestión de las paraestatales, su despilfarro y gravamen sobre el presupuesto. El diputado Humberto Rice García arguyó que por un lado, las empresas paraestatales, que definió como "monstruosos subsidios", eran la causa principal del déficit público.[66] El diputado del PAN Humberto Enrique Ramírez Rebolledo sostuvo que el déficit público dependía de que el gobierno se ciñiera escrupulosamente al dictamen constitucional, que preveía que "todo empréstito debe des-

[62] *Ibid.*, p. 41.

[63] Intervención del diputado Pablo José Pascual Moncayo, *op. cit.*, p. 47. Críticas de la política de austeridad del gobierno provinieron también del diputado PSUM José Camilo Valenzuela, *op. cit.*, p. 52.

[64] Intervención del diputado Pedro José Peñaloza, *op. cit.*, p. 12. En el mismo sentido la intervención del diputado PRT Ricardo Pascoe Pierce.

[65] *Op. cit.*, p. 17.

[66] *Op. cit.*, p. 46.

tinarse para la ejecución de obras que directamente produzcan un incremento de ingresos públicos". Además, expuso que el gobierno no contaba con "la autorización del Congreso en las renegociaciones de la deuda externa". Fue aun redundante al hablar de la nacionalización de la Banca en 1982; sostuvo: "al estatizarse los bancos, la deuda externa e interna de éstos y sus empresas, pasó a formar parte de la del gobierno federal, ¿cuándo se pidió autorización al Congreso para absorber dicha deuda?". Y concluyó: "esta misma pregunta se la hago en relación con la absorción que el gobierno federal hizo, según el informe del 1º de septiembre, de la deuda privada de algunos organismos descentralizados: Comisión Federal de Electricidad, Conasupo, Ferrocarriles Nacionales, entre otros".[67]

La bancada de la izquierda criticó al gobierno, en cambio, por respetar puntualmente el pago de intereses y plazos de amortización de la deuda.[68] El diputado del PRT Pedro José Peñaloza llegó incluso a decir que "la suspensión del pago de la deuda es el primer paso para dar una salida democrática, nacional y popular a la crisis".[69]

El diputado Alejandro Gascón Mercado, del PMT, se lanzó en contra de la política fiscal, especialmente sobre el IVA. Dijo que "la política tributaria tiene carácter regresivo, pues se basa fundamentalmente en los impuestos indirectos que tiene que pagar el pueblo".[70] Las críticas fueron al impuesto indirecto que golpeaba a todos los sectores de la sociedad. El diputado Antonio Monsiváis Ramírez, del PDM, incluso pidió que se eliminaran los impuestos indirectos. Se puede decir que para todos los diputados de la oposición la política tributaria del gobierno y en materia de deuda externa era criticable, por no decir condenable.[71]

[67] *Op. cit.*, p. 50.

[68] Véanse en especial las intervenciones de los diputados Carlos E. Cantú Rosas (PARM), Ricardo Pascoe Pierce (PRT), Heberto Castillo (PMT), Graco Ramírez Garrido (PST) en *op. cit.*

[69] *Op. cit.*, p. 13.

[70] *Op. cit.*, p. 15.

[71] *Op. cit.*, pp. 16-17.

El desnivel entre el debate parlamentario, donde la oposición se expresó verbalmente en tono fuerte, y los dictámenes de las comisiones de Programación, Presupuesto y Cuenta Pública como la de Hacienda y Crédito Público, contrastan notablemente. La explicación podría ser que el Presidente pidió disciplina partidista, ante el carácter crítico del momento económico que se vivía. El apoyo de la bancada priísta, sin discusión y sin concesión alguna a los grupos parlamentarios de la Comisión sólo se entiende desde esa óptica. En efecto, el dictamen de presupuesto de egresos de la Federación, que la Comisión sometió a votación del Congreso, no modificaba, en nada, la iniciativa del Ejecutivo federal.[72] La fracción del PRI la sostuvo sin moverse un milímetro: defendió hasta las últimas consecuencias el dictamen de la Comisión, que era idéntico a la iniciativa.[73]

[72] *Diario de los debates de la Cámara de Diputados*, LIII Legislatura, Dictamen de la Comisión del Presupuesto de Egresos de la Federación 1986, 27 de diciembre de 1985, diario 60. Comisión de Hacienda y Crédito Público: Luis Manuel Orcí Gándara, presidente; David Jiménez González, secretario; Hesiquio Aguilar de la Parra, Amílcar Aguilar Mendoza, Óscar Aguirre López, Abelardo Alanís González, Jorge Alcocer Villanueva, Cuauhtémoc Amezcua Dromundo, Rebeca Arenas Martínez, Carlos Barrera Auld, José Eduardo Beltrán Hernández, Roberto Calderón Tinaco, Porfirio Camarena Castro, Carlos Cantú Rosas, Gonzalo Castellot Madrazo, Heberto Castillo Martínez, José Angel Conchello Dávila, Luis Donaldo Colosio Murrieta, Francisco Contreras Contreras, Máximo de León Garza, Dante Delgado Rannauro, Blanca Esponda de Torres, Félix Flores Gómez, Jorge Flores Solano, Oswaldo García Criollo, José Ramón García Soto, Javier Garduño Pérez, Alejandro Gascón Mercado, Enrique González Isunza, Marcela González Salas, Ángel Sergio Guerrero Mier, Agustín Leñero Bores, Rafael López Zepeda, Amado Llaguno Mayaudón, Alberto Mercado Araiza, Adrián Mora Aguilar, Alejandro Ontiveros Gómez, Jorge Eugenio Ortiz Gallegos, José Pablo Pascual Moncayo, Pedro José Peñaloza, José Angel Pescador Osuna, Graco Ramírez Garrido Abreu, Alfonso Reyes Medrano, Eduardo Robledo Rincón, Rubén Rubiano Reyna, César Augusto Santiago Ramírez, Héctor Terán Terán, Fernando Ulibarri Pérez, Roberto Valdespino Castillo, Humberto Salgado Gómez.

[73] Intervinieron en el debate los diputados Jesús Murillo Karam y Luis Donaldo Colosio (PRI) José Angel Conchello Dávila y Jorge Eugenio Ortiz Gallegos (PAN), Jorge Alcocer Villanueva (PRI), Ricardo Pascoe Pierce (PRT), *Diario de los debates de la Cámara de Diputados*, LIII Legislatura, sesión del 27 de diciembre de 1985, diario 60.

En el debate sobre el dictamen de la Comisión sucedió algo inédito. El PMT presentó un *voto particular*[74] por conducto del diputado Eduardo Valle E. Lo inédito fue que se presentaron los criterios básicos de un proyecto alternativo de presupuesto de egresos. Es el primer documento (de que exista constancia) elaborado por un grupo parlamentario en materia de presupuesto. El voto particular concluyó con la moción de regresar el dictamen a la Comisión de Programación "para su elaboración sobre criterios realistas y de mayor certeza para la Nación".[75]

Las comisiones: su profesionalización

En el curso de la LIII Legislatura, junto con el debate político-ideológico, comienza a darse un debate político-técnico. Tal sería el caso de las 17 impugnaciones al articulado de la iniciativa que venimos analizando. Todas se relacionan con el monto asignado a la deuda pública, el gasto previsto para la reconstrucción después del terremoto, las asignaciones a programas prioritarios o estratégicos del gobierno, el mayor uso de insumos nacionales en el ejercicio del gasto de inversión pública, la política de subsidios a los programas prioritarios del Plan Nacional de Desarrollo, el mayor control del Congreso en la disolución, liquidación o extinción de entidades de la administración pública por parte de la Secretaría de Programación y Presupuesto, las asignaciones a los fideicomisos constituidos para el fomento de las exportaciones, la creación de plazas para los programas de educación, salud, procuración de justicia y seguridad nacional, por

[74] Voto particular. Cuando algunos miembros de una comisión disienta de la resolución adoptada, podrá expresar su parecer por escrito y firmada y dirigirlo al coordinador de su grupo parlamentario con copia al Presidente de la comisión para que aquél, si lo estima conveniente, lo remita al Presidente de la Mesa Directiva de la Cámara para ser sometido a consideración de la Asamblea. Véase Ley Orgánica del Congreso General de los Estados Unidos Mexicanos, 1995, artículo 56.

[75] Voto particular del grupo parlamentario del PMT, 27 de diciembre de 1985, *op. cit.*, pp. 122-124.

un estricto control del gasto corriente mediante límites severos al gasto en asesorías, comisiones al extranjero y gasto del orden social y ceremonial de los funcionarios públicos.[76]

El debate expresa bastante bien la reciente capacidad técnica de los diputados de todos los grupos parlamentarios para hacer observaciones específicas y puntuales a la gestión del gasto público en materia de investigación científica,[77] desarrollo urbano, ecología,[78] turismo,[79] transporte,[80] así como en lo relativo a transferencia de fondos federales a los estados y municipios.[81] Obviamente el hincapié caía en la deuda pública.[82] A las impugnaciones de la oposición, en aula, respondieron los diputados del PRI con una crítica simple: que la oposición carecía de fundamentos y votaban por desechar una y otra impugnación o sugerencia.[83]

La parte más explosiva del debate fue cuando intervino el diputado Gerardo Unzueta, del PSUM. De modo provocativo invitó a la secretaria de la Cámara a dar lectura al artículo 21 de la ley general de presupuesto de 1976, que literalmente decía: "las propuestas que hagan los miembros de la Cámara de Diputados para modificar el proyecto de Presupuestos de Egresos presentado por el Ejecutivo serán sometidas desde luego a las comisiones respectivas".[84]

[76] Sesión del 27 de diciembre de 1985, *op. cit.* Las impugnaciones fueron presentadas por el diputado Pascoe del PRT, Adner Pérez de la Cruz, Cuauhtémoc Amezcua, Héctor Morquecho y Hildebrando Gaytán del PPS, Arturo Whaley Martínez del PSUM.

[77] Intervención de la diputada Gabriela Guerrero (PPS), *op. cit.*, pp. 167-169.

[78] Intervención de la diputada María Esperanza Morelos Borja (PAN), *op. cit.*, pp. 172-174.

[79] Intervención del diputado Alejandro Cañedo Benítez (PAN), *op. cit.*, pp. 176-178

[80] Intervención del diputado Jesús Galván Muñoz (PAN), *op. cit.*, pp. 178-179.

[81] Intervención del diputado Héctor Morquecho (PPS), *op. cit.*, pp. 187-188.

[82] Intervenciones de los diputados Alejandro Gascón Mercado, Ricardo Pascoe (PRT), Arturo Whaley Martínez (PSUM) y Cuauhtémoc Amezcua Dromundo (PPS), *op. cit.*, pp. 155-174.

[83] Intervenciones de los diputados Sócrates Rizzo García y Píndaro Urióstegui Miranda, en *op. cit.*, pp. 180-183 y 190-191.

[84] *Op. cit.*, p. 174.

La votación en lo general, en lo particular y de los artículos impugnados refleja muy bien el clima que se vivió en la Cámara entre noviembre y diciembre de 1985. El dictamen y la iniciativa de presupuesto para 1986 se aprobó en lo general y lo particular por 240 votos en favor y 73 en contra, fueron desechadas todas las modificaciones propuestas, por 224 votos en favor y 54 en contra.

A imagen y semejanza del dictamen del presupuesto de egresos, el dictamen de la ley de ingresos que elaboró la Comisión de Hacienda y Crédito Público consideró la iniciativa presidencial como procedente.[85] Se introdujo una única modificación, de carácter técnico, para hacer concordar mejor la ley de ingresos y la ley federal de derechos en lo relativo a los impuestos y las contribuciones que pagaba Petróleos Mexicanos. El objetivo era reducir el tiempo promedio que tardaban las entidades públicas en liquidar sus adeudos a Pemex.[86]

Las críticas en el Pleno al dictamen fueron similares a las expresadas durante el debate acerca del dictamen de presupuesto

[85] *Diario de los debates de la Cámara de Diputados*, LIII Legislatura, Dictamen de la ley de ingresos de la Federación, 1986, 21 de diciembre de 1985, diario 57, pp. 8-17. La Comisión de Hacienda y Crédito Público (diciembre, 1985) quedó integrada de la siguiente manera: presidente, Luis Donaldo Colosio Murrieta; secretario, Jesús Murillo Karam, César Augusto Santiago R., Marcela González Salas, Píndaro Urióstegui Miranda, Luis Orcí Gándara, Sócrates Rizzo García, Blas Chumacero Sánchez, Dionisio Moreno Cortés, Jorge Flores Solano, Gerardo Fernández Casanova, Homero Díaz Córdova, José Angel Pescado O., Ma. Aurora Munguía Archundia, Gilberto Nieves Jenkin, Alejandro Ontiveros Gómez, Francisco Contreras Contreras, Pedro Goytia Robles, Enrique Pelayo Torres, Alfonso Reyes Medrano, Ma. Esther Scherman Leaño, J. Manuel Pablito Tovar Estrada, Héctor Ximénez González, Jorge D. Zapata García, Antonio Brambila Meda, Blanca Esponda de Torres, Manuel Jiménez Guzmán, Oswaldo García Criollo, Beatriz Paredes Rangel, Elba Esther Gordillo Morales, Antonio Melgar Aranda, Javier Garduño Pérez, José Eduardo Beltrán H., Reyes Fuentes García, Ricardo Pascoe Pierce, José Angel Conchello, Jesús Galván Muñoz, Jorge Eugenio Ortiz Gallegos, Jaime Haro Rodríguez, Juan de Dios Colli Mass, Jorge Amador Amador, Máximo de León Garza, Héctor Morquecho Rivera, Eduardo Valle Espinosa, Jorge Alcocer Villanueva, Gerardo Unzueta Lorenzana, Enrique Bermúdez Olvera, Rubén Aguilar Jiménez.

[86] *Op. cit.*, p. 14.

de egresos. Los diputados del PAN, PDM, PSUM y PRT sostuvieron que el dictamen de la Comisión dejaba ver la subordinación de los diputados de mayoría al gobierno, tanto que el diputado Pedro José Peñaloza, del PRT, irónicamente felicitó "a la mayoría de la Comisión de Hacienda, porque copian muy bien la ley de ingresos".[87] El hecho más relevante del debate fue la *proposición suspensiva*, primero, y luego el *voto particular*, presentados por la fracción parlamentaria del PPS, por el diputado Cuauhtémoc Amezcua Dromundo.[88] La *moción suspensiva* pedía que el dictamen se regresara a comisión para estudiar la iniciativa del Ejecutivo de nuevo por adolecer de graves defectos, y porque contemplaba ingresos a captar para 1986 del todo insuficientes.[89] Se preguntó a la Cámara si se aceptaba su discusión, la cual se desechó. En el *voto particular* se volvió a insistir en que "la política de ingresos es medrosa e insuficiente" cuya consecuencia era "que obliga al endeudamiento como fuente de recursos adicionales" y " obliga, a pesar de todo, a contar con pocos recursos, insuficientes para atender las necesidades del país y del pueblo".

En el curso del debate del dictamen de la Comisión de Hacienda, fueron impugnados una serie de artículos de la ley de ingresos. El diputado Amezcua, del PPS, impugnó el artículo 1 relativo al monto total de los ingresos, pidiendo que se regresara a comisión para su mejor estudio; el diputado Alcocer, del PSUM, pro-

[87] Las intervenciones fueron de los diputados Humberto Ramírez Rebolledo (PAN), Pablo Pascual Moncayo (PSUM), Roberto Calderón Tinoco (PDM) y Pedro José Peñaloza (PRT), *Diario de los debates de la Cámara de Diputados*, LIII Legislatura, sesión del 22 de diciembre de 1985, diario 58, pp. 64-81.

[88] *Op. cit.*, pp. 64-65.

[89] Reglamento para el Gobierno Interior del Congreso General de los Estados Unidos Mexicanos, 1995, artículos 109, 110 y 111. Una discusión puede suspenderse "por *proposición suspensiva* que presente alguno o algunos de los miembros de la Cámara y que ésta apruebe". Artículo 110. "En caso de *moción suspensiva* se leerá la *proposición suspensiva* sin otro requisito de oír a su autor, si la quiere fundar y a algún impugnador si lo hubiere y de inmediato se pregunta a la Cámara si se toma en consideración. En caso afirmativo se discute y vota. Si la resolución de la Cámara fuera negativa, la proposición se tendrá por desechada. Artículo 111. No se puede presentar más de una *proposición suspensiva* en la discusión de un negocio.

puso suprimir el traspaso de 13.3 mil millones de pesos en favor de la empresa estatal Teléfonos de México; el diputado Martín Tavira, del PPS, pidió que se prohibiera al gobierno federal contratar créditos externos "en tanto no cambien radicalmente las actuales condiciones usurarias y profundamente inmorales que imperan en el mercado financiero mundial". Los diputados Alcocer, Noriega Cantú y Álvarez Padilla objetaron las fracciones del artículo 3º relativo al incremento de la deuda exterior; el diputado Morquecho Rivera, del PPS, objetó del artículo 4º lo relativo a las transferencias federales en favor de las empresas privadas; el diputado Pascual Moncayo (PSUM) impugnó las cuotas de producción y exportación de petróleo y el nivel de endeudamiento de las paraestatales; el diputado Máximo León de la Garza y el diputado Unzueta, del PSUM, propusieron regular mejor los subsidios a las empresas privadas y sólo otorgarlos a actividades productivas específicas.[90] Todas las impugnaciones fueron desechadas. En la votación nominal, 227 diputados aprobaron en lo general el dictamen y la iniciativa, 61 votaron en contra. En la votación, en lo particular, de los artículos impugnados, los votos fueron 216 por mantener el dictamen de la Comisión tal cual, como llegó la iniciativa. Hubo 59 votos en favor de introducir las modificaciones solicitadas por los diferentes diputados. Tanto el presupuesto de egresos como la ley de ingresos para 1986 fueron aprobadas tal como se recibieron del Poder Ejecutivo, sin cambio alguno, el 23 de diciembre de 1985.

El viraje forzado: inflación y caída de los precios del petróleo

La elaboración y discusión del presupuesto de egresos y de la ley de ingresos para 1987 se realizó bajo fuertes condicionantes; bajo restricciones mucho más severas que las del año que acababa de terminar: la puntilla al cúmulo de problemas fue el *shock* externo

[90] *Op. cit.*, pp. 91-113.

que golpeó a la economía mexicana con la caída de los precios del petróleo.

Conviene tener presente que el *shock* derivó de la caída de los precios del petróleo de principios de 1986. Hubo un anuncio previo, como ya se vio, con los signos de debilitamiento del mercado petrolero internacional. Sin embargo, "la magnitud del choque petrolero fue impresionante: el ingreso por las recaudaciones petroleras bajó en 8.500 millones de dólares, lo equivalente a 6.5% del PIB, a 40% de los ingresos totales por las exportaciones y a 26% de los ingresos del sector público. La actividad económica, en consecuencia, padeció un grave descenso y la inflación se aceleró: el PIB bajó 3.8% y el crecimiento del IPC cayó de 64% en 1985, a 16% en 1986. Estos resultados eran inevitables dada la depreciación del tipo de cambio (35% en términos reales en 1986), lo cual obligó al gobierno a proteger la balanza de pagos y evitar el agotamiento de las reservas, en moneda extranjera, del Banco de México.[91]

Si bien los responsables de la política económica y de presupuesto habían calculado la anunciada baja de los precios del petróleo, la realidad superó con creces lo proyectado. El secretario de Hacienda, Gustavo Petriccioli Iturbide, dijo que "la inestabilidad del mercado petrolero mundial se acentuó de manera inesperada desde los primeros meses del presente año, provocando una caída de los precios mucho mayor de la prevista, así como una reducción en el volumen de exportación".[92]

La misma explicación la dio el secretario de Programación y Presupuesto, Carlos Salinas de Gortari. Fue contundente al decir que la causa de una crisis tan aguda fue la coyuntura económica de 1986. Con el "desplome del precio internacional de los hidro-

[91] Guillermo Ortiz, *México después de la crisis de la deuda. Hacia un crecimiento sostenible con estabilidad de precios*, en Bazdresch *et. al* (comps.), *México..., op. cit.*, vol. II, pp. 135-136. Veáse también Cárdenas, *La política económica, op. cit.*, pp. 141-143.

[92] *Diario de los debates de la Cámara de Diputados*, LIII Legislatura, Exposición de la iniciativa de ley de ingresos de la Federación 1987, 19 de noviembre de 1986, diario 30, p. 10.

carburos, como consecuencia de una competencia caótica y de una guerra abierta por mercados a nivel internacional", el precio medio de la mezcla mexicana de exportación se había ido en picada, de 24 dólares por barril a 8.9 dólares para julio de 1986. Según Salinas, el gobierno había previsto, al elaborar el presupuesto, la baja del precio internacional del petróleo, pero dijo: "nadie pudo precisar lo dramático de la caída". El gobierno, por la fuerza de las circunstancias, se vio obligado a redefinir, ya desde febrero de 1986, su estrategia. Fue el presidente de la República quien lo anunció públicamente.[93]

La política a partir de febrero de 1986 fue de contención del choque petrolero. Se esperaba que en el bienio 1987-1988 se pudiera iniciar un programa de aliento y crecimiento (PAC) que reforzara y renovara en parte el programa de reordenación económica y cambio estructural propuesto en el Plan Nacional de Desarrollo. El programa de contención se caracterizó por un "desliz cambiario, para mantener orden en la balanza de pagos"; un incremento en las tasas de interés, con el fin de contener la demanda y la inflación; en alentar las exportaciones y el retorno de capitales; intensificar la reconversión de las áreas estratégicas del sector público: desincorporando o privatizando las "entidades públicas que no son necesarias para la rectoría económica del Estado", y, finalmente, racionalizando "la protección comercial para elevar la eficiencia y la competitividad, interna y externa, del aparato productivo nacional".[94]

El choque externo actuó, sin duda, como el elemento de aceleración en el proceso —ya ineludible— de internacionalización de la economía mexicana y en la ruptura definitiva con los esquemas de política económica proteccionista. Las nuevas directrices, en materia de política económica, aparecieron en el Programa de Aliento y Crecimiento (PAC) presentado el 23 de junio de 1986, cuyo objetivo era lograr un crecimiento real del PIB de

[93] *Diario de los debates de la Cámara de Diputados*, LIII Legislatura, Exposición de la iniciativa de presupuesto de egresos 1987, 25 de noviembre de 1986, diario 31, p. 7.

[94] *Op. cit.*, p. 8.

entre 3 y 4% en 1987 y 1988, con estabilidad de precios. El PAC modificó las variables fundamentales de la política económica pero consolidó definitivamente la estabilización buscada. En efecto, gracias al PAC cambiaron los términos de la negociación con los acreedores de la deuda externa, buscando un mejor equilibrio entre una tasa de crecimiento económico moderado y un nivel de endeudamiento externo moderado; se buscaba aumentar la disponibilidad de recursos financieros dentro del país, para lograr una disminución de las tasas de interés, liberalizar el crédito al sector privado y alentar así la inversión privada. El logro más elocuente del nuevo rumbo del país se extendió a las finanzas públicas, en cuanto el PAC revisó la política de ingresos del sector público, para fortalecer sus recursos propios como medio de financiamiento para su gasto, y la política de gasto para reorientar selectivamente el gasto público, sin alterar su monto total.[95]

Con base en las nuevas directrices se pudo elaborar el proyecto de presupuesto de egresos para 1987, que se amplió con los objetivos del Pacto de Solidaridad Económica. Las metas presupuestales previeron reducir la inflación mediante el incremento de 15% de la inversión pública en términos reales, disminuir el gasto corriente en 1% del PIB; duplicar el superávit fiscal primario, es decir, del gasto antes del pago de intereses, a 6.5% del PIB; dar mayor orden y disciplina al ejercicio del gasto público por medio de una estricta calendarización del gasto. Si lo anterior era de esperarse, hubo además un viraje de carácter inédito. El Estado procedería y aceleraría el paso en materia de desincorporar o privatizar las paraestatales y modernizar las empresas del Estado (como Sidermex, Azúcar, Fertimex). Al mismo tiempo rescataría el espíritu de la carta constitucional de 1917 al intentar sentar los fundamentos para reequilibrar el poder federal y los de las entidades federativas. Al respecto, aceleró el proceso de

[95] Una descripción del PAC en Presidencia de la República, Unidad de la Crónica Presidencial, *Las razones y las obras. Gobierno de Miguel de la Madrid*, México, Fondo de Cultura Económica, 1987, vol. 4, pp. 439-444. Véase también Aspe, *El camino*, *op. cit.*, pp. 27-29.

descentralización administrativa. Más importantes aún fueron las decisiones para fortalecer a los estados soberanos, acompañadas de reformas al artículo 115 constitucional, que sentaban las bases para vigorizar la autonomía de los municipios.[96]

Al igual que lo ocurrido el año anterior, las menciones a la necesidad de potenciar el vínculo entre el Poder Ejecutivo y el Legislativo fueron pocas y todas de índole, por así decir, protocolarias. En efecto, el secretario de Programación dijo escuetamente que se seguían enviando a la Cámara de Diputados los informes trimestrales acerca de la evolución de las finanzas públicas, oportunamente se presentaba la cuenta pública y el tercer informe evaluando el Plan Nacional de Desarrollo, y que la Secretaría a su cargo atendía con puntualidad toda solicitud de la Comisión Legislativa. Afirmó que los funcionarios de su dependencia participaban en numerosas reuniones de trabajo con los diputados. En cambio, nada dijo de las recomendaciones de la Cámara respecto al envío de los programas de corto y mediano plazos del Plan Nacional de Desarrollo. Tampoco aludió a cómo mejorar la función de la Contraloría de Hacienda de la Cámara de Diputados.[97] Vale la pena agregar que en la exposición del secretario de Hacienda no hubo mención alguna a la colaboración que en materia de egresos e ingresos debía existir entre el Legislativo y el Ejecutivo.

El secretario de Hacienda también sostuvo que el plan de contención del choque externo, con el cual se trabajaría a partir de 1987, al igual que el PAC, habían conducido a redefinir la política fiscal. En el curso de 1987 los ajustes en materia de política fiscal tuvieron por objetivos centrales: "aumentar la recaudación para coadyuvar a un financiamiento sano del gasto público, alentar la inversión productiva y mejorar la equidad tributaria". El primero se abordó mediante la expansión de la base fiscal, se alcanzó a mayor número de personas y sociedades gravables al fortalecer y mejorar la estructura administrativa; se eliminó la tarifa adicional del impuesto sobre la renta; se ajustó

[96] *Op. cit.*, pp. 10-11.
[97] *Op. cit.*, p. 6.

el régimen del impuesto al valor agregado y hubo una notable mejoría en el manejo selectivo de precios y tarifas del sector público, con lo cual se alentó el crecimiento de la actividad productiva. Según el secretario de Hacienda, la política fiscal tendría un papel importante al establecer una mayor concordancia entre el tipo de cambio y las tasas de interés. Con lo anterior, se buscaba disminuir el déficit fiscal del sector público y liberar recursos hacia los sectores económicos. Una señal positiva que validaba esta política fiscal fue la aprobación que otorgó el Fondo Monetario Internacional al paquete financiero mexicano.[98]

El debate que se dio en la Cámara, acerca de las iniciativas de egresos e ingresos federales fue similar al del año anterior. Si hubo diferencia, fue en que se acentuó la tensión entre secretarios de Estado y diputados de la oposición. La "calma chicha" explica el que las críticas fueran de tono menor respecto al año de 1985. La impresión que se recibe es que los diputados de la oposición se percataron de su reducido margen de acción en materia de presupuesto y de política fiscal, frente a la difícil situación económica por la cual atravesaba el país. Un dato interesante respecto a la escasa o nula posibilidad de cambio fue la respuesta lacónica que dio el secretario de Programación al diputado Heberto Castillo, del PMT. La crítica venía de un diputado y dirigente político nacional, quien objetó la reducción del gasto federal en sectores clave como la educación, la salud, la reforma agraria y el desarrollo urbano, y señaló que a la Cámara llegaba escasa información de las secretarías, en especial de la Secretaría de Programación y Presupuesto. La respuesta del licenciado Carlos Salinas fue evasiva y cortés, sin ofrecer nada se limitó a decir: "recojo con respeto el señalamiento que usted hace de que las peticiones de información de documentación de diversos elementos indispensables para que los diputados de esta honorable legislatura cuenten con los elementos para normar su criterio".[99]

[98] Exposición de la iniciativa de ley de ingresos de la Federación 1987, *op. cit.*, diario 30, pp. 11-12.

[99] Intervención del diputado Heberto Castillo y del secretario de Programación y Presupuesto, en la sesión del 25 de noviembre de 1986, *op. cit.*, pp. 25-26.

Las objeciones a las dos iniciativas fueron, como el año previo, abundantes por parte de todos los partidos, con la única excepción del PRI. El partido de mayoría sostuvo, íntegra, la posición del Ejecutivo federal, al igual que lo hicieran los secretarios de Estado, en especial el de la Secretaría de Programación y Presupuesto. En su intervención, el presidente de la Comisión de Programación y Presupuesto, Luis Donaldo Colosio, reconoció que algunas de las metas establecidas "no se han podido alcanzar, pero, pese a la crisis, hay otras, las fundamentales, cuyos resultados están a la vista". Insistió en que no obstante la reducción en los ingresos, el gasto federal en el sector social no había disminuido, ni disminuiría en el ejercicio del presupuesto de 1987.[100] Por su parte, el secretario de Programación, al responder al diputado del PAN Conchello dijo que era necesario distinguir "la argumentación presupuestal de una tesis política", y que en cuanto al presupuesto se había hecho un enorme esfuerzo para ajustar el gasto federal. Concluyó con la afirmación de que la política del PAN "no es reducir el gasto, sino borrar al gobierno".[101]

En el debate parlamentario en aula, la oposición analizó los criterios generales del gobierno en materia de política económica y la de egresos e ingresos federales. Enseguida, objetó problemas concretos, como la reducción del gasto federal en el desarrollo regional, la falta de información relativa a las aportaciones para los estados y municipios y el exceso de gasto corriente. Se criticó también la política y el sistema fiscal que el diputado Peñaloza del PRT calificó como una "estructura fiscal perversa y desigual" o de ser, como sostuvo el diputado del PPS Morquecho Rivera, un sistema "injusto, inequitativo, antipopular".[102]

[100] *Op. cit.*, p. 59.

[101] *Op. cit.*, p. 55.

[102] Además de los diputados mencionados en el texto intervinieron a favor de las iniciativas María Esther Scherman Leaño y Juan Moisés Calleja García (PRI), y en contra de las mismas Francisco Hernández Juárez (PPS), Miguel Alonso (PST), Leopoldo Arturo Whaley Martínez, Ramón Danzós Palomino (PSUM) José Ángel Conchello Dávila, Alejandro Cañedo Benítez, Humberto Enrique Ramírez (PAN), Ricardo Pascoe Pierce (PRT), *op. cit.*, pp. 25-98.

El debate alcanzó su punto más álgido al discutirse la deuda pública, en lo general, y la externa, en lo particular. El nudo central del debate giró en torno a la aludida violación, de parte del gobierno, de "la fracción VIII del artículo 73 de nuestra Constitución donde se establece que es facultad del Congreso autorizar bases sobre las cuales el Ejecutivo puede celebrar empréstitos sobre el crédito de la Nación". Eduardo Valle, del PMT, dijo que a lo anterior se sumaba el agravante de que el convenio suscrito con el Fondo Monetario Internacional obligaba a ciertas disposiciones valederas para el año siguiente, el de 1988, y "¿desde cuándo, señor secretario, desde cuándo constitucionalmente se establece la facultad del Ejecutivo para hablar más allá de un presupuesto anual?".[103]

El problema de la deuda externa, más que un problema relativo al presupuesto, cobró carácter político e institucional. En efecto, todos los representantes que intervinieron en la discusión —fueran de la oposición de derecha o de la oposición de izquierda— insistieron en la gravedad de la reciente situación: el gobierno le había sustraído al Congreso de la Unión toda facultad en materia de deuda externa. El consenso de parte de la bancada de la oposición en torno a lo anterior se puede sentir en las intervenciones de los diputados Graco Ramírez Garrido Abreu, del PST, Jorge Eugenio Ortiz Gallegos y Juan de Dios Castro Lozano, del PAN, y Alejandro Gascón Mercado, del PMT. Es interesante notar que los diputados del PRI quienes bajo una inquebrantable disciplina partidaria defendieron la posición del gobierno, en ningún momento hicieron referencia al problema de lo que el monto de la deuda pública representaba para el país.[104]

Los dictámenes de la Comisión de Programación, Presupuesto y Cuenta Pública en materia de presupuesto de egresos, así como el que elaboró la Comisión de Hacienda y Crédito Público para la ley de ingresos, no recogen las propuestas que surgieron del debate parlamentario cuando comparecieron los secretarios

[103] Debate sobre la iniciativa de la ley de ingresos 19 de noviembre de 1987, *op. cit.*, p. 18.

[104] *Op. cit.*, pp. 18-93.

de Programación y de Hacienda.[105] Tan es así que el dictamen del presupuesto de egresos no contiene cambio alguno a la iniciativa del Ejecutivo, ni siquiera una recomendación para el gobierno. El dictamen de la ley de ingresos incluyó una sola modificación: que se mejorara la redacción del artículo 13 relativo al

[105] La composición de la Comisión de Programación, Presupuesto y Cuenta Pública es la siguiente: Luis Donaldo Colosio Murrieta, presidente; Jesús Murillo Karam, secretario; César Augusto Santiago Ramírez, Marcela González Salas, Píndaro Urióstegui Miranda, Luis Orcí Gándara, Sócrates Rizzo García, Blas Chumacero Sánchez, Jorge Flores Solano, Gerardo Fernández Casanova, Homero Díaz Córdoba, Gilberto Nieves Jenkin, Alejandro Ontiveros Gómez, Francisco Contreras Contreras, Pedro Goytia Robles; Alfonso Reyes Medrano, Ma. Esther Schreman Leaño, Juan Manuel Pablito Tovar Estrada, Héctor Ximénez González, Antonio Brambila Meda, Blanca Esponda de Torres, Manuel Jiménez Guzmán, Oswaldo García Criollo, Elba Esther Gordillo Morales, Antonio Melgar Aranda, Javier Garduño Pérez, J. Eduardo Beltrán Hernández, María Emilia Farías Mackey, Regina Reyes Retana, Rodolfo Menéndez, Bulmaro Pacheco Moreno, Ma. Aurora Munguía Archundia, Enrique Pelayo Torres, Dionisio Moreno Cortés, Humberto Salgado Gómez, Romero R. Flores Caballero, Jorge D. Zapata García, Joel Ramírez Díaz, Jorge Alcocer Villanueva, Alejandro Encinas Rodríguez, Josefina Sánchez Ponce, Héctor Morquecho Rivera, Eduardo Valle Espinosa, José Angel Conchello Dávila, Jorge Eugenio Ortiz Gallegos, Jesús Galván Muñoz, Ricardo Pascoe Pierce, Jorge Amador Amador, Máximo de León Garza, Roberto Calderón Tinoco, Juan de Dios Colli Mass, Reyes Fuentes García, Enrique Bermúdez Olvera, Rubén Aguilar Jiménez.

La composición de la Comisión de Hacienda y Crédito Público, es la siguiente: Luis Manuel Orcí Gándara, presidente; Porfirio Camarena Castro, secretario; Hesiquio Aguilar de la Parra, Amilcar Aguilar Mendoza, Oscar Aguirre López, Abelardo Alanís González, Jorge Alcocer Villanueva, Cuauhtémoc Amezcua Dromundo, Rebeca Arenas Martínez, Carlos Barrera Auld, José Eduardo Beltrán Hernández, Roberto Calderón Tinoco, Carlos Cantú Rosas, Gonzalo Castellot Madrazo, Heberto Castillo Martínez, José Angel Conchello Dávila, Luis Donaldo Colosio Murrieta, Francisco Contreras Contreras, Máximo de León Garza, Blanca Esponda de Torres, Félix Flores Gómez, Jorge Flores Solano, Oswaldo García Criollo, José Ramón García Soto, Javier Garduño Pérez, Alejandro Gascón Mercado, Enrique González Isunza, Marcela González Salas, Angel Sergio Guerrero Mier, David Jiménez González, Agustín Leñero Bores, Rafael López Zepeda, Amado Llaguno Mayaudón, Alberto Mercado Araiza, Adrián Mora Aguilar, Alejandro Ontiveros Gómez, Jorge Ortiz Gallegos, Pablo José Pascual Moncayo, Francisco Javier Morales, Graco Ramírez Garrido Abreu, Alfonso Reyes Medrano, Humberto Salgado Gómez, Eduardo Robledo Rincón, Rubén Rubiano Reyna, César Augusto Santiago Ramírez,

destino de los recursos adicionales que pudieran obtenerse de las paraestatales.[106]

Los dictámenes de las comisiones, en cambio, sí se debatieron ampliamente por el Pleno de la Cámara de Diputados. El tema central fue la deuda exterior y su carga, tanto respecto de los ingresos como de la definición del gasto federal.[107] Vale la pena hacer referencia a dos hechos importantes: el primero por parte del partido de mayoría, y el segundo por parte del partido de oposición, PSUM.

El debate en aula se inició con la defensa del dictamen de la Comisión del Presupuesto de Egresos. La diputada del PRI Blanca Esponda de Torres, miembro de la Comisión, razonó en torno a los criterios utilizados por los diputados del PRI en el seno de la Comisión. Hizo hincapié en que la prioridad fue contener y reducir la tasa de inflación y que el gasto federal debía crear las premisas para conservar el orden interno. Mencionó enseguida los criterios esenciales de la política de presupuesto para 1987.

Héctor Terán Terán, Fernando Ulibarri Pérez, Roberto Valdespino Castillo, Pedro José Peñaloza, Humberto Rice García, Héctor Morquecho Rivera.

[106] *Diario de los debates de la Cámara de Diputados*, LIII Legislatura, Dictamen de los egresos de la Federación 1987, 23 de diciembre de 1986, diario 48, pp. 41-97 y *Diario de los debates de la Cámara de Diputados*, LIII Legislatura, Dictamen de la ley de ingresos de la Federación 1987, 20 de diciembre de 1986, diario 46, pp. 12-17.

[107] *Diario de los debates de la Cámara de Diputados*, LIII Legislatura, Intervinieron en el debate a favor del dictamen de la Comisión de Presupuestos de Egresos Blanca Esponda de Torres y Luis Donaldo Colosio (PRI) y en contra Arturo Whaley y Jorge Alcocer (PSUM), Cuauhtémoc Amezcua Dromundo y Martín Tavira Urióstegui (PPS), Jorge Eugenio Ortiz Gallegos (PAN) y Ricardo Pascoe (PRT). En el debate a favor del dictamen de la comisión sobre la ley de ingresos intervinieron a favor Sócrates Rizzo y en contra Eduardo Turati Alvarez, José Angel Conchello y Humberto Ramírez Rebolledo (PAN), Beatriz Gallardo (PST), Cuauhtémoc Amezcua Dromundo (PPS), Eduardo Valle, Alejandro Gascón Mercado y José Luis Díaz Moll (PMT) y Pedro José Peñaloza (PRT). Debate sobre el Dictamen de la Iniciativa de presupuestos de egresos de la Federación 1987, 28 de diciembre de 1986, Diario 50, pp. 94-138 y *Diario de los debates de la Cámara de Diputados*, LIII Legislatura, Debate sobre el Dictamen de la Iniciativa de ley de ingresos de la Federación 1987, 22 de diciembre de 1986, diario 46, pp. 36-69.

En resumen fueron: "alentar el crecimiento moderado de la economía", procurar una tasa de crecimiento entre 2 y 3% para 1987; bajar la inflación reduciendo el déficit público, y "avanzar en la modernización de la industria paraestatal, en áreas estratégicas y prioritarias". Esto último, dijo, significaba desincorporar, vender o extinguir, "como se le quiera llamar", las empresas paraestatales que no reúnan las dos características: estratégica o prioritaria.[108]

El PSUM, por voz del diputado Arturo Whaley Martínez, presentó un *voto particular,* pues no compartió las tesis sostenidas por la Comisión. El meollo del *voto particular* del PSUM fue su crítica a las dos grandes actividades del gobierno: "una, bajar el gasto programable, y otra, recurrir a la deuda interna, además de aumentos de precios de los servicios y bienes del sector público, aumento en la recaudación fiscal, etc., esto ha llevado a nuestro modo de ver —a partir de 1983—, a que las finanzas públicas se encuentren atrapadas en una crisis financiera que ha distorsionado su papel. En efecto, se ha estado aplicando una política de gasto que ha privilegiado el sector financiero interno y externo, en permanente detrimento de los objetivos productivos y sociales que deberían guiarla". El *voto particular* continuaba con la crítica al proyecto de presupuesto para 1987 porque adolecía a mediano plazo de las siguientes fallas: "se mantiene y agudiza la distorsión que ha conducido a que el servicio de la deuda ocupe una proporción mayor en el total, que en los gastos programables", puesto que el servicio de la deuda representaba 53.4% del gasto total, y "el esfuerzo de reducción del déficit descansa en el incremento de los ingresos tributarios, en los aumentos de precios y tarifas y en la contención del gasto, principalmente del corriente". Sostuvo Whaley Martínez que el conjunto de dichas políticas reforzaba "la tendencia y privilegio financiero que en los últimos años han tenido las finanzas públicas, a costa de su función social y productiva".[109]

[108] *Diario de los debates de la Cámara de Diputados,* LIII Legislatura, sesión del 28 de diciembre de 1986, diario 50, pp. 94-99.

[109] *Op. cit.,* pp. 100-103.

En la discusión del dictamen de la ley de ingresos para 1987 las críticas y las defensas fueron muy similares a las descritas en la sesión del mes precedente. Sin embargo, aquí también se nota algo nuevo. La moción del diputado del PAN Eduardo Turati Álvarez, quien pidió que se regresara el dictamen a comisión. El diputado panista sintetizó su propuesta de política fiscal en los siguientes términos: exigir al Ejecutivo una mayor eficiencia del aparato gubernamental, sin incremento de gasto; "que se considere reducir paulatinamente los impuestos"; "que se obligue a repatriar capitales propiedad de políticos de anteriores administraciones", y solicitar "a los diputados de la mayoría a independizarse del Ejecutivo".[110]

Todos los grupos parlamentarios, menos el PRI, impugnaron una serie de artículos del presupuesto de egresos. El PAN impugnó 14 artículos, el PPS diez, el PST tres, el PSUM seis, el PMT tres, el PRT cuatro, y el PDM tres. Los artículos impugnados por todos los partidos de oposición fueron 11:

1) El monto total del gasto federal, que ascendía a 15.2 billones de pesos. Sólo el PDM calló [núm. 2].
2) Las erogaciones en favor de las paraestatales [núm. 6].
3) Del gasto asignado al pago de la deuda pública [núm. 7].
4) Referente a la aplicación de recursos extraordinarios por 635 millones de pesos en caso de atonía económica [núm. 9].
5) La autorización a la Secretaría de Programación para efectuar erogaciones extraordinarias destinadas a programas estratégicos del gobierno federal [núm. 15].
6) Donde se autorizaba a la Secretaría de Programación a reducir los montos aprobados en el presupuesto en favor de dependencias y entidades federales [núm. 16].
7) Donde se congelaba la creación de nuevas plazas en la administración pública, con excepción de aquellas prio-

[110] *Diario de los debates de la Cámara de Diputados*, LIII Legislatura, sesión del 22 de diciembre de 1986, diario 46, pp. 28-29.

ritarias para los servicios sociales, siempre con la autorización de la Secretaría de Programación [núm. 22].

8) Acerca del ejercicio del gasto en inversión pública [núm. 28].

9) Donde se autorizaba al Ejecutivo federal —por conducto de la Secretaría de Programación— a reducir, diferir o cancelar programas y gastos de las dependencias y entidades federales [núm. 35].

10) Que la Secretaría de Programación y Presupuesto remitiera mensualmente su informe en vez de hacerlo cada trimestre [núm. 42].

11) Acerca de la obligación de la Secretaría de Programación y Presupuesto de informar al Congreso trimestralmente sobre la venta, liquidación, disolución, fusión o transferencia de empresas paraestatales [núm. 43].[111]

Del conjunto de las impugnaciones, y por el debate en aula, de nuevo aparecen consideraciones de carácter político-técnico. Por esto se logra entender que, una vez más, el malestar de fondo de los partidos era el constatar que el gobierno no aceptaba ningún cambio o propuesta de parte de la oposición; que el rumbo de la política económica no admitía alteración alguna. No obstante, y a diferencia del año previo, se aceptaron dos mociones suscritas por los siete grupos parlamentarios de oposición. La primera incrementaba el gasto previsto para educación pública, al reducir el gasto no sectorializable y, la segunda, que formaba parte del artículo relativo al presupuesto de egresos prohibía que las dependencias y entidades federales utilizaran el gasto —no ejercido— en especulación bursátil.[112]

Menos numerosos, aunque indicativos del clima prevaleciente en la Cámara, fueron los artículos impugnados del dictamen y proyecto de ingreso federal para el año de 1987. El PAN, a través

[111] *Diario de los debates de la Cámara de Diputados*, LIII Legislatura, sesión del 28 de diciembre de 1986, diario 50, pp. 99-237.

[112] *Op. cit.*, pp. 156-157 y 236-237.

del diputado Alejandro Cañedo Benítez, propuso que en el artículo primero se especificara que el informe que la Secretaría de Hacienda y Crédito Público debía enviar al Congreso fuera mensual y no trimestral. Los grupos parlamentarios del PSUM, del PAN y del PST propusieron modificar la parte del artículo tercero, que facultaba al Ejecutivo a ejercer montos adicionales de financiamiento cuando así lo requiriera. El PPS, por conducto de su diputado Manuel Jiménez, propuso que los subsidios y estímulos fiscales no fueran concedidos a empresarios privados, "y mucho menos si son extranjeros". El PSUM pidió que el incremento de precios y tarifas públicas sólo se aplicara a los programas previstos en el presupuesto. El PPS, por medio del diputado Héctor Morquecho Rivera, solicitó eliminar del artículo 14 la parte de los subsidios y estímulos en favor de los empresarios privados.[113] Todo fue desechado. Una propuesta pasó, la del diputado Sócrates Rizzo García, del PRI, que apoyó el diputado Cañedo, del PAN, relativa al artículo 12, que eliminaba el ferrocarril del Pacífico, el Chihuahua-Pacífico y el Sonora-Baja California de las empresas sujetas a control presupuestal.[114]

La votación nominal, en lo general y en lo particular, de los artículos no impugnados de la ley de ingresos 1987 fue de 170 votos en favor, 59 en contra y una abstención. Cuando pasó a votación nominal, los artículos impugnados se aprobaron de la siguiente manera: el artículo 1º, referido al monto del ingreso estimado, por 239 votos en favor y 51 en contra y una abstención. Todos los demás artículos se aprobaron en los términos del dictamen y de la iniciativa por 220 votos en favor, 60 en contra y una abstención. Sólo se aceptó la modificación al artículo 12 —la relativa a los dos ferrocarriles— por 220 votos en favor, 60 en contra y una abstención. La ley de ingresos de 1987 se aprobó el 20 de diciembre de 1986.

Los resultados de la votación relativa al presupuesto de egresos de la Federación para 1987 fueron: 222 votos en favor y 73 en

[113] *Diario de los debates de la Cámara de Diputados*, LIII Legislatura, sesión del 20 de diciembre 1986, diario 46, pp. 72-90.

[114] *Op. cit.*, pp. 88-89.

contra, tanto en lo general como en lo particular, excluidos los artículos impugnados. Por lo que se refiere a los artículos impugnados, se pidió un cambio al artículo 12, que se aprobó por 215 en favor y 29 en contra y cinco abstenciones. El artículo 36 recibió 212 en favor y 34 en contra. Todos los otros artículos impugnados se aprobaron en los términos en que se recibieron por 212 votos en favor y 34 en contra. El presupuesto de egresos para 1987 se publicó el 28 de diciembre de 1986.

El presupuesto para 1988 y los cambios en comisión

El debate en torno a la iniciativa del Ejecutivo federal en materia del presupuesto de egresos y de la ley de ingresos de 1988 se inició con la comparecencia, en la Cámara de Diputados, de los secretarios de Hacienda y Crédito Público, Gustavo Petriccioli Iturbide, y de Programación y Presupuesto, Pedro Aspe Armella. Ambos comparacieron inmediatamente después de que se produjera el fuerte desliz del peso en el tipo de cambio libre, con lo que se acentuaba, de modo significativo, el diferencial con el tipo de cambio controlado.

El tono de ambos secretarios resultó suave, conciliatorio. Es probable que fuera así por un motivo de coyuntura o porque el país entraba en la delicada fase preelectoral de la elección de presidente de la República. Ambos se esforzaron por delinear con claridad la política económica que el gobierno deseaba seguir a través del gasto y del ingreso federal. Se nota, sin embargo, una clara distinción entre la presentación del secretario de Hacienda y la del de Programación y Presupuesto. Petricciolí resaltó los cambios positivos ocurridos en virtud de la acción del gobierno, y atribuyó la casi totalidad de los méritos al presidente de la República, Miguel de la Madrid. En cambio, Aspe insistió en el justo derrotero de la política económica adoptada. Su discurso fue para asegurar a los parlamentarios, darles certidumbre, de que no había otra alternativa y de la necesidad de afianzar el rumbo ya fijado en materia de política económica.

El secretario de Hacienda insistió en los efectos positivos obtenidos de la reactivación económica al fortalecerse la balanza de pagos y las reservas internacionales, méritos de "una continuada disciplina en el manejo de las finanzas públicas". Los buenos resultados permitirían, para el año fiscal de 1988, que el objetivo prioritario fuera el combate a la inflación. Dicho combate sería viable gracias a que no se consideraba necesario aumentar las reservas internacionales, y que el choque petrolero se habría absorbido para enero de 1987. Con estos elementos a disposición, el secretario de Hacienda estimó que los ingresos federales crecerían, en el curso de 1988, a una tasa de 9.5% en términos reales; que este crecimiento además se beneficiaría de la reactivación económica y de la política fiscal del gobierno —por la expansión de los ingresos derivados del impuesto sobre la renta de las empresas, que aumentarían en 12% en el curso del año—.[115]

Con gran coherencia expuso el secretario de Programación y Presupuesto, Pedro Aspe Armella, los objetivos de la política de gasto federal fundamentados en la trayectoria de política económica seguida por el gobierno. Recalco que ésta había sido fuertemente condicionada por la crisis petrolera de 1986; sostuvo que el presidente Miguel de la Madrid "enfrentó con eficacia el reto más grande que había tenido la economía mexicana en las últimas décadas". Más aún, hacía poco el gobierno había hecho frente a "una especulación contra nuestra moneda claramente de carácter temporal".[116]

Insistió una vez más en el carácter determinante del desplome del precio del petróleo y en la especulación monetaria en relación con el desempeño económico del país. En seguida, consideró los logros en materia económica para el año de 1987. Expuso

[115] *Diario de los debates de la Cámara de Diputados*, LIII Legislatura, Exposición de la iniciativa de la ley de ingresos de la Federación para 1988, 19 de noviembre de 1987, diario 28, pp. 9-10.

[116] *Diario de los debates de la Cámara de Diputados*, LIII Legislatura, Exposición de la iniciativa de egresos de la Federación para 1988, 23 de noviembre de 1987, diario 29, pp. 13-14.

el incremento de las reservas internacionales y los resultados efectivos de la política de liberalización comercial. Aspe dijo que los logros en cada una de estas dimensiones lo autorizaban a proponer los criterios centrales de política económica para 1988: consolidar y profundizar el cambio estructural; la recuperación "gradual y sostenida" de la economía a través de la expansión del comercio exterior y del ahorro interno; combatir la inflación y controlar el gasto federal.[117]

La política a seguir en el gasto público era la de sostener los criterios generales de la política económica. En términos del presupuesto significaba que el gasto público no debía exceder al de 1987, es decir, no debía superar 22% del PIB. Al mismo tiempo, el gasto federal debía dar prioridad al gasto social y a la inversión, que se lograría con mayor austeridad y disciplina en el ejercicio del gasto corriente y no en transferir recursos a las paraestatales sin control presupuestal directo. El gasto social debía "garantizar la prestación de servicios básicos a la población", es decir, los servicios educativos, la vivienda, la seguridad pública, la impartición de justicia y la infraestructura de las comunicaciones. Dicho objetivo lograría reducir el gasto corriente de las dependencias centrales del gobierno y continuar con el proceso de desincorporación de empresas paraestatales no "estratégicas, ni prioritarias". El secretario de Programación y Presupuesto cerró su comparecencia afirmando que "la política de gasto público ha sido componente sustancial de la estrategia económica. Mediante la asignación eficiente de recursos y la austeridad en su ejercicio, el gasto es instrumento eficaz para la reordenación económica y el cambio estructural".[118]

El secretario de Programación y Presupuesto no decía algo nuevo. Desde 1983, máxime después del choque petrolero de fines de 1985 e inicios de 1986, los objetivos de política económica y presupuestal no habían variado. Sin embargo, la presentación de Pedro Aspe Armella, a diferencia de las de sus predecesores, fue más clara, más puntual. Es probable que deseara poner el

[117] *Op. cit.*, pp. 14-15.
[118] *Ibid.*, pp. 15-17.

acento en que el fundamento de la política económica y, por tanto, del presupuesto residía en la disciplina del gasto público. Los resultados alentadores, visibles a partir de 1987, dependían, en última instancia, de la disciplina y del rigor en las finanzas públicas.

La presentación por los secretarios de Hacienda y de Programación y Presupuesto, así como el debate acerca de las iniciativas de presupuesto de gasto e ingresos federales para el año de 1988, señalan mayor fricción entre la oposición en la Cámara baja y el gobierno. Las críticas a la falta de diálogo entre poderes se retoman. Pedro José Peñaloza del PRT argumentó que "la realidad nos muestra que el Poder Ejecutivo es el único legislador real de nuestro país".[119] Tal vez por ello se explicaría el que no exista evidencia de grandes intervenciones en defensa de las iniciativas presidenciales por parte de los diputados del PRI. Diferencia que contrasta con la calidad de la réplica y capacidad de razonamiento de los secretarios de Hacienda y, en especial, del secretario de Programación y Presupuesto.[120]

El grado de animadversión entre gobierno y oposición se nota en tres hechos. Primero, una práctica parlamentaria, que ordenaba las intervenciones de los grupos parlamentarios, en ocasión de las comparecencias, no se aceptaba más. El representante del PMS, Jorge Alcocer Villanueva, reivindica el proceso que establece el reglamento de la Cámara: el poder hacer uso de la palabra durante la exposición de los secretarios de Estado. La respuesta de los diputados de mayoría fue no.[121] El segundo fue

[119] *Diario de los debates de la Cámara de Diputados*, LIII Legislatura, sesión del 19 de noviembre de 1987, diario 28, p. 15.

[120] Los diputados del PRI que intervinieron a favor de las iniciativas fueron Sócrates Rizzo por el presupuesto de egresos y Porfirio Camarena Castro por la iniciativa de ingresos. Véase *Diario de los debates de la Cámara de Diputados*, LIII Legislatura, Discusión acerca de la iniciativa de la Ley de ingresos de la Federación para 1988, 19 de noviembre de 1987, diario 28, pp. 84-85 y *Diario de los debates de la Cámara de Diputados*, LIII Legislatura, Discusión acerca de la iniciativa del presupuesto de egresos de la Federación para 1988, 23 de noviembre de 1987, diario 29, p. 62.

[121] *Diario de los debates de la Cámara de Diputados*, LIII Legislatura, Anteceden-

la moción que presentó el diputado Víctor Guillermo Álvarez, del PAN, para el secretario de Programación y Presupuesto. Pidió que se elaborara un nuevo presupuesto de egresos con motivo de "la devaluación del peso iniciada la semana pasada".[122] También se desechó. Finalmente un tercer hecho: un grupo de diputados obreros del PRI amenazó a unos periodistas, según denunció el diputado José Ángel Conchello, del PAN.[123]

En el debate acerca de la iniciativa, posterior a la comparecencia de los secretarios de Estado hubo intervenciones sustanciosas de los partidos de oposición, la bancada priísta ni replicó. La defensa de la política económica gubernamental quedó en manos de los dos secretarios: Hacienda y Programación y Presupuesto. Ellos fueron los expositores y defensores de la política económica y de presupuesto ante las críticas de la oposición.

En la primera etapa que analizamos, los problemas a debatir —que ocasionaban la continua intervención de los diputados de la oposición de izquierda— fueron: la defensa de la rectoría económica del Estado, la deuda pública y la soberanía financiera del Estado. Los diputados del PAN intervenían para denunciar el excesivo estatismo. A partir de 1986 se nota un cambio: comienzan a aparecer, de manera más elaborada, los programas políticos.[124]

A tal efecto, en el debate de 1987 sobre finanzas federales para el año 1988, el PMS y el PST presentaron sus puntos programáticos en materia de política económica. Ambos enarbolaban la defen-

tes de la exposición de la iniciativa de presupuesto de egresos de la Federación, 23 de noviembre de 1987, diario 29, pp. 6-10.

[122] *Op. cit.*, pp. 7-8.

[123] *Diario de los debates de la Cámara de Diputados*, LIII Legislatura, Discusión acerca de la iniciativa del presupuesto de egresos de la Federación para 1988, 23 de noviembre de 1987, diario 29, pp. 56-57.

[124] Véase al respecto las intervenciones de Ricardo Pascoe Pierce (PRT), de Cuauhtémoc Amezcua Dromundo (PPS) y de Héctor Terán Terán (PAN), *op. cit.*, pp. 18-19, 29-32 y 63-64 y la de Pedro José Peñaloza (PRT) y de Humberto Enrique Ramírez Rebolledo y Juan de Dios Castro (PAN), *Diario de los debates de la Cámara de Diputados*, LIII Legislatura, Discusión acerca de la iniciativa de la ley de ingresos de la Federación para 1988, 19 de noviembre de 1987, diario 28, pp. 13-15, 42-43 y 52-53.

sa del papel central del Estado en el crecimiento económico, de una política monetaria basada en el control del cambio; proponían: reforzar la política industrial, el control sobre la inversión extranjera, liquidar las subvenciones al sector privado y, finalmente, incrementar los beneficios sociales de los trabajadores.[125]

La réplica del secretario de Programación y Presupuesto a toda crítica de la oposición no fue un razonamiento de tipo político, sino más bien económico. Lo mismo ocurrió al defenderse la política del presidente De la Madrid, el secretario Aspe Armella contabilizó los elementos que habían afectado la política económica. En primer lugar, el sismo del 19 de septiembre provocó una pérdida equivalente a 3.5% del PIB y, en segundo lugar, la disminución del precio del petróleo provocó una pérdida de 5.8 a 6% del PIB. Enseguida, hizo un recuento de cómo habían sido controlados el gasto federal, la inflación, la política monetaria seguida, la estrategia para el manejo de la deuda pública interna y externa y las políticas comerciales.[126] Es indudable que en el análisis del secretario Aspe había también una evaluación política.

En otra intervención, y en respuesta a las críticas del diputado del PPS Amezcua Dromundo, dijo que "el presidente De la Madrid rechazaba las medidas de corte populista, en el sentido de que eran medidas con efectos positivos innegables, pero efímeros, que es donde el gradualismo se torna difícil", precisamente por ser medidas efímeras, las populistas, iban en contra de "las tesis de la Revolución mexicana, tesis que tienen que ser permanentes".[127]

En el curso del debate, en lo general, del dictamen e iniciativa del presupuesto de egresos, se capta mejor el alcance de los cambios que ambas comisiones introdujeron en la iniciativa. En

[125] El plan de política económica del PMT fue presentado por Heberto Castillo y el del PST por Beatriz Gallardo Macías, véase *Diario de los debates de la Cámara de Diputados*, LIII Legislatura, Discusión acerca de la iniciativa del presupuesto de egresos de la Federación para 1988, 23 de noviembre de 1987, diario 29, pp. 43-44 y 51-52.

[126] *Op. cit.*, pp. 60-65.

[127] *Op. cit.*, p. 33.

primer lugar, en las actas es evidente que los cambios no fueron fruto de las comisiones. Todo lo contrario, el Poder Ejecutivo sugirió los cambios a través de sus secretarios y de los diputados del PRI. Sólo así se comprende por qué insistió el PAN en una *moción suspensiva*, presentada con un mes de anterioridad.[128] Solamente así se explica por qué el PMS se tomó el trabajo de elaborar un *voto particular*, que expuso su coordinador Arnoldo Martínez Verdugo, donde hizo una condena total del dictamen y de la iniciativa del Ejecutivo.[129] La diputada del PRI Blanca Esponda de Torres —como ya expusimos— defendió el dictamen e iniciativa. Retomó los argumentos expuestos en el dictamen de la Comisión e hizo notar los elementos de estabilidad económica del presupuesto de gastos para 1988.[130]

El clima tenso que hemos tratado de describir continuó durante el debate en torno a la iniciativa de ingresos. Se acusó al presidente de la Comisión de Hacienda y Crédito Público, el diputado Luis Orcí Gándara, del PRI, de no convocar a todos sus miembros a las reuniones de la Comisión y de no distribuir a tiempo el informe de la Comisión. El diputado Alcocer, del PMS, en representación de las siete fracciones parlamentarias de oposición presentes en la Cámara, además de esa denuncia, pidió que no se exonerara de primera lectura el dictamen de la Comisión.[131] La moción del diputado Alcocer se rechazó por la mayoría del PRI. El diputado Alejandro Encinas Rodríguez presentó una nueva *moción suspensiva*, por el "conjunto de irregularidades

[128] *Diario de los debates de la Cámara de Diputados*, LIII Legislatura, Discusión acerca del dictamen de presupuesto de egresos de la Federación para 1988, 23 de diciembre de 1987, diario 47, pp. 176-203.

[129] *Op. cit.*, pp. 145-175. El voto particular y es firmado por Jorge Alcocer Villanueva, Miguel Eduardo Valle Espinoza, Gerardo Unzueta Lorenzana y Alejandro Encinas Rodríguez.

[130] *Op. cit.*, pp. 182-184.

[131] *Diario de los debates de la Cámara de Diputados*, LIII Legislatura, Discusión acerca del dictamen de la ley de ingresos de la Federación para 1988, 21 de diciembre de 1987, diario 45, pp. 69-77. Intervienen en el debate los diputados Alcocer, Luis Manuel Orcí Gándara (PRI) y Juan de Dios Castro Lozano (PAN).

que a nuestro juicio atentan, por un lado, contra la soberanía de esta Cámara y, por el otro, contra los procedimientos y las normas que en la práctica parlamentaria tradicionalmente nosotros habíamos desempeñado". En nombre de cuatro fracciones parlamentarias de oposición presentó la *moción suspensiva*. Argumentó que mientras se encontraba en discusión el texto de la iniciativa, el Ejecutivo había introducido importantes reformas fiscales y presupuestales que alteraban completamente el sentido de la iniciativa de la ley de ingresos. Sostuvo que el gobierno pretendía introducir reformas "sin mediar discusión alguna de las implicaciones de las mismas, y sin la participación de los diputados de todos los partidos representados en esta Cámara".[132] Lo que había ocurrido fue que el presupuesto de 1987 "se entregó, y con la devaluación, el fuerte desliz del peso en el tipo del cambio libre, se acentuó el diferencial con el tipo de cambio controlado. Al respecto dice Aspe: "Ya con el presupuesto aprobado se tuvieron que modificar todas las variables y hubo que rehacer el presupuesto. El Ejecutivo no tiene atribuciones para que una vez entregado el presupuesto él pueda presentar modificaciones. El asunto interesante desde el punto de vista legislativo, al ser claro que el presupuesto que habíamos entregado en 1987 no era viable, es que la modificación viene en el Congreso, ése es el punto más importante".[133]

Con motivo de los arreglos que hubieron de hacer para que las comisiones modificaran el presupuesto, los secretarios de Hacienda y de Programación y Presupuesto se mostraron más abiertos a discutir y a explicar los fundamentos de la política económica. Fue importante, pues indica el inicio de una relación distinta entre gobierno y oposición en la Cámara, y entre el PRI y los grupos parlamentarios de oposición. De alguna manera los cambios al presupuesto de egresos y a la ley de ingresos, a dife-

[132] *Op. cit.*, p. 71.

[133] Entrevista Pedro Aspe Armella-Alicia Hernández Chávez, mayo 1998. La síntesis que se presenta es exclusiva responsabilidad de la autora.

rencia del pasado reciente, debieron, por las circunstancias, incluir señalamientos de los partidos de oposición.

El dictamen de la Comisión de Programación, Presupuesto y Cuenta Pública señala que "a instancias de un numeroso grupo de diputados, [se incluyó] un criterio adicional en el sentido de recomendar al Ejecutivo federal intensificar la renegociación de las condiciones de pago de la deuda externa e integrar propuestas concretas de modificación del proyecto presupuestal por las distintas fracciones parlamentarias [...] en diferentes ramos y sectores de la administración pública".[134] La señal que envía la Comisión de Presupuesto es importante por lo que se refiere al criterio para la renegociación de las condiciones de pago de la deuda. La encontramos repetida una vez más en el seno de la Comisión de Hacienda y Crédito Público, que elaboró el dictamen de la ley de ingresos.[135]

La iniciativa del Ejecutivo federal también se enmendó para incluir la recomendación de renegociar la deuda buscando la corresponsabilidad entre acreedores y deudores, reducir las tasas de interés, obtener el pago justo para nuestras materias primas de exportación, oponerse a las prácticas proteccionistas de los países desarrollados que limitan el libre comercio y las posibilidades económicas de los países en vías de desarrollo, cumplir sin conceder con la obligación de atender prioritariamente las necesidades de nuestro pueblo.[136] Al mismo tiempo, la Comisión introdujo cambios: "la no modificación del gasto social, la reducción del gasto por concepto de crédito público, reforzar las medidas de disciplina y control presupuestal, y [insiste en] reco-

[134] *Diario de los debates de la Cámara de Diputados*, LIII Legislatura, Dictamen de primera lectura del presupuesto de egresos de la Federación 1988, 27 de diciembre de 1987, diario 49, p. 92.

[135] *Diario de los debates de la Cámara de Diputados*, LIII Legislatura, Dictamen de la ley de ingresos de la Federación para 1988, 21 de diciembre de 1987, diario 45, p. 81.

[136] *Diario de los debates de la Cámara de Diputados*, LIII Legislatura, Dictamen de primera lectura del presupuesto de egresos de la Federación 1988, 27 de diciembre de 1987, diario 49, p. 92.

mendar al Ejecutivo federal intensificar la renegociación de las condiciones de pago de la deuda externa". La Comisión unánimemente aceptó "el mayor énfasis al combate a la inflación y las líneas de acción de la política de gasto que siguen siendo válidas".[137]

Para dar una idea del significado de los cambios que introdujo la Comisión, destacamos que respecto a la iniciativa del Ejecutivo, la Comisión disminuyó los gastos federales en 11.4%; redujo el gasto no programable en 13.3%, e incrementó el gasto social en 10.6%. Aun así, la participación del gasto social en el total apenas creció de 23.8 a 27.7%. El incrementó en transferencias creció en 88.1%, con prioridad a las destinadas al desarrollo social.[138] A todas luces el giro fue evidente en la definición del presupuesto de egresos de la Federación.

Algo similar ocurrió con el dictamen de la ley de ingresos, que elaboró la Comisión de Hacienda y Crédito Público. Se especificó que, si bien eran válidos los criterios de política fiscal del gobierno, "la evolución de la economía y los recientes cambios en sus condiciones inciden en las estimaciones de ingresos contenidas en la iniciativa". El dictamen incluyó los siguientes cambios: actualizar las estimaciones de ingresos en lo que atañe a lo que se recaudará por impuestos según los nuevos cálculos realizados por la Comisión. Precisar los montos de endeudamiento neto "requerido para financiar el presupuesto de egresos de la Federación". Modificar "el monto de los pagos provisionales que Petróleos Mexicanos debe efectuar por derecho sobre hidrocarburos y otros gravámenes", y derogar algunos impuestos y modificar algunos aspectos administrativos relativos a los estímulos fiscales.[139] También en esto fue claro que en cuanto a los ingresos federales la Comisión introdujo cambios. A fin de cuentas y por distintas circunstancias todo apuntaba a un fortalecimiento de las facultades del Poder Legislativo.

[137] *Op. cit.*, p. 94.

[138] *Op. cit.*, p. 95.

[139] *Diario de los debates de la Cámara de Diputados*, LIII Legislatura, Dictamen de la ley de ingresos de la Federación para 1988, 21 de diciembre de 1987, diario 45, pp. 80-82.

5. La LIV Legislatura: choques, alianzas y distancia

No obstante los roces que ocurrieron entre gobierno y oposición en el Congreso, la discusión de la política de presupuesto dejó —a partir de 1986— de ser un ejercicio retórico, un requisito para cumplir con la norma constitucional. El PRI y los partidos de oposición de izquierda y de centro asumieron su responsabilidad política, y el Congreso de la Unión rescató la suya. En consecuencia el gobierno, en especial los secretarios de Hacienda y Presupuesto, intensificaron su relación con el Legislativo: ahora envían iniciativas y presentan en el curso de sus comparecencias sus ideas y proyectos.

El secretario de Hacienda, Pedro Aspe, fue el primero en exponer los lineamientos sustanciales de la política económica, para el año 1989. En su comparecencia en la Cámara de Diputados, el 15 de diciembre de 1988, sustentó la principal idea del nuevo gobierno: acelerar el proceso de formación de ahorro interno para la promoción del aumento de la inversión y la reducción de las transferencias al exterior.

En su discurso, que recuerda muchísimo la parte económica del Plan Nacional de Desarrollo 1989-1994, el secretario de Hacienda afirmó que para transformar "el ahorro interno en la piedra angular del desarrollo" había que eliminar "las restricciones que impone la pesada carga de la deuda externa". En este arduo camino había que establecer una política tributaria que produjera "más ingresos, menos tasas, ampliara la base de contribuyentes y simplificara administrativamente" la recaudación fiscal. Para este fin subrayó que se revisarían los precios y tarifas del sector público a modo de compensar la baja en los ingresos derivados de dicho ajuste. A su vez, debían bajar los impuestos a las empresas en el transcurso del periodo 1989-1991, al introducir un nuevo impuesto a sus activos para reducir la evasión fiscal. También solicitó en esa ocasión que la deducción de impuestos por concepto de inversión no redundara en beneficio de las tres áreas de mayor concentración industrial del país, sino que se destinara la redistribución de la planta industrial en todo el territorio.

En este sentido fue clara la continuidad entre uno y otro gobierno. En la política tributaria se mantenía el realismo en precios y tarifas del sector público con la desgravación en favor de la inversión productiva. Fue en cambio una novedad el impuesto a los activos de las empresas y el liquidar la política de desgravar la inversión en las tres áreas conurbanas de México. Encontramos también otro criterio importante en la política financiera. El secretario de Hacienda, Aspe, incorporó a la política económica de largo plazo la idea de la necesidad de dar mayor peso al sector bancario y a los nuevos intermediarios financieros. Igualmente innovador fue el concepto de negociar términos inéditos en la política de deuda exterior. En relación con la deuda externa, Aspe planteó que entre 1986 y 1988 las transferencias de recursos representaron entre 5 y 6% del PIB, y que cerca de 40% del producto de las exportaciones sirvieron para pagar los intereses de dicha deuda. Dijo que era urgente reducir la transferencia de recursos al exterior; que para lograrlo se debía seguir la política de dar a escoger a ciertos acreedores entre tres posibilidades: "la reducción del saldo o de la tasa de interés, o la reducción de ambos; a otros un aumento en sus apoyos". Al mismo tiempo sostuvo que para equilibrar la transferencia neta de recursos con el sostén de la inversión, se requería contratar nuevos créditos por 7 000 millones de dólares. Para ese efecto solicitaba la autorización de la Cámara de Diputados.[140]

En su comparecencia, el doctor Ernesto Zedillo Ponce de León, secretario de Programación y Presupuesto, subrayó que el presupuesto del gasto público federal se sustentaba en un crecimiento sin inflación, directriz que se encontraba en el Plan Nacional de Desarrollo. De allí que el nivel del gasto federal para 1989 fuera moderado, puesto que "con el objeto de contribuir a

[140] *Diario de los debates de la Cámara de Diputados*, LIV Legislatura, Comparecencia del doctor Pedro Aspe, secretario de Hacienda y Crédito Público, 15 de diciembre de 1988, diario 34, pp. 303-308.

la consolidación de la estabilidad de precios, que es factor indispensable de la transición al desarrollo sostenido, se propone un gasto programable presupuestal de 83.6 millones de pesos, con una reducción en términos reales de 2.8% respecto al cierre estimado de 1988". No obstante esta reducción, necesaria por la baja del precio del petróleo, el gasto social no se vería afectado, puesto que aumentaría en 3.9% en términos reales (descontada la inflación). De esta manera se continuaba con el programa de "aliviar los extremos de la pobreza", porque "el gasto social, además de un compromiso para elevar el bienestar de la población, es una inversión en capital humano para el desarrollo". Por lo anterior, el proyecto de presupuesto, en términos reales, incrementaba la inversión pública en infraestructura en el sector rural y en las regiones.[141]

La Comisión de Hacienda y Crédito Público, al dictaminar la ley de ingresos, aprobó las líneas de política tributaria, financiera y de deuda pública asentadas por el secretario de Hacienda y por el Ejecutivo. En materia de nuevo endeudamiento, casi la mitad, es decir 16.8 billones de pesos, equivalente a 7 000 millones de dólares, eran de deuda externa; el remanente, 15.1 billones de pesos, era deuda interna. Por lo demás la Comisión no modificó más la iniciativa del Poder Ejecutivo.[142]

La Comisión de Programación, Presupuesto y Cuenta Pública, al dictaminar el proyecto de presupuesto de egresos de la Federación, recordó que el gasto federal presupuestado ascendía a 246.5 billones de pesos, de los cuales más de la mitad, 146.2 billones de pesos, iban al pago del servicio de la deuda pública. Del examen de las diferentes partidas de gasto propuso algunos cambios: un orden distinto para algunas partidas, como gasto no programable, erogaciones por concepto de participación a estados y municipios, y estableció cómo debían ejercerse en los tér-

[141] *Diario de los debates de la Cámara de Diputados*, LIV Legislatura, Exposición de la iniciativa de presupuesto de egresos, 12 de diciembre de 1988, diario 34, pp. 309-313.

[142] *Diario de los debates de la Cámara de Diputados*, LIV Legislatura, Dictamen de la Comisión de Hacienda, 22 de diciembre de 1988, diario 37, pp. 8 ss.

minos de la ley de coordinación fiscal; se aumentó el control de la Secretaría sobre los funcionarios públicos en el ejercicio del gasto y se calendarizó el gasto de las dependencias federales de modo más eficaz. Se especificó que todo ingreso adicional debía financiar proyectos de inversión productiva, que no se crearían nuevas plazas en la administración pública federal, que se autorizaba al Poder Ejecutivo efectuar traspasos y transferencias presupuestales entre las dependencias de la administración pública federal de acuerdo con los objetivos y prioridades del Plan Nacional de Desarrollo.[143]

En relación con la ley de ingresos, el debate fue vivaz. Comenzó con un *voto particular* del PPS, que presentó el diputado Román Ramírez Contreras. Expuso que ingreso y egresos eran un todo y no debían discutirse por separado. Acusó al gobierno de haber "suplantado los objetivos de la Revolución Mexicana por aquellos del FMI" y declaró que ellos objetaban la iniciativa de ley de ingresos, sin embargo aplaudían "la introducción del nuevo impuesto al activo fijo de las empresas".

El argumento central del debate fue la autorización de la deuda pública, en particular la externa. Todos los partidos expusieron sus ideas. La diputada Amalia Dolores García Medina (PMS) sostuvo que sin que el Congreso hubiera aún aprobado suscribir nueva deuda, el secretario de Hacienda andaba en Washington contratándola; que en su comparecencia el secretario no había "informado ni cómo, ni con quiénes, ni en qué condiciones se contrataría este préstamo adicional". Solicitó conocer el porcentaje —de los 7 000 millones de dólares de recursos netos— de "fondos nuevos y cuáles eran sólo para alivio". Propuso que se discutieran claramente los plazos para pagar el capital, los plazos de amortización, la incidencia de los préstamos sobre el gasto social, la necesidad de ligar los préstamos al flujo de tecnología y vincular el pago del servicio a un porcentaje de nuestros ingresos por concepto de exportaciones. Diputados de la Corriente Democrática, PARM, PPS y FCRN expresaron con argumen-

[143] *Diario de los debates de la Cámara de Diputados*, LIV Legislatura, Dictamen de la Comisión de Programación, 27 de diciembre de 1988, diario 39, pp. 71 ss.

tos similares sus objeciones al endeudamiento general, y en particular el externo.

El enfrentamiento entre el partido de mayoría y los de oposición alcanzó niveles desconocidos hasta entonces en la Cámara de Diputados. El grupo parlamentario del PARM presentó una *moción suspensiva*. Pidió que se suspendiera la discusión del dictamen de ley de ingresos, porque "no aparece ninguna otra firma de ningún otro diputado integrante de la Comisión" de Hacienda que no fuera del PRI. Puesta a votación en medio de gran turbulencia, la moción se rechazó por 215 votos en contra y 191 en favor. Una votación del Pleno tan cerrada fue posible porque se coaligó toda la oposición, incluido el PAN.

La discusión se interrumpió dada la situación inédita. Cuando se reanudó, el presidente de la Comisión de Hacienda, Manuel Cavazos Lerma, declaró que "en un acuerdo de los grupos parlamentarios, se tomó la decisión de hacer modificaciones al segundo párrafo del artículo 2 de la ley de ingresos de la Federación para el ejercicio de 1989". Dicho acuerdo consistía en aceptar la suma autorizada para suscribir nueva deuda pública por un valor total de 15.1 billones de pesos para la deuda interna, más 16.8 billones para la externa (7 000 millones de dólares); autorizaba al Ejecutivo a ejercer financiamiento neto externo adicional hasta por 50% de los 16.8 billones de pesos, y que por conducto de la Secretaría de Hacienda podía emitir valores con el propósito de regulación monetaria. Todo lo anterior a condición de que el Ejecutivo se comprometiera a dar cuenta al Legislativo del ejercicio de esas facultades que le delegaba el Congreso de la Unión y precisara las características de las operaciones realizadas.

Los cambios referidos en la creciente vigilancia del Congreso en materia de deuda resultaron de la labor de concertación entre el PRI, en tanto partido de apoyo del gobierno, y los partidos de oposición. Dicho acuerdo no obligaba a estos últimos a votar en favor de la propuesta, pero sí generaba un clima más amable. El diputado Pablo Gómez (PMS) hizo un reconocimiento al *acuerdo parlamentario*: "un texto que en el fondo satisface la aspiración de que las facultades del Congreso no sean transferidas a ningún otro poder". El diputado Ignacio Castillo Mena (Corriente Democrática) dijo que representaba "un alto al abuso y al desenfreno del Ejecutivo en la solicitud de préstamos, hipotecando y comprometiendo la soberanía del país".

Con la LIV Legislatura parecía cerrarse la práctica llamada del "cheque en blanco" a la Presidencia. Uno de los diputados, Pablo Gómez, lo caracterizó como "un artículo de la ley de ingresos que facultaba al Ejecutivo para que en circunstancias extraordinarias, a juicio del propio Ejecutivo, pudiera aumentar los montos máximos de endeudamiento que el Congreso había autorizado". Más modestamente, el diputado Cuauhtémoc Anda Gutiérrez (PRI) afirmó que "esta noche, efectivamente, se ha dado una sana concertación política". El resultado de la votación refleja el acuerdo político, puesto que la ley de ingresos se aprobó por 383 votos en favor, 3 abstenciones y 5 votos en contra.[144]

El dictamen del presupuesto de egresos se discutió el 28 diciembre de 1988. Se evaluó primero la política presupuestal 1983-1988 y luego el presupuesto para 1989. La conclusión fue: "no presenta cambios de fondo en su estructura y mantiene el esquema de ajuste que ha caracterizado las finanzas públicas desde 1983". La composición del gasto público se desagregó en: *a)* gasto programable (su participación en el gasto total disminuyó entre 1985 y 1988 de 52.5 a 33.9%); *b)* servicio de la deuda, intereses y amortizaciones (que aumentaron de 40.6 a 60.2% en el mismo periodo). El Partido de la Revolución Democrática criticó la privatización de empresas públicas y dijo que ni siquiera habían contribuido a fortalecer la capacidad productiva del

[144] *Diario de los debates de la Cámara de Diputados*, LIV Legislatura, sesión 21 de diciembre de 1988 y sesión 22 de diciembre de 1988, *Diario de los Debates*, diario 36, pp. 23-68 y diario 3, pp. 24-61. El diputado Gómez sostuvo que en ocasión de este debate el PRI "hizo todo por alcanzar el quórum, pero que no completó los 251 [diputados]. Entonces llamó al PRD [PMS] y cedió en nuestra demanda, previa consulta a Los Pinos a José Córdoba" y ésta "fue la única vez que logramos reunir toda la oposición", *Diario de los debates de la Cámara de Diputados*, Instituto de Estudios Legislativos, Archivo de la Palabra, Entrevista Pablo Gómez-César Navarro Gallelo, Proy. I.66.

país. Como datos de comprobación aportó la capacidad de generación y capacidad instalada del sector eléctrico, la reducción de la inversión en el sector agrícola, pesquero, etc. Concluyó la intervención por rechazar el proyecto de presupuesto de egresos por disminuir en términos reales el gasto público, distorsionar la estructura de egresos presupuestales, y por no ser más el desarrollo social, la columna vertebral del gobierno. Concluyó con una crítica a la política de desincorporación iniciada bajo el gobierno anterior. De modo semejante se expresaron los representantes del PPS, PARM, PFCRN y de Corriente Democrática. Todos dijeron que votarían en contra.[145]

Enseguida se pasó al debate en lo particular. Se impugnaron numerosos artículos, como: la distribución del gasto público en seguridad social equivalente a 40.4 billones de pesos; las erogaciones a los estados y municipios por 16.2 billones de pesos para las entidades paraestatales; el subordinar los pagos del servicio de la deuda pública a la evolución de las condiciones económicas y sociales, y se pidió precisión en el gasto público por ejercer de haber excedente en los ingresos ordinarios remanentes de partidas no gastadas. Se dijo que todo gasto en este concepto obligaba al Ejecutivo federal a dar cuenta precisa a la Cámara de Diputados. Se establecieron criterios de prioridad en las partidas destinadas al cumplimiento del Plan Nacional de Desarrollo y sus programas de mediano plazo.

Los artículos no impugnados se aprobaron con 252 en favor y 170 votos en contra, mientras la votación de los artículos impugnados: 2, 3, 6, 7, 9, 13, 14 y 25 dieron resultados diferentes. El artículo 39, relativo a los mecanismos de desincorporación y transferencia de empresas públicas a los estados y municipios, se aprobó por aplastante mayoría de 400 votos en favor, una abstención y un voto en contra. En cambio, los artículos 2, 3, 7, 9 y 25, acerca de la reorganización del gasto federal y los criterios de asignación del gasto federal, se aprobaron por 251 votos, con 149 en contra.[146]

[145] *Diario de los debates de la Cámara de Diputados*, LIV Legislatura, sesión 28 de diciembre de 1988, diario 40, pp. 109-161.

[146] *Op. cit.*, 160-208.

De la lectura de esos datos resalta que al aprobarse el presupuesto de gasto hubo coincidencia entre el PRI y los partidos de oposición en los mecanismos de privatización o transferencia de empresas públicas a estados y municipios. Además, la oposición solicitó que la comisión intersecretarial, gasto-financiamiento, emitiera los dictámenes correspondientes, y no la Secretaría de Programación y Presupuesto. Pidió un informe a "la Cámara de Diputados de las razones y criterios específicos para llevar a cabo el ejercicio de estas atribuciones". Una vez más, la oposición hacía efectivas sus facultades constitucionales y, a su vez, acotaba las de la Presidencia. En este sentido hubo un estrecho paralelismo entre el acuerdo político formal entre PRI y oposición para aprobar el artículo 2 de la ley de ingreso y el acuerdo político de corte informal entre PRI y PMS (PRD), resultado de un telefonazo que hizo posible la aprobación del presupuesto de egresos.[147] Conviene al respecto no olvidar que, según el diputado Pablo Gómez, al PRI le era difícil lograr que votaran sus 251 diputados para aprobar el gasto federal, lo cual abría algún espacio para un acuerdo con la oposición. En este sentido el debate de la ley de ingresos y del presupuesto de egresos de 1989 constituye un paso fundamental. La Cámara de Diputados adquiere un peso significativo en la definición de la política de presupuesto, que a su vez incide en toda la política económica.

Al año siguiente, 1990, el secretario de Hacienda y Crédito Público, Pedro Aspe, presentó las líneas de política tributaria, financiera y de deuda pública con este argumento: "la estrategia económica del gobierno de la República se basa en mantener la congruencia de las políticas fiscal, monetaria y financiera y de tipo de cambio en el marco de una estricta disciplina en las finanzas públicas". En lo básico, la política tributaria fue parecida a la del año anterior. La política financiera en cambio denota una intención de conducirla hacia "la liberalización de tasas de interés y plazos en los instrumentos de captación y la simplificación del régimen del encaje legal". De este modo se "reforzará el clima

[147] Véase la nota 143.

de competencia dentro del sistema bancario, permitirá aumentar la cobertura de los mercados y beneficiará al usuario a través de menores márgenes de intermediación". El secretario de Hacienda informó que la renegociación de la deuda exterior con el Fondo Monetario Internacional, el Banco Mundial, el Club de París y con la banca privada internacional "no agota las posibilidades para aumentar la captación del ahorro externo para el país". Por el contrario, el contexto macroeconómico de estabilidad, de "crecimiento sin inflación", "facilitan a los sectores privado y social la contratación de financiamiento externo para proyectos específicos". Para lograr estos objetivos, el secretario de Hacienda solicitó la autorización para solicitar nuevos préstamos.[148]

El secretario de Programación y Presupuesto, Ernesto Zedillo Ponce de León, expuso la política de egresos. Al igual que en el año previo, insistió en un presupuesto de gasto para 1990 que contemplara "un aumento real de las erogaciones, sin menoscabo de la sana conducción de las finanzas públicas", lo cual "redundará en un apoyo decisivo a la estabilidad de los precios". Afirmó que por efecto de la disminución del servicio de la deuda pública y los intereses sobre la deuda interna, de los 194.4 billones de pesos del gasto neto total, 68% correspondía a la suma del gasto programable y a las participaciones a estados y municipios. Este aumento en el gasto programable resultaría en incrementos sustanciales en educación, salud, abasto, agua, vivienda, agricultura y un apoyo muy destacado al Programa Nacional de Solidaridad. En suma, insistió en que la política de gasto público se sustentaba en el aumento del gasto social y la inversión productiva, en especial para infraestructura.[149]

El dictamen de la Comisión de Hacienda y Crédito Público modificó la miscelánea fiscal con el fin de desgravar a los pro-

[148] *Diario de los debates de la Cámara de Diputados*, LIV Legislatura, Presentación de la iniciativa de la ley de ingresos 1990, 23 de noviembre de 1989, diario 8, pp. 6-11.

[149] *Diario de los debates de la Cámara de Diputados*, LIV Legislatura, Presentación de la iniciativa de la ley de egresos 1990, 23 de noviembre de 1989, diario 8, pp. 37-41.

ductores del campo, estimular y dar facilidades a los demás productores a través de la exención del impuesto sobre la renta, del impuesto sobre el activo y la obligación de llevar una contabilidad. El presidente de la Comisión calculó que 90% de los productores rurales, con un ingreso no superior a los 20 salarios mínimos al año, no pagaban impuestos, incluidos pequeños y medianos propietarios. Los demás pagarían sólo la mitad del impuesto sobre la renta y del impuesto al activo. Se introdujeron además modificaciones en el código fiscal de la Federación y se estableció que la contratación de créditos al exterior debía ser inferior a la reducción esperada en la deuda externa debido a la negociación con la banca internacional.[150]

El debate en lo general se concentró sobre la deuda exterior. Nuevamente el diputado Pablo Gómez (PMS) sostuvo que no obstante el cambio registrado el año previo "el Ejecutivo puede, a través de distintos instrumentos, contratar deuda hasta por ese monto" de 23.8 billones de pesos, y argumentó que "la Constitución faculta al Congreso para aprobar los empréstitos, no para aprobar exclusivamente el monto del endeudamiento neto". En síntesis, sostuvo que se estaba violando la Constitución, pues lo que se otorgaba al Ejecutivo era una facultad y no una simple autorización. El diputado del PARM Patricio Estévez presentó un largo análisis de la ley de ingresos, que entre otras incluía modificar el artículo 2 [autorización de deuda pública]. También el Partido del Frente Cardenista de Reconstrucción Nacional presentó un largo escrito sobre la iniciativa de ley de ingresos.[151]

Una vez hecho un listado de todos los artículos impugnados, se pusieron a votación, primero, todos los no impugnados. Éstos se aprobaron por 242 votos, con 138 en contra. Los artículos sujetos a cambios se modificaron y votaron igual: 242 votos en favor y 138 en contra. De nuevo hubo algún tipo de acuerdo entre el PRI y la

[150] *Diario de los debates de la Cámara de Diputados*, LIV Legislatura, Dictamen de la Comisión de Hacienda y Crédito Público, 14 de diciembre de 1989, diario 17, pp. 26-30.

[151] *Diario de los debates de la Cámara de Diputados*, LIV Legislatura, sesión 21 de noviembre de 1989 y sesión 14 de diciembre de 1989, diario 10, pp. 76-103 y diario 17, pp. 37-61.

oposición de aprobar los artículos que en el curso del debate la oposición pidió rectificar, ya fuera de forma o contenido. A este respecto vimos cómo en el artículo relativo a la autorización al Ejecutivo de contratar deuda, se corrigieron los elementos anticonstitucionales. Gracias a este acuerdo, de tipo informal, los diputados de oposición votaron *según conciencia*, práctica que, describen ex diputados de la LIV Legislatura, otorgaba la libertad a quien no estuviera de acuerdo para salir del recinto parlamentario en el momento de la votación.

El dictamen de proyecto de egresos para 1990 sufrió varios cambios, unos sustanciales. Éstos se sintetizan así: mayor participación de la Cámara de Diputados en el proceso de desincorporación de entidades públicas, el compromiso del Ejecutivo de no reducir el gasto para los programas prioritarios y estratégicos en caso de contingencia, y modificar algunos artículos de la iniciativa para establecer un rubro presupuestal para la reconstrucción del Palacio Legislativo y la partida necesaria para conformar las instituciones recién nacidas con las reformas político-electorales.[152]

Al presentar el dictamen, la presidenta de la Comisión de Programación y Presupuesto, diputada María Elena Martínez Carranza, hizo un rápido recuento de los trabajos de la Comisión. Dijo que "como resultado del esfuerzo de las deliberaciones llevadas a cabo en cada sesión, la Comisión propone a esta asamblea 19 modificaciones de fondo al proyecto. La Comisión manifiesta su preocupación, primero, por la insuficiencia de recursos destinados a promover la ciencia y la tecnología [...] y en relación con la situación de las artesanías". Concluyó que "todas estas aportaciones fueron formuladas por los grupos parlamentarios que integran la Comisión de Programación, Presupuesto y Cuenta Pública, habiéndose analizado las propuestas, a fin de alcanzar puntos de consejo interpartidista". Es importante constatar que también en ocasión del examen y discusión del presu-

152 *Diario de los debates de la Cámara de Diputados*, LIV Legislatura, Dictamen de la Comisión de Programación y Presupuesto, 20 de diciembre de 1989, diario 19, pp. 57-70.

puesto para 1990, la relación entre el PRI y los partidos de oposición no fue de choque sino de búsqueda de un acuerdo que permitiera integrar en el presupuesto sugerencias básicas de la oposición.[153]

Vale la pena tener presente que los acuerdos interpartidistas fueron necesarios por la precaria mayoría del PRI en la Cámara de Diputados. Además, la oposición sabía que el Presidente no haría uso de su facultad constitucional de vetar una ley contraria a su política económica, sino que buscaría convencer. En efecto, en ocasión de la comparecencia del secretario de Programación y Presupuesto, numerosos diputados pusieron en duda los criterios para asignar el gasto público. El diputado Israel Félix Galán Baños (independiente) habló de los "criterios selectivos y las asignaciones para atender las demandas sociales, que decide el Ejecutivo federal a través de la Secretaría de Programación y Presupuesto, aun cuando se atienden las propuestas de la sociedad en donde han nacido y se han recreado". Otra diputada del PRI, Cirila Sánchez Mendoza, preguntó: "los indígenas de México somos más de 10 millones [...] es decir, que representamos más de 12% de la población total del país; señor secretario, ¿de qué manera podemos nosotros obtener una proporción equivalente del presupuesto, del gasto público, para que esto fuera a nuestras comunidades, y que además en justicia nos corresponde?"[154]

Al debatir en lo particular, diputados de diferentes partidos pidieron cambios a los siguientes artículos del proyecto: al segundo, aumentar las asignaciones en favor de la ciencia y de la tecnología (PMS); al sexto, revisar las asignaciones a Pemex (PARM); al tercero, dar mayores recursos al desarrollo regional y mejorar los fondos federales de participación de estados y municipios; al séptimo, reducir el servicio de la deuda pública; al artículo 14, respecto al gasto público en casos de contingencias; y, finalmen-

[153] *Diario de los debates de la Cámara de Diputados*, LIV Legislatura, sesión 21 de diciembre de 1989, *Diario de los Debates*, diario 19, p. 53.

[154] *Diario de los debates de la Cámara de Diputados*, LIV Legislatura, sesión 23 de noviembre 1989, diario 11.

te, al artículo 39, relativo a la desincorporación de entidades paraestatales. El resultado de las votaciones muestra la capacidad de negociación entre el PRI y la oposición, ya que los artículos no impugnados del presupuesto de egresos para 1990 se aprobaron por vasta mayoría: 327 votos en favor y 61 en contra. En cambio, los artículos impugnados, cuando se incluyen los cambios propuestos en el debate, se aprueban por 391 votos en favor y 2 en contra, diferencia notable cuando se vota por los artículos que no se cambiaron: 268 votos en favor y 123 en contra.[155]

A partir de los resultados del voto de ambas leyes, se nota que el PRI, con base en la experiencia adquirida en años anteriores, aprendió a buscar y establecer acuerdos amplios con todos los partidos de oposición. Sólo así se comprende la convergencia de la mayoría sobre el artículo 39 de la ley de presupuesto de egresos respecto de las modalidades de la desincorporación de paraestatales. Fue menos evidente el apoyo de la oposición —a pesar de cambios a las asignaciones— para el programa de Solidaridad, las participaciones a estados y municipios y la deuda pública. En estos casos los cambios pasaron con el voto del PRI y de un partido de oposición. Nuestra impresión es que en el curso del debate de la ley de ingresos y del presupuesto de egresos para 1990 se comienza a tejer un acuerdo entre PRI y PAN, que, como vimos en capítulos previos, desembocó en una alianza.

El último año de la LIV Legislatura, en ocasión de la presentación de la iniciativa de ley de ingresos para 1991, el secretario de Hacienda, Pedro Aspe, subrayó que las políticas económicas del gobierno "han jugado un papel decisivo en el desempeño de la economía al lograr conjugar las necesidades de financiamiento de los sectores público, social y privado con la generación de ahorro interno. La liberación de las tasas de interés y la mayor autonomía de los intermediarios financieros, así como una presencia fiscal más amplia contribuyeron a lograrlo. Adicionalmente, la congruencia de la política económica y las más favora-

[155] *Diario de los debates de la Cámara de Diputados*, LIV Legislatura, sesión 21 de diciembre 1989, diario 20, pp. 84-113.

bles perspectivas del país han generado un importante retorno de capitales". La convergencia entre recursos disponibles y crecimiento económico se benefició de la renegociación de la deuda externa y la sustitución del financiamiento del sector público mediante la emisión de circulante por instrumentos de deuda interna a breve plazo. El secretario subrayó que esta política de modernización del sistema financiero necesitaba consolidarse mediante instituciones de intermediarios financieros y un sector bancario y de crédito modernos, para lo cual el Ejecutivo había elaborado un sin fin de iniciativas. Terminó por decir que la política de desincorporación seguía su rumbo: en 1990 habían concluido 58 procesos que habían reportado nuevos ingresos por 2.7 billones de pesos.[156]

A partir del buen desempeño de la economía —resultado de la nueva política económica—, el gobierno consideró que los objetivos para el año de 1991 se podían concentrar en la reducción de la tasa de inflación mediante finanzas públicas saneadas y el fortalecimiento de la política cambiaria al reducir la deuda interna y externa; una política financiera de liberalización y desincorporación de la banca comercial con el fin de impulsar la recuperación gradual de la actividad económica; avanzar en la modernización de la economía nacional mediante una nueva institución desreguladora y dar mayor importancia a la política social dirigida a mejorar su productividad y el nivel de vida de la población. Estos objetivos se tradujeron en una iniciativa de ley de ingresos que no creaba nuevos impuestos, disminuía los que pagaban los trabajadores y proporcionaba estímulos a la inversión productiva, reducía los intereses de la deuda interna y externa y disminuía —por primera vez en 19 años— el déficit fiscal hasta casi desaparecer. Finalmente dijo el titular de Hacienda: todos los indicadores nos dicen que se puede aumentar el gasto social.[157]

[156] *Diario de los debates de la Cámara de Diputados*, LIV Legislatura, Presentación de la iniciativa de ley de ingresos para 1991, 15 de noviembre de 1990, diario 7, pp. 9-17.

[157] *Ibid.*

El tono decididamente optimista del secretario de Hacienda se repitió en la comparecencia del secretario de Programación y Presupuesto, Ernesto Zedillo. Presentó una iniciativa de presupuesto de egresos por 233.8 billones de pesos, con una reducción en términos reales del gasto federal de 5% respecto al año precedente. Tal como había ocurrido con las dos iniciativas previas, el secretario de Programación habló de la prioridad que se daría al gasto social y a la infraestructura rural. Sostuvo que "el gasto social aumentaba su participación en el gasto programable de 32.2% en 1988, a 38.3% en 1990", y que el propuesto para 1991 era de 43.5%. Dicho incremento del gasto en desarrollo social habría ganado más de 11 puntos porcentuales en el gasto programable[158] apenas transcurridos tres años de gobierno, la mitad del periodo programado en el Plan Nacional de Desarrollo.

La Comisión de Hacienda y Crédito Público, presidida por el diputado Cuauhtémoc Anda Gutiérrez (PRI), elaboró el dictamen en sesiones de trabajo donde participaron subsecretarios de Hacienda y diputados de diferentes partidos políticos. Se introdujeron cambios en diferentes artículos de la iniciativa relacionados con el modo de presentar las estimaciones de ingresos federales. Se introdujo un correctivo sustancial: no se daría ninguna nueva autorización para contratar empréstitos, a menos que no aumentara el monto global del crédito máximo autorizado, con excepción de los estrictamente necesarios para la regulación monetaria. Se cambiaron también artículos relativos a los impuestos aduaneros.

Queda claro que para inicio del decenio de 1990 el papel de las comisiones en el estudio de las acciones propuestas por el Ejecutivo había cambiado cualitativamente: se critica, se propone, se celebran alianzas sobre puntos y temas específicos. En suma, las comisiones habían cobrado una autonomía desconocida incluso en el decenio precedente.[159]

[158] *Diario de los debates de la Cámara de Diputados*, LIV Legislatura, Presentación de la iniciativa de ley de egresos para 1991, diario 7, pp. 42-46.

[158] *Diario de los debates de la Cámara de Diputados*, LIV Legislatura, Dictamen de la Comisión de Hacienda, 13 de diciembre de 1990, pp. 425-430.

El dictamen de la iniciativa del presupuesto de egresos de la Federación introdujo cambios para el año de 1991 que fundó en que: "durante el proceso de estudio, revisión y análisis de los presupuestos correspondientes a 1989 y 1990, la Cámara de Diputados efectuó importantes modificaciones a la iniciativa de decreto que le fuera enviada por el Ejecutivo. En la iniciativa correspondiente a 1991, se continuaría con el propósito de perfeccionar y precisar la eficiencia en el ejercicio del gasto". Luego se procedió —por la Comisión— a incrementar en 10 000 millones de pesos el presupuesto del Poder Legislativo; se estableció que los ingresos derivados de la desincorporación de paraestatales se destinarían con preferencia para amortizar la deuda pública; se introdujo el criterio de que una reducción del gasto no debía afectar el gasto social; se redujo el plazo para que las paraestatales estratégicas y prioritarias presentaran sus programas de saneamiento financiero, y se pidió que los informes trimestrales de la Secretaría de Programación incluyeran la información de los controles que dicha Secretaría efectuaba a las entidades paraestatales.[160]

Así como el trabajo de concertación en comisiones parecía ser el preludio de un debate sereno y relativamente tranquilo, el "Acuerdo Parlamentario para normar la discusión en torno al dictamen relativo a la ley de ingresos" anunciaba su buen desenlace. En efecto, en el Pleno intervino el representante de la Comisión de Hacienda para explicar el procedimiento: un primer turno de oradores para exposición general y votos particulares y luego se procedería a votar la iniciativa de ley en lo general y al final la discusión, en lo particular, de los artículos reservados. Las intervenciones no excederían los diez minutos.[161]

La calma duró poco. El diputado Pablo Gómez (PRD) comenzó

[160] *Diario de los debates de la Cámara de Diputados*, LIV Legislatura, Dictamen de la Comisión de Programación y Presupuesto, 19 de diciembre de 1990, diario 20, pp. 12-23.

[161] El Acuerdo se encuentra en *Diario de los debates de la Cámara de Diputados*, LIV Legislatura, sesión 13 de diciembre de 1990, diario 15, pp. 438-439.

por decir que no procedía el Acuerdo por ser contrario al Reglamento de la Cámara. De inmediato el debate sobre ingresos y egresos de la Federación cobró un tono agitado. Los artículos impugnados de la ley de ingresos fueron sustanciosos tanto de parte del PRD como del PAN. Lo mismo ocurrió con artículos del presupuesto de egresos. Durante el debate en torno al gasto público, el PRD presentó un voto particular en contra del dictamen de presupuesto de egresos de la Federación que señalaba precisamente la ruptura del diálogo entre ellos y el PRI. De nuevo imperó un clima, en la LIV Legislatura, de intolerancia, irrespetuoso, como el que se dio al inicio de esa Legislatura, cuando el enfrentamiento entre el PRI y los partidos de oposición alcanzó su clímax.

La división se refleja en la votación. La ley de ingresos se aprobó en lo general por 276 votos, 126 en contra y una abstención. En lo particular los artículos impugnados se desecharon con 274 votos y 116 por su reforma. El presupuesto de egresos se aprobó en lo general por 248 votos en favor y 134 en contra, mientras el artículo 31 impugnado se aprobó en su nueva redacción por 335 votos, y todas las impugnaciones a los otros artículos fueron desechados por 295 votos en favor y 135 en contra.

Las votaciones sin embargo son de difícil interpretación. Si aceptamos que el único grupo parlamentario que votaba en favor de ambas leyes era el PRI, y si en el curso de la votación de la ley de ingreso, de los artículos no impugnados, encontramos el siguiente diálogo: El diputado Bernardo Bátiz Vásquez (desde su curul) cuestiona: "¿En la cuenta de los votos en promedio están exclusivamente diputados del PRI?" "El presidente de la Cámara responde: "No, señor diputado,[162] nosotros suponemos que como lo sostienen algunos ex diputados de la LIV Legislatura, el PRI logró arropar el quórum". Esto quiere decir que incrementó su escasa mayoría con el apoyo de los pequeños partidos, en especial, del PFCRN.

[162] *Op. cit.*, p. 463.

6. La LV Legislatura: una relación cordial

Las elecciones de 1991 resultaron en una composición diferente de la Cámara de Diputados. El PRI aumentó sus escaños a 320, o sea 64% del total, el PAN disminuyó su representación a 89 curules (17.8%) y el PRD a 41 (8%). Esta situación, holgada para el partido de mayoría, hizo posible un apoyo firme, sin cortapisas, a la acción económica del gobierno. También parecía dejar atrás el debate continuo y la búsqueda de acuerdos y aliados entre el partido de mayoría y los partidos de oposición que caracterizó a las dos legislaturas previas.

La mayoría absoluta y holgada de representantes del PRI en el Congreso abultó el optimismo de los responsables de la política económica. Esto lo percibimos en la comparecencia del secretario de Hacienda, Pedro Aspe, en ocasión del envío a la Cámara de Diputados de la ley de ingresos para 1992. En efecto, asienta que se está finalmente registrando "un crecimiento económico compatible con una estricta disciplina en las finanzas públicas", "que por primera vez en nuestra historia económica moderna hay en el año de 1991 un superávit financiero del sector público, y por tercer año consecutivo el producto crece más rápido que la población". Dijo que con la recuperación económica "sobreviene un incremento significativo del empleo", que se observa en un crecimiento anual de 7% en el número de asegurados en el IMSS. Esta economía más eficiente es el resultado de que "la negociación de la deuda pública revirtió un proceso de transferencias neta de recursos al exterior de 6.2% del Producto Interno Bruto, a que [había ascendido] en promedio durante el periodo 1983 a 1988". También se redujo la deuda pública interna de 194 billones a 142 billones de pesos entre 1988 y 1991 y su proporción en el PIB pasó de 27.7 a 17.9% entre diciembre de 1988 y septiembre de 1991. El secretario de Hacienda también puso en evidencia que "el Estado mexicano es hoy menos propietario, más preciso en sus regulaciones y más soberano y eficaz en el ejercicio de la rectoría económica que la Constitución le atribuye". Subrayó de esta manera, los beneficios producidos por el cambio institucional de los últimos años.

A nivel fiscal insistió en que "el principal logro de la política económica ha sido reducir el impuesto más regresivo de todos, el impuesto inflacionario" a través de la reducción de las tasas impositivas, el estímulo a la inversión, la ampliación de la base gravable que aumentó la base y número de contribuyentes, lo que redundó en un mayor vínculo entre ingreso público e ingreso tributario (46% en 1983 y 62% en 1991). "La política tributaria y la reforma financiera alientan —dijo— el objetivo central de la política económica del gobierno que es el incremento de los niveles globales de ahorro interno público y privado".

El incremento del ahorro interno fue, como se ha venido insistiendo, el objetivo principal de la política económica del periodo 1982-1997 para ser de especial relevancia en las dos legislaturas del gobierno de Salinas de Gortari. De allí la insistencia en el tema por parte de los secretarios de Hacienda y Programación, a partir de 1990.

Con estos resultados en mano el titular de Hacienda avanzó como objetivo de la política económica para 1992 "reducir la inflación a niveles de un dígito". Atribuyó el mérito al pacto "entre los diferentes sectores de la sociedad y la persistencia en el saneamiento de las finanzas públicas".[163] Lo que permitía "consolidar la permanencia de los avances macroeconómicos" en virtud de la estabilidad de precios y un superávit hacendario equivalente a 0.8% del PIB. Con lo cual se podía prever una tasa de crecimiento del PIB de 4% y un crecimiento de la inversión privada de 13% en términos reales.

Con este cuadro de estabilidad y crecimiento, la ley de ingresos para 1992 redujo a la mitad la carga fiscal de los contribuyentes con ingresos inferiores a cinco salarios mínimos, descontó el

[163] Acerca de los Pactos de Solidaridad Económica y de Estabilidad y Crecimiento Económico que no son estudiados en este volumen en cuanto forma parte de la política económica que desarrolla el Ejecutivo con las componentes sociales, véanse las consideraciones de Aspe, *El camino...*, *op. cit.*, pp. 29-32 y 53-59.

porcentaje de participación del trabajador de las utilidades de las empresas, redujo descuentos a las empresas, bajó el IVA de 15 a 10% y eliminó el de 20%, así se beneficiaba a los grupos de menores ingresos.[164]

En su comparecencia, el secretario de Programación y Presupuesto, Ernesto Zedillo, utilizó palabras más neutrales para subrayar que en los tres años precedentes "la estrategia presupuestal ha contribuido a la estabilización de la economía y ha modificado la composición del gasto público impulsando las prioridades del desarrollo y, en particular, sustentando una nueva política social, fiscalmente responsable y económicamente viable". Las erogaciones públicas preservaron y acentuaron, a juicio del secretario de Programación, "la recuperación de un crecimiento económico sostenido". El proyecto de presupuesto de egresos para 1992 prevé un gasto total de 249.3 billones de pesos, es decir, se establece una reducción en 2% en términos reales respecto al ejercido en 1991, gracias a la menor incidencia de la deuda pública total que pasó de 17.9 a 5.8% del PIB entre 1988 y 1991 y que en 1992 será de 4.2% del PIB.

A pesar de la reducción del monto global del gasto público, se afirmó que el gasto programable tendría un crecimiento real del 4% respecto a 1991 con lo que aumentaría el gasto en desarrollo social, que entre 1988 y 1991 había crecido en términos reales en 41.4%, y se incrementaría para 1992 en 18% en términos reales. El gasto público en el sector rural se aumentaría en 1992 en 20% en términos reales, respecto a 1991.[165]

El análisis de la iniciativa de ingresos y de presupuesto de egresos por las comisiones de Hacienda y de Programación nos confirma que el acuerdo PRI-PAN operó plenamente durante la LV Legislatura. Ambas iniciativas se examinaron por el mecanismo bicameral resultado del "acuerdo parlamentario suscrito por los partidos políticos de esta Legislatura y la de diputados y

[164] *Diario de los debates de la Cámara de Diputados*, LV Legislatura, Presentación de la ley de ingresos para 1992, 15 de noviembre de 1991, diario 8, pp. 7-15.

[165] *Diario de los debates de la Cámara de Diputados*, LV Legislatura, Presentación del presupuesto de egresos para 1992, diario 8, pp. 342-348.

senadores". Los diputados miembros de las comisiones afirmaron: "nos reunimos en varias ocasiones con los senadores para intercambiar puntos de vista". "Este ejercicio, basado en la ley orgánica del Congreso General, se repitió con motivo de la valoración de las diferentes materias, oyendo con respeto las disidencias de los compañeros, tratando de que el debate lo diéramos de una forma organizada, y contando también con la referencia de funcionarios de la Secretaría de Hacienda, que en ocasiones profundizaron, explicaron y nos ilustraron para finalmente elaborar el dictamen correspondiente".[166]

La Comisión de Hacienda y Crédito Público dictaminó la iniciativa con algunas modificaciones. Entre la más significativa destaca la corrección en los ingresos fiscales provenientes de Pemex sin variar el monto de los ingresos federales. Otro cambio fue que en el monto autorizado de endeudamiento externo se fijaron con claridad las fechas de pago provisional y definitivo de los hidrocarburos que Pemex destina al consumo nacional; se modificó la forma de cobro por parte de la Secretaría de Hacienda para el uso y aprovechamiento de los bienes de dominio público, incluyendo los organismos descentralizados; y, la simplificación fiscal a las cajas de ahorro y sociedades de ahorro y préstamo.[167]

Ya en el curso del debate en ocasión de la comparecencia, el secretario de Programación hizo evidente que también en la LV Legislatura uno de los caballos de batalla fue la deuda pública en general, y en particular la externa. En efecto, el diputado Jorge Calderón Salazar (PRD) expuso sus perplejidades en relación con el anunciado descenso del gasto federal por efecto de la reducción del servicio de la deuda. Otros diputados, como Servando Hernández (PARM), denunciaron que no se consultaba al Poder Legislativo sobre el destino de los recursos. Los diputados del PRI, en cambio, pidieron que se esclarecieran sus dudas acerca del programa de Solidaridad. El diputado Arturo Torres del

[166] *Diario de los debates de la Cámara de Diputados*, LV Legislatura, Dictamen de la Comisión de Hacienda, 9 de diciembre de 1991, diario 6, p. 1746.

[167] *Op. cit.*, pp. 1745-1752.

Valle (PAN) criticó la forma de presentación de la información relativa a la deuda pública.[168]

Los cambios al dictamen, resultado del acuerdo parlamentario entre partidos, fueron: aumentar el presupuesto del Congreso a 52 000 millones de pesos, mejorar el presupuesto al Fondo Nacional para Empresas de Solidaridad, aumentar el presupuesto para que el IFE entregara credenciales electorales con fotografía y asignar los recursos necesarios para el recinto legislativo de San Lázaro.[169]

Ingresos federales 1991-1992

Una vez iniciado el debate, la diputada Cecilia Soto (PARM) afirmó que en el cálculo de los ingresos no se habían considerado los recursos provenientes de la venta de los bancos, cuyo importe era similar al monto del endeudamiento que el gobierno pedía se le autorizara. Alejandro Encinas (PRD) propuso que del excedente del ingreso, el superávit anunciado por el secretario de Hacienda, se aplicara a gasto en desarrollo social, a transferencias a los estados y municipios y al Departamento del Distrito Federal para ampliar el transporte público. En cambio, el diputado Fauzi Hamdan Amad (PAN) consideró inaudito el superávit fiscal cuando se debía y podía disminuir la miscelánea fiscal que pesaba y lesionaba a los pequeños productores.[170]

En el curso del debate de los *artículos reservados*, el PAN propuso que se agregara al artículo 2 de la ley de ingresos, la autorización al Ejecutivo para contratar nuevos créditos externos: que éste rindiera cuenta trimestral de la evolución de la deuda exter-

[168] *Diario de los debates de la Cámara de Diputados*, LV Legislatura, sesión 21 de noviembre de 1991, diario 10, pp. 20-75.

[169] *Diario de los debates de la Cámara de Diputados*, LV Legislatura, Dictamen de la Comisión de Programación y Presupuesto, 17 de diciembre de 1991, diario 22, pp. 2786-2798.

[170] *Diario de los debates de la Cámara de Diputados*, LV Legislatura, sesión 10 de diciembre de 1991, diario 17, pp. 2287-2303.

na y el carácter de las operaciones realizadas. Más aún, el PAN pidió que el Congreso aprobara los empréstitos que se contrataran en dicho periodo y propuso eliminar un pasaje de la iniciativa sujeto a interpretación en relación a cuáles eran los ingresos de la Federación, de los estados y de los municipios. Todos los cambios se desecharon.[171]

El PARM y el PRD criticaron duramente el dictamen del presupuesto de egresos para 1992. El PRD comenzó por un punto: que se convocaran "a audiencias públicas de consulta sobre el presupuesto, a representantes de los poderes municipales y estatales de cada estado de la Federación" en los próximos periodos de discusión. El PARM presentó otro punto de acuerdo: designar una comisión legislativa plural del Congreso de la Unión" que, "en carácter de observadores, intervengan en cada uno de los trámites y materialización de los créditos externos y renegociaciones futuras de dicha deuda externa". Ambas propuestas se desecharon. Crítico fue también el PAN, mientras que el PRI, PFCRN y el PPS apoyaron.[172]

La votación de la ley de ingresos resultó en 270 votos en favor y 35 en contra, en lo general y lo particular, por los artículos no impugnados. Los artículos impugnados se votaron 268 en favor de ser desechados, 36 en contra. El presupuesto de egresos obtuvo 279 votos en favor y 94 en contra, en lo general y en lo particular, por lo que se refiere a los artículos no impugnados. Los artículos impugnados fueron desechados por 291 en pro y 95 en contra. En el voto participaron entre 54 y 59% de los congresistas, lo cual nos indica un fuerte ausentismo, o bien algunos se salieron en el momento de la votación. Además, no votaron ni siquiera todos los diputados del PRI, que eran 320. Nuestra hipótesis es que siendo el PAN contrario a la ley de ingresos, en especial a la miscelánea fiscal, en el momento de la votación se salieron del recinto, con lo cual los aproximados 90 votos en contra pudieran ser del PRD, PARM más algunos del PAN.

[171] *Op. cit.*, pp. 2307-2324.

[172] *Diario de los debates de la Cámara de Diputados*, LV Legislatura, sesión 19 de diciembre de 1991, diario 23, pp. 3122-3190.

El optimismo económico del año de 1991, cobra un tono menor en 1992. Los signos negativos del contexto internacional "recesivo y de incertidumbre" se reflejaron en la iniciativa de ley de ingresos y en el presupuesto de egresos para el año 1993. Fue también en 1992 cuando se reunifican las funciones de las dos secretarías, la de Programación y Presupuesto en una sola encargada tanto de la definición del presupuesto como de la política fiscal, la de Hacienda y Crédito Público. Recordemos que su división databa de los años de 1970. En cambio, al interior del Congreso permanecieron y permanecen divididas las funciones entre las comisiones de Hacienda y Crédito Público y de Programación y Presupuesto.

El secretario de Hacienda expuso al Congreso las expectativas del desarrollo económico de México para 1993. Sostuvo que el PIB crecería a 2.7%, la inflación sería cercana a 11% y que habría un incremento en los salarios reales en la industria manufacturera. Aseguró que el superávit fiscal de 1993 aumentaría para alcanzar 3.4% del PIB. La recuperación económica dependería del éxito de la política tributaria, financiera y de la deuda pública en 1992, así como de los resultados de la desincorporación de la Banca y de las paraestatales. Con base en estos elementos enunció los criterios generales de política económica para 1993. Los sintetizó en cuatro puntos: la reducción de la inflación a un solo dígito, la expansión del empleo, profundizar las reformas institucionales estructurales y promover el desarrollo social. También los objetivos de la política tributaria fueron, en lo esencial, los mismos del año anterior: estabilizar el sistema tributario, fortalecer la recaudación sin crear nuevos impuestos y mantener la competitividad del sistema fiscal respecto al extranjero con el fin de promover la inversión.

La política de gasto público no debía alterar el equilibrio entre ingreso y gasto federal. Dijo que el gasto se destinaría al desarrollo social y a fortalecer la infraestructura económica y social. Las erogaciones públicas se ejercerían con selectividad, eficiencia y la más estricta disciplina presupuestal. De allí que el gasto total sería de 275.5 mil millones de nuevos pesos, menor en términos reales (0.4%) respecto al de 1992, mientras el gasto programable, de 202.3 mil millones de nuevos pesos para 1993, tendría un incremento real de 4.1% respecto al del año precedente.[173]

Como en años anteriores, las palabras del secretario de Hacienda y Crédito Público dieron origen a un amplio debate. El diputado Fauzi Hamdan Amad (PAN) habló de la necesidad de reformar el sistema de coordinación fiscal, continuar el combate a la inflación, aumentar el deslizamiento del peso frente al dólar, derogar el impuesto al activo de las empresas, profundizar la desregulación en materia administrativa y de los apoyos de la banca de desarrollo, y de la creación de programas de capacitación reales y efectivos. Diputados del PARM criticaron la confiabilidad de las estadísticas económicas del gobierno, y el PRD el insuficiente gasto social. Hubo un debate interesante entre el diputado Daniel de la Garza Gutiérrez (PAN) y el secretario de Hacienda sobre el federalismo fiscal vinculado a la necesidad de revisar los mecanismos del gasto federal en el plano territorial; es decir, redefinir los criterios de transferencia de recursos federales a los estados y los municipios.[174]

El dictamen de la Comisión de Hacienda se refirió al del año anterior, donde en reuniones con los senadores se introdujeron algunas correcciones a la iniciativa del Ejecutivo. Las más significativas fueron: la tasa de interés en los pagos programados de crédito fiscal; límites claros a la autorización dada a la Secretaría de Hacienda para fijar o modificar el destino de bienes de dominio público; límites al estímulo al comercio exterior y a las cajas de ahorro y sociedades de ahorro y préstamo.[175] La iniciativa de presupuesto de egresos la dictaminó la Comisión de Programación y Presupuesto conforme a la modalidad de la ley de ingreso. El dictamen se limitó a recomendaciones al Ejecutivo, sin modi-

[173] *Diario de los debates de la Cámara de Diputados*, LV Legislatura, Presentación de la iniciativa de ley de ingresos y del presupuesto de egreso para 1993, diario 6, pp. 44-58.

[174] *Diario de los Debates de la Cámara de Diputados*, LV Legislatura, sesión 17 de noviembre de 1992, diario 8, pp. 34-98.

[175] *Diario de los Debates de la Cámara de Diputados*, LV Legislatura, Dictamen de la Comisión de Hacienda 7 de diciembre de 1992, diario 19, pp. 1398-1402.

ficar el texto de la iniciativa. La Comisión recomendó que se proporcionara mayor información al Congreso acerca del ramo 23, de las erogaciones no sectorializables. Encomió a continuar el proceso de descentralización en beneficio de un desarrollo regional más equilibrado. Sugirió que el intercambio de ideas con el secretario de Hacienda se hiciera con anterioridad a la presentación de las iniciativas.[176]

El debate más consistente fue en torno al presupuesto de egresos para 1993. Se escuchó de nuevo la propuesta de mayor participación del Congreso en materia de presupuesto. El PARM expuso un tema esencial: la debilidad estructural del Legislativo al no contar las comisiones de Hacienda y de Programación con investigación autónoma y depender de la Secretaría de Hacienda y Crédito Público. La mayoría reconocía este problema como fundamental. Otro concepto ampliamente compartido fue el del superávit fiscal ante la estrechez del gasto productivo.[177] Todos los grupos parlamentarios, con excepción del PRI, criticaron el concepto de un presupuesto con superávit y la gestión del gasto federal. El más crítico en relación con el presupuesto con superávit fue el PRD. Su argumento fue que en un país con fuertes rezagos sociales, el superávit debía invertirse en gasto social. El PAN tampoco estuvo conforme con una política de presupuesto con superávit. Su crítica fue que debía destinarse a transferencias a los estados y los municipios para el desarrollo de un federalismo fiscal. El Programa Nacional de Solidaridad lo rechazaron por ser un programa clientelar, para "capitalizar políticamente al partido oficial". Tampoco en el PRI hubo consenso unánime hacia la política de presupuesto del gobierno. La diputación campesina del PRI presentó una reforma al artículo 2 del presupuesto con el fin de aumentar las asignaciones para agricultura y recursos hidráulicos.[178]

[176] *Diario de los Debates de la Cámara de Diputados*, LV Legislatura, Dictamen de la Comisión de Programación y Presupuesto, 14 de diciembre de 1992, diario 19, pp. 1946-1955.

[177] Respecto al superávit fiscal como mecanismo de control de la inflación, véase el capítulo V, p. 198.

[178] *Diario de los Debates de la Cámara de Diputados*, LV Legislatura, sesión del 15 de diciembre de 1992, diario 20, pp. 2111-2221.

El amplio debate condujo a distintas propuestas. El PAN a un presupuesto alternativo, que se desechó, pero se aprobó la idea de reorganizar las transferencias federales a estados y municipios. El PARM modificó poco: que los nuevos proyectos de las dependencias y entidades iniciaran con una garantía de recursos disponibles, que se aprobó. En cambio, se desechó la propuesta en las erogaciones no sectorizables, el incremento en las asignaciones a la seguridad social y la asignación del superávit fiscal a la amortización de la deuda pública. El PRI pidió un aumento en la partida destinada a la agricultura y para restaurar el Palacio Legislativo de San Lázaro. Ambas se aprobaron. El PRD propuso aumentar la asignación para educación en los estados y municipios, en desarrollo urbano, ecología y agua potable y destinar el superávit para amortizar la deuda pública, mayor gasto en agricultura y seguridad social. Todo se desechó.[179]

La votación de la ley de ingresos para 1993 fue: 291 votos en favor y 93 en contra. El presupuesto de egresos se aprobó, en lo general, por 283 votos en favor y 69 en contra. Estos resultados indican que persistía la tendencia a la abstención o ausentismo, ya presente al inicio de la LV Legislatura. En las votaciones participan poco más de la mitad de los diputados. De nuevo se nota que los congresistas se salen en el momento de la votación y que en la votación no participan ni siquiera todos los diputados del PRI, que eran 320.

En ocasión de la presentación de las iniciativas de ley de ingresos y de presupuesto de egresos para 1994, el secretario de Hacienda, Pedro Aspe, sostuvo que gracias a los "esfuerzos de los últimos años, hoy contamos con los elementos para plantearnos con realismo y congruencia metas alentadoras en los terrenos de la estabilización económica, el cambio estructural y el incremento del bienestar social". De allí que las metas de la política económica para 1994 fueran: reducir a 5% el crecimiento de los precios, una firme reactivación de la economía mediante un crecimiento equilibrado de la oferta y la demanda agregada para alcanzar una tasa de crecimiento de 3%. El titular de Ha-

[179] *Ibid.*

cienda afirmó que la ley de ingresos y el presupuesto de egresos eran los instrumentos básicos para alcanzar las metas económicas.[180]

Los planteamientos del secretario de Hacienda fueron seriamente cuestionados. Comenzó el diputado del PRD Gilberto Rincón Gallardo por criticar el uso discrecional que podía hacer el Ejecutivo de algunos ramos del presupuesto, en especial el del Programa Nacional de Solidaridad. El tema lo suscribió el diputado José Antonio Gómez Urquiza (PAN). Otros diputados del PRD expusieron los problemas de la pobreza extrema en el país y que el sector financiero venía agravando.[181]

Los dictámenes de la ley de ingresos que elaboró la Comisión de Hacienda, y del presupuesto de egresos, por la Comisión de Programación y Presupuesto, en trabajo conjunto con senadores, no introducen cambios sustanciales, son tan sólo de forma.[182]

En el curso del corto debate en torno a la ley de ingresos el diputado Jorge Alfonso Calderón Salazar (PRD) expuso "una tesis que ya elaboramos en torno a la discusión de la ley de ingresos de la Federación, a finales de los años de 1991 y 1992: que se examinen de manera integral y vinculatoria las políticas de ingreso y de gasto. Que se estudien de manera unificada, dado que ambos aspectos presupuestales son una moneda con dos caras, y en el marco de nuestra discusión como Cámara de Diputados, estos dos elementos están separados en diferentes comisiones e incluso en días distintos y análisis diferentes que se hacen sobre Ley de ingresos y Presupuesto de Egresos".[183] De nuevo aparece

[180] *Diario de los Debates de la Cámara de Diputados*, LV Legislatura, Presentación de la iniciativa de ley de ingresos y del presupuesto de egresos de la Federación para 1994, 15 de noviembre de 1993, diario 6, pp. 300-310.

[181] *Diario de los debates de la Cámara de Diputados*, LV Legislatura, sesión 22 de diciembre de 1993, diario 10, pp. 723-792.

[182] *Diario de los debates de la Cámara de Diputados*, LV Legislatura, Dictamen de la Comisión de Hacienda, 13 de diciembre de 1993, diario 20, pp. 2314-2319 y Dictamen de la Comisión de Programación y Presupuesto, 17 de diciembre de 1993, en *op. cit.*, diario 24, pp. 2984-2996.

[183] *Diario de los debates de la Cámara de Diputados*, LV Legislatura, sesión 13 de diciembre de 1993, diario 20, pp. 2332-2352.

el problema de la división de funciones en el seno del Congreso de las comisiones de Programación y Presupuesto y de Hacienda. El mismo tipo de objeción hacían los senadores en reunión bicameral pues por ley no podían examinar el ingreso, que era facultad exclusiva de la Cámara de Diputados, y se les pedía en cambio valorar el egreso.[184]

El debate sobre el dictamen y el presupuesto de egresos para 1994 por vez primera expresa una crítica a la partida 8100 del gasto discrecional del Ejecutivo. El diputado Jorge Calderón Salazar (PRD) dijo que su grupo parlamentario "no estaba de acuerdo con esta partida, pensamos que debiera establecerse con precisión y claridad en la partida titulada, Presidencia de la República, todos los gastos que requiere el Presidente para su ejercicio". También el PRD, por boca del diputado Enrique Rico, sostuvo que "descentralizar y reducir la discrecionalidad del Ejecutivo en el ejercicio del gasto público son elementos que ayudan a fortalecer la soberanía popular y la de los estados y municipios de la República". En nombre del PAN, el diputado Arturo Torres del Valle sostuvo que "el presupuesto en sí es difuso y confuso, o sea, superabundante en palabras, y dudoso", esto se hacía más notorio en el modo como se inscribían en el presupuesto las partidas relativas a Procampo, Solidaridad. Por ello el PAN solicitó numerosas veces que los diputados pudieran ir revisando el presupuesto durante su elaboración por parte de la Secretaría de Hacienda.[185]

La larga intervención del diputado del PAN produjo una réplica de la diputada Laura Alicia Garza Galindo (PRI) en defensa de los trabajos de la Comisión. Señaló la colaboración de la Secretaría de Hacienda, la información necesaria que les proporcionó para los trabajos de la Comisión, el tipo de análisis hecho para cada programa. Terminó con una defensa del rubro de erogaciones no sectorizables. El debate concluyó por centrarse en dos temas: que la Cámara de Diputados debería ejercer un control

[184] ACD.CHCP. Sesiones bicamerales.

[185] *Diario de los debates de la Cámara de Diputados*, LV Legislatura, sesión 17 de diciembre de 1993, diario 24, pp. 3010-3057.

real en la aprobación y el ejercicio del presupuesto, y en la necesidad de una mejor relación en materia de presupuesto entre el gobierno y la Cámara de Diputados y en la necesidad de analizar conjuntamente ingreso y gasto.[186]

En el curso del debate, el PAN presentó un proyecto alternativo de presupuesto que se votó artículo por artículo. Se aprobó la aplicación de las erogaciones adicionales al gasto social y el cambio que propuso el PFCRN en relación con los intereses y comisiones de las entidades paraestatales y su desincorporación. Lo mismo ocurrió con la propuesta del PRI de aumentar los recursos para las obras del Palacio Legislativo. Se desecharon todas las propuestas del PRD que implicaban *de facto* un rechazo completo del presupuesto del gobierno.[187]

La ley de ingresos se aprobó por 245 votos en favor, 20 en contra y 62 abstenciones. La del presupuesto de egresos por 293 votos en favor y 96 en contra. De nuevo aparecen las abstenciones; unas por la decisión del PAN de abstenerse en la votación de la ley de ingresos. Ésta es una señal importante porque indica que el acuerdo PRI-PAN —que permitió la aprobación de las reformas estructurales de la economía—, o se debilitó o terminó en víspera de la próxima elección presidencial.

7. La LVI Legislatura: emergencia económica

A partir de diciembre de 1994 la economía mexicana entró en una fase de crisis severa. La inmediata, drástica reversión del flujo de capitales netos provenientes del extranjero, que ocurrió a fines de 1994 e inicios de 1995, se sumó a la fuerte devaluación del peso. Se impuso un severo ajuste de la economía mexicana.

En efecto, en el segundo trimestre de 1994 el PIB tuvo una tasa de crecimiento superior a 4.5%, por lo menos el doble al de los trimestres previos a 1992. Para 1995, hubo leve tasa negativa de –0.5% en el primer trimestre, que se agudizó en el segundo

[186] *Ibid.*

[187] *Op. cit.*, pp. 3058-3075.

–10.5%, tercero –9.6% y cuarto trimestre –6.6%. La tasa media para 1995 fue de –6.9 por ciento.

Según el Banco de México la crisis obedeció al endeudamiento de empresas y familias con el sistema financiero nacional que incrementó considerablemente entre 1989 y 1994. Las empresas recurrieron además a instituciones financieras extranjeras con el fin de obtener créditos. Este enorme endeudamiento, del sector privado, fue la diferencia entre la recesión de 1995 y las del pasado, cuando los problemas emergían por efecto del endeudamiento del sector público.[188]

Una idea de los efectos de la recesión se obtiene de observar que la reducción combinada del ingreso de las empresas y de los salarios reales contrajo el consumo total en 1995 de 11.7%, como consecuencia de la baja el consumo privado (–12.9%) y del gasto público (–4.1%). Al mismo tiempo la formación de capital, un objetivo prioritario de la política económica desde 1982, disminuyó en 30.9% en 1995; la caída más pronunciada en 15 años. La inversión pública se redujo en 18.9% y la única componente de la demanda agregada que mostró un comportamiento positivo fue la exportación de bienes y servicios que creció 28.4%. Este crecimiento se debió a las reformas de los años 1980-1990, que generaron una economía abierta para los productos y servicios mexicanos, que aprovechó al máximo los beneficios de la fuerte devaluación del peso en relación al dólar.[189]

En un contexto recesivo, la prioridad del gobierno fue la política monetaria. Se buscó contener los efectos inflacionarios de la devaluación y evitar que se creara un círculo vicioso entre devaluación e inflación. La política de estabilización monetaria fue posible debido a la creciente autonomía del Banco de México desde 1993. Ésta permitió adoptar un régimen de libre flotación de la tasa de cambio y limitar el crecimiento del crédito al imponerse un estricto límite.[190] Las finanzas públicas también se encauzaron a incrementar el ahorro público y a enfrentar la baja de

[188] Banco de México, *The Mexican Economy 1996*, *op. cit.*, pp. 12-13.

[189] *Op. cit.*, pp. 14-16.

[190] Véase el capítulo v, parte 3.

flujos de capital externos, con el fin de lograr un superávit primario equivalente a 5.6% del PIB.[191]

Con el fin de superar la emergencia económica, el gobierno tuvo que revisar su política de presupuesto en dos puntos: la política de deuda pública y la política de ingresos. Con este fin cursó iniciativas de reforma de la ley de ingresos del ejercicio 1995 aprobado antes de la crisis. En enero de 1995 el Poder Ejecutivo envió una iniciativa a la Cámara de Diputados de reforma del artículo 2 de la ley de ingresos, para autorización del Congreso de contraer nuevos empréstitos en el exterior. En la iniciativa se reseñaban las transformaciones, se señala que entre 1987 y 1994, la inflación en México se redujo a un nivel cercano al de los países desarrollados, se alentó la competencia con el exterior y se modernizó la intervención del Estado en la economía. Como resultado, la productividad y la competitividad del país se incrementaron, los índices de productividad en muchas ramas de la economía crecieron. La reducción de la inflación entre 1987 y 1994 se debió al saneamiento de las finanzas públicas y el tipo de cambio que redujo los aumentos en precios. Se reiteró que el saneamiento de las finanzas era un requisito para reducir la inflación de manera permanente. Después de señalar las líneas de continuidad se pasó a señalar los problemas. Se dijo que el uso de la política cambiaria para reducir la inflación condujo a la apreciación del tipo de cambio real, en consecuencia, creció el déficit en la balanza de pagos y al continuar el proceso, el déficit de la cuenta corriente aumentó hasta alcanzar casi 8% del producto de 1994. El análisis concluía con el argumento siguiente: "hasta principios de 1994, el país no tuvo dificultad para financiar su déficit de la cuenta corriente de la balanza de pagos [hasta que] las condiciones que permitían el financiamiento de un elevado déficit de la cuenta corriente se revirtieron" por el aumento de las tasas de interés en los países exportadores de capital lo cual se reflejó en una reducción del flujo de capitales. Todo esto condujo a la devaluación.[192]

[191] *The Mexican Economy, op. cit.*, pp. 34-38 y 73-76.

[192] *Diario de los debates de la Cámara de Diputados*, LVI Legislatura, Iniciativa del Ejecutivo federal, 16 de enero de 1995, pp. 141-145.

La exposición de motivos señala que se necesitaba un ajuste de la economía para evitar que la devaluación originara una espiral inflacionaria entre tipo de cambio, precios y salarios; y recuperar a la brevedad posible la estabilidad en los mercados financieros. El gobierno negociaba ya recursos externos para hacer frente a las obligaciones financieras ofreciendo también "a los inversionistas condiciones de certidumbre". El fondo de estabilización de 18 000 millones de dólares se obtuvo de los bancos centrales de Estados Unidos y Canadá, del Banco de Pagos Internacionales (BIRD) con la garantía de bancos centrales de esa institución y de la banca internacional. En el marco del acuerdo financiero de América del Norte, se negociaba "un esquema de garantías de crédito por un monto que fluctuaría entre 25 000 y 40 000 millones de dólares".[193]

El Ejecutivo federal propuso adecuar el límite de endeudamiento neto externo a las nuevas condiciones económicas, se tuvo presente que el monto autorizado para 1995 era de 5 000 millones de dólares. Propuso también reformar la misma ley de ingresos a fin de reducir la deuda a corto plazo conocida como Tesobonos. Si bien formalmente ésta era deuda interna, sus características la asimilaban a la deuda externa porque permitían al tenedor adquirir divisas sin riesgo cambiario alguno.[194]

Como puede verse en el cuadro VII.1, los Tesobonos representaban más de la mitad del total de la deuda interna y exactamente 14.7% de la deuda pública total de México. El secretario de Hacienda, Guillermo Ortiz, se hizo cargo de esta situación, sostuvo en ocasión de la presentación de la reforma de la ley de ingresos del año 1995 que "es muy importante distinguir en la estrategia económica seguida en los últimos años, aquellos componentes que no funcionaron, pero que representan una herencia positiva, sobre la cual habremos de construir el futuro". Entre los componentes que no funcionaron se encuentra el papel de sustitución de ahorro interno asignado al capital extranjero volátil, de corto plazo. La sustitución que el gobierno propuso de

[193] *Ibid.*
[194] *Ibid.*

CUADRO VII.1. *Estructura de la deuda pública por valores de financiamiento*
(Saldo al 31 de diciembre de 1994)

Interna[a]		*Externa*[b]	
Cetes	38 562.0	Restructurada (1989-1990)	51 164.2
Bondes	8 290.0	No restructurada[c]	6 635.7
Tesobonos	91 717.0[d]	Bonos Colocados	12 782.9
Ajustabonos	29 294.4	De organismos internac. Bilaterales[e]	17 447.7
Total	167 853.3		85 435.8

FUENTE: Comunicación de la Secretaría de Hacienda a la Comisión de Hacienda, sin fecha, Archivo Cámara de Diputados, Comisión de Hacienda y Crédito Público, LVI Legislatura.

[a] Millones de nuevos pesos.

[b] Millones de dólares.

[c] Menor a un año.

[d] Monto en posesión del público.

[e] Deuda largo plazo con Banco Mundial y BID.

los Tesobonos no implicaba ningún aumento de la deuda pública total.[195]

Antes de iniciar el debate, el diputado Francisco Suárez Dávila leyó, en su calidad de presidente de la Comisión de Hacienda, un acuerdo de todos los grupos parlamentarios que en caso de que la contratación de créditos o emisión de valores en el exterior se hiciera con la garantía de un gobierno extranjero [subentendido el gobierno norteamericano] oportunamente el Congreso de la Unión [con base en la Constitución] conocerá acerca de los condicionamientos correspondientes, a efecto de someterlo a su aprobación. Esta toma de posición dijo, tiene como fin reintegrar al "Congreso de la Unión en el pleno ejercicio de sus facultades constitucionales en materia de endeudamiento externo".[196]

El acuerdo de todos los grupos parlamentarios en la Cámara refleja que el problema del endeudamiento y de la reconversión

[195] *Diario de los debates de la Cámara de Diputados*, LVI Presentación de la iniciativa de reforma de la ley de ingresos para 1995, 23 de enero de 1995, páginas 90-96.

[196] *Ibid.*

de los Tesobonos no fue sólo económico sino político. En el plano político cada partido defendió la necesidad de todos de restaurar, restituir las plenas facultades al Poder Legislativo. Reconocían los avances de los últimos cinco lustros pero el momento crítico los obligaba a cautela y responsabilidad. Unos intervinieron para ratificar sus posiciones en materia económica pero en la mayoría creció la convicción de que no podían reducirse a ser comisión revisora sino debían rescatar su papel de legisladores.

El diputado Joaquín Humberto Vela González del PT planteó la necesidad de corregir los errores del pasado y pidió que el acuerdo de unidad para superar la emergencia económica, "distribuya equitativamente los costos para luchar por superar la crisis financiera".[197] El diputado Saúl Alfonso Escobar Toledo (PRD) anunció que su partido votaría en contra pidiendo un cambio radical en la política económica del gobierno. Lo mismo asentó el diputado Juan Antonio García Villa (PAN). El diputado Francisco Suárez Dávila (PRI), presidente de la Comisión, intervino fundamentalmente para solicitar que se apoyaran los créditos solicitados por el gobierno.[198]

Las versiones estenográficas de la Comisión de Hacienda nos dan una idea de la concertación entre los partidos en el seno de la Comisión. En el predictamen del 24 de enero de 1995, la Comisión se dedicó a autorizar la deuda interna. La primera propuesta fue que la autorización no implicara endeudamiento neto adicional para el gobierno federal en el ejercicio fiscal de 1995 superior a 50% de la deuda total. Luego de mucho discutir se puso como límite el 15% al endeudamiento neto interno adicional.[199]

El segundo problema fue el canje y el refinanciamiento de los Tesobonos con característica de deuda externa. La iniciativa proponía llanamente su reabsorción. La Comisión discutió dos hipótesis, una de 29 000 millones de dólares y otra de 26 500 millones de dólares, la última se aprobó.

[197] *Op. cit.*, pp. 80-82.

[198] *op. cit.*, pp. 82-90.

[199] Decreto de reforma de la ley de ingresos de la Federación para el ejercicio fiscal de 1995, 16 de enero de 1995, ACD.CHCP, LVI Legislatura, Carpeta 03.

El tercer asunto fue la adición del párrafo acordado por todos los partidos políticos. Que el Congreso tuviera conocimiento de las condiciones en que se contratara crédito con garantía de un gobierno extranjero. Este párrafo no aparece en el dictamen, no obstante que fue ampliamente discutido y aprobado en comisión. El texto definitivo del dictamen lo firmó el presidente de la Comisión y 14 diputados del PRI, no lo firmaron dos diputados del PRI, seis del PAN y cuatro del PRD. Firmó, en contra, el diputado del PT.[200]

Luego de un debate en aula en esencia para reafirmar posiciones por parte de los partidos políticos, el dictamen y la iniciativa de reforma de la ley de ingresos para 1995 se aprobó por 381 votos en favor y 58 en contra. Aquí volvió a surgir el tema de las condiciones para suscribir deuda y se incorporó el párrafo relativo al eventual condicionamiento político derivado de créditos con aval de un gobierno extranjero. Votaron 419 diputados, 11 se abstuvieron y sólo nueve votaron en contra. La reforma pasó al Senado para su aprobación y luego se promulgó el 14 de febrero de 1995.[201]

En virtud de la reforma del artículo 2 de la ley de ingresos, la Cámara de Diputados tomó conocimiento de los acuerdos suscritos para la estabilización de la economía mexicana, conoció el acuerdo marco y el esquema de ingresos petroleros, el acuerdo de estabilización de mediano plazo y el acuerdo para la emisión de valores que involucraban garantías de gobiernos extranjeros sobre los créditos.

La Comisión propuso al Pleno cambios de carácter financiero y aprobar los préstamos, pues dijo que "en estos acuerdos no existe ningún condicionamiento de carácter político". La Comisión pidió que a cambio del apoyo al gobierno éste informara periódicamente al Poder Legislativo acerca de los acuerdos

[200] *Ibid.*

[201] *Diario de los debates de la Cámara de Diputados*, LVI Legislatura, sesión 26 de enero de 1995, pp. 170 ss.

de cambios en las políticas económicas y de la evolución de la deuda".[202]

La votación fue amplia en favor de reformar la ley de ingresos para 1995. Esto indica que, frente a la emergencia económica, la vasta mayoría de los partidos sostuvo al gobierno.

La discusión en torno al incremento del IVA de 10 a 15% fue más traumática. La iniciativa la envió el Poder Ejecutivo a la Cámara de Diputados el mes de marzo de 1995. Se establecía que era imprescindible aumentar el ingreso del Estado y reducir más el gasto público por lo que se solicitaba aumentar el IVA a 15% y modificar la ley de impuesto sobre la renta en materia de depreciación acelerada y bonificación fiscal a los trabajadores con ingresos entre dos y cuatro salarios mínimos.[203]

El trabajo en comisión fue tenso. El aumento del IVA a 15% se aprobó. A cambio se logró la bonificación fiscal a los trabajadores que percibían de uno a dos salarios mínimos; disminuyó de 3 a 2% la tasa de descuento sobre el monto original de la inversión exenta de impuestos a titulares de cuentas de ahorro; se incrementó el deducible de 46 000 a 90 000 nuevos pesos de las cuentas personales de ahorro; se mantuvo la tasa de 10% al IVA en la región fronteriza y, se eliminó la exigencia para el pequeño comercio de contar con máquinas registradoras. Las versiones estenográficas de la Comisión muestran que los más activos en introducir cambios fueron los diputados del PAN. Al igual que la reforma de la ley de ingresos para 1995, también la reforma del IVA y del impuesto a la renta se aprobó por la Cámara de Diputados el 16 de marzo de 1995, enseguida pasó al Senado y se promulgó el 15 de diciembre de 1995 y entró en vigor el 1º de enero de 1996.[204]

[202] Dictamen de la Comisión de Hacienda y Crédito Público, febrero de 1995, ACD.CHCP, LVI Legislatura, sin clasificar.

[203] Todo el material relativo al IVA y a la reforma del impuesto a la renta se encuentra en ACD.CHCP, LVI Legislatura, sin catalogar. Iniciativa, dictamen y debate en *Diario de los debates de la Cámara de Diputados*, LVI Legislatura, consultada vía internet (www.cddhcu.gob.mx).

[204] *Diario Oficial de la Federación*, 15 de diciembre de 1995.

8. Conclusión: balance general

El estudio de la política de presupuesto del periodo 1982-1995, abraza cinco legislaturas del Congreso de la Unión. Destacamos lo económico y los signos políticos. La política de presupuesto fue la resultante de tres fuerzas: *a)* de la dinámica en el ámbito político-económico; *b)* de las relaciones que se establecen entre gobierno y Congreso de la Unión, y *c)* de la dinámica interna entre el PRI y los partidos de oposición en el Congreso.

El análisis hizo hincapié en los arreglos institucionales en el Congreso y su objetivo político. Es decir que todos los partidos, incluida la oposición, respeten el presupuesto de egreso y la ley de ingresos y colaboren a definirla aunque no la aprueben. En última instancia, tratamos de comprender la lógica política que empuja a los partidos a cooperar con el gobierno en la definición de la política de presupuesto.

El seguimiento anual del periodo 1982-1995, de los procesos legislativos de 12 presupuestos permitió discernir que: el trabajo legislativo se divide entre la actividad en comisión y en el partido. En comisión el diputado o senador en la medida de su especialidad aumenta su eficiencia y eficacia. En el partido debe coordinar el interés específico con el general. En consecuencia al reforzarse la importancia de las comisiones de Hacienda y de Presupuesto a partir de la LIII Legislatura, la vida partidaria de los congresistas también se vigorizó dada la disputa en torno a las alternativas para la Nación. Posiciones partidarias más informadas y firmes retroalimentaron al Congreso y se reflejaron en su mayor autonomía y poder.

Al inicio de la LII Legislatura (1982) esta característica era aún incipiente. El representante parecía actuar a título personal o por indicación externa al Congreso y en calidad de revisor, no de legislador. La naciente autonomía despuntó en 1983 para repetirse de modo intermitente. Los hitos del proceso —vistos a través de la definición de la política de presupuesto— fueron en 1983 el derecho a la información, en 1985 la oposición demandó información precisa acerca de los montos del endeudamiento externo y mayor control sobre las paraestatales mediante el presupuesto federal. El proceso se aceleró durante la LIV Legislatura cuando el PMT presentó, por vez primera en la historia parlamentaria de México, un proyecto alternativo de presupuesto. En cambio el PRI abandonó sus prácticas consensuales y se aisló por casi cuatro años, entre 1986 y 1990. Fue en 1991 cuando comenzó su fase de apertura con sus acuerdos con el PAN, que se transformaron en una coalición política de sostén al gobierno. La última legislatura estudiada muestra un partido en el gobierno (PRI) que busca coaligarse sobre puntos precisos con otros partidos, la finalidad es bastante pragmática: lograr aprobar las principales leyes hacendarias.

Los hitos de este proceso, de encuentro y desencuentro, en los trabajos parlamentarios nos habla de lo importante de los arreglos institucionales en la definición de la política de presupuesto. También nos dice hasta qué punto es válida la idea, expuesta en su tiempo por Condorcet, que el desequilibrio es la característica básica de la política incluso bajo un sistema presidencial fuerte como es el mexicano.

El cambio que caracteriza la política de presupuesto entre 1982 y 1995 no atentó contra la estabilidad del presidencialismo. En cambio alentó a que el Congreso se convirtiera en un factor adicional de estabilidad de la política económica. Los procedimientos parlamentarios, denominados prácticas parlamentarias, desempeñan un papel importante en la estabilidad, lo que explica su constante evolución. Empiezan por ser espontáneos, con intervenciones en favor o en contra de la iniciativa presidencial, luego se convierten en *praxis* bajo la forma de sesiones-conferencia de las comisiones bicamerales. La participación más reciente, de expertos externos provenientes incluso del mundo universitario, muestra otro avance. El resultado es que las comisiones se convirtieron en un mecanismo institucional que mostró gran capacidad de mediación entre el gobierno y la oposición, así como entre el gobierno y el partido de mayoría.

El desenvolvimiento y ejercicio de las facultades constitucionales del Congreso depende en buena medida de la continuidad de sus miembros. Un porcentaje de los congresistas que permanecen transmiten a los recién electos un conocimiento no escrito —pero muy valioso— el conjunto de prácticas y procedimientos que se desarrollaron en las legislaturas previas. Es cierto que la Cámara de Diputados se renueva totalmente, pero un porcentaje de diputados suplentes, se convierten en titulares, otros vienen de los congresos estatales y otros fueron ya senadores. Son estos legisladores, que fluctúan entre 15 y 25% del total los que confieren la base de continuidad y estabilidad a las distintas legislaturas. Representan estos congresistas, por así decir, un *quantum* de experiencia y conocimientos que se transmiten de modo consuetudinario. A título indicativo esta transmisión de conocimientos se representa en el cuadro siguiente que nos proporciona el porcentaje de diputados de cada legislatura con una experiencia previa.

Es indudable que la transmisión de esa cultura adquirida permite instruir a los nuevos en un saber parlamentario imposible de medir, pero de gran importancia política y cualitativa. Si pudiéramos cruzar la información relativa a esa experiencia como parlamentarios con la que pudieran haber adquirido en sus cargos en las secretarías económicas, notaríamos que es un saber político altamente especializado. Muchos miembros del Congreso fueron antes oficial mayor, asesores, subsecretarios, etc., de la Secretaría de Hacienda o de la de Programación y otros llegan con un saber profesional amplio.

De poco sirve saber el porcentaje de votos con el que se aprueban los presupuestos de egresos y la ley de ingresos pues de la información que hemos recogido emerge que muchos diputados salen del aula en el momento de la votación.[205] Resulta que ni votan en favor, ni en contra y tampoco se abstienen. Un ejemplo son las votaciones del presupuesto durante el periodo de coalición PRI-PAN entre 1991 y 1994, periodo en el cual los dipu-

[205] Se pueden ver en Ugalde, *Los aspectos legislativos, op. cit.*, p. 80.

CUADRO VII.2. *Diputados con experiencia previa en la Cámara, 1982-1997*

Legislatura	*Porcentaje*
1982-1985	13.9
1985-1988	22.0
1989-1991	21.6
1991-1994	16.9
1994-1997	18.0

FUENTE: Luis Carlos Ugalde, "Los aspectos legislativos del gasto público en México, 1970-1996", *Perfiles Latinoamericanos*, núm. 10, 1997, p. 91.

tados del PAN votaban "conforme conciencia", alejándose del aula en el momento de la votación. Hemos en cambio visto cómo en el trabajo de comisión, y por tanto en el dictamen que se elabora, se aceptan sugerencias de los opositores y de diputados del gobierno y mucho de lo discutido se integra en el curso de la redacción del dictamen. Ocurre también que los diputados que han aportado sugerencias, introducido cambios, no votan en favor del dictamen en el Pleno, incluso lo objetan o simplemente se salen del aula.

Con todo, un hecho es claro: el constante reforzamiento de las facultades del Congreso. No obstante que la valoración del Congreso se hubiera originado en la voluntad reformadora del Ejecutivo, el proceso dependió de la acción desplegada por el Congreso y el nuevo papel que asumieron los partidos políticos, las organizaciones intermedias de la sociedad (juntas de vecinos, asociaciones, mutualidades, etc.) y, en última instancia la ciudadanía que comprendió que podía rescatar y acrecentar sus derechos políticos. Se comprende así el por qué hoy día notamos que también en nuestro país, sin renunciar al presidencialismo, el Congreso sea un real poder constitucional tanto que hoy día la política de presupuesto y el control sobre la misma no es ya, como en el reciente pasado, una exclusiva prerrogativa del Ejecutivo.

En el cuadro VII.3 es posible observar el recorrido de los cambios. Son evidentes varios hechos: el fenómeno de aceleración en

CUADRO VII.3. *Modificaciones en el presupuesto de egresos y a la ley de ingresos introducidos por las comisiones de Hacienda y de Programación y Presupuesto de la Cámara de Diputados, 1983-1995*

Año	*Egresos*		*Ingresos*	
	Modificación	*Recomendación*	*Modificación*	*Recomendación*
1983			IVA, exenciones a la canasta básica	
1984	Creación partida para recuperación económica Nuevas paraestatales conglobadas en el presupuesto	Mejorar información Déficit público no debe exceder 5.5% del PIB		
1985	Nuevas paraestatales conglobadas en el presupuesto	Mejorar información		Mejorar información Control sobre las autorizaciones de endeudamiento externo
1986			Revisión ingresos de Pemex	
1987				
1988	Reducción gasto corriente Incremento gasto social			Intensificar renegociación deuda externa
1989	Calendarización del gasto		Incremento ingresos destinados a inversión productiva	Fin práctica del "cheque en blanco a la Presidencia" (deuda externa)

1990	Modificación en criterios de privatización paraestatales	Reducir gasto no programable		Reducir endeudamiento externo
1991	Destinación ingresos Privatización para reducir deuda exterior Incremento presupuesto Poder Legislativo	Mejorar información	Nueva estimación de los ingresos	Reducir endeudamiento externo
1992	Incremento presupuesto Poder Legislativo Incremento a Fondo Empresas de Solidaridad Incremento presupuesto IFE Presupuesto Palacio Legislativo		Corrección ingresos fiscales de Pemex Normas precisas para deuda externa Simplificación fiscal para cajas de ahorro	
1993	Nuevos criterios de las transferencias federales a estados y municipios			Mejorar información
1994	Incremento gasto social	Reducir la partida del gasto discrecional del Presidente		
1995	Defensa gasto social		Endeudamiento externo	

FUENTE: C.D., *Diario de los Debates*, 1982-1995

el ejercicio real de las facultades constitucionales del Congreso, la incidencia cualitativa, antes que cuantitativa que desarrolló el Congreso en la definición de los egresos e ingresos federales. Por incidencia cualitativa entendemos que exigió mayor transparencia en el presupuesto y en su ejercicio.

El cuadro nos descubre también el motivo del recurrente conflicto entre Ejecutivo y Legislativo. En materia de asignación de presupuesto, la fricción gira en torno al monto del gasto total federal al definir el gasto social y en quién o cuál nivel de gobierno (federal, estatal o municipal) va a ejercer dicho gasto, proveer dichos servicios. De igual dimensión, sino es que más alta la sensibilidad, es el problema entre los poderes al definir el monto del gasto federal y el nivel de endeudamiento interno y sobre todo externo. El conflicto es transexenal y ha permitido que se agrupen los intereses legítimos de los diputados en favor del plan de gobierno del Ejecutivo, así como se han expresado los programas de otros partidos en el Congreso. El debate y polémica ha convertido la función institucional del Congreso en un evento vivo y al rescatar y ejercitar sus facultades constitucionales se ha convertido en el dinamizador de la vida democrática del país. De esta forma el Congreso ha ido recuperando el poder perdido a lo largo de medio siglo.

ANEXOS

ANEXO 1. COMISIONES PARLAMENTARIAS. LII-LVI LEGISLATURAS

CUADRO A1. *Coordinadores parlamentarios*

Legislatura	*Grupo parlamentario*	*Coordinador*	*Subcoordinador*
LII Legislatura	PAN	Bernardo Bátiz	
	PARM	i. o. f.	
	PDM	Ignacio Vital Jáuregui	
	PPS	Héctor Ramírez Cuéllar	
	PRI	i. o. f.	
	PSUM	Arnaldo Córdova	
LIII Legislatura	PAN	Jesús González Schmal	
	PARM	Carlos E. Cantú Rosas	
	PDM	Antonio Monsiváis Ramírez	Roberto Calderón Tinoco (suplente)
	PMT	Heberto Castillo Martínez	
	PRI	i. o. f.	
	PST	Graco Ramírez Garrido Abreu	Máximo de León Garza (subcoordinador)
LIV Legislatura	PAN	Abel Carlos Vicencio Tovar	
	PARM	Óscar Mauro Ramírez Ayala	Alberto Pérez Fontecha (subcoordinador)
	PMS	Pablo Gómez Álvarez	Jesús Ortega Martínez (vicecoordinador)
	PFCRN	Pedro René Etienne Llano	Roberto Jaramillo Flores (subcoordinador)

	PPS	Francisco Ortiz Mendoza	
	PRI	Guillermo Jiménez Morales	
	Corriente Democrática\PRD	Ignacio Castillo Mena	
LV Legislatura	PAN	Diego Fernández de Cevallos	
	PARM	Carlos E. Cantú Rosas	Adolfo Kunz Bolaños
	PFCRN	Alberto Marcos Carrillo Armenta	Israel González Arreguín y Manuel Terrazas Guerrero
	PPS	Cuauhtémoc Amezcua Dromundo	Martín Tavira Urióstegui
	PRD	Rosa Albina Garavito Elías	Gilberto Rincón Gallardo (vicecoordinador)
	PRI	Fernando Ortiz Arana	
LV Legislatura (3er año)	PAN	Gabriel Jiménez Rémus	
	PARM	Servando A. Hernández Camacho	
	PFCRN	Alberto Marcos Carrillo Armenta	
	PPS	Cuauhtémoc Amezcua Dromundo	
	PRD	Ricardo Valero Recio Becerra	
	PRI	María de los Ángeles Moreno Uriegas	
LVI Legislatura	PAN	Ricardo Francisco García Cervantes	
	PRD	J. Jesús Ortega Martínez	
	PRI	Humberto Roque Villanueva	
	PT	Joaquín Humberto Vela González	

FUENTES: "Actas de integración de los grupos parlamentarios", *Diario de los debates*, LIV Legislatura, 2 de septiembre de 1988, pp. 7-11; "Actas de integración de los grupos parlamentarios", *Diario de los debates*, LV Legislatura, año I, diario 3, pp. 123-126, LVI Legislatura , página WEB de la Cámara de Diputados, cddhcu.gob.mx.

i. o. f.: Información que omiten las fuentes.

ANEXO 2. CÁMARA DE DIPUTADOS

CUADRO A2

Legislatura	*Comisión*	*Presidente*	*Secretario(s)*
Legislatura LII	Gobernación y Puntos Constitucionales	Humberto Lugo Gil (PRI)	Mario Vargas Saldaña (PRI)
	Hacienda y Crédito Público	Jorge A. Treviño Martínez (PRI)	Ricardo H. Cavazos Galván (PRI)
Legislatura LIII	Gobernación y Puntos Constitucionales	Eliseo Mendoza Berrueto (PRI)	Santiago Oñate Laborde (PRI)
	Hacienda y Crédito Público	Luis Manuel Orcí Gándara (PRI)	David Jiménez González (PRI)
	Programación, Presupuesto y Cuenta Pública	Luis Donaldo Colosio M. (PRI)	Jesús Murillo Karam (PRI)
Legislatura LIV	Gobernación y Puntos Constitucionales	Guillermo Jiménez Morales (PRI)	José Luis Lamadrid Sauza (PRI)
	Hacienda y Crédito Público	Manuel Cavazos Lerma (PRI)	Cuauhtémoc Anda Gutiérrez (PRI) y Valdemar Soto Jaimes (PRI)
	Programación, Presupuesto y Cuenta Pública	Rogelio Montemayor Seguy (PRI)	Raúl Bolaños Cacho (PRI) y Humberto Roque Villanueva (PRI)
Legislatura LV	Gobernación y Puntos Constitucionales	César Augusto Santiago R. (PRI)	Juan de Dios Castro Lozano (PAN) y Salvador Valencia Carmona (PRI)

	Hacienda y Crédito Público	Ángel Aceves Saucedo (PRI)	José A. Gómez Urquiza de la Macorra (PAN), Jorge René Flores Solano (PRI) y José Socorro Velázquez Hernández (PRI)
	Programación, Presupuesto y Cuenta Pública	M. de los Ángeles Moreno U. (PRI)	Alfredo Lujambio Rafols (PAN), Eloy Cantú Segovia (PRI) y Salvador Robles Quintero (PRI)
Legislatura LVI	Gobernación y Puntos Constitucionales	Dionisio E. Pérez Jácome (PRI)	f.i.n.
	Hacienda y Crédito Público	Francisco Suárez Dávila (PRI)	f.i.n.
	Programación, Presupuesto y Cuenta Pública	Antonio Sánchez Gochicoa (PRI)	f.i.n.

FUENTES: LII Legislatura, "Dictamen de la Comisión de Hacienda y Crédito Público, Reforma a la Ley de Seguros, 10 de diciembre de 1984", en Miguel de la Madrid H., *El marco legislativo para el cambio,* Dirección General de Comunicación Social de la Presidencia, México, 1984, vol. 11, p. 49. *Diario de los debates,* LII Legislatura, sesión del 27 de diciembre de 1982, diario 47, p. 27. CD, Legislatura LIII, *Diario de los Debates,* "Lista de Comisiones Ordinarias de Trabajo", 2 de septiembre de 1985, diario 17, pp. 17-18; Legislatura LIV, "Designación de comisiones y comités", en *Diario de los debates,* año I, 12 de septiembre de 1988, diario 11, pp. 197-200. LIV Legislatura, "Integración de la Comisión de Gobernación y Puntos Constitucionales", en *Diario de los debates,* CD, año I, sesión del 2 de septiembre de 1988, diario 8, p. 5. LV Legislatura, "Instalación de las Comisiones de Trabajo", en *Diario de los debates,* año I, 7 de noviembre de 1991, diario 5, pp. 267-269. LVI Legisatura, página WEB de la Cámara de Diputados, cddhcu.gob.mx.

f.i.n.: La fuente no indica los nombres de los diputados que se desempeñaron como secretarios de comisión.

ANEXO 3
COMISIONES PARLAMENTARIAS. SENADO

INTEGRACIÓN DE COMISIONES PERMANENTES Y ESPECIALES DEL SENADO. SENADO DE LA REPÚBLICA. LII LEGISLATURA[1]
(septiembre de 1982-septiembre de 1985)

Comisiones ordinarias

Primera de Crédito, Moneda e Instituciones de Crédito

Hugo B. Margáin
Raúl Caballero Escamilla
José Patrocinio González Garrido
José Ramírez Gamero
Ernesto Millán Escalante

Segunda de Crédito, Moneda e Instituciones de Crédito

Antonio Martínez Báez
Antonio Riva Palacio López
José Socorro Salcido Gómez
Norberto Mora Plancarte
Abraham Martínez Rivero

Primera de Gobernación

Miguel González Avelar
Ernesto Millán Escalante

[1] Senado de la República, "Integración de Comisiones Permanentes y Especiales del Senado", en *Diario de los Debates*, núm. 14, 3 de septiembre de 1982, pp. 2-8. La fuente no indica los senadores que se desempeñaron como presidentes de las comisiones. Todos los senadores pertenecieron al PRI.

Víctor Manzanilla Schaffer
José Patrocinio González Blanco Garrido
Norberto Mora Plancarte

Segunda de Gobernación

Adolfo Lugo Verduzco
Gonzalo Martínez Corbalá
Salvador J. Neme Castillo
Socorro Díaz Palacios

Primera de Hacienda

Hugo B. Margáin
Gualadupe Gómez Maganda de Anaya
Raúl Caballero Escamilla
J. Refugio Mar de la Rosa
Humberto Hernández Haddad

Segunda de Hacienda

Ernesto Millán Escalante
Raúl Salinas Lozano
José Patrocinio González Blanco Garrido
José Ramírez Gamero
Ángel Aceves Saucedo

Primera de Planeación del Desarrollo Económico y Social

Ángel Aceves Saucedo
Adolfo Lugo Verduzco
Luis José Dorantes Segovia
Gilberto Muñoz Mosqueda
Raúl Salinas Lozano

Segunda de Planeación del Desarrollo Económico y Social

Ernesto Millán Escalante
Mariano Palacios Alcocer
Héctor Vázquez Paredes
Arturo Romo Gutiérrez
Celso Humberto Delgado Ramírez

Primera de Puntos Constitucionales

Miguel González Avelar
Agustín Téllez Cruces
Roberto Casillas Hernández
Arturo Romo Gutiérrez
Mariano Palacios Alcocer

Segunda de Puntos Constitucionales

Antonio Martínez Báez
Antonio Riva Palacio López
Raúl Castellano Jiménez
Víctor Manzanilla Schaffer
Adolfo Lugo Verduzco

Primera de Reforma Agraria

Víctor Manzanilla Schaffer
Mario Hernández Posadas
Myrna Esther Hoyos de Navarrete
Heladio Ramírez López
Antonio Riva Palacio López

Segunda de Reforma Agraria

Alfonso Garzón Santibáñez
Salvador Barragán Camacho
Norberto Mora Plancarte
Celso Humberto Delgado Ramírez
Humberto Hernández Haddad

Comisiones Especiales

Estudios Legislativos, Primera Sección

Antonio Martínez Báez
Manuel Villafuerte Mijangos
Humberto Hernández Haddad
Roberto Casillas Hernández
José Ramírez Gamero

Estudios Legislativos, Segunda Sección

Heliodoro Hernández Loza
Mariano Palacios Alcocer
Antonio Riva Palacio López
Renato Sales Gasque
Héctor Vázquez Paredes

Estudios Legislativos, Tercera Sección

Agustín Téllez Cruces
Salvador J. Neme Castillo
José Patrocinio González Blanco Garrido
Yolanda Sentíes de Ballesteros
Ernesto Millán Escalante

INTEGRACIÓN DE COMISIONES PERMANENTES Y ESPECIALES DEL SENADO. SENADO DE LA REPUBLICA. LIII LEGISLATURA[2] (septiembre de 1985-septiembre de 1988)

Comisiones ordinarias[3]

Primera de Gobernación

Antonio Riva Palacio López
Salvador Neme Castillo
Alejandro Sobrazo Loaiza
Socorro Díaz Palacios
Gonzalo Martínez Corbalá
José Ramírez Gamero

Segunda de Gobernación

Adolfo Lugo Verduzco
Manuel Ramos Gurrión
José Patrocinio González Blanco Garrido
Hugo B. Margáin
Mario Hernández Posadas
Ernesto Millán Escalante

De Puntos Constitucionales

Antonio Martínez Báez
Roberto Casillas Hernández

[2] Senado de la República, "Integración de Comisiones Permanentes y Especiales del Senado", en *Diario de los Debates*, núm. 2, 4 de septiembre de 1985, pp. 6-12. Todos los senadores pertenecieron al PRI. La fuente no indica los nombres de los senadores que se desempeñaron como presidentes de la comisión.

[3] Cámara de Senadores, *Seis años del Senado de la república. LII y LIII Legislatura, 1982-1988. Memoria*, México, 1988, pp. 31-33. La LIII Legislatura llevó a cabo una reordenación de la estructura de las comisiones de trabajo conforme al acuerdo aprobado por el Senado el 4 de septiembre de 1985.

Renato Sales Gasque
Fernando Mendoza Contreras
Manuel Villafuerte Mijangos
Salvador J. Neme Castillo

De Hacienda

Hugo B. Margáin
Ernesto Millán Escalante
Ángel Aceves Saucedo
Antonio Martínez Báez
Guadalupe Gómez Maganda de Anaya
Gonzalo Pastrana Castro

De Desarrollo Económico y Social

Miguel Borge Martín
Faustino Alba Zavala
Abraham Martínez Rivero
Arturo Romo Gutiérrez
José Patrocinio González Blanco Garrido
Juan Sigfrido Millán Lizárraga

De Planeación Democrática del Desarrollo

Ángel Aceves Saucedo
Socorro Díaz Palacios
Ernesto Millán Escalante
Abraham Martínez Rivero
Ramón Martínez Martín
Raúl Caballero Escamilla

Del Sector Social del Trabajo

José Ramírez Gamero
Renato Sales Gasque

Heliodoro Hernández Loza
Raúl Salinas Lozano
Roberto Casillas Hernández
José Socorro Salcido Gómez

Del Sector Social Agrario

Mario Hernández Posadas
Alfonso Garzón Santibáñez
Héctor Vázquez Paredes
Víctor Manzanilla Schaffer
Norberto Mora Plancarte

Comisiones Especiales

Estudios Legislativos, Primera Sección

Manuel Villafuerte Mijangos
Salvador Neme Castillo
Juan Sigfrido Millán Lizárraga
Héctor Vázquez Paredes
Roberto Casillas Hernández

Estudios Legislativos, Segunda Sección

Norberto Mora Plancarte
Celso Humberto Delgado Ramírez
Yolanda Sentíes de Ballesteros
José Ramírez Gamero
Alfonso Zagbe Sanen

Estudios Legislativos, Tercera Sección

Alejandro Sobrazo Loaiza
Raúl Castellano Jiménez

Víctor Manzanilla Schaffer
José Patrocinio González Blanco Garrido

INTEGRACIÓN DE COMISIONES PERMANENTES Y ESPECIALES DEL SENADO. SENADO DE LA REPÚBLICA. LIV LEGISLATURA (1988-1990)[4]

Comisiones Ordinarias

Primera de Gobernación

Emilio M. González Parra
Julio Patiño Rodríguez
Humberto A. Lugo Gil
Héctor Hugo Olivares Ventura
Roberto Robles Garnica (PRD)
Bulmaro Pacheco Moreno
Nicolás Reynes Berezaluce
Jesús Rodríguez y Rodríguez

Segunda de Gobernación

Fernando Silva Nieto
Mario Alfonso Niebla Álvarez
Alfonso Martínez Domínguez
Ernesto Luque Feregrino
Cristóbal Arias Solís (PRD)
Antonio Melgar Aranda
Maximiliano Silerio Esparza
Netzahualcóyotl de la Vega García
Laura Alicia Garza Galindo
Blanca Ruth Esponda de Torres

[4] Senado de la República, "Integración de comisiones permanentes y especiales del Senado" en *Diario de los Debates*, núm. 10, 5 de septiembre de 1988, pp. 2-9 y Senado de la República, *Comisiones Ordinarias y Especiales de Trabajo de la H. Cámara de Senadores, 1º de noviembre de 1989-31 de octubre de 1990*, México, 1990. Todos los senadores pertenecen al PRI a menos que se indique lo contrario. La fuente no indica los senadores que se desempeñaron como presidentes de las comisiones.

De Puntos Constitucionales

Julio Patiño Rodríguez
Jesús Rodríguez y Rodríguez
Roberto Madrazo Pintado
Alfonso Martínez Domínguez
Porfirio Muñoz Ledo (PRD)
Carlos Jonguitud Barrios
Blas Chumacero Sánchez
Enrique Burgos García
Mario Alfonso Niebla Álvarez
Luis Martínez Fernández del Campo

De Hacienda

Jesús Rodríguez y Rodríguez
Julio Patiño Rodríguez
José Joaquín González Castro
Blanca Ruth Esponda de Torres
Ifigenia Martínez Hernández (PRD)
Gustavo Adolfo Almaraz Montaño
Laura Alicia Garza Galindo
Dulce María Sauri Riancho

De Comercio y Fomento Industrial

Mario Alfonso Niebla Álvarez
José de Jesús Padilla Padilla
Ricardo Canavati Tafich
Leonardo Rodríguez Alcaine
Fernando Silva Nietsen
Justino Delgado Caloca
Óscar Ramírez Mijares
Salvador Esquer Apodaca
Gonzalo Navarro Báez
Gustavo Adolfo Almaraz Montaño

De Desarrollo Económico y Social

Dulce María Sauri Riancho
Luis Donaldo Colosio Murrieta
Blanca Ruth Esponda de Torres
Alberto Juárez Blancas
Julieta Guevara Bautista
María Esther Scherman Leaño
Julián Gascón Mercado
Eliseo Rangel Gaspar
José de Jesús Padilla Padilla
Fernando Silva Nieto

De Energéticos

Héctor Mayagoitia Domínguez
Leonardo Rodríguez Alcaine
José Antonio Valdivia
Ricardo Abraham Camero Cardiel
Francisco Jesús Solís Rodríguez
José de Jesús Padilla Padilla

De Planeación Democrática de Desarrollo

Gustavo Adolfo Almaraz Montaño
Netzahualcóyotl de la Vega García
Salvador Esquer Apodaca
Ifigenia Martínez Hernández (PRD)
José Antonio Valdivia
Julieta Guevara Bautista
Gaspar Valdés Valdés
Roberto Madrazo Pintado
Ernesto Luque Feregrino
Eliseo Rangel Gaspar

Del Sector Social del Trabajo

Blas Chumacero Sánchez
Alberto Juárez Blancas
Enrique Burgos García
Ricardo Abraham Camero Cardiel
Gonzalo Navarro Báez
Salvador Esquer Apodaca
Graciela Larios Rivas
Martín Aureliano Montaño Arteaga
Benjamín Zarzosa Díaz
Gaspar Valdés Valdés

Del Sector Social Agrario

Óscar Ramírez Mijares
Maximiliano Silerio Esparza
Héctor Hugo Olivares Ventura
Eliseo Rangel Gaspar
Cristóbal Arias Solís (PRD)
Julián Gascón Mercado
Ernesto Luque Feregrino

Comisiones Especiales

De Estudios Legislativos, Primera Sección

Saúl González Herrera
María Esther Scherman Leaño
Humberto A. Lugo Gil
Óscar Ramírez Mijares
Alonso Aguirre Ramos
Gaspar Valdés Valdés
Blanca Ruth Esponda de Torres

De Estudios Legislativos, Segunda Sección

Antonio Melgar Aranda
Héctor Hugo Olivares Ventura
Ifigenia Martínez Hernández (PRD)
Leonardo Rodríguez Alcaine
Mario Alfonso Niebla Álvarez
Benjamín Zarzosa Díaz
Luis Martínez Fernández del Campo
Ernesto Luque Feregrino

De Estudios Legislativos, Tercera Sección

Antonio Jaimes Aguilar
Blas Chumacero Sánchez
Luis Donaldo Colosio Murrieta
Alberto Juárez Blancas
Porfirio Muñoz Ledo (PRD)
Julio Patiño Rodríguez
Justino Delgado Caloca
Roberto Anzar Martínez

INTEGRACIÓN DE LAS COMISIONES PERMANENTES Y ESPECIALES DEL SENADO. SENADO DE LA REPÚBLICA. LV LEGISLATURA (DICIEMBRE DE 1992-1994)[5]

Comisiones Ordinarias

Primera de Gobernación

Emilio M. González (presidente)
José Joaquín González Castro (secretario)
Héctor Manuel Tinoco Rubí
Alfonso Martínez Domínguez
Humberto A. Lugo Gil

[5] Senado de la República. LV Legislatura, *Directorio de Comisiones*, México, diciembre de 1992. Todos los senadores pertenecen al PRI a menos que se indique lo contrario.

Porfirio Muñoz Ledo (PRD)
Héctor Terán Terán (PAN)
Artemio Iglesias Miramontes
Orlando Arvízu Lara

Segunda de Gobernación

Eduardo Robledo Rincón (presidente)
Raúl E. Carrillo Silva (secretario)
Ricardo Monreal Ávila
Manuel Aguilera Gómez
Germán Sierra Sánchez
Ángel Sergio Guerrero Mier
Roberto Robles Garnica (PRD)
Salvador Sánchez Vázquez
María Elena Chapa Hernández
Manuel Díaz Cisneros

Puntos Constitucionales

José Luis Lamadrid Sauza (presidente)
Saúl González Herrera (secretario)
Netzahualcóyotl de la Vega García
Jesús Rodríguez y Rodríguez
Héctor Terán Terán (PAN)
Víctor Manuel Tinoco Rubí
Rogelio Montemayor Seguy
Manuel Díaz Cisneros

Hacienda

Jesús Rodríguez y Rodríguez (presidente)
Roberto Suárez Nieto (secretario)
Manuel Aguilera Gómez
Alfonso Martínez Domínguez

Humberto A. Lugo Gil
Carlos Sales Gutiérrez
Miguel Alemán Velasco
José de Jesús Padilla Padilla
José Joaquín González Castro
Mauricio Valdés Rodríguez
Arcadio León Estrada
Manuel Díaz Cisneros
Óscar Cantón Zetina

Desarrollo Económico y Social

José de Jesús Padilla Padilla (presidente)
Ángel Ventura Valle (secretario)
Rogelio Montemayor Seguy
Carlos Sobrino Sierra
Silvia Hernández
Gustavo Guerrero Ramos
Germán Sierra Sánchez
Armando Hopkins Durazo
Ernesto García Sarmiento

Energéticos

Jesús Rodríguez y Rodríguez (presidente)
Leonardo Rodríguez Alcaine (secretario)
Mauricio Valdés Rodríguez
Salvador Esquer Apodaca
Raúl E. Carrillo Silva
Jorge Adolfo Vega Camacho
Arcadio León Estrada
José Ramón González León
Óscar Cantón Zetina
Armando Hopkins Durazo
César Moreno Martínez de Escobar

Planeación Democrática del Desarrollo

Rogelio Montemayor Seguy (presidente)
Carlos Sobrino Sierra (secretario)
Carlos Sales Gutiérrez
Ángel Ventura Valle
Gustavo Salinas Íñiguez
Salvador Esquer Apodaca

Comercio y Fomento Industrial

Carlos Sales Gutiérrez (presidente)
Gustavo Salinas Íñiguez (secretario)
Idolina Moguel Contreras
Netzahualcóyotl de la Vega García
Silvia Hernández
Leonardo Rodríguez Alcaine
José de Jesús Padilla Padilla
Manuel Aguilera Gómez
Ricardo Monreal Ávila
Héctor Terán Terán (PAN)
Rogelio Montemayor Seguy
Miguel Alemán Velasco
Porfirio Muñoz Ledo (PRD)
Germán Sierra Sánchez
Roberto Suárez Nieto
Eduardo Robledo Rincón
Carlos Jiménez Macías
César Moreno Martínez de Escobar
Arcadio León Estrada
Armando Hopkins Durazo
María Elena Chapa Hernández

Del Sector Social del Trabajo

Leonardo Rodríguez Alcaine (presidente)
Alberto Juárez Blancas (secretario)
Blas Chumacero Sánchez

Netzahualcóyotl de la Vega García
Ángel Sergio Guerrero Mier
Justino Delgado Caloca
Salvador Esquer Apodaca
Carlos Jonguitud Barrios
Jorge Rodríguez León
Ramón Serrano Ahumada
José Nerio Torres Ortiz
Ramiro Valdés Fontes
José Epifanio Godoy Hernández

Del Sector Social Agrario

Óscar Ramírez Mijares (presidente)
Víctor Manuel Tinoco Rubí (secretario)
Héctor Hugo Olivares Ventura
Ernesto Luque Feregrino
Arcadio León Estrada
Ernesto García Sarmiento

Comisiones Especiales

Estudios Legislativos, Primera Sección

Víctor Manuel Tinoco Rubí (presidente)
José Luis Lamadrid Sauza (secretario)
José Joaquín González Castro
Ramiro Valdés Fontes
Ricardo Monreal Ávila

Estudios Legislativos, Segunda Sección

Porfirio Muñoz Ledo (presidente; PRD)
Ernesto Luque Feregrino (secretario)
Salvador Sánchez Vázquez
Saúl González Herrera

Carlos Sobrino Sierra
Manuel Díaz Cisneros

Estudios Legislativos, Tercera Sección

Ángel Sergio Guerrero Mier (presidente)
Antonio Melgar Aranda (secretario)
Roberto Anzar Martínez
Antonio B. Manríquez Guluarte
Ángel Ventura Valle
Justino Delgado Caloca
Alberto Juárez Blancas

SENADO DE LA REPÚBLICA. LV LEGISLATURA (ENERO DE 1994-)[6]

Comisiones Ordinarias

Primera de Gobernación

Emilio M. González (presidente)
José Joaquín González Castro (secretario)
Víctor Manuel Tinoco Rubí
Alfonso Martínez Domínguez
Humberto A. Lugo Gil
Porfirio Muñoz Ledo (PRD)
Héctor Terán Terán (PAN)
Artemio Iglesias Miramontes
Orlando Arvízu Lara
Heberto Barrera Velázquez

Segunda de Gobernación

Eduardo Robledo Rincón (presidente)
Raúl E. Carrillo Silva (secretario)

[6] Senado de la República. LV Legislatura, *Integrantes de Gran Comisión, Comisiones Ordinarias y Especiales de Trabajo. Directorio de Comisiones*, México, enero de 1994. Todos los senadores pertenecen al PRI a menos que se indique lo contrario.

Ricardo Monreal Ávila
Germán Sierra Sánchez
Ángel Sergio Guerrero Mier
Enrique Cárdenas González
Roberto Robles Garnica (PRD)
Salvador Sánchez Vázquez
María Elena Chapa Hernández
Manuel Díaz Cisneros

Puntos Constitucionales

José Luis Lamadrid Sauza (presidente)
Saúl González Herrera (secretario)
Netzahualcóyotl de la Vega García
Jesús Rodríguez y Rodríguez
Héctor Terán Terán (PAN)
Víctor Manuel Tinoco Rubí
Manuel Díaz Cisneros
Luz Lajous Vargas

Hacienda

Jesús Rodríguez y Rodríguez (presidente)
Héctor Hugo Varela Flores (secretario)
Alfonso Martínez Domínguez
Humberto A. Lugo Gil
Carlos Sales Gutiérrez
Miguel Alemán Velasco
José de Jesús Padilla Padilla
José Joaquín González Castro
Arcadio León Estrada
Manuel Díaz Cisneros
Óscar Cantón Zetina
Enrique Cárdenas González
Heberto Barrera Velázquez

Desarrollo Económico y Social

José de Jesús Padilla Padilla (presidente)
Ángel Ventura Valle (secretario)
Carlos Sobrino Sierra
Silvia Hernández
Gustavo Guerrero Ramos
Germán Sierra Sánchez
Armando Hopkins Durazo
Ernesto García Sarmiento

Energéticos

Jesús Rodríguez y Rodríguez (presidente)
Leonardo Rodríguez Alcaine (secretario)
Salvador Esquer Apodaca
Raúl E. Carrillo Silva
Enrique Cárdenas González
Jorge Adolfo Vega Camacho
Arcadio León Estrada
José Ramón González León
Óscar Cantón Zetina
Armando Hopkins Durazo
César Moreno Martínez de Escobar
Héctor Hugo Varela Flores

Planeación Democrática del Desarrollo

Carlos Sobrino Sierra (presidente)
Carlos Sales Gutiérrez (secretario)
Ángel Ventura Valle
Gustavo Salinas Íñiguez
Salvador Esquer Apodaca
Alicia López de la Torre

Comercio y Fomento Industrial

Carlos Sales Gutiérrez (presidente)
Gustavo Salinas Íñiguez (secretario)
Idolina Moguel Contreras
Netzahualcóyotl de la Vega García
Silvia Hernández
Leonardo Rodríguez Alcaine
José de Jesús Padilla Padilla
Ricardo Monreal Ávila
Héctor Terán Terán (PAN)
Miguel Alemán Velasco
Porfirio Muñoz Ledo (PRD)
Germán Sierra Sánchez
Eduardo Robledo Rincón
Carlos Jiménez Macías
César Moreno Martínez de Escobar
Arcadio León Estrada
Armando Hopkins Durazo
María Elena Chapa Hernández
Israel Soberanis Nogueda

Del Sector Social del Trabajo

Leonardo Rodríguez Alcaine (presidente)
Alberto Juárez Blancas (secretario)
Blas Chumacero Sánchez
Netzahualcóyotl de la Vega García
Ángel Sergio Guerrrro Mier
Justino Delgado Caloca
Salvador Esquer Apodaca
Jorge Rodríguez León
Ramón Serrano Ahumada
José Nerio Torres Ortiz
Ramiro Valdés Fontes
José Epifanio Godoy Hernández
Héctor Hugo Varela Flores

Del Sector Social Agrario

Óscar Ramírez Mijares (presidente)
Víctor Manuel Tinoco Rubí (secretario)
Héctor Hugo Olivares Ventura
Ernesto Luque Feregrino
Arcadio León Estrada
Ernesto García Sarmiento

Comisiones Especiales

Estudios Legislativos, Primera Sección

Víctor Manuel Tinoco Rubí (presidente)
José Luis Lamadrid Sauza (secretario)
José Joaquín González Castro
Ramiro Valdés Fontes
Ricardo Monreal Ávila

Estudios Legislativos, Segunda Sección

Porfirio Muñoz Ledo (presidente; PRD)
Ernesto Luque Feregrino (secretario)
Salvador Sánchez Vázquez
Saúl González Herrera
Carlos Sobrino Sierra
Manuel Díaz Cisneros

Estudios Legislativos, Tercera Sección

Ángel Sergio Guerrero Mier (presidente)
Antonio Melgar Aranda (secretario)
Roberto Anzar Martínez
Antonio B. Manríquez Guluarte
Ángel Ventura Valle
Justino Delgado Caloca
Alberto Juárez Blancas

SENADO DE LA REPÚBLICA

Comisiones Ordinarias y Especiales[7]
(Estructura de las comisiones a partir de la LIII Legislatura)

Comisiones Ordinarias

Primera de Gobernación
Segunda de Gobernación
De Puntos Constitucionales
De Relaciones Exteriores
De la Defensa Nacional
De Marina
De Hacienda
De Desarrollo Económico y Social
De Energéticos
De Planeación Democrática del Desarrollo
De Comercio y Fomento Industrial
De Fomento Agropecuario, Recursos Hidráulicos y Forestales
De Asentamientos Humanos y Ecología
De Obras Públicas
De Educación
De Salubridad General
Del Sector Social del Trabajo
Del Sector Social Agrario
De Turismo
De Pesca
Del Distrito Federal
De Justicia
De Reglamentos
De Corrección de Estilo
Comisiones Especiales
Estudios Legislativos (con tres secciones)

[7] Senado de la República, "Integración de Comisiones Permanentes y Especiales del Senado", en *Diario de los Debates*, núm. 2, 4 de septiembre de 1985, pp. 6-12. La LIII Legislatura llevó a cabo una reordenación de la estructura de las comisiones de trabajo conforme el acuerdo aprobado por el Senado el 4 de septiembre de 1985.

De Administración
De Biblioteca
Medalla Belisario Domínguez
Jurisdiccional
De Asuntos Relativos al Pacto Federal
De los Derechos Humanos
De Informática
Editorial

Senado de la República. LVI Legislatura[8]

Comisión de Agricultura y Ganadería

Álvarez Septién Luis (PRI)
Araujo de la Torre Hugo Andrés (PRI)
Argüello López Héctor (PRI)
Corella Gil Samaniego Norberto (PAN)
Godoy Hernández José Epifanio (PRI)
Goicoechea Luna Emilio (PAN)
González Gortázar J. Jesús (PRI)
Herrero Arandia José Fernando (PAN)
Hopkins Gámez Guillermo (PRI)
Jiménez Moreno José Natividad (PAN)
Monreal Ávila Ricardo (PRI)
Orozco Alfaro J. Jesús (PRI)
Sánchez Mendoza Cirila (PRI)
Sierra Sánchez Germán (PRI)
Tinoco Rubí Víctor Manuel (PRI)
Valdés Fontes Ramiro (PRI)
Villarreal Dávila Rosendo Alfredo (PAN)

Comisión de Energéticos

Deschamps Carlos Antonio (presidente; PRI)
Villarreal Dávila Rosendo Alfredo (secretario; PAN)
Argüello López Héctor (PRI)
Cárdenas González Enrique (PRI)

[8] Página WEB de la Cámara de Diputados, cddhcu.gob.mx.

España Morales Cresencio (PRI)
Iglesias Miramontes Artemio (PRI)
Lanza Cárdenas José Trinidad (PRI)
Lizama Garma Lizandro (PRI)
Mayans Canabal Humberto Domingo (PRI)
Nava Bolaños Arturo (PAN)
Navarro González Ernesto (PRD)
Salazar Sáenz Francisco Javier (PAN)
Sansores San Román Layda Elena (PRI)

Comisión de Gobernación, Primera Sección

Morales Flores Melquiades (secretario; PRI)
Álvarez Álvarez Luis Héctor (PAN)
Arias Solís Cristóbal (PRD)
Arvízu Lara Orlando (PRI)
Bravo Mena Luis Felipe (PAN)
Cantú Segovia Eloy (PRI)
Castro Lozano Juan de Dios (PAN)
Dávila Rodríguez Francisco José (PRI)
Iglesias Miramontes Artemio (PRI)
Jiménez Rémus Enrique Gabriel (PAN)
Lanz Cárdenas José Trinidad (PRI)
Ortiz Arana Fernando (PRI)
Ruiz Orozco Eugenio (PRI)
Solana Morales Fernando (PRI)
Tinoco Rubí Víctor Manuel (PRI)
Ulloa Carreón Guillermo (PRI)
Vargas Aguiar Mario (PRI)

Comisión de Gobernación, Segunda Sección

Arias Solís Cristóbal (PRD)
Bravo Mena Luis Felipe (PAN)
Cárdenas González Enrique (PRI)
Carvajal Moreno Gustavo (PRI)
De León Sánchez Pedro (PRI)

Díaz Cisneros Manuel (PRI)
Guerrero Mier Ángel Sergio (PRI)
Jiménez Moreno José Natividad (PAN)
Manríquez Guluarte Antonio B. (PRI)
Monreal Ávila Ricardo (PRI)
Murat José (PRI)
Robledo Ruiz Juan Ramiro (PRI)
Rocha Díaz Salvador (PRI)
Romero Ixtlapale Serafín (PRI)
Rossel Isaac Benito (PAN)
Salazar Mendiguchia Pablo (PRI)
Sánchez Vázquez Salvador (PRI)
Serrano Castro Irma Consuelo (PRD)
Sierra Sánchez Germán (PRI)
Ulloa Carreón Guiller (PRI)

Comisión de Desarrollo Social

Soberanes Reyes José Luis (presidente; PRI)
Montalvo Medellin Manuel Jacinto (secretario; PRI)
Álvarez Álvarez Luis Héctor (PAN)
Bolado del Real María del Carmen (PAN)
Camarena Castro Porfirio (PRI)
Dávila Rodríguez Francisco José (PRI)
De los Santos Ordóñez Melchor (PRI)
Gómez Maganda Guadalupe (PRI)
González Pintor Luis (PAN
Herrero Arandia José Fernando (PAN)
Lara Alatorre Martha Irene (PRI)
Larios Rivas Graciela (PRI)
Ling Altamirano Ricardo Alfredo (PAN)
López Tijerina Jorge Guadalupe (PRI)
López Velarde Vega Óscar Augusto (PRI)
Magaña Martínez Sergio Augusto (PRI)
Mayans Canabal Humberto Domingo (PRI)
Medina Aguiar José Luis (PRI)
Morales Flores Melquiades (PRI)
Murguía Corral Judith (PRI)

Palomino Topete Juan Fernando (PRI)
Salgado Macedonio J. Feliz (PRD)

Comisión de Hacienda y Crédito Público

Nava Bolaños Arturo (presidente; PAN)
De los Santos Ordóñez Melchor (secretario; PRI)
Arias Solís Cristóbal (PRD)
Becerril Straffon Rodolfo (PRI)
Cantú Segovia Eloy (PRI)
Cárdenas González Enrique (PRI)
Carvajal Moreno Gustavo (PRI)
Dávila Dorgieuz Francisco José (PRI)
González Pintor Luis (PAN)
Iglesias Miramontes Artemio (PRI)
Jiménez Macías Carlos (PRI)
Magaña Martínez Sergio Augusto (PRI)
Medina Padilla José Ramón (PAN)
Moreno Uriegas María de los Ángeles (PRI)
Murat José (PRI)
Murguía Lardizábal Héctor Agustín (PRI)
Navarro González Ernesto (PRD)
Orozco Alfaro J. Jesús (PRI)
Polanco Zapata Jorge Omar (PRI)
Sales Gutiérrez Carlos (PRI)
Sansores San Román Layda Elena (PRI)
Santos de Hoyos Alberto (PRI)
Serrano Castro Irma Consuelo (PRD)
Solana Morales Fernando (PRI)
Vargas Aguiar Mario (PRI)
Ventura Valle Ángel (PRI)
Yáñez Vargas Leonardo (PAN)

Comisión de Instituciones de Crédito

Navarro González Ernesto (presidente; PRD)
Fernández Garza Mauricio (secretario; PAN)

Murguía Lardizábal Héctor Agustín (secretario; PRI)
Naumann Escobar Ricardo (secretario; PRI)
López Nogales Armando (PRI)
Maqueo Coral Esteban (PRI)
Nava Bolaños Arturo (PAN)
Polanco Zapata Jorge Omar (PRI)
Sánchez Mendoza Cirila (PRI)

Comisión de Planeación del Desarrollo Económico

Goicoechea Luna Emilio (PAN)
Guerrero Ramos Gustavo (PRI)
Medina Aguiar José Luis (PRI)
Nava Bolaños Arturo (PAN)
Naumann Escobar Ricardo (PRI)
Orozco Alfaro J. Jesús (PRI)
Palomino Topete Juan Fernando (PRI)
Sobrino Sierra Carlos (PRI)
Ventura Valle Ángel (PRI)

Comisión de Puntos Constitucionales

Andrade Sánchez Eduardo (PRI)
Arias Solís Cristóbal (PRD)
Bravo Mena Luis Felipe (PAN)
Carvajal Moreno Gustavo (PRI)
Castro Lozano Juan de Dios (PAN)
Conchello Dávila José Ángel (PAN)
Jiménez Moreno José Natividad (PAN)
Jiménez Remus Enrique Gabriel (PAN)
Lajous Vargas Luz (PRI)
Lamadrid Sauza José Luis (PRI)
López Velarde Vega Óscar Augusto (PRI)
Manríquez Guluarte Antonio B. (PRI)
Maqueo Coral Esteban (PRI)
Murat José (PRI)
Palomino Topete Juan Fernando (PRI)

Robledo Ruiz Juan Ramiro (PRI)
Rocha Díaz Salvador (PRI)
Romero Iztlapale Serafín (PRI)
Ruiz Orozco Eugenio (PRI)
Salazar Mendiguchia Pablo (PRI)
Sánchez López Héctor (PRD)
Solana Morales Fernando (PRI)
Tinoco Rubí Víctor Manuel (PRI)
Ulloa Carreón Guillermo (PRI)
Vargas Aguiar Mario (PRI)

ANEXO 4
GRUPOS PARLAMENTARIOS Y PARTIDOS. INTEGRACIÓN DE LA LVI LEGISLATURA. SENADO DE LA REPÚBLICA[1]

GRUPO PARLAMENTARIO DEL PARTIDO ACCIÓN NACIONAL (PAN) (25 SENADORES)

Aladro Fernández J. Benigno
Alvarado Ibares Javier
Álvarez Álvarez Luis Héctor
Bolado del Real María del Carmen
Bravo Mena Luis Felipe
Castro Lozano Juan de Dios
Conchello Dávila José Ángel
Corella Gil Samaniego Norberto
Fernández Garza Mauricio
Franco Muñoz Enrique

[1] Página WEB del Congreso de la Unión. Cámara de Senadores. ww. cddhcu. gob.mx.\camsen\persen.

La identificación del partido al que pertenece cada senador hasta la LV Legislatura es sencilla ante la preponderancia priísta. En lo que se refiere a la LVI Legislatura, en la que se intregraron senadores plurinominales, la labor es un poco más complicada, por ello se anexa la lista con los nombres de los senadores por partido de la LVI Legislatura.

Las fuentes no indican los nombres de los senadores que fungieron como presidente y como secretario de la comisión. Esta información no aparece en los directorios publicados por el propio Senado ni en los dictámenes del *Diario de los debates*. Sólo se pudieron obtener los nombres del presidente y secretario para la LV Legislatura.

A diferencia de las comisiones de la Cámara de Diputados, que se renuevan cada tres años, las comisiones del Senado introducen cambios en sus integrantes cada dos años debido a la renovación del Senado. Por ello, cuando las fuentes lo permitieron, se elaboraron listados bianuales por Legislatura.

Goicoechea Luna Emilio
González Cruz Ricardo
González Pintor Luis
Hernández Quinto Enrique
Herrero Arandia José Fernando
Jiménez Moreno José Natividad
Jiménez Rémus Enrique Gabriel
Ling Altamirano Ricardo Alfredo
Macías de Lara Pedro
Medina Padilla José Ramón
Nava Bolaños Arturo
Rossel Isaac Benito
Salazar Sáenz Francisco Javier
Villarreal Dávila Rosendo Alfredo
Yáñez Vargas Leonardo

GRUPO PARLAMENTARIO DEL PARTIDO DE LA REVOLUCIÓN DEMOCRÁTICA (PRD)
(8 SENADORES)

Arias Solís Cristóbal
Castillo Martínez Heberto
Del Río Ortegón Guillermo
Hernández Gerónimo Auldarico
Navarro González Ernesto
Salgado Macedonio J. Félix
Sánchez López Héctor
Sen. Serrano Castro Irma Consuelo

GRUPO PARLAMENTARIO DEL PARTIDO REVOLUCIONARIO INSTITUCIONAL (PRI)
(95 SENADORES)

Aguilar Solís Samuel
Alcántara Magos Sonia
Alemán Velasco Miguel
Álvarez Septién Luis
Andrade Sánchez Eduardo

Araujo de la Torre Hugo Andrés
Argüello López Héctor
Arvízu Lara Orlando
Becerril Straffon Rodolfo
Cadena Morales Manuel
Camarena Castro Porfirio
Cantú Segovia Eloy
Cárdenas González Enrique
Carrasco Xochipa Lucía
Carvajal Moreno Gustavo
Chapa Hernández María Elena
David David Sami
Dávila Rodríguez Francisco José
De León Sánchez Pedro
De los Santos Ordóñez Melchor
Díaz Cisneros Manuel
España Morales Crescenciano
Figueroa Zamudio Genovevo
García Sarmiento Ernesto
Godoy Hernández José Epifanio
Gómez Maganda Guadalupe
González Gortázar J. Jesús
Guadarrama Márquez José
Guerrero Mier Ángel Sergio
Guerrero Ramos Gustavo
Gurría Ordóñez Manuel
Hopkins Gámez Guillermo
Iglesias Miramontes Artemio
Jiménez Macías Carlos
Lajous Vargas Luz
Lamadrid Sauza José Luis
Lanz Cárdenas José Trinidad
Lara Alatorre Martha Irene
Larios Rivas Graciela
Lizama Garma Lizandro
López de la Torre Alicia
López Nogales Armando
López Tijerina Jorge Guadalupe
López Velarde Vega Óscar Augusto

Magaña Martínez Sergio Augusto
Manríquez Guluarte Antonio B.
Maqueo Coral Esteban
Mayans Canabal Humberto Domingo
Medellín Milan José Manuel
Medina Aguiar José Luis
Millán Lizárraga Juan S.
Monreal Ávila Ricardo
Montalvo Medellín Manuel Jacinto
Morales Flores Melquiades
Moreno Uriegas María de los Ángeles
Muñoz Mosqueda Gilberto
Murat José
Murguía Corral Judith
Murguía Lardizábal Héctor Agustín
Naumann Escobar Ricardo
Sen. Orozco Alfaro J. Jesús
Ortiz Arana Fernando
Palomino Topete Juan Fernando
Pavón Jaramillo Laura
Polanco Zapata Jorge Omar
Robledo Ruiz Juan Ramiro
Rocha Díaz Salvador
Rodríguez León Jorge
Rodríguez Lozano Amador
Romero Deschamps Carlos Antonio
Romero Ixtlapale Serafín
Ruiz Orozco Eugenio
Salazar Mendiguchia Pablo
Sales Gutiérrez Carlos
Sánchez Mendoza Cirila
Sánchez Vázquez Salvador
Sansores San Román Layda Elena
Santos de Hoyos Alberto
Serrano Ahumada Ramón
Sierra Sánchez Germán
Silva Cota Guilebaldo
Soberanes Reyes José Luis
Soberanis Nogueda Israel

Sobrino Sierra Carlos
Solana Morales Fernando
Tinoco Rubí Víctor Manuel
Toraya Baqueiro José Manuel
Ulloa Carreón Guillermo
Valdés Fontes Ramiro
Valdés Rodríguez Mauricio
Valdivia José Antonio
Vallarta Ceceña José Álvaro
Varela Flores Héctor Hugo
Vargas Aguiar Mario
Ventura Valle Ángel

FUENTES DOCUMENTALES

El estudio se realizó con base, fundamentalmente, en dos tipos de fuentes documentales: la de naturaleza institucional, en especial del Congreso de la Unión, y la económica, en especial la del Banco de México.

Las fuentes inéditas que se refieren al Congreso de la Unión fueron esencialmente actas de las Comisiones de Hacienda y Crédito Público y de Programación y Presupuesto relativas a la LIV y LV Legislaturas, que se ubican en el *Archivo del Congreso de la Unión*. La documentación más abundante es de la Comisión de Hacienda y Crédito Público de la LVI Legislatura. Este archivo se pudo consultar gracias a las amplias facilidades que nos brindó el presidente saliente de dicha Comisión, Francisco Suárez Dávila y el personal que allí labora.

Las fuentes publicadas relativas al Congreso de la Unión fueron esencialmente las siguientes: Cámara de Diputados, Comité de Biblioteca, *Diario de los debates de la H. Cámara de Diputados, 1916-1994*, México, 1994 (3 CD-ROM), Cámara de Diputados, *Diario de los debates de la H. Cámara de Diputados*, LVI Legislatura, México, 1994-1997; Cámara de Diputados SIID, *Cuadernos de Apoyo*, varios años; Senado de la República, *Diario de los debates de la H. Cámara de Senadores*, México, 1982-1996.

De gran importancia fue la colección publicada bajo la presidencia de Miguel de la Madrid H., *El marco legislativo para el cambio*, Dirección General de Comunicación Social, México, 1983-1988 (30 vols.). Fueron también analizadas las siguientes fuentes documentales:

Diario Oficial de la Federación, México, 1982-1996.

Los Presidentes de México. Discursos políticos, Presidencia de la República-El Colegio de México, México, 1988.

Plan Básico 1982-1988 y Plataforma Electoral, PRI-IEPEJ, México, 1982.

Poder Ejecutivo Federal, *Plan Nacional de Desarrollo 1983-1988*, Talleres Gráficos de la Nación, México, 1983.

____, *Plan Nacional de Desarrollo 1989-1994*, Secretaría de Programación y Presupuesto, México, 1989.

Poder Ejecutivo Federal, *Plan Nacional de Desarrollo 1995-2000*, Secretaría de Hacienda y Crédito Público, México, 1989.
Presidencia de la República, Unidad de la Crónica Presidencial, *Las razones y las obras. Gobierno de Miguel de la Madrid*, Fondo de Cultura Económica, México, 1983-1988.
Tena Ramírez, Felipe, *Leyes fundamentales de México*, Porrúa, México, 1994.

Las fuentes de carácter económico, financiero y fiscal utilizadas fueron:

Banco de México, *Informe anual*, México, 1986-1995.
INEGI, *Cuadernos de información oportuna*, México, 1990-1996.
Secretaría de Hacienda y Crédito Público, *Deuda externa pública mexicana*, Fondo de Cultura Económica, México, 1988.

BIBLIOGRAFÍA

Aguilar Villanueva, Luis F., "El presidencialismo y el sistema político mexicano: del presidencialismo a la presidencia democrática", en Alicia Hernández Chávez (coord.), *Presidencialismo y sistema político. México y los Estados Unidos,* Fondo de Cultura Económica-Fideicomiso Historia de las Américas-El Colegio de México, México, 1994.

Andere, Eduardo, y Georgina Kessel (comps.), *México y el Tratado Trilateral de Libre Comercio,* ITAM-McGraw Hill, México, 1992.

Aspe Armella, Pedro, *El camino mexicano de la transformación económica,* Fondo de Cultura Económica, México, 1993.

Baillet, Álvaro, "La evolución de los ingresos del sector público: 1983-1988170, en Bazdresch, Nisso Bucay, Soledad Loaeza y Nora Lustig (comps.), *México. Auge, crisis y ajuste,* Lecturas de *El Trimestre Económico,* vol. 1, Fondo de Cultura Económica, México, 1991.

Blanco, Mónica, *Revolución y contienda política en Guanajuato,* El Colegio de México, México, 1995.

Blanco Mendoza, Herminio, *Las negociaciones comerciales de México con el mundo,* Fondo de Cultura Económica, México, 1994.

Bazdresch, Carlos, y Víctor Urquidi, *Privatización: alcances e implicaciones,* Centro de Investigación y Docencia Económica, Documentos de Trabajo, México, 1990.

Bustamante, Jorge, "El Consejo Asesor del Tratado de Libre Comercio", en Secofi, *Hacia un Tratado de Libre Comercio en América del Norte,* Porrúa, México, 1991.

Cárdenas, Enrique, *La política económica de México, 1950-1994,* Fondo de Cultura Económica-Fideicomiso Historia de las Américas-El Colegio de México, México, 1996.

Cárdenas, Lázaro, *Obras,* vol. I, UNAM-Nueva Biblioteca Mexicana, México, 1972.

Carmagnani, Marcello, *Estado y mercado. La economía pública del liberalismo mexicano, 1850-1911,* Fondo de Cultura Económica-El Colegio de México-Fideicomiso Historia de las Américas, México, 1994.

Carrillo Castro, Alejandro, *La reforma administrativa en México*, INAP, México, 1975.

Castillo, Heberto, y Francisco Paoli Bolio, *¿Por qué un nuevo partido? ¡Los trabajadores al poder!*, Ed. Posada, México, 1975.

Catalán Valdés, Rafael, *Las nuevas políticas de vivienda*, Fondo de Cultura Económica, México, 1994.

CEPAL, *América Latina y el Caribe. Quince años después. De la década perdida a la transformación económica*, Fondo de Cultura Económica, México, 1996.

Christieb Ibarrola, Adolfo, *Crónica de la no reelección*, Ed. de Acción Nacional, México, 1965.

Cordera, Rolando, y José Ayala, "Estado y privatización: una aproximación a la experiencia mexicana", en Carlos Bazdresch, Nisso Bucay, Soledad Loaeza y Nora Lustig (comps.), *México. Auge, crisis y ajuste*, Lecturas de *El Trimestre Económico*, vol. 3, Fondo de Cultura Económica, México, 1991.

De la Madrid Hurtado, Miguel, "Mensaje de toma de posesión como Presidente de los Estados Unidos Mexicanos", en *Los presidentes de México. Discursos políticos*, vol. V, Presidencia de la República-El Colegio de México, México, 1988.

____, "El régimen constitucional de la economía mexicana", en *Estudios Jurídicos en torno a la Constitución Mexicana de 1917 en su Septuagésimo Quinto aniversario*, Instituto de Investigaciones Jurídicas de la Universidad Nacional Autónoma de México.

Goodspeed, Stepeh S., "El papel del Jefe del Ejecutivo en México", en *Problemas agrarios e industriales de México*, vol. VII, núm. 1, México, 1955.

Green, Rosario, *La deuda externa de México: 1973-1987. De la abundancia a la crisis de créditos*, Secretaría de Relaciones Exteriores-Nueva Imagen, México, 1988.

Gómez Tagle, Silvia, *La frágil democracia mexicana: partidos políticos y elecciones*, G. V. Editores, México, 1993.

Guerra, Francois-Xavier, "Les elections legislatives de la Revolution Mexicaine 1912", en *Melanges de la Casa Velázquez*, t. X, París, 1979.

Gurría, José Ángel, "La política de deuda externa de México, 1982-1990", en Carlos Bazdresch *et al.* (comps.), *México. Auge, crisis y ajuste*, Lecturas de *El Trimestre Económico*, Fondo de Cultura Económica, México, 1991.

____, *La política de la deuda externa*, Fondo de Cultura Económica, México, 1993.

Hansmann, Ricardo, y Liliana Rojas-Suárez, *Banking Crisis in Latin America: Experiences and issues*, Inter-American Development Bank, Washington, D. C., 1996.

Hernández Chávez, Alicia, "La mecánica cardenista 1934-1940", en *Historia de la Revolución Mexicana*, vol. 16, El Colegio de México, México, 1981.

___, *La tradición republicana del buen gobierno*, Fondo de Cultura Económica-El Colegio de México-Fideicomiso Historia de las Américas, México, 1993.

___, *Presidencialismo y sistema político. México y los Estados Unidos*, Fondo de Cultura Económica-El Colegio de México-Fideicomiso Historia de las Américas, México, 1994.

___, *¿Hacia un nuevo federalismo?*, Fondo de Cultura Económica-El Colegio de México-Fideicomiso Historia de las Américas, México, 1997.

INEGI, *Cuaderno de información oportuna*, México, marzo de 1996.

Izquierdo, Rafael, *Política hacendaria del desarrollo estabilizador, 1958-1970*, Fondo de Cultura Económica-El Colegio de México-Fideicomiso Historia de las Américas, México, 1995.

Loaeza, Soledad, "Delamadrismo: la segunda modernización mexicana y Luis Rubio, Las dificultades de un sexenio", en Carlos Bazdresch *et al.* (comp.), *México. Auge, crisis y ajuste*, Lecturas de *El Trimestre Económico*, vol. I, Fondo de Cultura Económica, México, 1991.

López Moreno, Javier, *Reformas constitucionales para la modernización*, Fondo de Cultura Económica, México, 1994.

Lujambio, Alonso, *Federalismo y congreso en el cambio político de México*, UNAM, México, 1996.

Lustig, Nora, *México hacia la reconstrucción de una economía*, Fondo de Cultura Económica, México, 1994.

Martínez, Guillermo, y Guillermo Fárber, *Desregulación económica (1989-1993)*, Fondo de Cultura Económica, México, 1994.

Narro Robles, José, *La seguridad social mexicana en los albores del siglo XXI*, Fondo de Cultura Económica, México, 1994.

Ortiz Arana, Fernando, *Democracia y justicia social. Marco jurídico de la modernidad*, Fundación Cambio XXI, México, 1993.

Ortiz Martínez, Guillermo, *La reforma financiera y la desincorporación bancaria*, Fondo de Cultura Económica, México, 1994.

___, "México después de la crisis de la deuda. Hacia un crecimiento sostenible con estabilidad de precios", en Carlos Bazdresch *et al.* (comp.), *México. Auge, crisis y ajuste,* Lecturas de *El Trimestre Económico,* vol. 2, Fondo de Cultura Económica, México, 1991.

Peralta Burelo, Francisco, *La nueva reforma electoral de la Constitución, 1977-1987,* Miguel Ángel Porrúa, México, 1989.

Pérez Escamilla, Juan Ricardo, "Los inicios de la privatización en México: 1982-1988", en Carlos Bazdresch *et al.* (comps.), *México. Auge, crisis y ajuste,* Lecturas de *El Trimestre Económico,* vol. 3, Fondo de Cultura Económica, México, 1991.

Pérez Fernández del Castillo, Germán, "Del corporativismo del Estado al corporativismo social", en Carlos Bazdresch *et al.* (comps.), *México. Auge, crisis y ajuste,* Lecturas de *El Trimestre Económico,* vol. 2, Fondo de Cultura Económica, México, 1991.

Poder Ejecutivo Federal, *Plan Nacional de Desarrollo 1983-1988,* Talleres Gráficos de la Nación, México, 1983.

___, *Plan Nacional de Desarrollo 1995-2000,* Secretaría de Hacienda y Crédito Público, México, 1996.

Rabasa, Emilio, *La Constitución y la dictadura (1912),* Porrúa, México, 1990.

Reyes del Campillo, Juan, *et al.*, *Partidos, elecciones y cultura política en México,* Universidad Autónoma del Estado de México, México, 1994.

Reynolds, Clark W., "¿Una generación perdida? ¿Por qué el desarrollo latinoamericano depende del crecimiento?", en Carlos Bazdresch *et al.* (comps.), *México. Auge, crisis y ajuste,* Lecturas de *El Trimestre Económico,* vol. 2, Fondo de Cultura Económica, México, 1991.

Rogozinski, Jacques, *La privatización de empresas paraestatales. Una visión de modernización de México,* Fondo de Cultura Económica, México, 1993.

___, *La privatización en México. Razones e impactos,* Trillas, México, 1997.

Schwartzman, Aarón, y Gonzalo Robles Tapia, "La inversión privada y el sistema impositivo en un contexto inflacionario: evidencia microeconométrica para México", en Carlos Bazdresch *et al.* (comps.), *México. Auge, crisis y ajuste,* Lecturas de *El Trimestre Económico,* vol. 3, Fondo de Cultura Económica, México, 1991.

Téllez Kuenzler, Luis, *La modernización del sector agropecuario y forestal,* Fondo de Cultura Económica, México, 1990.

Tena Ramírez, Felipe, *Leyes fundamentales de México,* Porrúa, México, 1994.

Ugalde, Luis Carlos, "Los aspectos legislativos del gasto público en México, 1970-1996", en *Perfiles latinoamericanos,* núm. 10, 1997.

Urquidi, Víctor L., "Una propuesta para establecer un sistema de pago parcial, en moneda local, de los intereses de la deuda externa", *El Trimestre Económico*, núm. 211, 1986, pp. 627-630.

___, "Consecuencias a largo plazo del problema mundial del endeudamiento externo", en Miguel S. Wionczek (comp.), *La crisis de la deuda externa en América Latina*, Lecturas de *El Trimestre Económico*, Fondo de Cultura Económica, México, 1987.

Weldon, Jeffrey A., "El presidente como legislador 1917-1954", en Cámara de Diputados, *Enciclopedia Parlamentaria*, vol. I, t. 3, Miguel Ángel Porrúa, México, 1998.

Witker, Jorge (coord.), *El Tratado de Libre Comercio de América del Norte*, UNAM-Instituto de Investigaciones Jurídicas, México, 1993, 2 vols.

Zedillo Ponce de León, Ernesto, "La experiencia entre 1973 y 1983 de la balanza de pagos y las perspectivas del crecimiento de México", en Carlos Bazdresch *et al.* (comps.), *México. Auge, crisis y ajuste*, Lecturas de *El Trimestre Económico*, vol. 3, Fondo de Cultura Económica, México, 1991.

ÍNDICE

ANEXOS

Este facsimilar de
La nueva relación entre legislativo y ejecutivo. La política económica, 1982-1997
es propiedad de El Colegio de México
y se terminó de imprimir en
Librántida bajo el modelo de
distribución bajo demanda.
www.librantida.com

Made in the USA
Monee, IL
18 October 2026

66035478R00288